The Art of Astrological Forecast

占星流年

預測占星流年、解讀星盤運勢最詳盡的專業參考書

AOA 國際占星研究院創辦人 **魯道夫** ———— 權威著作

全新增訂版

〔作者序〕

探索生命歷程發展的可能性

　　《占星流年》是一本透過當代占星技巧，引導占星愛好者開始探索生命歷程發展的可能性，透過行星在行運與推運的位置開啓人生演化的無限可能。但我必須提醒讀者，無論你使用的技巧是什麼，千萬別忘記**本命盤的主題才是一切運勢發展的根基，不同的推運法可以呈現生命發展主軸的可能變化**，而行運、太陽回歸、日月蝕等技巧則像是短暫或季節性的氣候般影響著我們。

　　而占星究竟能不能夠（或者該不該）去預言一個人的命運，這個議題在華人占星學界或許很少被討論，但在西方的基督教世界當中，卻是一個相當嚴肅的議題。因爲基督教講求自由意志，預言個人的未來就違反了這樣的精神，不僅如此，在中世紀阿拉伯世界也有占星師懷疑占星是否能夠「精確」的去預言。這裡必須說明，這些討論並非針對占星能或不能預言未來，而是占星的預言究竟能多麼精確？能夠詳細到每個細節嗎？或者現代的心理占星則是站在「即使占星能夠預言，但這是否會剝奪個案的成長與主導自我生命歷程的權利？」並且質疑占星師若無意識的從個人經歷來去判斷個案的發展，是否會限制個案發展的其他可能性，例如一個認爲學外文很難的占星師，可能因爲自身的限制而不鼓勵個案出國留學等等。

　　《占星流年》出版 12 年以來，受到許多讀者的喜愛，感謝春光出版社這麼多年來對於我與 Academy of Astrology 的照顧，這次有機會推出修訂版，感謝學院經理小修與學院的布萊恩老師參與內容新增的企劃與編寫工作。

魯道夫 Rodolphe Chang

15.04.2020

目錄 Contents

✳ 第一部　人生變化與占星流年
LIFE CYCLE AND ASTROLOGY

✳ 第二部　占星預測技巧
ASTROLOGICAL FORECASTING SKILL

占星師在預測未來的責任上是有限制的,並非毫無保留的做
出預言,我們要先考量流年的變化是否涉及到對方的個人責
任,或是對方無法抗拒的外界的改變,那些我們無法抗拒的
環境變化,必須做出描述與預測,然而在涉及個人責任層
面的事件時,例如:會不會離婚、會不會結婚、該不該換工
作,這一類的事情必須將做決定的責任與權力交給對方,而
非用預測與預言去幫對方做決定。

──蘇・湯普金(Sue Tompkins,倫敦占星學院創辦人)

✳ 第三部　流年星盤的詳細解說
FORCASTING CHART INTERPRETATION

行運與過運涉及內心深處想要帶來的改變，是深層的自我想
要提醒我們去注意的，或想要我們發展的。為了配合我們內
心的成長與呈現，我們必須傾聽自我的內心。若這麼做，我
們將會體驗行運與推運在出生圖上，所暗示的一種來自於心
靈深處的強烈渴望及發展趨勢。

——霍華・薩司波塔斯（Howard Sasportas，知名占星師，
　　曾任教於占星學院、心理占星中心）

✳ 第四部　占星流年與生涯規劃
ASTROLOGICAL CAREER PLANNING

我們的占星學與一個最古老，也最簡單的象徵——圓圈（循環）同時存在著，我們將圓圈用一度分割成一個段落，或依照太陽在一年當中，在天空運行的表現作爲分割的依據，我們辨識出了「年」、「季節」、「天」，還有更多，利用這些，我們將在生命發展的循環中，測量出許多重要的細節。

——諾埃爾‧泰爾（Noel Tyl，美國知名占星師，以太陽弧正向推運研究著名）

第一部

人生變化
與占星流年

Life Cycle and Astrology

我們需要的占星學，是能夠幫助我們去察覺自己的能量，幫助我們負擔應用這些能量帶來的責任，同時察覺自己在命運之中的創造力。

——羅伯・漢
（Robert Hand，美國知名占星師，著作《Planets in Transit》
為學習行星過運的經典著作。）

第一章　占星預測的基本概論

占星學的起源

在數千年前的美索不達米雅（Mesopotamia）平原上，巴比倫（Babylon）的祭司們靠著觀察動物的肝臟作出一年是否豐收的占卜，並更進一步藉由觀察行星的移動方式，預測出國家與君主的運勢。因此占星這一門古老的技藝，在過去可說被西方人視為判斷命運與預測未來的重要工具。

不過當占星術在今日被媒體簡化成十二星座時，它所能預測的準確度則容易產生質疑，很多人甚至會認為，占星真的能有預測運勢的功用嗎？其實，占星的確能預測運勢，讓當事人達到趨吉避凶的功效，但卻沒有東方命理工具較悲觀的宿命色彩。談到這一點，我們就不得不對占星學的背景，進行一點瞭解與說明。

在瞭解西方宗教、神祕學與哲學歷史的過程中，我們知道基督教極度排斥所有占卜工具的宿命與命定觀點，也因此，占星學為了在這個以基督教為主的社會當中存活，就必須發展出一套符合基督教教義的邏輯，這當中帶給現代占星學最大的改變，莫過於是讓占星學與自由意志的結合。

過去數千年來許多占星師，的確會用命定的方法來看待一張命盤，大富大貴有大富大貴的命；該什麼時候遇到劫難，命盤上說了就一定會遇到。而基督教批評占星學違反人類的自由意志，認為悲觀與宿命的論點違反了上帝的意願。於是近代的占星師總是告誡著人們你仍然有所選擇，並非星盤如此就注定你一輩子漂泊的命運。

巴比倫（Babylon）

古巴比倫（約西元前 30 世紀～前 729 年）位於美索不達米雅平原，位置大約在當今的伊拉克共和國內，在西元前 3000 年左右，建立了國家，到西元前 18 世紀，這裡出現了古巴比倫王國。「美索不達米雅」在《聖經》中稱之為「天堂」，是古希臘語，意思是「兩條河中間的地方」，故又稱為兩河流域。在這裡的兩河指的是幼發拉底河和底格里斯河。在這平原上發展了世界上第一個城市，頒佈了第一部法典，並流傳著最早的史詩、神話、藥典、農人曆書等，是西方文明的搖籃。

這一個觀點使得占星學與其他命理的判斷（特別是中式命理），有著顯著的差別，現代西方占星師不喜歡論斷式的論命方法，喜歡透過分析來理解所謂的「命運」。探討一個人的運勢走向時，則稱為預測（Forecast），而不用預言（Predict），占星師把自己看成像是氣象預報員一樣，透過星盤的觀察來告訴你生命節奏的高低起伏，並且保留許多可以自己做決定的因素給對方。

傳統的占星師就如同我們今日在台灣仍常見到的命理師一樣，透過一張命盤便開始評論一個人的命運好壞，並且斷定這個人在幾歲會結婚、幾歲會生子、幾歲會出意外、幾歲會死亡，甚至以這樣精準的技巧為傲。這的確是一項神奇的技巧，這也使得許多人習慣了這樣的命理諮詢方式。因此，每當有人來找我諮詢時都會有一個疑問，為什麼你不直接告訴我幾歲會結婚呢？

事實上我知道仍有許多占星師，十分著迷於這種「精準」的預測方式，但是我所受的占星教育告訴我，如果占星師幫對方決定了太多事情，那麼就違反人類的自由意志了，或許從中國命理的觀點來看，我們的確可以說金星在七宮或金星在天頂象徵著結婚的意義，但是如果對方在這之前都沒有遇到任何對象，那要他去跟誰結婚呢？

占星師對流年預測該有的態度

當我還在占星學院就讀的時候，老師總是諄諄地告誡我們，在討論流年的時候務必切記，可以為對方分析大事，以及重要事件對當事者的影響，但不要幫他作決定。我們分析事理時應盡量把可能性分析出來，但是決定的權利應交給對方。

我們可以預測社會大事、外界事物（可能的意外發生），或他人的介入對這個人可能造成的影響。至於個人該怎麼決定，占星師應盡量保留客觀的態度，不要用預言的態度來幫他作決定，而是讓當事者自己決定。

事實上，不作預言也和社會的變遷有關，現代的社會已經變得太過複雜了，過去的幾個世紀中，人們的生活範圍仍然很小、社會變動的流動性不高、受教育的機率也不高，生活中不是受到君王、領主的影響，就是教會或是雇主、父母的主導，層層的社會限制把生活變化的可能性降低了，由於生命的步調簡單，於是要作出準確的預言可能比較容易。

但現今社會的事件已經太過複雜了，過去女生到了適婚年齡就會被父母親要求找個對象結婚，於是在占星學上，如果出現在適婚年齡有結婚的跡象，就幾乎

可以準確的預測，但今天結婚這件事情不但要兩情相悅，還要彼此看得順眼，就算父母說破了嘴，不肯嫁的人還是不肯嫁，這時候就算命盤上一連出現好幾個結婚的象徵，也僅代表有結婚或遇到喜歡對象的機會，而不代表一定會結婚。

於是聰明的占星師把問題再度交還到客戶或求助者的手中，如果占星師認為你明年有機會結婚，那麼占星師會先詢問你是不是已經有男朋友或未婚夫，或者有交往的對象？如果沒有，那麼占星師會建議你，這時候應該多與他人互動，如此才能提高結婚的發生率。因為如果占星師只作出可能結婚的預言，卻沒有適度給予提醒，很多人很可能回家之後大門不出二門不邁的，把自己關在高塔上當長髮姑娘，等著王子來到高塔底下求婚。要知道，這種事情可是只會發生在童話故事中的啊！

弄清楚身為占星師該有的態度後，接下來我們就來看看幾種占星學上常會出現的運勢預測技巧。

傳統的流年預測

傳統流年預測工具「一次推運」（Primary Direction）又叫「一次正向推運法」，這技巧命名取自於地球的初級運動（Primary motion）：地球每日沿著地軸自轉，導致當不同星座經過星盤四個角落的同時，行星也在天空上由東至西、順時針方向移動穿過不同宮位，一度的赤經（Right Ascension，沿著地球的赤道移動一度）象徵了一年的人生。一次推運紀錄了生命中的一些重大改變的階段，當中包括了影響一生的大事件：晉升、重要的伴侶關係、分離、手術等等，是相當可靠的傳統占星流年預測技巧，不少傳統占星師會把這技巧結合其他傳統占星技巧一起分析，例如法達星限法（Firdaria）。

另一種於傳統占星經常使用的技巧為小限法（Profection），簡單來說，占星師透過星盤主人的年齡找出那一年所強調的宮位，小限法很少被單獨觀察來進行預測，最常用的方式是結合行運與太陽回歸，再與其他的預測方式結合。

現代常用的幾種流年預測方法

太陽弧正向推運法（Solar Arc Direction）是近代最常被使用的推運，與二次推運類似，但是它將太陽移動的度數，應用到全部的行星和上升天頂的位置上去。

行星回歸法（Planetary Return），以每次每顆行星回到出生圖中位置的星盤預測運勢，最有名的就是太陽回歸（Solar Return）和月亮回歸（Lunar Return）、土星回歸（Saturn Return）三種。

新月圖（New Moon Chart）、滿月圖（Full Moon Chart），可以說是行星回歸法的最佳應用，用來推測兩週左右的運勢，而日月蝕的圖可說是一張超級的行星過運，影響力可能持續六個月到三年的時間。

觀察流年最重要的一張圖 —— 本命盤

有一次我在和一個學生討論他的星盤時，發現他十分在意自己命盤上金星與土星的對分相，很沮喪地認為這是讓他一生感情不順的詛咒，突然間他又問我，因為他的太陽弧正向推運星盤的金星很快就會和土星三分相，同時會與本命木星產生三分相，這樣土星的愛情魔咒就會解除了吧！

另外還有一個更有趣的小故事，一位客戶來找我做諮商，他說他對占星非常有興趣，有時候也會去買一些占星網站的占星流年報告。他記得有一年有份星盤的報告說，天王星、金星與木星會在他的星盤上替他帶來許多驚喜，說他無論是賭馬或買樂透，中大獎的機率都很高，於是那一年，他幾乎每週的樂透都沒放過，結果這一年只中了兩次小獎，而且每次都不到台幣一千元。他說這讓他有陣子對占星失望到了極點。

我笑著對他說，那樣的報告為了符合不同行業與不同年齡層的需求，只能呈現出泛論式與標準化的內容，根本無法針對每個人的差異性而寫出精準的運勢分析。即使是一個受過專業訓練的占星師，也必須在瞭解你的生活背景後，才能針對本命盤來討論，況且一個人若是本命盤中沒有強烈的偏財運，即使偶爾有福星報到，也不見得會有中大獎的機會。

這樣的報告在英美國家非常的流行，專業一點的報告，一份大約要 30 美金，例如：知名的英國心理占星大師麗茲・葛林（Liz Greene）自己就有出一套電腦命盤解釋。但是你也買得到 5 美金一份的命盤解釋，這些報告都是透過電腦程式，對照本命星盤後，挑選出符合項目的段落拼貼起來的，在沒有參考本命盤以及針對個人生活背景細部推敲之下，這樣報告的準確度有待商議。有些網路上的運勢分析報告，或許真的是占星師親自撰寫的，但通常收費會非常高。

上述這兩個類型的問題，是許多占星老師都會遇到的頭痛問題，一方面不想讓學生和客戶有悲觀的態度，另一方面又不想讓他們天真的以為有機會中大獎，

或是不用經過任何努力，愛情就會從此一帆風順。

占星學的黃金律

　　因此，在傳統占星學當中有一條相當重要的黃金律，那就是任何的推運與行星過運都不會與出生命盤的解讀相違背。例如：某人的命盤中，如果月亮與金星有著不協調的對分相，那麼當事人在金錢或情感方面很容易與他人發生衝突。而如果在流年圖中，有金星或月亮與其他行星形成會帶來好運的三分相或六分相，在傳統的占星學中，這樣的幸運最多只能帶來改善問題的機會，但卻不能完全將這個問題根除。若從現代占星師的眼光來看，則會盡量規勸當事人認真面對問題，並透過意志力與成長、學習的方式來改變這些關係。

　　案例一的那位同學在星盤裡金土對分，因此必須先瞭解自己心理的狀態，這代表的狀況可能與父親的關係及童年時候的陰影有關，透過對這些事物的瞭解，讓自己清楚現階段感情的不滿足與不順利，絕大部分的原因與這些陰影有關。然後，透過自己的心理調適或心理諮商的幫助來克服這一層困難，而不是幻想著哪天星盤就會出現重大的改變。流年的星盤的確會改變，可能在流年金土三分同時與木星三分時，會有樂觀一點的態度或是務實一點的態度，然而只要月亮一過了這個角度，這種影響力就會減弱。

　　而且，占星師要預測一個人的流年判斷前，一定要先熟悉此人本命盤的特徵，例如：第二個案例提到的那位期待中大獎的客戶，是我最喜歡舉的案例，或許說出來會讓許多人夢碎，但事實上，當行星過運圖出現流年天王星或流年木星，與本命金星合相的時刻，許多略懂占星的人會說，這非常有可能暗示著中樂透或大獎的機會，因為天王星象徵意外、木星象徵好運愉快、金星與金錢有關，結合起來自然代表一大筆意外之財的出現。

　　然而真正受過訓練的占星師，會謹慎的先在此人的本命盤中觀察，此人的本命盤是否有得到意外之財的跡象（這可能包括了木星、天王星，與金星或第二宮守護星之間的相位），如果本命盤中有此跡象，占星師才可能作出這樣的預測。否則最多只是暗示當事人將看到，或體驗到身邊人中大獎的興奮，實際中獎的機率並不高。

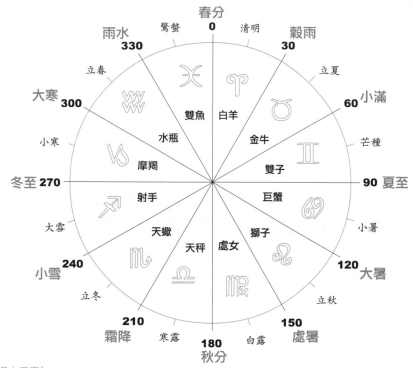

圖說：〔黃道十二宮〕

出生圖的符號解讀

　　占星學複雜的定義常讓人無法一下子就記下來，所以在這裡我們先簡單列出基礎占星學的行星、星座、宮位的定義，以及一些重要的名詞，如果對基本的解讀星盤仍不熟悉的話，那麼建議你參考我的著作《占星全書‧暢銷增訂版》，若對部分專有名詞仍感到疑惑，那麼《占星進階辭典‧全新增訂版》一書也會是很有幫助的工具書。

　　底下則依序介紹黃道上的十二星座、太陽及十大行星與十二個宮位的定義，以及不同相位所代表的意義。而黃道上十二星座的日期可能會有幾小時到一天左右的誤差（在潤年時可能更長），實際的太陽星座位置最好以電腦計算的為主。

黃道上的十二星座

♈ 白羊座（牡羊座）

黃道上的第一個星座，開創的火相星座，基本的定義包過自我、衝動、競爭挑戰有關；在心理占星學上，白羊座與自我意識，凡事想搶第一的性格與競爭有著強烈的連結。白羊座的象徵符號爲羊角，而守護星則是火星。

♉ 金牛座

黃道上的第二個星座，固定的土相星座，占星學上認爲金牛座與物質、金錢有關，且追求實際與穩定的生活。在心理層面上，金牛座暗示著物質擁有所帶來的安全感，以及對於能力（力量）的獲得。金牛座的占星符號爲牛頭的簡化，而金牛座的守護星是金星。

♊ 雙子座

黃道上的第三個星座，變動的風相星座，在占星學中代表溝通、媒介、傳遞、思考與兄弟姊妹，心理層面的意涵代表著自我與他人的溝通或心靈內外的溝通。雙子座的符號如同羅馬數字的二（II），象徵著神話故事當中代表雙子座的

十二星座符號對照表			
♈ 白羊座 aries	♉ 金牛座 taurus	♋ 巨蟹座 cancer	♊ 雙子座 gemini
♌ 獅子座 leo	♍ 處女座 virgo	♎ 天秤座 libra	♏ 天蠍座 scopio
♐ 射手座 sagittarius	♑ 魔羯座 capricorn	♒ 水瓶座 aquarius	♓ 雙魚座 pisces

孿生兄弟，其守護星是水星。

♋巨蟹座

黃道上的第四個星座，開創的水相星座，基本的定義包括家庭、母親及飲食的關係，心理占星學當中認為巨蟹座與安全感和需求有關，強調自我情緒的表現，同時象徵著養育者及被養育者的互動。在占星學的符號上，巨蟹座的符號是蟹鉗的縮影，也有人解釋為母親的乳房，而巨蟹座的守護星為月亮。

♌獅子座

黃道上的第五個星座，固定的火相星座，其基本定義為戲劇表演與娛樂、賭博，在心理層面上獅子座與自我目標、自我中心、自我實現、創造有關。獅子座的符號是獅子尾巴，而獅子座的守護星是太陽。

♍處女座

黃道上的第六個星座，變動的土相星座，在占星上代表重視細節的、觀點實際的性格。心理占星學上認為處女座代表著人們再次利用感官的能力來探索內外在的差異，因而產生觀察、比較、分析與批評，同時也產生了衝擊。處女座在占星學上的符號為女子的頭髮，守護星為水星。

♎天秤座

黃道上的第七個星座，開創的風相星座，在占星學上天秤座與婚姻、法律、合約有關，在心理層面上代表著對等關係、人我互動、伴侶關係等。天秤座的符號是一個看似天秤的希臘文字「Ω」，並在其下方加上一橫，而天秤座的守護星是金星。

♏天蠍座

黃道上的第八個星座，固定的水相星座，其性質包括事物的結合、死亡與重

生、激烈的轉變等。在心理層面的意涵當中暗示著心頭的黑暗層面，自己不願意面對的傷口與醜陋的事件，同時也與控制慾望和生存意志有關。天蠍座的符號爲蠍子尾部的刺針，其守護星在傳統上爲火星，現代守護星則是冥王星。

♐ 射手座

黃道上的第九個星座，變動的火相星座，其基本性質包括了宗教、哲學、高等教育、擴張領域、成長、國際事務、長途旅行等。在心理層面上意味著世界的探索（藉此延伸出旅行、國際事務、與教育等特質）與自我的發展，射手座的符號爲箭頭，在占星學中守護星爲木星。

♑ 摩羯座（山羊座）

黃道上的第十個星座，又稱山羊座，開創的土相星座，基本的定義包括實際、嚴肅、追求成就等，從心理占星的角度來看自我在眾人面前的呈現、組織架構、重視實際執行、成就與社會地位。在占星學符號上摩羯座符號代表著羊頭魚身，而摩羯座的守護星是土星。

♒ 水瓶座（寶瓶座）

黃道上的第十一個星座，基本的定義包括友誼與社群關係，具有強烈的人道主義與改革精神，心理占星學派認爲，水瓶座的改革特質是一種超越自我的精神，水瓶也代表遠大的理想與目標，甚至代表著一群人共同的目標。

水瓶座的符號爲波紋，在傳統占星學當中水瓶座歸土星所管，而現代的占星師認爲水瓶座應該由天王星管轄，所以土星與天王星都可視爲水瓶座的守護星。

♓ 雙魚座

黃道上的最後一個星座，變動的水相星座，其基本定義爲感性的、慈悲的、犧牲的，具有強烈的藝術性格。在心理層面上，雙魚座代表著打破自我與他人界線的無我境界，由這一層定義來發展雙魚座的慈悲精神，同時雙魚座也常代表一種失去自我的渾沌狀態。

　　雙魚座的符號為兩個相背對的括弧，並由一條線串起，象徵著黃道上的兩條魚和連結著他們的繩索，雙魚座的傳統守護星為木星，而現代守護星為海王星。

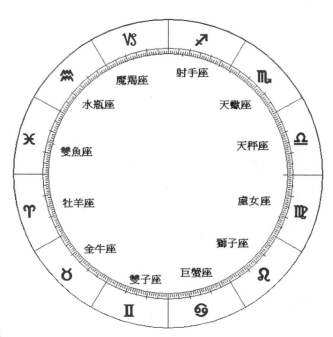

圖說：星座的符號表

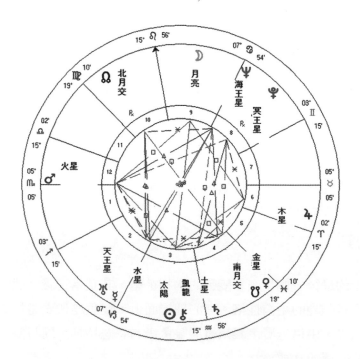

附圖：行星符號表

行星的定義與符號

☉ 太陽（Sun）

太陽系的中心，在占星學上視爲重要的發光星體之一，傳統占星學中的太陽象徵著男性、君王、自我、父親、丈夫等，在現代占星學當中，太陽代表自我、自我呈現、精力活力，心理層面上常描述著個人追求的事物、對於想要成功的憧憬，在世俗占星學中代表國家元首，在醫療占星學當中代表著心臟、背部、脊椎和脾臟。

☽ 月亮（Moon）

在占星學當中，月亮是重要的個人指標，象徵著日常生活、飲食、母親和童年等，心理層面上包含了個人需求、情感、情緒反應等，在世俗占星學中月亮與人口和農業有關，在醫療占星學中與乳房、消化系統有關，雖然月亮是地球的衛星，不過在占星學當中稱呼行星時，有時也會把月亮包含在其中。

☿ 水星（Mercury）

太陽系最接近太陽的行星，其基本定義包含思考、學習，自我與他人的溝通及兄弟姊妹手足等。在心理層面上，水星象徵著自我意識的表達、自我意識與無意識的溝通管道等。在醫療占星學上，水星與手、肺部、神經系統有關。在世俗占星學中，水星象徵著新聞、教育、通訊與交通。

♀ 金星（Venus）

太陽系的第二顆行星，是傳統占星學的吉星，代表喜事、女性、金錢與貴重金屬，現代占星學中，金星與和平、協調、美感、戀情、藝術、喜歡的事物有關，心理層面上與個人價值觀有著密切的關連。心理占星師則認爲金星具有和緩與削弱其他行星性質的意涵，金星守護的是金牛座與天秤座。

♂ 火星（Mars）

　　太陽系的第四顆行星，其基本意涵包括行動、自我實現、自我保護、防衛與攻擊，心理占星學家認爲火星與生存意志有關，進而也與性慾產生連結，傳統占星學將火星視爲凶星，認爲火星與戰爭、屠殺等流血事件有關，在醫療占星學中火星與血液、發燒、發炎以及刀傷有關。火星守護牡羊座，並且與冥王星共同守護天蠍座。

♃ 木星（Jupiter）

　　太陽系中最巨大的行星，傳統占星學中屬於帶來幸運的吉星。現代占星學對木星的的基本定義包括信念、態度、信仰、宗教哲學、高等教育與國際事務等，心理上的意涵爲個人的成長與信念。一個人木星所在的星座與宮位，是他的信念與信仰的所在，同時也可能是當事者生活中較爲幸運的部分。在醫療占星學中，木星與肝臟有關，木星在占星學中守護射手座，且與海王星共同守護雙魚座。

♄ 土星（Saturn）

　　太陽系的第六顆行星，在傳統占星學中土星爲距離最遠的行星，傳統占星學認爲土星是一顆帶來厄運的行星，在現代占星學中，其基本定義包括保護、限制、冷漠、經驗及長輩等。心理層面上的定義爲壓抑、恐懼、擔憂與過去的不愉快經驗。在世俗占星學中，土星象徵權力機構、管理機構、大型組織。在醫療占星學上，土星與骨骼、牙齒和皮膚都有關係。

♅ 天王星（Uranus）

　　太陽系的第七顆行星，在占星學上定義爲超越的、改革的、反叛的、混亂失序的，具有人道精神與理想主義的，與電磁和高科技也有關。在心理層面的意涵是超越固有傳統的、超越自我的，從這一層的意思也引發了改革與革新的意涵，同時也因爲超越自我的意涵，延伸成人與人之間的合作關係。由於天王星被發現的時刻，正值十八世紀的革命風潮以及打破階級的自由開放思想出現，於是天王

星也具有這一層平等的意涵，而水瓶座的現代守護星則是天王星。

♆ 海王星（Neptune）

太陽系的第八顆行星，在占星學中海王星象徵著藝術、幻象、理想化的境界，且與宗教、犧牲、將力量弱化，或將想法單純化有關。在心理層面上，海王星象徵著模糊的意識狀態，以及理想的境界。而世俗占星學中，認爲海王星與宗教、藝術、影像、景氣繁榮或景氣擴張有著密切的關連，同時也有占星師認爲地震與海王星有著密切的連結。在醫療占星學裡，海王星多半被認爲是暈眩、體力虛弱、病毒感染、藥癮、毒癮、藥物中毒、瓦斯中毒、精神虛弱或是精神狀態不佳有關。

♇ 冥王星（Pluto）

「Pluto」是希臘羅馬神話冥府主神的羅馬名稱，在占星學當中具有掩埋、重生、劇烈蛻變以及被隱藏的事情（多半與傷痛有關）的意思，心理的層面上象徵著最原始的生命力量、求生意志與生命的延續（性愛）。在星盤中冥王星所在的宮位與星座，代表著被我們所遺忘的事情，以及容易帶來傷痛與引發內心黑暗面的部分。世俗占星學認爲冥王星常帶來令人恐懼的蕭條，以及戰爭、大量的傷亡等不愉快的事情。

⚷ 凱龍星（Chiron）

凱龍星被認爲與傷痛和醫療有關，由於凱龍的軌道穿越了土星與天王星，天王星代表改革，土星代表限制，也代表著業力干擾我們的地方，這正好符合了凱龍星的解釋。而凱龍星其實來回於限制與改革之間，幫助我們不斷的成長，並提醒我們靈魂傷痛所在的位置，建議我們該如何面對。

☊ 北月交（North Node）

是黃道和月球軌道的北邊交點，現代占星師視北月交爲精神與心靈成長的途徑。

☋ 南月交（South Node）

是黃道和月球軌道的南邊交點，現代占星師認為南月交為我們所習慣、適應，並感到舒適的地方，有些時候在星盤上不會顯示南月交的圖案，因為南月交永遠在北月交的正對面。

相位（Aspect）

相位亦即行星與行星之間，或與命盤上的上升點、基本點或特殊點之間形成特殊度數的角距，常見的相位包括了 0 度（合相）、30 度（半六分相）、45 度

黃道十二宮所掌管的事物

占星術當中將黃道依據某些點（通常為天頂與上升）再次分割成十二個宮位，稱為 House，每一個宮位掌管著生活當中的不同層面，這些宮位都由上升點做為第一宮的起點。

宮位	傳統占星中掌管的層面	現代意涵與心理意涵
第一宮	自我、生活、精力、外型	我所呈現的自我
第二宮	金錢、物質、擁有物品	價值觀、物質安全感、能力
第三宮	兄弟姊妹、鄰居、短程旅行	學習、溝通、思考
第四宮	母親、家庭、房屋	情緒出口、安全感、家庭關係、雙親之一
第五宮	娛樂、賭博、愛情、子女	創造力、創意、自我目標
第六宮	僕人、下屬、工作、健康	規律的事務、日常事務
第七宮	婚姻、合約、法律	對待他人的態度、與他人的關係
第八宮	死亡、遺產、稅務	他人的金錢、權力控制、內心黑暗面
第九宮	國外、宗教、高等教育、海外旅行	信念、崇高的精神、自我的發展
第十宮	父親、政府、社會地位	社會地位、公眾形象、雙親之一
第十一宮	朋友、社團	自我的超越與改革
第十二宮	障礙、隱藏的敵人	心理的無意識層面

（半四分相）、60 度（六分相）、90 度（四分相）、135 度（八分之三相）、150 度（十二分之五相）、180 度（對分相）等。

相位也有前後的容許誤差，又稱爲角距（Orb），例如：月亮在與太陽相距 8 度以內，都會被多數占星師視爲合相。但在不同行星與不同的流年預測工具中，也會有不同判斷相位容許度的標準，大約都在 4 度之內。

在所有相位中，還分有強硬相位（Hard Aspect）及柔和相位（Soft Aspect），前者包含對分相與四分相，在傳統占星學中這些相位被視爲負面的相位，但今日占星學家認爲強硬相位代表強大的能量，促使事件的發生，卻不一定代表吉凶。

而柔和相位則包含三分相與六分相，傳統占星學家將這樣的相位視爲是吉相，但從人文與心理占星學的角度來看，柔和相位的影響力道比較弱且溫和，不像強硬相位一樣容易導致事情的發生，卻也容易帶來讓人不舒服的狀況。此外，還有較敏感的十二分之五相位等。

♂ 合相（Conjunction）

當行星與行星或基本點之間相距 0～8 度左右稱爲合相，許多占星初學者常誤以爲合相是一種吉相，事實上從古至今的占星學中，合相並不全然是指好的相位，在傳統占星學當中，與火星、土星、南月交點的合相都屬於凶相，與金星、木星的合相則可視爲吉相，而今日的占星學則認爲產生合相的行星性質會互相影響，例如：金星與土星合相時，土星會約束金星的歡愉，而金星會柔和土星的嚴肅。

♂ 對分相（Opposition）

兩行星或行星與基本點、特殊點之間形成 180 度的角度，就稱爲對分相。傳統占星學將對分相視爲凶相，代表破壞，而心理占星學認爲此相位代表著我們投射在他人身上的情感和陰影，與伴侶或合作事物有著密切的關係。事實上，對分相並不如一般人所認爲的這麼衝突，在心理占星學中，對分相也可以是一種與他人合作的方式。

□ 四分相（Square）

指的是兩行星之間，或行星與基本點特殊點之間形成 90 度的相位，在傳統占星學上認爲四分相是破壞與阻礙的凶相。心理占星學則認爲，這個相位具有壓抑挑戰的能量，通常是由性質類似，但目的或方向不一的事件所引發的困擾。

△ 三分相（Trine）

兩行星或行星與基本點特殊點之間形成 120 度的相位，在傳統占星學上三分相是一個吉相，在心理占星學中三分相具有包容與融合接受的意涵，占星師認爲這樣的行星角度所產生的共鳴多半是正面的，也能讓行星發揮較具建設性的影響力，但有時也會爲當事人帶來盲點與惰性。

圖說：〔相位的圖示〕

✳ 六分相（Sextile）

在星盤當中兩行星或行星與基本點特殊點之間形成 60 度的相位稱爲六分相，是主要相位之一，傳統占星學中認爲六分相帶來吉利，而心理占星學認爲此相位與機會、技巧、應用、友誼有關。但值得注意的是，雖然六分相是主要相位，但通常被視爲影響力稍弱，這也是爲什麼多數占星師在主要相位中給予六分相的角距容許値，比其他主要相位來得小，多半只給到前後 4 度。

⅂ 十二分之五相（Quincunx）

兩行星或行星與基本點特殊點之間形成 150 度的相位，又有人稱「補十二分相」（Inconjunct），傳統占星學當中認爲此相位與財產、健康的不幸和死亡有關，而心理占星學認爲這個相位與刺激及心理上的盲點有關，也認爲此相位會導致人們無法正視問題而有愧疚感，並促使自己不斷修正自己的態度，但也有占星師認爲，合盤中出現這樣的角度有利於增加雙方的互動。

本書常用到的重要占星學名詞

角或角宮（Angular）

在占星學上指的是星盤上的四個重要基本點，上升點（Ascendant）、下降點（Descendant）、天頂（Medium Coeli）及天底（Imum Coeli），在出生圖當中行星與四個點產生合相時稱爲「合軸星」（Angular Planets），會帶來明顯的個人特質。

上升星座（Rising sign）

上升點所在的星座，亦即一般人所熟知的上升星座，被視爲我們與外界互動的模式，與我們給外界的人格印象。一個太陽在獅子座的人，很可能因爲他的上升在巨蟹座，而給人較爲害羞的感覺。

上升點（Ascendant）

黃道與東方地平線的交界，每四分鐘移動一度，大約每兩小時換一個星座，在現代占星學的定義當中，上升點被視為是自我的呈現，當我們在與外界互動當中所呈現的那一面，以及影響我們是如何與外界社會互動，心理占星學常將上升點與榮格（C G Jung）的人格面具作比較，上升點通常會簡稱成「ASC」。

下降點（Descendant）

簡稱為「DSC」，指的是黃道與西方地平線的交界，為第七宮的起點，傳統占星師認為下降點可以代表我們的伴侶，同時認為下降點代表著弱勢的地位與不良的健康與身體，但現代占星師認為，下降點象徵著自我與他人之間的互動模式，也代表著婚姻和合夥關係。同時認為行星在下降的影響力，並不亞於行星在天頂或上升的影響力。

天頂（Medium coeli）

天頂簡稱「MC」，又稱「Mid Heaven」，為子午線和黃道在空中的交點。

在占星學中，天頂與上升星座是計算宮位的標準，在許多非等宮制的分宮法中，天頂為第十宮的起點。天頂在占星學上的意義為個人的社會地位、名聲與職業傾向，傳統占星學認為天頂象徵著父親，但近代占星學認為天頂與天底都可能是雙親的其中一方，且因人而異需要占星師仔細判別，在世俗占星學中，天頂代表政府、執政黨與國家元首。

天頂與天底的軸線，以及上升點和下降點的軸線是命盤中的重要軸線，這四個點亦被視為是命盤上的基本點。

天底（Imum Coeli）

簡寫為「IC」，是星盤中第四宮的起點，與天頂呈現 180 度相對。

在占星學中，IC 與第四宮有根源、雙親、家庭的意涵。在過去，天底的地位並不被重視，因為占星師認為行星落入天底時無法產生影響力，在心理占星學

中，天底被視爲是進入內心世界的入口，也是一個人表達情感與安全感的位置，也暗示著童年的家庭經驗，因此天底的研究在心理占星學中顯得相當重要。

上升軸線（Ascendant Axis）

是指星盤上連結上升點與下降點的軸線，在占星學當中這條軸線上的行星，具有強烈的個人特質表現，同時這條軸線的星座也表示了自我與他人之間的互動模式，在占星學同樣重要的還有連接 MC、IC 的軸線。

界線、宮頭（Cusps）

星盤上宮位的終點與起點的分界線，界線在占星學當中占有相當重要的地位，任何位於界線上的行星對該宮所管理的事情具有強大的影響力，同時有占星師認爲當行星落在界線之前 5 度時，對下一宮也有一定程度的影響力。

命主星：出生圖的守護星（Chart Ruler）

上升點所在星座的守護星，就是一張出生圖的守護星，又稱「命主星」。在占星學當中出生圖的守護星，往往是太陽與月亮之外，另一個代表此人的象徵，出生圖守護星所落在的星座與宮位，以及與其他行星的相位，也會對此人的性格與命運產生某一程度的影響。

守護星（Ruler）

在星盤上的每個星座都有它的守護行星，稱之爲「Ruler」或「Dispositer」、「Lordship」。同時在傳統占星學當中，當行星進入其守護的星座時，都代表著相對的強勢。若進入守護星座對面的星座，該行星的影響力就會減弱。

而無論在本命盤或流年星盤中，在星座、宮位的解讀外，守護星的解讀也是非常重要的。舉例來說，如果你的上升是射手座，第二宮宮頭就是摩羯座，這除了代表你的外型或人格面具（第一宮）會受射手座影響，理財態度（第二宮）會受摩羯影響外，由於射手的守護星是木星、摩羯的守護星是土星，在解讀人格面

具與理財態度時，也要將木星和土星一併考量進去。

各星座的守護行星請見下側表格。

星座	現代守護星	傳統守護星（參考用）
牡羊座	火星	火星
金牛座	金星	金星
雙子座	水星	水星
巨蟹座	月亮	月亮
獅子座	太陽	太陽
處女座	水星	水星
天秤座	金星	金星
天蠍座	冥王星	火星
射手座	木星	木星
摩羯座	土星	土星
水瓶座	天王星	土星
雙魚座	海王星	木星

星盤繪製 —— 使用「www.astro.com」繪製星盤

　　很多人都想要畫自己的星盤，可是不知道該怎麼辦，那麼你可以試著使用「astro.com」這個網站的線上畫占星盤系統，不但可以在上面畫出生圖，還可以使用進階功能，去做合盤、中點組合盤、行星過運、推運、太陽弧正向推運、太陽回歸等等，此外還有很多進階的占星圖技巧，都可以在「astro.com」找到。如果你沒有錢買一套進階軟體的話，那麼「astro.com」會是你的最佳選擇。

　　 Step 1 　進入「www.astro.com」之後選擇「Free Horoscopes」，選取「Drawings & Calculations」下的「Extended Chart Selections」。

　　 Step 2 　這時候你會看到一個英文介面，要求你登入或者以訪客身分繪製星盤。如果你打算以訪問身分繪製星盤，請點擊第一項的「click here to go to the data entry page」。

　　 Step 3 　若你之前曾經在這裡畫過個人星盤，則點擊「please log in」。這時會直接跳到以前登入畫面，請輸入相關資料及密碼登入。於下一個畫面，如果你打算要繪製新的盤，請將滑鼠移到右上方「Add a new person」，接著進行 step 4。

Step 4　這時候你會被要求輸入，姓、名、性別（一定要選否則無法畫圖），出生的年、月、日、時間，最後在國家上選擇你的國家（例如台灣），然後打上你出生的地點，例如「Taipei」等，盡量選擇住家附近的大城市比較容易找到。

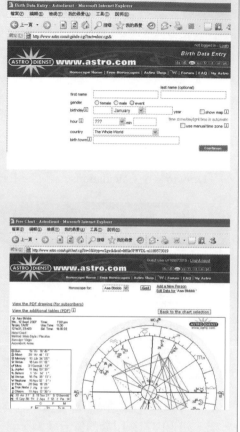

Step 5　這個網站的夏令時間是自動幫你選擇的，1980 年 3 月至 10 月在台灣出生的人，已經取消夏令時間，但因在這裡仍然會自動跳選，所以要注意一下，記得把出生時間往後調一個小時。

Step 6　看到上述畫面時就可以按下「Continue」鍵，就會看到你的出生圖了，同時注意，如果你是以訪客身份繪製星盤的話，這時候頁面的左上方，會有一個「Guest user」的編號，一旁還有「Login/out」，如果你以後會常常使用這個網站畫星盤，建議你註冊一個帳號（免費的），這樣子你就可以畫許多張命盤，沒有註冊的「Guest」只能畫三張命盤，註冊之後可以有 100 張命盤的容量！

Step 7　如果你是在你自己的電腦上使用的話，那麼這個網站應該會記住你的帳號，你下次上「astro.com」時就可以直接進入這頁面找回你畫過的盤了。

Step 8　當你再一次進入「astro.com」按下「Free chart」之後會出現不同的畫面，注意右下角「Horoscope Chart Drawings」的選項，第一個選項，按第一個選項「Chart drawing, Ascendant」你就會進入到你上次畫的星盤，如果你想要重新畫另一個人的命盤，可以在進入「chart drawing」後，在圖的右上方有一行「Add a new person」，按下去就可以畫另一個人的命盤。

Step 9　當你有兩張以上的星盤時，你每次進入時都會先跑出第一個人的星盤，然後你可以用圖的左上方，「Horoscope for xxx」這個下拉選單來選擇你要看的星圖，然後按「Go」，就會看到另一張圖。

第二部

占星預測技巧

Astrological Forecasting Skill

占星師在預測未來的責任上是有限制的，並非毫無保留的作出預言，我們要先考量流年的變化是否涉及到對方的個人責任，或是對方無法抵抗的外界的改變，那些我們無法抵抗的環境變化，必須作出描述與預測，然而在涉及個人責任層面的事件時，例如：會不會離婚、會不會結婚、該不該換工作，這一類的事情必須將作決定的責任與權力交給對方，而非用預測與預言去幫對方作決定。

——蘇·湯普金（Sue Tompkins，倫敦占星學院創辦人）

第一章　推運系統與二次推運法

推運法系統

推運法系統（Progression Systems）是最古老且最基礎的流年觀察方式之一，包含了許多不同的計算方式。但這些方式都有一個特質，那就是以出生前後的特定日期，或行星循環的星圖來預測流年，這是一種見微知著的觀念，從時間單位較小的星圖，來觀察大的時間單位的生命變化，這和以行星或天頂移動一度作為一年的預測方式的「正向推運法」（Direction Systems），有著明顯的差異。

在立論基礎上，正向推運以星盤上象徵性的移動作為推運的基礎，而推運法以實際天體的移動作為推測的基礎。舉例來說，太陽弧正向推運一度法，以太陽移動一度作為出生後一年的推運基礎，而二次推運法是以你出生後一天的同一時間、地點的星盤，作為你出生後一年的運勢推運基礎。然而這些推運方式最後都回歸到一個相當有趣的概念，你會驚訝的發現，無論中外都有著天上一天人間一年的概念，於是將此法應用在二次推運或一次正向推運，甚至在變化技巧之後成為太陽弧正向推運。

最常見的推運法有「二次推運法」，指的是出生後一天的行星位置，影響出生後一年的命運；「三次推運法」（Tertiary Progression），指的是運用出生後一天的星盤，暗示著出生後一個月亮回歸的運勢；以及「微小推運法」（Minor Progression），運用出生後月亮第一次回到同樣位置時的星盤（月亮回歸圖），用來預測第一年的運勢。

其中最常被使用的，也就是底下要介紹的「二次推運法」又稱「二次推進法」或「次限法」，指的是出生後一天的行星位置，將會影響出生後一年的命運。

二次推運法

二次推運法是目前最為廣泛的計算方式，方法是將出生第二天同一時刻的行

星繪製成一張星盤，用來預測出生第二年的運勢，這個方法在過去電腦不普及時被許多占星師使用，但近年來似乎也有逐漸被太陽弧正向推運所取代的跡象。

但需要注意的是，二次推運法中月亮的位置，在現代占星學中仍占有相當重要的地位，如果可以仔細推算出月亮的移動速度，並除以十二，再以內插法算出平均每個月的月亮位置，就能更精確地推算出該年每個月的運勢。

由於外圍行星的移動較慢，較難以觀測，因此外圍行星的二次推運法，主要是觀察一個人的生命節奏，古代占星師會準備一連串的主推運星圖或次推運星圖，來觀察一個人命運的高低起伏，並藉由推運系統來標示出需要注意的時刻。

二次推運法的研究重點

①觀察本命盤的細節，列出每一宮的守護行星、每一顆行星所在的宮位，以及本命盤中出現的強硬相位、圖形相位，以及角距容許度在 2 度以內的相位。對於初學者來說，可以先參照前面的表格，試著列出這些象徵可能暗示的事件。

②觀察二次推運月亮的運行，由於二次推運中的月亮是整張二次推運盤中移動最明顯的一個象徵，所以二次推運的首要重點就是月亮，當時月亮所在的星座、宮位都會明顯的影響當事者的需求和對生活的態度。近年來占星學院的教師們，雖然傾向使用太陽弧正向推運作為預測的標準，但卻仍然相信二次推運的月亮有著相當特別的影響，也強力的建議學生們，就算是使用太陽弧正向推運，也不要忘記觀測二次推運的月亮的宮位與星座。

舉例來說，若你三十五歲的二次推運月亮進入到巨蟹座的第七宮，那麼與巨蟹座有關的照顧養育、情緒表達，以及與第七宮有關的伴侶生活，就是你這時候的迫切需求，雖然你可能是一個我行我素的射手或水瓶，但是在推運月亮進入巨蟹座第七宮時，你可能會突然的改變自己的態度，變得非常需要他人的陪伴。

③同時二次推運月亮的移動速度比起其他行星來得快，有時也會扮演觸動的角色。例如本命星盤當中有火星與天王星的對分相，如果十二歲那年二次推運圖的月亮與本命盤中的火星和天王星，產生了合相或強硬相位，就暗示本命中火星與天王星暗示的意外傷害等事件，可能會在這一年發生，至於更詳細的時期必須使用行星過運，以及新月、滿月圖這一類的技巧來判斷。

④觀察二次推運中變換宮位與星座的行星，在二次推運中其實只有太陽、水星、金星、火星會有明顯的變動。但是偶爾也會有例外的狀況，例如處於星座交界或是宮位交界的外行星（木星、土星、天、海、冥等），在象徵某一年的星盤

上變換了星座或宮位，這時就暗示可能會有重大的人生變化出現。這個部分可以參考本書第三部中，關於流年行星進入星座與宮位的詳細解釋。

舉例來說，例如：我們看到某人二十歲時，金星會從十二宮移到第一宮，這時候他原本內斂而不喜歡表達的情感或喜好，會在這時候表現出來，同時也可能暗示他的魅力突然增加了。如果某人的火星在三十二歲時從雙子座進入了巨蟹座，這一年他的行動、自我保護的方式，或是容易被刺激的層面，都會變得相當明顯，且與巨蟹座代表的家庭或母親產生連結。

⑤注意二次推運星盤的行星與出生圖上任何行星產生相位的時刻，二次推運星盤上的日、月、水、金、火都會在二次推運的星盤當中移動，若這些星體在移動時與本命盤的行星產生相位，那麼顯示這兩顆行星所掌管的事件將會沾上另一顆行星的色彩。

⑥在二次推運的相位觀察當中，我們多半給予相位前後 1.5 度的容許值，而非一般命盤觀察時寬鬆的 4 度到 8 度。有占星學家建議對於二次推運的太陽可以給予比較寬鬆的 2.5 度容許值，例如二次推運的太陽在射手座 18 度，而本命火星在雙子座 20 度，這時候就可以認定為相位。

⑦若在二次推運的行星運中，改變了原本命盤的行星相位，那麼也需要特別注意這個相位所代表的影響，一般認為這個影響不會強過本命盤的影響，最多只是帶來不同的感受。

例如：本命的月亮和土星形成四分相，象徵著個人的需求與情緒被壓抑或遭到挑戰、帶來困擾，但如果在三十歲的二次推運星圖上，月亮因為移動了位置而和土星形成了三分相，這時候並不代表當事者從此不會壓抑情緒或需求，而可能是這樣的壓抑情緒或需求被合理化或被自身所接受，因此這一陣子不會覺得難過。

⑧若在二次推運的行星運行中，出現了原本命盤裡沒有的行星相位，那麼需要注意這個相位或行星所代表的影響。一般來說，這代表兩個產生相位行星所暗示的事情在此刻出現了關連，或是這兩顆行星守護的宮位所掌管的事情產生了連結，這個部分可以參考本書後面章節與行星相位有關的詳細解釋。

⑨注意二次推運星圖當中上升、天頂變換星座的時刻，同時若搭配本命盤觀察時，發現上升、天頂落入本命盤的不同宮位時，顯示我們的生活重心出現了明顯的變化。

⑩注意二次推運圖當中出現變換星座的宮頭，例如原本你的第二宮落在牡羊座，在三十二歲時第二宮的宮頭移動到了金牛座，這時候與二宮有關的金錢、物質、安全感的主題將會產生觀念性的變化。

用「www.astro.com」製作二次推運星圖

Step 1　如果你在「Astro.com」上面本來就有星盤，可以直接進行 Step 2，如果沒有，請參考第 29 頁的解說，先製作一張個人命盤。

Step 2　如果想要製作流年盤，點選「Free Horoscopes」，選取「Drawings & Calculations」下的「Extended Chart Selections」。

Step 3　如果要看二次推運的盤，那麼你只要確定「Brith Data」第一個名字是你的星盤名字（如果你的資料庫中有兩張以上的星盤，第二個「Partner」的欄位中會有別人的名字，可以不必作調整），然後就可以到第二個選項當中，「Methods」裡的「Please select the type of chart you want」下拉選單當中去找「Progressed chart」這個選項，並且在「Option」的下方確定你要看的日期，至於其他的部分，就直接維持預設選項就好，不用特意勾選。而後按下「Click here to show the chart」，就會看到自己的二次推運圖。

Step 4　如果要看本命盤與推運圖與行星過運的合盤，可以到第二個選項當中「Methods」的「Please select the type of chart you want」下拉選單當中去找「Natal and progression chart」這個選項，並且在「option」的下方確定你要看的日期。按下「click here to show the chart」，就會自動跳出你今天的流年行星過運星盤，內圈的行星是你的本命星盤，外圈綠色的行星是二次推運圖。

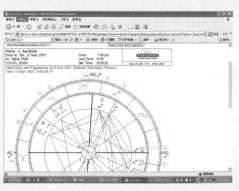

第二章　正向推運與太陽弧正向推運

　　占星初學者常會將「正向推運法系統」和「推運法系統」混爲一談。前者如「太陽弧正向推運」、「一次正向推運」、後者則爲「二次推運」（或稱「次限法」）。事實上這兩種方式有著明顯的差異，推運系統是以出生後的一個時間單位的星盤，來觀察與這個單位相連結的流年星盤，例如：以出生後兩天的星盤來觀察出生後兩年的運勢。

　　然而「正向推運」則是以星盤上的行星或天頂移動一度或一個特定單位，作爲流年上一個時間單位的預測。例如：一度推運主限法是以天頂爲主軸，每移動一度爲一年的運勢觀察，或是最常被使用的太陽弧正向推運法。

太陽弧正向推運

　　近年來流行的太陽弧正向推運，是將出生當天太陽移動的度數，作爲未來推運時，星盤上所有移動的星體（包括上升、天頂還有全部宮位）的移動基數（0度57分到1度01分不等），在徒手繪製星盤時相當的方便。假設太陽一天移動一度，那麼要看兩歲的星盤時，就將出生圖上所有的星體還有宮位移動兩度，要看三十歲的星盤時，出生圖上所有的星體還有上升、天頂都會移動30度。

　　太陽弧正向推運有強烈的「象徵」特質，其星盤移動完全是虛擬的，只是以太陽象徵性的一天移動一度，來作爲每一年的運勢預測，太陽弧正向推運中又有許多不同的應用方式，最主要的差異在於，要以多長的太陽弧單位作爲每一年的移動標準。

　　底下則是幾種常見的方法：

包耐德法

　　以太陽的平均移動弧度0度59分08秒作爲一個移動單位。就是把推算歲數乘上0°59'08"，但因太陽弧推運法會將這樣的度數，加在上升與天頂和各種行星的移動上，因此就算是移動速度較慢的外圍行星，都會產生變化，準確度也較低，不過現代已較少人使用。

一度法

每天以一度來算，可以說是簡略版的太陽弧正向推運，在過去電腦還不普及時，這個方式對不想詳細計算的占星師來說可以說是十分方便。

太陽弧法

以生日當天實際的太陽運行弧度來計算，從 0 度 57 分到 1 度 01 分都有可能，目前最常採用的方式就是這種方法。

太陽弧正向推運法被視為是近年取代二次推運法的流年推運方式，雖然太陽弧不以實際星體運行作為判斷流年的標準，曾遭到一些占星師的非議，但是許多占星師都以經驗證明，太陽弧正向推運有其強烈的預測準確度，甚至可以佐以已發生事件的時刻，替出生時間不準確的人重新作命盤校正，而我自從開始學習太陽弧正向推運之後，也發現其中許多不可思議的準確性，進而成為太陽弧正向推運的愛用者，而許多原本對太陽弧正向推運抱持著懷疑的占星師，也都在近年來討論一些流年事件時，發現這個流年判斷技巧的神奇之處。

太陽弧正向推運與二次推運，都可以拿來作為判斷一個人生命歷程主軸的依據，我們可以從這些圖上行星的移動，以及與本命盤行星的互動來描繪出一個人生命當中的身心變化，與二次推運法不同的是，在太陽弧正向推運的星盤上，所有的行星都維持著與命盤上相同的相位，不會因為運行而產生變化，例如本命盤的太陽、土星四分相，在太陽弧正向推運的圖中，當流年的太陽、土星會因為移動的度數相同而維持著這個四分相（假設太陽移動 0 度 57 分，星盤上所有的行星及宮位都會跟著移動 0 度 57 分）。

對占星師來說，這個方法有一種維持著命盤上不變的重要特質，同時藉由移動的過程中與其他星體產生的變化來作為判斷的依據，這個推運法同時也會讓原本在二次推運中移動較慢的行星也跟著移動，增加了預測的豐富性。但需注意的是，太陽弧正向推運必須與本命盤合著看，才能顯示出特別之處。

太陽弧正向推運的解盤重點

①觀察本命盤的細節，列出每一宮的守護行星以及每一顆行星所在的宮位，

以及本命盤當中出現的強硬相位、圖形相位，以及角距容許度在 2 度以內的相位。對於初學者來說，甚至可以進一步列出這些象徵所暗示的事件。

②太陽弧正向推運在時間的精確度上要求很高，我們可以藉由在此人所有落在降宮（三、六、九、十二宮）的行星，在幾歲時移動到上升、天頂、下降、天底，來推測此人的出生時間與上升是否準確。

③觀察太陽弧正向推運當中變換宮位與星座的行星，在象徵某年運勢的星盤上變換了星座或宮位，這時候象徵此星有關的特質會出現變化。這個部分可以參考本書後面章節中，流年行星進入星座與宮位有關的詳細解釋。

④注意太陽弧正向推運星盤的行星與本命盤上任何行星產生強硬相位的時刻，若這些星體在象徵某年移動時與本命盤的行星產生相位，那麼顯示這兩顆行星所掌管的事件將會沾上另一顆行星的色彩。請參考本書後面章節有關於行星產生相位的詳細解釋。

⑤在太陽弧正向推運的觀察中，我們只給予相位前後 1.5 度的容許值，同時若其中牽涉到本命太陽、月亮或太陽弧正向推運的太陽相位，可以放寬到 2.5 度。

⑥若在太陽弧正向推運的行星運行當中，出現了與本命盤行星的合相與強硬相位，也必須特別注意這個相位所代表的影響。我們必須研究這些行星所掌管的事件、宮位，以及相位的特質等。

⑦若在太陽弧正向推運的行星運行當中，與本命盤上升、天頂、下降、天底的合相時，特別注意這個流年將會有明顯的人生變化，變化的特質與該行星的本質，還有該行星在命盤上所守護的宮位有關，請參考本書第三部中，有關於行星產生相位以及行星進入宮位的詳細解釋。一般來說，特別當土星、天王星、海王星、冥王星在太陽弧正向推運圖中出現在四角時，往往暗示著極為重大的人生變化，可能會面臨嚴重的危機或生離死別的時刻。

⑧注意太陽弧正向推運星圖當中上升、天頂變換星座的時刻，同時在搭配本命盤觀察時，若上升、天頂落入本命盤的不同宮位時，顯示我們的重心出現了明顯的變化。

⑨注意太陽弧正向推運圖當中變換星座的宮頭，例如原本你的第二宮落在牡羊座，在三十二歲的時候第二宮的宮頭移動到了金牛座，這時候與二宮有關的金錢、物質、安全感的主題將會產生觀念性的變化。

用「www.astro.com」製作太陽弧正向推運星圖

Step 1　如果你在「Astro.com」上面原本就有星盤，可以直接進行 Step 2，如果沒有，請參考第 29 頁的解說，先製作一張個人命盤。

Step 2　如果想要製作流年盤，點選「Free Horoscopes」，選取「Drawings & Calculations」下的「Extended Chart Selections」。

Step 3　由於「astro.com」上面找不到單獨的「Solar arc」的選項，只有與二次推運合併的選項，如果你要看推運跟你命盤的合盤，那麼你只要確定「Brith Data」第一個名字是你的星盤名字，（同前，若資料庫中有兩張以上的星盤，「partner」欄位中會有他人的名字，不需調整）然後就可以到第二個選項當中，「Methods」的「Please select the type of chart you want」下拉選單當中去找「Natal, progression and solar arc combined *」這個選項，並且在「option」的下方確定你要看的日期，至於其他選項維持原預設選項即可。

按下「click here to show the chart」，就會看到你的二次推運圖與太陽弧正向推運圖。這裡太陽弧正向推運圖是藍色的符號，而二次推運是綠色的符號。

個案分析：超人的不死精神 —— 克里斯多福李維

　　以飾演超人出名的著名影星克里斯多福李維（Christopher Reeve），他本命盤的冥王星與上升點結合，由於冥王星在占星學中暗示著堅強的意志力與求生的勇氣，同時也暗示著擁有超乎常人的力量與控制力。冥王與上升的結合正好呼應了他在大螢幕上的「超人」形象，此外，上升點也暗示著形象與外型。

　　西元 1995 年 5 月他在參加一場馬術比賽時意外墜馬，幾乎瀕臨死亡，就連主治醫生都覺得他熬過來的機會非常小，但他靠著過人的求生意志，不但活了過來，而且一步一步的脫離輔助維生的器材。

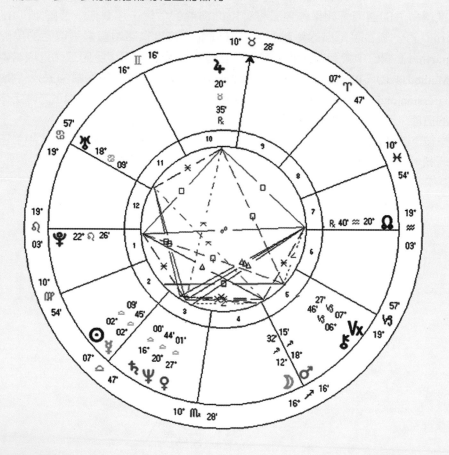

圖說：〔克里斯多福李維的本命盤〕

　　而在 1995 年 5 月的悲劇發生時，太陽弧正向推運的冥王星與上升點，正好與本命盤的太陽、水星在第二宮緊密結合，太陽守護的器官正是脊椎、水星也與全身傳導的神經有關，上升點代表著外在與身體，與第二宮（除了金錢外也代表肉體）的緊密結合，墜馬幾乎讓他喪失生命。

　　但要提醒大家的，並不只是冥王星會造成如此嚴重的傷害，同時也不要忘記冥王星象徵的堅強意志力。1995 年墜馬之後他所發揮的堅強求生意志力，連醫生都感到驚訝，當時的醫學對於脊椎受傷的治療方式不多，他卻靠著堅強的意志力一直撐下來直到五十二歲才去世，這當中他也一直與脊椎的損傷所帶來的不便奮戰，並幾度嘗試想要重新站起來，過著一般人的生活。

　　冥王星與太陽的結合帶來了激烈的變動，深深的掩埋自我，讓人幾乎感到絕望，但克里斯多福的案例也提醒我們，冥王星也給我們重生的機會，如果能夠破繭而出，我們將成為真正的超人。

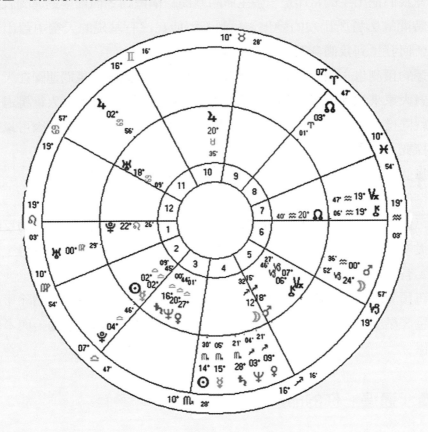

圖說：〔李維的本命盤與西元 1995 年太陽弧正向推運的合盤〕

第三章　行星過運法

行星過運法的預測原理

在許多占星學的流年推算法當中，行星過運法算是最常被應用，且適合初學者使用的流年預測方式，因爲你只要有一張出生命盤，以及所要預測日期當天的行星位置，就可以預測當時的事件與心理狀態。

首先我們把出生圖當作是一張生命的基礎結構藍圖，而行星過運圖就是隨著歲月與時間的影響所出現的變化。我們不可能在沒有基礎的天空中蓋出一座城堡，而任何發生到我們身上的事情都事出有因。

命運的預測也一樣，必須從當事者的命盤下手，因爲行星過運圖在天空運行的位置對大家來說都一樣，例如：某天火星在雙魚座，那麼所有人行星過運圖上的火星就同樣都落在雙魚座，但是爲什麼每個人的反應不同？其原因可以從以下三點去探究：

①每個人對火星的感受不同（由於火星落入的星座不同）；

②每個人受到刺激的反應不同；

③每個人因爲成長過程當中的經驗，對於不同的事情也會有不同的反應，我們可以從本命火星的星座宮位、相位來觀察這些特質，例如：有人覺得工作是爲了賺錢，有人則認爲工作是爲了實現理想。

所有預測的基準都與本命盤有關，所以學習行星過運法時，我們除了注意當下的行星、星座、相位之外，更重要的是，要注意當下行星的移動，與本命盤的對應關係。

當星體「通過」你的命運

究竟行星過運法是什麼意思呢？我們先來看看英文「Transit」的字義，根據牛津英文字典的解釋，Transit 的字源來自於拉丁文的「Transire」和「Transitus」，意思就是「Go across」，中文可以解釋成橫越或穿過。顧名思義，行星過運法就是指當下的行星移動在穿越過本命盤時，所帶來的影響。

行星過運法的基本概念就一如古老的占星觀念——「天上如是，人間亦然。」以當時的行星位置與相位來預測環境狀況，再觀察這些行星是否與出生圖的行星產生相位，其形成的相位就暗示著環境以及外力，所帶來的事件、心理狀態、態度改變等。

舉例來說，如果吉米本命盤上獅子座4度的上升點附近並沒有行星，但在西元2006年的3月，土星一直在獅子座的4度附近運行，此時這顆土星就會對他產生影響，由於上升點代表一個人的外觀，與他人互動時所展現的自我，所以這時候土星與上升點交會就可能影響吉米這個月的外觀，或限制吉米與他人的互動，或對自我要求較嚴苛等。

又或者，如果在2006年1月到5月間在獅子座（6～4度）位置的土星，例如：總是和阿美在天蠍座4度的月亮產生相當緊密的四分相，由土星和四分相所帶來的壓力與挫折，就很可能影響阿美的情感生活、情緒與精神狀態或生活品質，嚴重時甚至帶來憂鬱症等精神問題。

要注意行星過運所帶來的效應與影響多半是暫時性的，從幾小時到幾個月不等，越是太陽系外圍的行星，因為移動速度較慢的關係，帶來的影響時間也較長，火星與木星、土星的影響常會維持一個月以上，甚至因為逆行而重複發生，天王、海王、冥王等星往往影響一到兩年或是更久。而太陽、月亮、水星、金星，則因為運行速度較快，則有一、兩天到兩週左右的影響。

占星師們在使用行星過運法時，有幾種不同的技巧，最簡單的方式是徒手繪製。取出本命星盤的影本，然後參考星曆，將想要觀察或預測日期的行星位置標示在本命星盤的外圍，用不同顏色的筆或是在行星符號旁標示「T」表示「Transit」，以避免與本命盤的行星弄混，然後計算過運的行星與本命盤的行星是否有產生交會。

在電腦軟體當中，也能將流年的行星過運盤與本命星盤作合盤，內圈為本命的命盤、外圈為流年的行星過運盤。

重視外行星的強力影響

在行星過運法當中，火星以內的內行星常帶來快速的影響，多半不會超過一個月，這樣的影響不僅僅來自外力，也容易是心理狀態的改變，特別是月亮與太陽的宮位或相位的改變時，會有明顯的心情變化。但是由於變動過於頻繁，許多占星師反而不那麼注重內行星在行星過運圖的表現。

　　而火星以外的行星（包括了火星）在行星過運法中往往具有半年到數年以上的影響，而且常常藉由外力刺激的方式來表現其影響力，如果同時與出生命盤當中的行星產生緊密的強硬相位（容許度2度）時，常會讓人有深刻的感受，我們可以配合這樣的預告，來作好中長期的生涯規劃。

　　占星師在觀察行星過運的時候不能太過武斷，特別當火星軌道以外的外行星，與本命盤行星或上升、天頂交會產生相位時，不一定真的會發生什麼事，但必須提醒當事人或自己，在這陣子容易有什麼樣的事件發生，並帶來什麼樣的感受。

　　因為外行星容易展現出外界的**趨勢**變化，至於對個人的影響，往往會藉由外界或社會的力量來產生效應，有時也因為影響時間較長，而使人能夠慢慢的接受外界對自我的影響。

注意內行星帶來的觸發時刻

　　先前提到外行星常帶來長期的影響，有時很難感受得到，特別的是這種難以察覺的影響，往往要等到某天行星過運的太陽、月亮（或是金星、水星、火星）也經過關鍵位置時，才可能會因為一些突發事件，而對個人帶來這些外行星力量的鮮明感受。這一類的效應，占星學的術語稱之為「觸發」（Trigger）。

　　例如：2006年1月到4月，運行速度緩慢的天王星（位在雙魚座8～12度）與阿倫的本命盤火星（位於處女座10度）產生非常緊密的對分相。這樣的感受就如同一顆不穩定的炸彈擺在阿倫每天的生活當中，可能有超過三個月以上的影響，剛開始阿倫可能感受到自己不知道在激動什麼，或是每天對許多事情都**躍躍**欲試，對很多事情都看不順眼想要去改變，但這樣的能量並不會讓阿倫有太大的動作，或在每天都引爆衝突，甚至幾天之後，阿倫就習慣了這種情形，而漸漸感受不到這樣的行星影響。

　　但是這樣的現象，卻非常有可能在其他行星經過雙魚座8～12度、或是處女座8～12度，或是雙子、射手的8～12度時引爆。因為當行星經過上述的四個位置時，很有可能和天王星還有火星產生強硬相位的對分相、四分相或是合相。例如2006年3月6日到14日，火星正好經過雙子座8～12度，就很可能引發危機，他很可能在這天因為太過激動而跟人發生爭執，或急著去做某件事情（或腦中有太多的事情）卻疏忽安全，並產生意外傷害，如果他是女生（或男同志）也非常有可能僅僅是被某位帥哥深深吸引，發生了很刺激的一夜情。

　　必須提醒大家的是，日月與金星水星在行星過運的移動時，也同樣會因為和

本命盤的行星交會而帶來事件，但效力和事件都不如外圍行星強烈。例如月亮與本命盤金星產生六分相時，可能會讓你遇到一個很聊得來的陌生人，但交會卻不過短短的幾分鐘或幾小時，很可能一下子就忘記了。而外行星在行星過運的影響力卻相當強大，常常帶來震撼，即使是一夜情也可能帶來了嚴重的外遇後果，或是讓整個人對感情生活（或性生活）有了完全不同的看法，或可能是因為意外事件帶來了長久的不便與痛苦。這也是為什麼占星師們會特別強調，外行星在行星過運法的影響力。

　　觸發的效應往往藉由移動快速的日、月與內行星來引爆，因為他們的影響力往往只有一兩天或幾小時，所以我們更能夠精準的推算出發生的日子，並提醒自己或他人注意。這當中月亮的觸發最常被人注意，不只因為月亮與我們的情感、情緒、不安、無意識動作有關，也因為月亮在黃道的運行上速度最快，是最具有可能產生觸發效應的行星，其他還包括太陽、水星、金星、火星。他們都會以本身的特質來引發事件的產生。

遵守出生圖的黃金律

　　要進入一個人的流年判斷之前，一定要先熟悉此人本命盤的特徵，例如，如果有人行星過運當中遇到了流年天王星與木星會合本命金星的時刻，許多略懂占星的人很有可能說，這非常有可能暗示著中樂透呢！因為天王星象徵意外、木星

內行行星與外圍行星

　　宇宙大爆炸之後所留下來約 25% 的氦、75% 的氫與極少量的其它元素，成為構成太陽系中成員行星的元素。不同的元素在不同的太陽輻射的溫度區域內產生變化，太陽的能量將較輕的元素（例如：氫、甲烷等氣體）推送到較遠的地方；較靠近太陽的行星如水星、金星、地球、火星等，則是由固態的物質顆粒碰撞聚集成微小行星，再由微小行星聚集而成。主要的構成元素是金屬，也稱為「內行行星」（Inner planet）或「類地行星」（Terrestrial planet）。

　　而較遠端的行星，如木星、土星、天王星、海王星，一開始是由冰與水相互吸附，在質量夠大後才進一步吸附氫和甲烷，形成「類木行星」（Jovian planet），也稱為「外圍行星」（Outer planet）。

　　「類地行星」的構成，是由核心的金屬加上外層小而密的岩石世界，外圍再由稀少的大氣包覆。而「類木行星」是體積大、質量大，但是密度小的氣體世界，具有濃密的大氣且包覆的範圍大，木星質量約為地球的 318 倍。

象徵好運愉快、金星與金錢有關，一筆意外之財的出現。

然而真正受過訓練的占星師，會謹慎地先觀察此人的本命盤，尋找本命盤是否有代表意外之財的跡象（這可能包括了木星、天王星，與代表錢財的金星或第二宮守護星之間的相位），如果有類似相位，才敢作出這樣的預測。要謹記歷代的占星師們流傳著那一條古老的法則：**命盤上沒有暗示的事件，不會因為行運或推運的改變而出現。**

同時我們也要注意，如果本命有行星產生相位，就必須特別注意行星過運圖上，這些行星再次產生相位的時刻，因為這樣的行運時刻，會和本命盤有著高度的共鳴。例如：某人本命有火星與天王星的對分相，那麼我們就必須觀察在行星過運當中，火星何時與天王星產生合相與強硬相位，或者行星過運的火星或天王星，再一次的與本命盤的火星天王星產生相位。這些時刻都會激起此人命盤當中火星、天王星相位的共鳴，替他帶來高度的刺激，也可能引發意外、刀傷或觸電等問題。

行星過運的宮位與相位解釋

行星過運的解釋與推運圖的解釋大致相同，我們會在第三部中依照行星的類別詳述他們在變換宮位，以及和出生圖中其他行星產生相位時，所帶來的心理變化與事件。在做解讀時也不要忘記行星所在的星座，因為這個表現也會提供我們一些分析心理與事件上的線索。

如何解釋行星過運

首先我們要知道該過運行星本身在占星學的意涵，接著考慮該行星在本命盤上的星座、宮位及主要相位。這時候觀察本命盤被影響的行星，或是另一個被影響的行星過運的行星，以及所在的星座、宮位、相位。

最後將這些意義作整合，並且不要忘記了，行運時行星是與本命盤哪一宮發生相位，就代表著哪一宮的事情需要被注意，這些宮位是主要戰場與舞台。而本書的第三部，亦針對行星進入不同星座、宮位，及產生各種相位時有著詳盡的解釋。

舉例來說，要解釋金星、土星在行星過運盤第二宮與第八宮產生對分相的意涵時，首先別忘記金星與土星在占星學中的象徵意義，這兩顆星暗示著金錢情感

（金星）與限制或責任（土星），對分相最常代表伴侶關係與衝突，而第二宮與第八宮則是主要舞台，假設金星或土星在本命盤上的第十宮，且是第四宮的守護星，就代表家庭與工作可能引發這些現象的原因之一，或相反地會為這些現象所牽連或影響。

我們也可以推測，這時候可能會發生情感（金星）上的壓抑與限制（土星），原因很可能是與第二宮有關的物質安全感，或是與第八宮有關係的「性」或「心裡的陰影」，同時因為土星落在與外在形象、父母關係有關的第十宮，並且守護著與家庭、父母、童年有關的第四宮，我們可以推測父母還有童年的因素所帶來的陰影，可能是需要挖掘的更深層的心理因素。

行星過運的十大守則

①**行星過運並不是看流年推測的最佳方式**，其最佳功用是在和本命盤、推運圖、太陽弧正向推運，以及日月蝕圖、新月滿月圖等作搭配時，所有占星師都有經驗，光是看行星過運往往看不出事情發生事件與時間點。行星過運僅代表此一段時間的影響力，因此占星師很少單獨用行星過運法，來預測一個人未來會發生的事情，因為證據實在太薄弱了。

例如：金星大約每一年都就會經過七宮或天頂一次，如何預測哪一年是真的最具有結婚跡象的時間？而在英國受過正規訓練的占星師，都至少要學會同時運用推運、太陽弧正向推運與行運過運等各種方式來解讀流年，並且瞭解如何互相搭配，來找出對方值得注意的事件和時間點。

②**行星過運當中，移動越緩慢的星體影響越長久、影響力道也越大**，特別要注意天王星、海王星與冥王星，他們往往會停留在一個宮位與星座長達數年之久，而和本命盤或其他流年盤的行星形成的相位往往可以拖上半年到三年左右。速度越慢的行星在行星過運中，越容易對個人帶來的深沉且複雜的影響，所以天、海、冥的影響在行星過運中相當重要。**特別注意在三王星所代表的外界變遷與內心連結的長期影響上。**

③內行星可能很快的在幾天內和你的太陽交會，帶來短暫的感受，但是外行星的長期影響足以在你生命當中寫下重要的故事。而對於大約 1～3 年的中期計畫，要同時注意木星、土星的星座、宮位、相位，他們同時暗示著我們與社會變化之間的互動關係。

④**注意行星過運「木、土、天、海、冥」等星，何時在你命盤當中更換宮**

用「www.astro.com」製作行星過運星圖

Step 1　如果你在「Astro.com」上面原本有星盤，可以直接進行 Step 2，如果沒有，請參考第 29 頁的解說，先製作一張個人命盤。

Step 2　如果想要製作流年盤，點選「Free Horoscopes」，選取「Drawings & Calculations」下的「Extended Chart Selections」。

Step 3　如果你要看行星過運跟你命盤的合盤，那麼你只要確定「Brith Data」第一個名字是你的星盤名字（同前，「partner」中他人的名字不需改動），然後就可以到第二個選項當中「Methods」的「Please select the type of chart you want.」下拉選單當中去找「Natal chart and transits*」這個選項，他就會自動跳出你今天的流年行星過運星盤，內圈的行星是你的本命星盤，外圈綠色的行星是行星過運。

位，當這些行星更換星座，代表著社會經濟文化的變遷，相對的也會對我們的生活產生影響。當外圍行星與本命的 日、月、水、金、火和上升、天頂以及他們的守護星產生合相或強硬相位時，往往也帶來重要的影響。

⑤行星過運的一個重要觀念，行星進入某宮，或者和命盤行星產生什麼相位，並不代表行星對你做了什麼，而是暗示著，行星把哪些事情連結起來了。例如：十宮主星入二宮，連結了這兩宮的意涵，暗示著你的金錢或物質安全感（二宮）與你的上司、老闆、社會地位、父母（十宮）有著非常重要的連結。

⑥如何推測事件的變化呢？必須追尋事情的源頭，我們都知道行星是循環的，會在某一個時間回到原點，當行星到原點時代表某一件事情的開啟。這個原點可能是行星進入第一宮，或是行星與行星之間產生合相，接著行星與行星進入四分相的第一發展考驗階段、對分相的開花結果階段、第二次四分相的最後考驗階段，以及下一次合相前的完成階段。所以每一次土星和本命盤土星產生四分相對分相時，都會連結到土星合相時候的事件上去。

同樣的我們可以把這個方法應用在兩顆行星的循環，例如：最近的土海循環對分相，我們就必須去觀察土海合相的時候你做了什麼（如果年紀太小可能記不得），並往後推到第一次四分相的時候，每一次的合相都代表一件新事物循環的開始，而每一次的事件也都會和這個循環有關。

⑦根據剛剛的描述，我們會感受一個相位的影響一直到下一個相位發生，如果是「行運對行運」的相位，我們會感受這一次的土海對分相一直到下一次土海

產生四分相的時刻，如果是「行運對本命」的相位時，例如：行星過運的土星和金星合相時，我們會一直感受這種相位所帶來的事件影響著我們，一直到呈現四分相時才會帶來另一種感受。

⑧內行星的行星過運往往在行星過運當中不扮演「重大外界事件」的角色，唯一的例外是我們應用宮主星的技巧，除了他們本身的意涵（金星代表金錢、火星代表男人）以及宮主星的意涵來增加外行星帶來事件的色彩之外，日、月、水、金、火，常常扮演重要的「觸發」角色。

⑨月亮在行運的觸發更需要注意，月亮因為移動快速的原因，所以也要注意不是每一次月亮介入就會有事情發生，可是一旦其他行星先與本命盤所暗示的跡象產生相位，之後又加上了月亮的觸動，就會提高事件發生的可能性。

例如：某人有冥王星在天秤座 10 度，火星在牡羊座 15 度的對分相，這時候每次行運太陽（或其他行運行星）跟火冥合相或產生強硬相位的日子，都容易觸發你的火冥對分的感受，若這時候行運月亮也加進來攪局，就很明顯的暗示事情一定會發生。

「觸發」其實就是行星過運的精髓，占星師常常整合行運圖對其他流年技巧星盤，並且應用行運的觸發來找出事情發生的關鍵時刻，能夠做好「觸發」與「整合」的判斷，就能夠判斷出事件大致的時間。

⑩注意行星過運可能會有延遲的現象，特別針對下列幾種狀況，（A）土相星座強的人（B）固定星座強的人（C）行星過運產生相位的行星有土相或固定星座（D）本命盤和行星過運盤中 150 度的相位，他們都會延遲發生，都代表著事因種子已經種下，等待事情的發生。

簡單的行運技巧——行星過運的生命歷程轉折點

在占星學當中有許多不同的流年預測方式，無論是行星過運法、推運法或回歸法都能夠精準的預測事件與心境上的轉折，在一個人的生命歷程當中也有許多的轉折點，占星學家就經由上述的流年預測方式，指出一些共同的轉折點。

這些生命歷程當中的轉折，往往帶有強烈的震撼力，可能是經由外界的影響引發的事件，也可能是心境上的變化，占星師必須仔細的判斷，不過當你面對一個尋求諮詢的客戶時，不妨先看看他的年齡是否在下列轉折點當中，這些生命歷程轉折點將會是他在這時期所必須克服的困難或是接受的狀況。而有些轉折點並非帶來危機，而是發展上的轉機，占星師的工作就是幫助個人預先做好準備。

下列的轉折點，因為行星移動速度的快慢，有時會提前或延後一兩年，確切的時間我們必須回到過運、推運、回歸法當中來做出更精確的時間判斷。

此外要提醒的是，這樣的推論只是一種標準化的判斷，將會發生什麼事情或產生什麼效應，必須參考整體的星圖，以及行星之間的相位來加以判斷。

下頁的表格僅只是部分行星過運產生的歲數，許多時候行星過運的行星會在其他的時間點（不在列表上）與你本命盤的其他行星產生效應，那會帶來其他的改變與事件，將在後面的章節說明。

個案分析

我本身有土海對分，我在西元 1989 年（十六歲）土海合相（合相象徵種子時刻）時，就立志要當職業占星師，並在 1998 年土海四分相出版了第一本占星書，開始在媒體前曝光，2006 年土海對分相時準備寫《占星全書》以及開課（對分相暗示著已經準備好了，並開始散播出去的意思）。從這個例子，我們可以去看兩個行星的循環不只是「行運對行運 Transit-Transit」（上述的的土海例子就是 Transit-Transit），而且還包括了「行運對本命（Transit-Natal）」，例如行運土星與本命太陽（本命行星）之間的循環，我們所熟悉的太陽回歸、土星回歸等，就是行運對本命相位循環的應用，分相、四分相亦可加入來作為時間點的預測。

行星過運容易引發的事件及時間點

歲數	行星產生的現象	容易引發的心理變化與事件
6	行星過運的木星與本命木星產生四分相。	外界社會對孩童心理與發展的衝擊，開啓對外界的認知。
7～8	行星過運土星與本命土星產生四分相，過運天王星與本命天王星產生半六分相。	容易發生意外傷害，在此階段的兒童容易有新的朋友及想法出現。
10	行星過運天王星與本命天王星產生半四分相，行星過運土星與本命土星呈現三分相。	此時應注意電器與器械的使用，在此階段應訓練孩童的對自我的責任感。

歲數	行星產生的現象	容易引發的心理變化與事件
12	第一次木星回歸。	孩童多半完成第一階段的教育，對社會有了初步的認識，對未來的遠景有更明確的輪廓，觀察木星回歸圖的重點與特徵，可以預測和幫助孩童未來十二年的成長發展方向。同時木星回歸圖對射手座、雙魚座、上升射手與上升雙魚的人，有極為重要且明顯的影響。
14	行星過運海王星與本命海王星呈現半六分相，行星過運天王星與本命天王星成六分 相，行星過運土星與本命土星呈現四分相。	外界對青少年的衝擊藉由時尚以及創新的科技想法展現，容易沉迷或迷戀某些事物（海王星），也有許多天馬行空的想法，與同儕之間有著密切互動，更喜歡在此互動中展現自己與衆不同的特色（天王星），而在此階段青少年對責任（土星）的看法，以及外界所賦予的壓力與責任（流年土星），往往會帶給他們困難與挑戰，也容易產生沮喪、壓力、衝突、爭執。
18	行星過運木星與本命木星產生對分相。	對社會現狀的認知，造成青少年對外來發展的衝擊的回應，此時應給予協助幫助他們調整步調，或給予他們修正發展方向的建議。在傳統社會當中，這時候多半是青少年因為選擇未來事業發展目標而與父母或其他人產生衝突的時刻。
19	行星過運土星與本命土星產生三分相。	注意流年土星宮位所掌管的事物，容易有責任上的鬆懈，雖不會造成立即的衝擊與問題，但會在日後帶來問題。
21	行星過運海王星與本命海王星產生半四分相，行星過運天王星與本命天王星產生四分相，及行星過運土星與本命土星產生四分相。	外界社會的變化（天王星、海王星）帶來衝擊，注意藥物、毒品、電器、機械使用所帶來的問題。注意本命與流年土星所在的宮位，將會帶來壓力與責任的問題。
24	第二次木星回歸。	開啓未來的發展方向的時間點，可從回歸圖當中，觀察出未來十二年的發展目標。同樣的對於太陽或上升在射手與雙魚座的人有重要影響。

歲數	行星產生的現象	容易引發的心理變化與事件
27～29	第一次土星回歸，推運月亮回歸，行星過運海王星與本命海王星產生六分相。	第一次土星回歸時將會帶來重大的生命轉折點，容易在此時發生重大事件，對於生命當中該面對的課題與責任有著深刻的體驗，常有迷惘壓抑苦悶的感受。 推運月亮回歸時需檢視自我目前所追求的，與內心中的需求是否相同，必須去聆聽內心中的不安及潛藏的危機訊號，檢視自己與家庭的關係。 需要透過負責任與面對問題和學習的精神來幫助自己走出困境，占星師常建議這段時間用來進修、待產、移居國外。
31	行星過運木星與本命木星產生對分相（木星半回歸週期）流年天王星與本命天王星成八分之三相位。	直到三十歲時木星半回歸週期，顯示上次木星回歸所決定的目標，即將進入開花結果的階段，而同時流年天王星與本命天王星容易產生135度的八分之三相，帶來改革的挑戰，但也有重大的挑戰。
36	第三次木星回歸。	在事業的發展上的重要轉折點，有利於開發自我潛能，挑戰新的行業或轉換跑道。木星回歸圖對射手座、雙魚座、上升射手與上升雙魚的人有極為重要且明顯的影響。
37	行星過運土星與本命土星形成四分相。	這是對於二十九歲左右土星回歸之後的成年人成熟態度的考驗，確認當事人是否有足夠的能耐承擔責任。特別注意流年與本命土星所在的宮位暗示著考驗的事件與舞台。該宮位所掌管的事物，必須採取謹慎保守的態度來面對。
42	流年天王星與本命天王星對分相（天王星半回歸週期），行星過運海王星與本命海王星產生四分相，行星過運木星與本命木星產生對分相（木星半回歸週期）。	人生當中重大的改變階段，天王星帶來劇烈且快速的衝擊與改變讓許多人感到難過，通常快速且粗暴的造成離別，許多人在此時脫離過去的關係（離職、離婚、生離死別），木星所造成的對分相半週期，對許多占星家來說，這更是人生的低潮點，像是中年危機一般。
45	行星過運土星與本命土星產生對分相（土星半回歸週期）。	此時將帶來責任與事業的考驗。注意流年與本命的土星所在宮位，該宮位所掌管的事物，必須採取謹慎保守的態度來面對。

歲數	行星產生的現象	容易引發的心理變化與事件
48	第四次木星回歸。	在事業發展上的轉折點，有利於開發自我在精神生活上的目標，建立一套屬於自己的人生觀。木星回歸圖對射手座、雙魚座、上升射手與上升雙魚的人有極為重要且明顯的影響。
51	流年天王星與本命天王星成八分之三相位，行星過運土星與本命土星呈四分相，第一次凱龍星回歸。凱龍星的回歸大約發生在五十歲之後，由於凱龍星的運行軌道奇特，其回歸的時刻也有較大的誤差，甚至可能發生在數年之後。	不自覺接受到外界的刺激，而產生希望改變生活的念頭，雖不一定會去執行，卻容易造成心理上的壓力與不適應（天王星）。此時也必須做好面對過去傷痛的準備，常需要心理調適與諮商協助，展開自我心靈治療，這是一個跨越肉體與心靈的重要階段。若過去的類似問題不斷累積，將容易引發身心健康上的危機（土星與凱龍星）。
53	行星過運木星與木星成對分相。	人生價值與個人信仰容易再次面對挑戰。
56	第二次推運月亮回歸。	重新回歸到家庭事務，重新遇見與家鄉有關的事情，回到故鄉或出生地。
57～60	第五次木星回歸，第二次土星回歸。	精神信仰、生活價值、與個人能對社會所產生的貢獻都在此時浮現，此時往往是人生當中的另一個高潮階段，展現個人的智慧，將過去的生活經驗傳承下去，也同時面臨退休計畫的安排。
65～66	行星過運木星與本命木星產生對分相，行星過運土星與本命土星產生四分相。	此後的流年木星與土星的相位衝擊多半都代表著，個人心理與生活面對社會改變所帶來的衝擊。
71	第六次木星回歸。	同上。
74	行星過運土星與本命土星產生對分相。	同上。
77	行星過運木星與本命木星產生對分相。	同上。
81	行星過運土星與本命土星產生四分相。	同上。
83～84	天王星回歸，第七次木星回歸，第三次推運月亮回歸。	如有能力的話將會做出自我的重大改變，使周遭的人感到驚訝。

第四章　回歸系統介紹

行星的循環週期

　　回歸法是一種常被使用來推算流年的方式，占星學的架構中其中一個重要基礎就是行星的循環（Planetary Cycle），亦即行星每隔一陣子都會回到原來的位置。

　　從黃道的觀點上來看，太陽是一年一次，水星、金星大約一年一次，月亮二十八天、火星兩年、木星十二年、土星二十七至三十年、天王星八十四年，即使是百歲人瑞也只能遇到前面幾個行星的循環（海王星則是一百六十八年循環一次，冥王星則爲二百四十八年）。我們可以用這些循環來作爲此時到下一次循環的事件預測。最常用的有太陽、月亮、土星三種回歸圖。

　　太陽大約每經過一年之後，就會運行到出生的那個位置，而時間則是在生日的前後。占星家認爲當太陽回到與出生時刻的黃道位置時，此刻的行星關係與星圖會影響著未來一年的運氣，這種流年的推算法爲「太陽回歸法」。

　　而同樣的技巧也可應用在月亮和其他行星上，應用在月亮上可以解釋爲，利用每次月亮回到出生時刻推算未來一個月的大致運勢，習慣上稱「月亮回歸」或「太陰回歸」。

　　這些回歸圖的基本概念行星過運法相當類似，只是因爲這些行星過運的時間點，對個人的影響重大，所以才會特別獨立出來，作爲一個流年預測的研究標的。

太陽回歸介紹

　　太陽每年會在生日前後回到相同的位置，這時候我們可以利用這個時間點來判斷未來一年的整體運。首先在圖的製作上，我們先製作出生圖，然後利用出生圖找出今年太陽回到同一個度數的時刻，繪製出一張星圖。

　　雖然有人說，對於出生時間不準確的人來說，太陽回歸是最適合用來作爲流年判斷的，但我對這個說法抱持著保留的態度。因爲太陽回歸依據的是行星過運

中，太陽回歸到本命星盤上太陽的度數相同的位置時刻所繪製的，每一度都相差一天，每一分都會差幾十分鐘，間接的就影響到太陽回歸圖的上升與天頂的準確度。

事實上太陽回歸的循環是可以找出規律的，如果我們一直以出生地來畫太陽回歸，會發現天頂每一年會以逆時針的方向移動三個星座又幾度，例如今年如果你的太陽回歸天頂在天蠍座14度，那麼明年會移動逆時針三個星座，也就是水瓶座的14～13度左右，再下一年又會從水瓶再次移動三個星座，到金牛座13度左右。這樣的循環是三十三年一次，所以我們會發現，三十三歲時的太陽回歸圖（以出生地做為基準）太陽會回到命盤上的原來位置。

藉由這個原理，我們可以推測每四年太陽回歸都會在類似性質的宮位，就是有四年會在他的順序是四宮到一宮，再從十宮到七宮，而後又移到四宮等，會這樣巡迴大約十年多一點的時間（接近十一年），而後進入降宮的三宮、十二、九宮與六宮，再進入續宮的二宮、十一宮、八宮及五宮，並一直重複這樣的循環。

這個原理雖然複雜，但我們可以知道依據這樣的循環，這個人將會有十年忙碌於自我認知（一宮），並將成果展現在公眾面前（十宮），而後重視與他人的互動（七宮），然後再回到內心瞭解真實自我感受，回到自我認知重新循環起。

製作太陽回歸時，取決時間與地點的方法，在不同的學派有不同的看法，目前公認居住地的影響最大，其次是出生地，但是有一個學派聲稱，也可以利用太陽回歸當天自己所在的地點來繪製，所以也有人運用這個方法，刻意挑選能夠替自己帶來好運的時間與地點來旅行，只是這樣的效果不明，尚未得到太多映證。

太陽回歸圖解讀方式

一張太陽回歸的解讀方式有兩種，第一單獨解釋這張回歸圖，第二將太陽回歸套在出生圖上解釋。

單純的解釋太陽回歸，就如同解釋一張命盤，只不過這張盤的影響力有它的有效期限，這張命盤的有效期限，從這一年生日前的三個月開始，到生日後的三個月，如果你的生日是5月1日，那麼每年的太陽回歸這張圖從三個月前，也就是大概1月底左右就逐漸發揮影響力，而這張圖可能到明年的8月1日之前都還可能會有影響。

①首先，按照解讀本命盤的基本步驟來解讀太陽回歸，先分析元素、性質、南北半球、東西半球的整體特質描述，例如本命是風相強的人，在太陽回歸圖卻

變成了水相強時，這一年會比較感性，在理智上會加入情感的考量等，同時也要注意今年強項的性質與元素是不是補充了本命盤的不足，以及是不是有缺乏的元素和性質，是不是同時本命盤也缺乏這些元素。

②注意上升星座與第一宮內的行星，代表這一年的自我表現特質。

③觀察該圖上升點的守護星落入何宮以及太陽落入何宮，這些都暗示著今年的生活重點在哪？

④四角是否有行星合相，角距越緊越容易發生，特別在 2 度內的一定要考慮，超過 4 度的不太需要考慮。

⑤接下來注意太陽所在的宮位、太陽是否有強硬相位，或圖形相位，優先考慮 2 度以內的強硬相位，如果沒有再考慮 4 度內的相位。

⑥是否有三顆以上的行星落入同一宮，這也是這一年的生活重點。

⑦其他行星是不是也產生了 2 度以內的合相與強硬相位。

⑧其他行星是不是產生了圖形相位 T 型三角、大十字、大三角、風箏或上帝之指。

⑨是不是有水、金、火行星逆行。

太陽回歸圖與本命盤的合盤

在目前占星學界最主流的方式，是將太陽回歸盤放在出生圖的外圈。但有些學者認為，也可反過來觀察把本命盤放在太陽回歸盤外圈，最主要的原因是認為太陽回歸是這一年的演化，其分宮帶來了不同的生活層面，所以必須以太陽回歸盤為主，雖然我覺得影響力較小，不過仍有部分參考價值。

同時根據我的經驗，直接看太陽回歸的盤，並以合盤為輔，是比較適合的方式，但若合盤上出現相位時，影響力可是很大的，千萬不可以忽略。而解讀太陽回歸與出生圖的合盤重點如下（本命內圈、太陽回歸外圈）：

①太陽回歸圖上的行星是否有三顆以上的星群出現在命盤的某個宮位，或過度集中於四象限的某一塊，則這個區塊的定義需要注意。

②太陽回歸圖上的上升、天頂落在本命哪一宮，同樣表示這一年哪些領域最容易有重要的事情發生。相反的，如果本命盤的上升、天頂落入太陽回歸的哪一宮也可以暗示出你認為重要的事情會是什麼，並以什麼樣的態度來和外界接觸。

③注意是否有太陽回歸的行星與上升與天頂軸線合相（容許度 4 度），同樣顯示了今年的特色與重要事件。

利用「www.astro.com」製作免費的太陽回歸星圖

Step 1　　進入「astro.com」首頁，之後點選「Free Horoscopes」，選取「Drawings & Calculations」下的「Extended Chart Selections」。

Step 2　　在「Birth data」第一欄點選自己的星盤。

Step 3　　在下方「Please select the type of chart you want」選擇「solar return」。

Step 4　　在「option」那一欄確定你要觀察的「solar return」日期（如果要看最近的就不用動，因為它會自動跳到今天的），確定宮位制是你習慣使用的「普拉西度」（Placidus）或「等宮制」（equal），確定使用「tropic zodi- ac」相位設定 80%。地點設定部分，如果你距離出生地很遠（在台灣可以不用改變），必須在下方調整出生地按下「modify reference place」選擇你目前居住的地方。

Step 5　　要看出生圖與太陽回歸圖的合盤，請在「Please select the type of chart you want」地方選擇「Natal + solar return chart*」。

④其次重要的是太陽回歸圖當中的行星，是否有和本命行星產生相位，（A）先看強硬相位（B）然後找出 2 度以內的所有相位（C）注意圖形相位的出現 T 型三角或大十字之類的。

⑤解釋這些相位時，按照下列步驟來做綜合的詮釋（A）行星本身的定義（B）行星在命盤的宮位（C）行星守護的命盤宮位等。

⑥ 在判斷宮主星時利用出生圖的宮位，若出生圖一宮射手，守護星木星如果跑到太陽回歸與本命合盤的第七宮，則表示今年有重要的合作關係出現。

月亮回歸

月亮回歸圖就是每個月，月亮回到出生位置時所繪製的星盤，暗示這個月的心理狀態及需求，由行星之間的相位可以看出這個月的遊戲規則，哪些人生遊戲條件被設定了，要怎麼照著規則玩等等。

和太陽回歸的不同處，除了影響時間的不同外，太陽回歸顯示的是重要的追求的指標，而月亮回歸則暗示我們每月的情緒精神的變化，並提醒我們的需求在哪裡。

月亮回歸圖的解釋

①注意月亮回歸圖的上升星座，其守護星落入的星座宮位相位。由於上升代表外在表現，如果上升落在一個你本命當中沒有的星座時，會讓你自己覺得怪怪的，好像要去做別的事情。

②月亮回歸圖當中的月亮所在宮位，代表我們這一個月的迫切需求。

③月亮回歸圖當中所有行星的強硬相位（合相、四分相、對分相）。

④觀察月亮回歸圖的上升、天頂，落在命盤的何宮，是否有和命盤的行星呈現合相與強硬相位，代表我們這個月特別容易表現在他人面前的模式。

⑤月亮回歸圖的行星是否和命盤的行星形成硬相位或圖形相位的 T 型或大十字。

土星回歸的影響週期

每過二十八到三十年，行星過運的土星會回到與本命盤上的土星相同的星座

與度數，這時我們就稱為土星回歸，更明確的說法是，土星回歸的週期，其實應該包含行運土星開始進入本命土星前 8 度的位置時候開始算起，一直到土星正式離開 8 度的角距，這樣的影響已經長達一年以上。

　　每個人一生中會遇上兩次的土星回歸，第一次大約在二十八歲左右，第二次會在五十七歲到六十歲左右。二十八歲左右的土星回歸，是我們第一次交人生責任作業的時刻，土星這位嚴格的老師會檢查我們在過去的二十八年間，是不是有盡到責任，如果我們忽略了哪些事情，它就會找我們麻煩。

　　這段時間可能不太好過，孤獨、限制、沮喪、覺得時間不夠用（土星的意涵），都可能出現在我們的生命當中。而且土星也會把我們不需要且不實用的東西刪除，因此我們通常會在這個時期經歷許多事情的結束。

　　由於土星容易逆行，這使得許多人會在這個時期有好幾次土星回歸（三次左右），順行、逆行、最後又順行一次，第一次順行的影響力會一直持續到開始逆行時，逆行時刻一直影響到最後一次順行時，行運土星會合本命土星時，最後一次的會合，則顯示了我們往後三十年該注意的責任課題。

　　第二次的土星回歸，是奠定我們往後生活穩定的基礎，這時候其實已經接近我們生命的末端，土星在這時候會拿掉一些我們生命當中不需要的附屬品，並且讓我們能夠展現自己的智慧，並回饋給這個社會。土星在這時候也會保護我們的老年生活，讓晚年生活趨於簡單且穩定。通常人們都有足夠的智慧與經驗來輕鬆面對第二次的土星回歸。

土星回歸的解釋

　　首先我們要注意本命土星所在的星座、宮位，以及所守護的宮位等，這些都象徵我們該注意的「責任」。

　　我們往往會受到他人的影響，而選擇一些不是我們原本該作的事情，例如：父母親的選擇，或是根本從來都不願意面對生命中的責任，而土星回歸時，會將我們從夢中打醒，要我們去面對真正的使命。

　　土星回歸雖然難受，但是卻能夠幫助我們清楚的面對問題，我們該做的事如果我們在這時候認真面對，就能幫助我們在未來有更穩定的道路。

　　土星回歸也往往會影響到我們改變自己的生命道路，特別跟責任有關，在伴侶關係上也容易有所影響，根據調查發現，在二十八歲之前結婚的人，到了土星回歸時容易有重大的變化，生子、購屋、離婚。而還沒結婚的人往往離開舊情

人，或是結婚（改變狀況並許下承諾）。

結婚或分手往往是一個重點，並不是光看本命盤或土星回歸盤就夠了，而要觀察兩個人是否都專注在這段關係上頭，兩個人彼此之間是否有共同的感受，願意讓對方成為自己的負擔（土星）之一，如果沒有，那麼這段關係很顯然就會在這個時期破裂。

要知道土星回歸不會帶來問題，而是檢查我們的問題，痛苦與麻煩是我們過去的疏忽所造成的，土星會要求一個人更強壯，承擔得起未來三十年的重任，它在幫你做出發前的詳細安全檢查，直到你準備好上路為止。這當中它會幫我們清除不必要的目標與事件，會把我們小時候陪伴我們睡覺的洋娃娃或小熊給丟掉，它會狠狠地說：「你長大了！你不再需要那些東西！」然後在你面前很殘酷的對待你的小熊或洋娃娃，把他們丟到垃圾桶去，然後逼著你長大。

如果有人在這時候仍然選擇逃避，那麼第二次的土星回歸對他來說將會更難熬。土星回歸是難熬的一段時間，他會給我們一段磨練與成長，痛苦是成長的必經過程，代價卻是更有智慧更有能力來面對一切。

土星回歸盤的看盤重點

①土星回歸上升星座，其守護星落入的星座、宮位、相位。

②土星回歸的土星所在宮位。

③行星的強硬相位（合相、四分相、對分相）。

④土星回歸盤上升、天頂在命盤的何宮，是否有和命盤的行星呈現合相與強硬相位。

⑤命盤的上升、天頂在土星回歸的何宮。

⑥是否和命盤的行星形成強硬相位或圖形相位的 T 型或大十字（如下圖）。

⑦整合上述條件是否有不斷重複出現的課題（亦稱 Double-whammy），同時也別忘記了本命盤上的顯示。

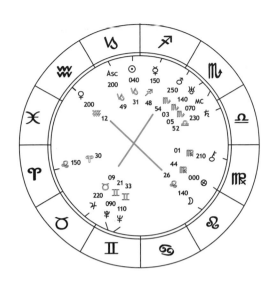 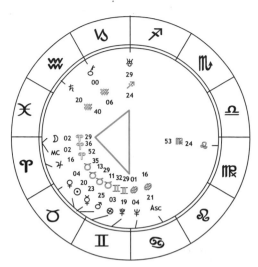

圖說：〔大十字圖形相位圖〕　　　　　　圖說：〔T型相位圖〕

土星回歸的影子

　　而根據最新的研究發現，當土星回歸後所殘留的餘力，會一直影響到行星土星離開太陽弧正向推運的土星位置。舉例來說，西元 1991 年年底～1993 年左右出生的人在 2021 年會遇到他們的土星回歸（水瓶座），假設有人土星在水瓶座 3 度，而在太陽弧正向推運途中，他們的土星已經移動了 30 度左右到下一個星座去了（雙魚座 3 度左右），所以根據上述說法，土星回歸的威力會一直影響到行運土星離開雙魚座 3 度為止。占星師稱為「土星的影子回歸」（Shadow Saturn Return），因為這就像是影子一樣餘波蕩漾。

　　有一位客戶，當土星回歸在雙子座時，發現自己的男朋友有了另一位女朋友，她為了報復於是也在旅行過程中發生了外遇，並持續和這位外遇的對象保持聯絡，一直到土星影子回歸完成。我自身也有類似的經驗，由於土星守護我的第七宮，從二十八歲起在伴侶關係上就一直出問題，直到三十二歲土星影子回歸結束後，才完全安定下來。

第五章　新月、滿月、日蝕及月蝕圖

　　日蝕與月蝕在過去被視爲是凶兆，許多占星師甚至到今天仍然用負面的角度來觀察日月蝕替人們帶來的影響。而這兩張圖亦被視爲解釋當下世界政治局勢，以及氣候變化的重點星圖。而新月圖、滿月圖則是近年來占星學家用來推測個人運勢與世俗變化的另一門技巧，這兩張圖亦被許多占星師所重視。

　　許多人在看到新月圖及滿月圖，特別是日、月蝕圖與本命盤形成重要相位時都會相當的緊張，然而要知道新月、滿月圖、日蝕圖、月蝕圖其實就和行星過運圖一樣，象徵一個階段的變化，只是這個階段具有特殊且重大的意涵，而且通常是在呼應命盤中原本就擁有的特質。此外，如果這幾張圖與推運圖、太陽弧正向推運圖，或太陽回歸圖有所呼應，影響力也是很大的。

　　在前面的流年預測工具都可運用「Astro.com」繪製星盤，唯獨新月、滿月圖與日、月蝕無法用「Astro.com」製作。若想要使用這個方式，必須先找出新月、滿月的日期與時間，然後直接用這個時間製作一張星盤，而後利用合盤的方式套在本命盤上觀察。

新月圖與滿月圖

　　從人文占星學的觀點來說，新月往往象徵著事物的開端，而滿月象徵事物的開花結果與呈現，通常新月圖象徵著我們當時所注重的事情，這件事情在滿月時象徵著需要與他人分享，或需要他人幫助來彌補自己的不足，這個工作將會在滿月過後告一個段落，或完成到一定程度。

　　①新月的影響會從前一週開始，一直到下一次新月的前一週；而滿月會從前一週開始，一直持續到下次滿月的前一週。

　　②由於新月、滿月圖具有強烈的行星過運色彩，在個案解讀上必須配合著本命盤來觀察。單獨觀察新月與滿月圖的時候，可以應用在「世俗占星」上作時事預測及氣候預測，準確性通常相當高。

　　③新月圖具有自我展現及滿足自我需求的迫切性，而滿月圖往往反映在人與人之間的關係上，若是已婚或有男女朋友的情形，這張圖的表現可能會展現在兩人之間的關係上，但也有可能只是發生在其他人身上的事情，只是你湊巧被影響

到了而已。

　　④注意新月與滿月當中，太陽與月亮落入的宮位，特別是落在那些在本命盤上沒有行星的空宮，往往會在這時成為這一個月的焦點，並帶來一些震撼。同時不要忘記了，此時太陽、月亮所落入的星座，會替這些事件增添一些特殊色彩。

　　例如：如果你的太陽、月亮在新月時刻都落入第十宮的處女座，這時候你認真的工作表現及重視細節的謹慎態度，很可能會開啟一個升遷的機會，或是得到老闆的賞識。工作的表現、升遷機會或老闆的賞識都與第十宮有關，而細心與重視細節則是處女座的影響，哪怕你命盤當中沒有一個處女座，但如果你這時候認真細心就會得到好處，但相反的，也代表因為不夠細心認真而被老闆修理的可能性哩！

　　⑤注意滿月時太陽、月亮分別落入的宮位，暗示著這個月伴侶關係上需要注意的重點。

　　⑥注意新月、滿月時，與太陽、月亮呈現合相、對分相、四分相的行星，在這裡相位容許度越緊密的行星越具有代表性，我們通常可以給予 4 度左右的容許度。

　　⑦注意新月滿月圖當中，在本命盤上升、天頂、下降、天底的 4 度前後若有行星，則是這張圖的「合軸星」（與軸線合相的星），就算是運行快速的水星，

滿月圖上太陽、月亮的宮位，所暗示的伴侶關係課題

　　第一宮與第七宮：將重點擺在自我與伴侶的重新認識上，重心在於我們是否注意到彼此的需求與追求。

　　第二宮與第八宮：重點擺在物質、性愛、安全感的交流，雙方是否在物質上面彼此支援幫助，在性愛上是否彼此滿足，以及是否能帶給對方足夠的安全感。

　　第三宮與第九宮：兩人的關係擺在溝通與學習上，要注意是否太過短視近利或太眼高手低，同時注意雙方的關係可能會受到兄弟姊妹鄰居好友等人的影響。

　　第四宮與第十宮：這時候特別需要重視兩人的情緒與歸屬感，以及與父母之間的關係，同時也代表家庭及工作，可能會影響到兩人的關係。

　　第五宮與第十一宮：彼此的娛樂、目標是否有照顧到，或是兩人的子女在這時候可能需要雙方共同付出關心。

　　第六宮與第十二宮：身體的健康因素在這裡相當明顯，同時也象徵兩人在每天生活的相處情形，此刻兩人都會對每天的生活細節較為關注，也要時時檢視自己是否替對方付出心力。

　　（以上說明也可以應用在月蝕的觀察上，影響期限最長一年。）

雖然在新月過後一週就會離開這個點，但是仍會帶來強烈的影響，至於外行星的影響力，由於所待的時間會很長，當然不可以不理會。

⑧新月、滿月圖有一個重要的特質，象徵著事情的開始與結束，加上新月圖與滿月圖是運用行星過運的原理來的，因此也要注意，這通常暗示著行星過運圖中的事件會在此刻發生。

例如：你的行星過運星盤上有天王星在第四宮，代表著你可能會離家或搬家，但是天王星會待同一個位置長達好多年，到底什麼時候會想搬家呢？這時就可以觀察這幾年的新月、滿月圖，如果有太陽、月亮或其他行星在新月、滿月圖中，出現了重複的暗示，例如日月或其他行星與本命四宮天王星產生合相或強硬相位，或是落到一些象徵獨立或分離的宮位和星座，這就暗示著會觸發天王星的主題，進一步展開搬家或離開家裡的計畫。

⑨我們其實也不需過度解釋新月圖與滿月圖，因為這可能會帶來過多複雜的資訊，可以只把它當作一張重要的行星過運星盤來解釋，尤其只要特別注意太陽、月亮，以及那些在本命盤或行星過運圖中，同時與太陽、月亮形成合相或強硬相位的行星所帶來的暗示。只要抓住這些大方向，提醒我們這段期間的重點為何就夠了，而非每天小心翼翼地觀察各種過運圖所暗示的複雜訊息。

日蝕圖與月蝕圖

其實我們每一年都會有機會遇到日蝕與月蝕，如果對天文學有些概念就會知道，日蝕發生在新月時刻，而月蝕發生在滿月時刻，這時候你可能會說，那就把日蝕和月蝕圖當作新月圖與滿月圖來看就好啦！沒錯！從某些觀點來看這是對的，日蝕與月蝕的確就是新月圖與滿月圖。

只是在占星學上，由於日蝕、月蝕的發生，除了在新月與滿月的時刻之外，必須加上南、北月交與合相，每當新月時刻發生在距離南、北月交 18.5 度之內時，就會產生日蝕。而每次滿月時刻，若太陽、月亮分別與南北月交相距 12.5 度就會產生月蝕。

在瞭解日、月蝕的重要性前，我們必須先瞭解南北月亮交點。在占星學中，北月交又稱「龍頭」，或「羅喉」（Rahu）是黃道和月球軌道的北邊交點，現代占星師視北月交為精神與心靈成長的途徑，及我們所吸收的一切；而南月交又稱「龍尾」或「計都」（Ketu），是黃道和月球軌道的南邊交點，現代占星師認為南月交是我們所習慣、適應，並感到舒適的地方，也暗示著我們所消化吸收之

後重新釋放出來的能量。北月交點又有幸運與前進發展的特質，而南月交點有時候具有強烈的業力與果報特質，這一點我們會在稍後作更進一步的討論。

　　占星家們視南北月交為宇宙能量進入地球的節點，這時候所產生的日月合相和對分相將有很強的影響力，所以我們不能忽略。日蝕與月蝕在占星學當中特別具有預測世俗事件的意涵，然而針對個人而言，他們就像是一張非常具有代表性的新月、滿月圖，日蝕圖的影響力大約有三年，而月蝕圖的影響大約在六個月到一年左右。

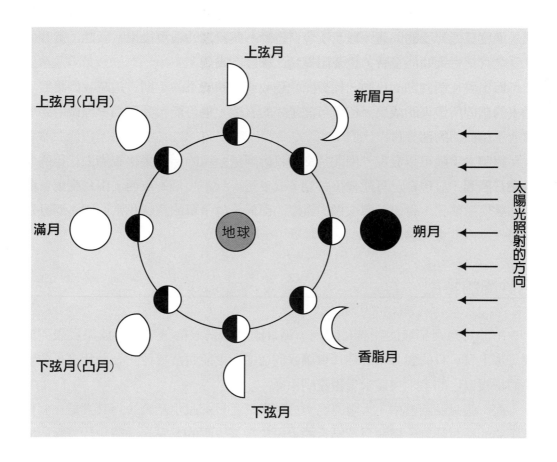

日蝕圖的特徵

　　日蝕圖都是新月圖，我們知道新月圖象徵著開始，無論是開始吸收或是開始回饋、回報。出現在北交點的日蝕象徵著我們在生活當中可能得到些什麼、可能吸收到些什麼、會得到哪些好處或壞處。我們要知道與北月交的日蝕宮位還有和

日蝕產生合相、對分相的行星，往往暗示我們要開始展開野心的起點，或對事物過度貪婪與錯誤的地方。而北月交與日月所落入的宮位代表著我們開始吸收，與獲得日月成長能量的生活層面，在這方面我們可能會覺得很幸運，甚至因為太幸運了而不知道該如何節制。

北月交的日蝕也同時暗示著我們應該朝哪些方向前進，但要注意的是，北月交雖然暗示我們應該前進的地方，但不代表我們一定願意去做，因為北月交同時具有另一層暗示叫作「辛苦的課題」，許多人寧願過得輕鬆一點，也不願意去面對自己的課題。但如果長期只享受好處，卻不努力追求成長，是會帶來過度貪婪或是過度發展野心的問題，以及縱容自己野心與貪婪的嚴重後果。因此，當我們享受北月交引入的能量時，也要記得藉此讓自己成長。

而出現在南交點的日蝕，代表開始驗收或回饋成果的時期。這時我們將展現過去的訓練所帶來的成果，但這可能是好的表現，也可能代表要為曾經做過的壞事或不夠努力的部分付出代價。

對照之下就可以發現，南北月交的日蝕圖是一組的。如果檢視過去三年的北月交日蝕圖，發現自己可能變得貪婪，或妄想得到不該得的東西，南月交就會顯現你該償還債務、付出代價或做出貢獻的部分，付帳單的意味相當明顯，而且是在這三年內就會應驗的事。

月蝕圖的特徵

由於月蝕圖都發生在滿月時刻，滿月圖原本就象徵著事情的成果發表與完成，加上日、月的對分相，往往會讓我們在這時更能看清自己正在做什麼，並讓我們檢視自己的追求與需求是否達到平衡。

而一張月蝕圖當中，太陽月亮會分別與南北月交產生結合，這其實是一個相當不錯的檢討時刻，與北月交結合的太陽象徵著覺醒的重點，同時也代表對於追求的事物會保持開放的態度。但在另一面，也必須注意與南月交產生合相的月亮，象徵著為了這些追求所可能忽略的事情，或是讓我們遲遲不肯付諸行動的原因與恐懼，或代表過份追求某件事情時，所必須付出的代價。

相反的，與北月交結合的月亮則鼓勵我們去滿足自己的需求，這會讓我們感到滿足，如果無止盡的去滿足自己的貪心，就如同吃飽的人看到一個美味的巧克力蛋糕還是把它給吞下去一樣的貪婪。而同時太陽與南交點的結合的宮位，則象徵我們停止追求的領域，或是選擇在這時候先滿足我們的需求，只希望待在舒適

的不要前進，也暗示著我們應該注意避免發生的事情。

　　同時因為日月對分相的關係，月蝕圖也往往暗示著未來一年的伴侶關係重點。我們可以觀察月蝕落入哪兩個宮位，藉此判斷未來一年伴侶關係有可能會把重點放在哪些地方，並請參考上述滿月部分所作的說明。

如何解讀一張日蝕月蝕圖

　　①日蝕的影響會從前三個月開始，影響力持續三年。

　　②月蝕的影響會從月蝕開始的前三個月起，持續影響一年的時間。

　　③日蝕圖如同新月圖，具有自我展現以及滿足自我需求的迫切性，但同時也指引了我們適合發展的人生道路，並提醒我們太過貪婪的部分。

　　④而月蝕圖如同滿月圖，往往反映在人與人之間的關係上，如果是已婚或是有男女朋友的人，這張圖的表現可能會展現在雙方的關係上。

　　⑤注意日蝕、月蝕中太陽與月亮落入的宮位，特別是那些本命盤上沒有行星的空宮，往往在這時候會成為這一到三年的焦點，並帶來一些震撼。同時不要忘記了此時南北交點所落入的星座，會替這些事件增添一些特殊色彩。

　　⑥如果是在觀察個人命盤上，可以把個人宮位的一、五、九對應火相星座，把二、六、十對應土相星座，把三、七、十一對應風相星座，把四、八、十二對應水相星座，並參考下表中的代表意義。

星座	意義
風相星座	代表溝通、思考、人際關係，在世俗占星學上暗示著人民與文化的劇烈變動與風暴。
火相星座	象徵行動、與自我有關的事物，在世俗占星學則暗示著戰爭、屠殺與大火。
水相星座	代表著情感、感受及深層心理的疑問，在世俗占星學上帶來了和水有關的麻煩，例如海難、海嘯、洪水。
土相星座	象徵著物質以及實際生活有關的金錢和工作問題，在世俗層面上可能暗示著飢荒、糧食問題、地震等等。

　　⑦注意此時南北月交星座的守護星所落入的宮位，會間接的發揮影響力。

　　⑧若太陽、月亮與南北月交落於不同星座時，必須加入太陽、月亮落入星座以及南北交所落入的星座的複雜考量。

⑨注意日月蝕時刻在太陽月亮旁邊 3 度以內出現的行星，這些行星會成為這張日蝕圖當中另一個需要注意的重點，對個人生活帶來嚴重的影響。

⑩注意日月蝕圖當中與日月產生對分相、四分相的行星，以及他們所落入的宮位，同樣的都只給予 3 度的容許值。（幾乎所有與日月蝕有關的書籍都只強調合相與對分相，然而根據我的經驗發現，四分相也具有強烈的影響力。）

⑪注意日月蝕若落入上升點、下降點、天頂、天底的 3 度之內，會帶來強烈的生活變化，象徵著重新體會自我（上升），伴侶關係（下降），職業、父母、公眾的互動及社會名聲（天頂），父母與家庭以及安全感（天底）的重大考驗。

⑫注意日月蝕若與本命盤的行星產生合相、對分相時，這一顆行星本身的特質，或是這一顆行星所守護的宮位，在這一段時間當中需要特別注意，他們或許代表著新的開始，也或者是必須為過去的作為付出一些代價。

⑬日蝕的影響時間大約是三年，月蝕的影響時間大約是一年，但如何更精確的判斷事物的發生時間呢？根據我的觀察，這必須將日月蝕的圖獨立出來，然後配合著行星過運的行星運行來觀察，這就是「觸發的時間點」，注意行星過運的日、月、火、土，是否在這三年的哪些時間，與日月蝕中的太陽月亮產生合相、對分相、四分相，這些都有可能暗示著日月蝕圖中暗示事件發生的時間點。

⑭在世俗占星學中，我們可以單獨觀察日月蝕圖，來推測該地區的重大事件。

案例分析：瑪莎史都華的的牢獄之災

　　美國的時尚大師瑪莎史都華在 2004 年因為涉嫌內線交易（2001 年）而被判刑五個月。這個案件當時在全美傳播界都備受矚目。

　　首先我們來看看，在 2001 年六月的日全蝕對瑪莎史都華來說暗示著些什麼，這張圖日月都進入了巨蟹座第八宮，暗示著與他人的交易與稅務問題，此時的第八宮還包括了大膽而冒險的木星以及象徵交易的水星，同時與火星產生對衝，並且會合了瑪莎史都華在第二宮的本命月亮。

　　北月交的日蝕發生在第八宮，代表此時瑪莎史都華對於他人金錢的好運，但若過度而成為貪婪，則需付出代價。瑪莎史都華如果選擇正當的操作股票，或許能夠有許多好處，但就因為過度貪婪而涉嫌內線交易，因此也引來一場牢獄之災。

　　接著我們來看，這個案件在 2004 年下半年成立，且判決瑪莎史都華有罪，這時候我們不妨來看看這一年下半年的月蝕圖。這一次的案件她除了被控內線交易外，還包含了在法庭上作偽證，這同樣是水星、木星帶來的影響。此外，日月蝕落在她的上升與下降點附近，而且太陽落入與監獄有關的十二宮，同時與本命的凱龍與冥王星形成四分相，而當時行星過運的土星也正好在瑪莎史都華的水星上頭，這些就足以說明她終究必須為此付出代價。

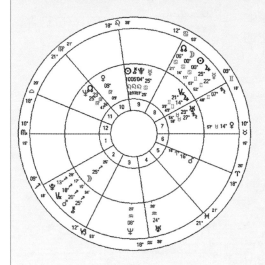

圖說：〔2001 年的日全蝕圖〕

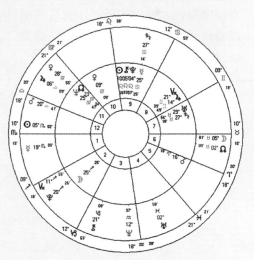

圖說：〔2004 年的月全蝕圖〕

個案分析：川普的總統之路

　　川普於 2017 年 1 月正式成為美國總統，在這四年的總統生涯中，他的星盤曾多次跟期間的日月蝕星盤彼此間形成過非常緊密的相位。

　　第一次緊密影響他的，是發生於 2017 年 8 月 21 日的日蝕，發生於獅子座 28 度 52 分，川普的本命上升點落在獅子座 29 度 58 分，火星則在獅子座 26 度 46 分，這是發生於北交點的日蝕，象徵我們可以得到的，同時也暗示了展開野心的開始。嚴格來說，雖然緊密合相上升點，但這組日蝕的確發生於川普的十二宮，「普世」的宮位，我們可以說他的野心展露於只有他自己沒察覺、但全世界都看到的地方，同時，如此靠近本命火星的日蝕，或許也會透過他的進取、進擊等等展現，也的確，在他上任的第一年，就已經引起了非常多的爭議及批評。

　　2018 年 2 月 15 日發生於水瓶座 27 度 7 分的日偏蝕則落於川普的下降點及第六宮，對分本命火星，而這次日蝕則發生於南交點，或許暗示了他的日常工作逐漸帶來了一些成果，雖然方式仍然是讓人覺得挑起事端的。

　　2019 年 7 月 16 日的月蝕則發生於摩羯座 24 度 4 分，緊密對分川普的本命金星，而本命金星是他的十宮守護，土星則是他的六宮守護，這兩宮同時都跟工作或事業有密切關聯。他在同年 12 月面臨彈劾。這月蝕的月亮合相南交點，或許暗示了川普在追求事業上想要成就的目標時，當中有一些必須付出的代價或面對的挑戰。

圖說：〔2017 年的日蝕圖〕

圖說：〔2018 年的日蝕圖〕

圖說：〔2019 年的月蝕圖〕

第六章　流年技巧的整合

　　介紹完前面幾種流年預測的技巧後，在這一章中我們就要學習如何將流年技巧整合起來，並做出準確的預測。以下就以幾個實際個案爲例，說明流年技巧的整合方式。

流年技巧的整合步驟

　　①本命盤的檢查：前面篇章就強調過，流年中所發生的事絕不可能無中生有，而多半是在呼應本命盤的行星相位而來。因此，我們首先要檢驗的就是，本命盤的行星所落入的星座、宮位與該行星所守護宮位，同時必須列出本命盤的重要相位，包括 T 型三角、大十字、上帝手指等幾個重要的圖形相位。

　　②其次，可以在二次推運圖或太陽弧正向推運擇一觀察，也可以兩者同時使用，注意太陽弧正向推運最好與本命盤一起觀察。在本書的示範中兩種方法都會加以介紹，但在實際個案分析時，我多半選擇的是太陽弧正向推運法。

　　③接著，可以先觀察行星過運的的木、土、天、海、冥等行星，是否與本命盤的日、月、水、金、火、上升點、下降點、天頂、天底、上升守護星、天頂守護星產生強硬相位，因爲這些現象的影響力往往會長達數年。

　　④觀察太陽回歸、日蝕與月蝕，同樣的可以只擇一觀察，或同時使用。

　　⑤最後再一次的將行星過運圖找出來，並且與二次推運（太陽弧正向推運），或是日月蝕的圖一起觀察，注意行星過運圖的太陽、月亮、水星是否有觸動到推運或日月蝕圖，就可以找出最貼近事件發生的日期。

個案分析：黛安娜王妃的大事件觀察

（A）命盤重點整理

為了方便就整個命盤先作一個整體觀察，我們暫且只列出與黛安娜王妃（Diana, Princess of Wales）太陽、月亮及命主星（上升守護星）產生相位的列表，同時為了觀察她的婚姻及車禍死亡的原因，也將水星（下降守護、也與交通有關）以及三宮守護星海王星列為觀察的重點。

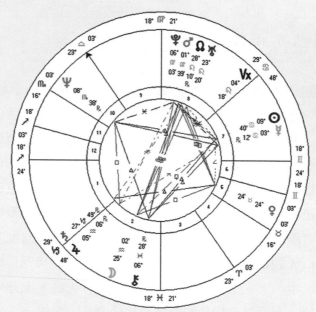

圖說：〔黛妃的本命盤〕

黛妃的行星、星座、宮位列表：

行星	星座（度數）	宮位	守護宮位
日	巨蟹 09	7	
月	水瓶 25	2	8
水星（逆行）	巨蟹 03	7	6、7、9
金星	金牛 24	5	5、10
火星	處女 01	8	4（11）
木星	水瓶 05	2	1、12（3）
土星	摩羯 27	1	2
天王星	獅子 23	8	
海王星	天蠍 08	10	3
冥王星	處女 06	8	11

相位列表：

太陽	與月亮形成 135 度，與水星（逆行）合相，與金星呈半四分相，天王星呈現半四分相，並與凱龍三分相。
月亮	與太陽 135 度，與金星四分相，與火星對分相，並與天王星對分相。
水星（守護七宮）	與太陽合相，與火星六分相，與木星 150 度，與海王星三分相，與冥王星六分相，與凱龍三分相。
木星（守護一宮與十二宮）	與水星 150 度、與土星合相、與海王星四分相、與冥王星 150 度。
海王星（守護三宮）	與太陽水星三分相、與木星四分相、與冥王星六分相。

圖形相位列表：

1. 風箏圖形	太陽（七宮）、凱龍（二宮）、海王星（十宮）、火星（八宮）為軸點。
2. T 型三角	月亮（二宮）、天王星（八宮）、金星（五宮為端點）。
3. Yod	水星（七宮）、冥王星（八宮）、木星（二宮為端點）。

　　若我們將焦點放在 1997 年發生的意外事件上，必須先觀察黛安娜是否在本命盤中有交通意外的跡象，同時這次的意外主因是駕駛酒後駕車所導致，因此必須在出生圖中尋找這類意外的特徵。

　　①首先，本命水星逆行在傳統占星學中就暗示著應注意交通，同時本命水星與木星呈現緊張的 150 度，木星守護黛安娜的上升點也代表她的身體，同時也是掌管交通第三宮的共同守護星。

　　②第三宮的守護星為海王星，與木星呈四分相，與掌管交通的水星呈現三分相。別忘記海王星、木星都有飲酒作樂的暗示。

　　③木星是命主星，同時也是第三宮的共同守護星，與水星及冥王星形成上帝手指，150 度在占星學當中暗示著緊張與意外，此外，木星也與海王星（酒精）四分相。

　　④我們也可以觀察到代表意外的天王星，與黛安娜的月亮（是太陽星座巨蟹的守護星，同時也是女性的代表）產生嚴重的對分相，也和代表女性身體的金星呈現四分相。

　　綜合分析上述的特質，已經能看出黛安娜王妃本命盤中與意外及酒駕傷害的連結了，接著就要觀察流年的星盤。

（B）二次推運分析

　　單獨觀察二次推運盤時我們會發現，黛安娜二次推運盤的上升點移到了摩羯座，同時土星也落在第一宮，並且很特別的，與天王星、月亮產生了另一個具有意外象徵的上帝手指。同時需注意她的木星此時也正在變換星座，由於木星又是她的命盤的上升點守護，象徵著身分的改變，而黛安娜也正是在 1996 年離婚，取消了王妃的頭銜。（因二次推運盤的影響力通常會在前一年就開始發揮。）

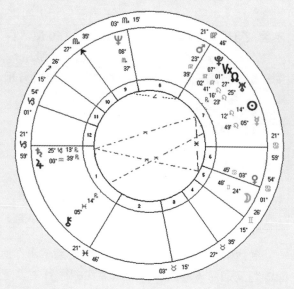

圖說：〔黛妃 1997 年的二次推運盤〕

（C）太陽弧正向推運

　　接著，如果觀察太陽弧正向推運就會發現，在 1997 年黛安娜的水星會對分本命木星，同時四分本命海王星，這裡呼應了本命盤中的水星與木星與海王星的原有相位。

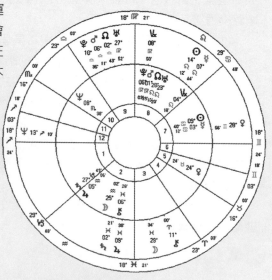

圖說：〔黛妃 1997 年的太陽弧正向推運圖〕

（D）行星過運的外行星運行

　　而後，在觀察行星過運的外行星是否有與個人行星或四個角產生合相或強硬相位時，會發現當時的天王星與黛安娜的本命木星合相，海王星四分本命木星、冥王星四分本命冥王星，行運月亮也開始和天王星產生合相。同時，黛安娜的本命盤中原本就有月亮與天王星的相位，以及海王星木星的四分相，而這些跡象在這個流年圖中又重複了一次。此外，也要注意她的海王星與本命土星、天王星，會合了本命木星。

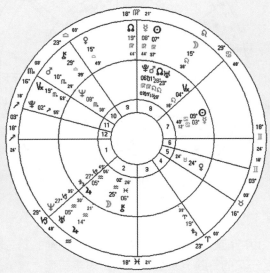

圖說：〔黛妃 1997 年的行星過運圖〕

（E）太陽回歸圖

　　若觀察太陽回歸圖會發現，這一年黛安娜的太陽在天頂，與上升附近的火星四分相，金星（該年的命主）與天王星對分相，同時與凱龍在第二宮宮頭形成一個 T 型三角，月亮也與冥王星對分相。必須注意的是，冥王星產生對分相的宮位，就落在代表交通的第三宮。

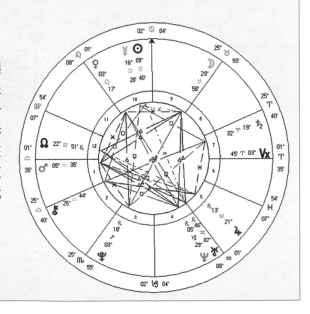

圖說：〔黛妃 1997 年的太陽回歸圖〕

（F）日月蝕圖

　　如果仔細觀察黛安娜的星盤，會發現這位巨蟹座的前英國王妃在生命中的許多大事件，都遇到了日月蝕，當她與查理王子分居的當天，月蝕出現在星盤的上升與下降點。

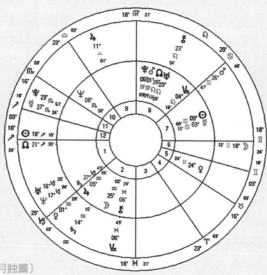

圖說：〔黛妃 1997 年的月蝕圖〕

　　而黛安娜去世的前幾次日月蝕，幾乎都發生在她的第三宮與第九宮，特別是離意外發生最近一次的日蝕，太陽、月亮都與帶有死亡象徵的本命冥王星產生合相。

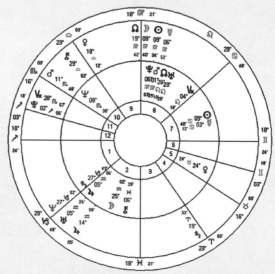

圖說：〔黛妃 1997 年的日蝕圖〕

（G）最後整合

　　我們透過研究二次推運、太陽弧正向推運、太陽回歸及日蝕圖找出了種種跡象，接著就要來判斷發生的時間。在這裡我們運用的是已經過世的黛安娜王妃作為案例，所以已知發生意外的時間，但在幫他人看星盤時，就必須幫對方找出在行星過運中可能觸動的時間點。

　　在黛安娜王妃過世當時，由於行運太陽與水星正好回到本命盤的冥王星之上，行運月亮與推運天王星產生合相，並對分本命的月亮，而行運水星則和凱龍形成對分相。在這裡最重要的應該是月亮去觸動本命天王，且還有月亮的相位。

　　在這裡要再一次的提醒大家，占星師對於死亡事件的預測應該要抱持著更為客觀的態度，不應當輕易的作出關於死亡的預言，甚至更多西方占星師認為生死是老天主宰的事物，應該交給上天去處理，而非由占星師來宣告。所以當你解讀的命盤這樣的狀況時，你只能盡量提醒關於重大的危機與危險，並建議對方應該避免從事危險的事情，而非直接預測死亡。

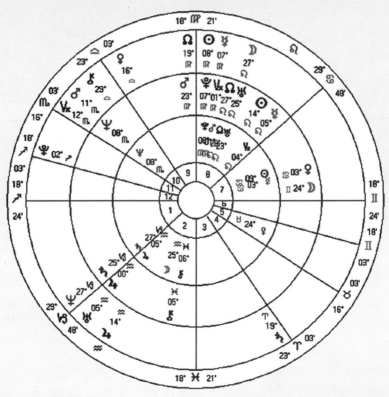

圖說：〔黛妃星圖綜合解讀〕

第三部

流年星盤的
詳細解說

Forecasting Chart Interpretation

行運與過運涉及內心深處（核心自我）想要帶來的改變，是深層的自我想要提醒我們注意的，或是想要我們發展的。為了配合我們內心的成長與呈現，我們必須傾聽自我的內心。如果這麼做，我們將會體驗行運與推運在出生圖上，所暗示的一種來自於心靈深處的強烈渴望及發展趨勢。

——霍華·薩司波塔斯

（Howard Sasportas，知名占星師，

曾任教於占星學院、心理占星中心）

第一章　流年的行星定義

　　行星是星盤上的主體，在流年預測中無論使用何種技法，行星的基本意義卻是不變的。接下來的章節會將每個行星在流年預測法中（①行星過運法、②推運法、③太陽弧正向推運），所帶來的影響作一番簡單的詮釋。

　　在詮釋流年的行星運行上面，有幾個重點，行星所在的宮位所表示的生活層面意涵，行星與行星之間所形成的緊密相位（大約在 0～2 度之間），這些我們都會在這一章討論，但也不要忽略了行星所在星座的意義，這一點在流年觀察上雖然不是最重要的，但是仍可以豐富解釋的內容，並增加預測的精準。

　　在往後的文章當中，所用的流年一詞，除非有特別強調是哪一種流年判別方式（行星過運或推運或其他方式），否則都泛指任何一種流年的預測方式均可應用。

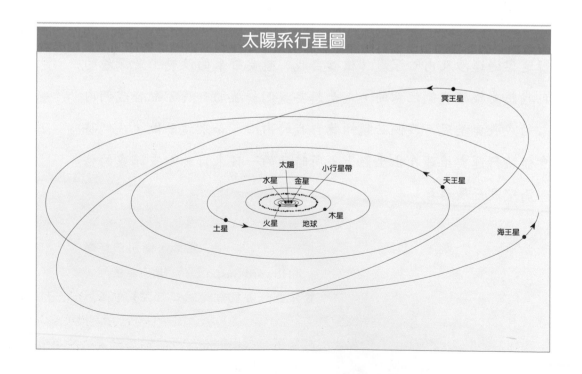

太陽系行星圖

流年太陽的影響

太陽在所有的流年預測中扮演的角色相當特殊，除了代表自我之外，在流年預測中也常扮演著關鍵角色。比方說，由於木星以外的行星影響力往往是半年以上，要精準預測事情發生的關鍵日期較不容易，因此占星學家認為，透過行星過運的太陽或月亮，對本命或流年的外圍行星產生刺激的時間點，就可以預測事件發生的時間。

例如，當火星與天王星在二次推運或行星過運法中產生互動時，就暗示著強大且突然的能量所帶來的意外事件，但因天王星移動的速度很慢，火星從進入此相位到離開，也往往需要三週到一個月的時間，所以很難預測出明確的日期。但如果在這段期間，太陽或月亮也同時和火星或天王星產生緊密的相位（特別是合相、對分相、四分相，容許值為 0～2 度）時，就是這些事件特別容易發生的日期。

占星家們也常用「觸發」來形容太陽、月亮所帶來的刺激。如果天王星與火星產生相位的時間，沒有太陽月亮或其他行星來刺激，多半只是感受到情緒上的緊張或興奮，或在行動上稍微特立獨行，有時甚至不會有太大感受。

追求目標的變化

當推運與行星過運中的太陽改變星座，或進入另一個宮位時，通常顯示著生活重心的轉變，這樣的轉變尤其在「二次推運法」以及「太陽弧正向推運法」中會特別明顯。

當太陽在二次推運法與太陽弧正向推運圖中變換宮位後，對於所追求的事物、所重視的生活層面，都會出現明顯的變化。例如在利用太陽弧正向推運法時，當太陽進入了第二宮，這時會替此人帶來更為重視金錢的態度，想要多賺點錢的慾望也容易產生，同時重視物質安全感，此外，此時也要特別留意財務狀況。

身體與意識的強弱改變

太陽和一個人的生命能量有著緊密的連結，在心理層面上也代表著個人意

識。當流年星盤上的太陽，透過所在宮位、星座，與其他行星產生相位，或在相位上表現出強勢或弱勢的狀態時，也會直接的對個人身體健康和心靈能量帶來影響。

當行星過運的太陽出現嚴重的強硬相位時，也必須注意太陽所守護的人體器官（心臟、脊椎、脾臟、免疫系統）的狀況，而在心理意識上，強勢太陽容易讓人對事業或社會地位興起強烈的企圖心，也常常與權力或影響力有關，這多半是源於希望被人注意的渴望。但若是太陽遇到強硬相位（對分相、四分相），或與火星、土星、冥王星產生合相時，則代表這種渴望很容易遭到挑戰。

注意與男性的關係

太陽在占星學中一直被視為男性的象徵，當流年的星盤中的太陽產生宮位、相位的變化時，也常暗示著與男性的關係改變，特別是父親或丈夫等較為親密的人。如果強硬相位在此時產生的話，也需要特別注意父親或丈夫的身體健康狀況。

刺激出生圖上所強調的層面

當流年太陽與出生圖上的行星產生相位時，常會引發出生圖上的太陽和該行星或所在宮位所掌管的事物備受重視。同時也必須注意，這顆出生圖上被流年太陽所影響的行星，是否同時具有其他的相位，也暗示著哪些事情會發生。

太陽星座的特質

符號：☉ 代表以自我為出發的靈魂。
出生圖上代表的意義：一個人的基本特質、人生觀、心靈的本質和自我的態度。
關鍵字：追求、父親、自我、力量的來源、創造、活力、表現方式。
特色：以自我為中心展現的創造與表現的力量。
正面影響：熱情、自信、領導力強、富創造力、擅長表現自我。
負面影響：專制、傲慢、誇大。
守護星座：獅子座。
強勢位置：白羊座。
失利位置：天秤座。

例如，當出生圖上的金星與土星形成四分相時，容易帶來情感的壓抑與挑戰，當流年過運的太陽與這兩顆行星產生相位時，情感上的不愉快或過去不愉快的經驗，就很容易帶來立即且顯著的影響。如果這兩顆行星落入與家庭有關的第四宮，或婚姻有關的第七宮，或是守護著四宮或七宮，被影響的層面就很有可能發生在這上頭。

流年太陽在不同推運技巧的應用

二次推運、太陽弧正向推運

二次推運法的主要原理，就是以「出生的第二天」，來預測「出生後第二年的命運」。其中，太陽位置的改變象徵著個人追求事物的改變，以及自我表達和自我意識的改變。

而在二次推運中，當太陽變換星座和宮位時，就暗示著我們重視的事物可能改變，也可能代表和父親或丈夫的關係，會受到推運法中太陽的相位、宮位、星座所象徵的事物的影響。

而太陽弧正向推運，則是以出生時太陽運行的速度為基準，來移動整張星盤的行星與上升、天頂位置，注意太陽弧正向推運圖中太陽變換星座，或者當其他太陽弧正向推運行星與太陽產生強硬相位的時刻。

用太陽弧正向推運時推算流年時，是將整張星盤的行星，跟著你出生那天太陽移動的速度一起動，而移動的速度根據出生日期的不同，北半球夏天出生的人可能移動零度 57 分作為一年，北半球冬天出生的人則可能每年移動一度零一分。

例如：出生時太陽在獅子座 1 度 02 分的人，月亮在牡羊座 0 度 04 分，上升在摩羯座 26 度 08 分，而出生那天太陽移動的速度是 0 度 58 分。

1. 若用太陽弧正向推運來觀察出生後一年的流年時，所有的行星與上升、天頂都移動 0 度 58 分，這時候太陽會移動到獅子座 2 度 0 分（1 度 02 ＋ 0 度 58），月亮會移動到 1 度 02 分（0 度 04 ＋ 0 度 58），上升會移動到摩羯座 27 度 06 分（26 度 08 ＋ 0 度 58）。

2. 若用太陽弧正向推運推算出生後兩年的流年時，所有的行星與上升、天頂都移動 1 度 56 分，所以這個人出生後兩年的太陽弧正向推運圖中，太陽會移動到獅子座 2 度 58 分（1 度 02 ＋ 1 度 56），月亮移動到牡羊座 2 度 00 分

（0 度 04 ＋ 1 度 56 分），上升移動到 28 度 04 分（26 度 08 分＋ 1 度 56 分）。

3. 若用太陽弧正向推運來推算出生後四年的的流年運勢，所有的行星與上升天頂都會移動 3 度 52 分（0 度 58 分乘以 4），所以這時候太陽會在獅子座 4 度 54 分（1 度 02 ＋ 3 度 52 分），月亮會在四歲太陽弧正向推運推運圖中移到 3 度 56 分（0 度 04 ＋ 3 度 52 分），上升會在四歲的太陽弧正向推運圖中移動 3 度 52 分，也就是說從一出生的摩羯座 26 度 08 分，移動到水瓶座 0 度 0 分（摩羯座 26 度 08 分＋ 3 度 52 分＝ 30 度 0 分），在占星學當中一個星座的 30 度就已經是下一個星座的開始，所以這一年此人的上升就會移動到了水瓶座。

行星過運

在行星過運法中，需要注意的是太陽移動的宮位和相位，這會帶來讓我們覺得重要的事情。此外，在行星過運途中，太陽和月亮也是讓原本就有的跡象被「觸發」的要件。許多在行星過運圖中，原本不明顯或是緩慢的行星所帶來的影響，往往會在產生相位的時刻引爆。

新月滿月圖與日蝕月蝕

人本占星學派的創始者丹‧魯德海雅（Dane Rudhya），更提倡了透過月相陰晴圓缺的角度，觀察人類心理變化的影響，也開啟了占星與心理學結合的契機。此後，月亮的週期更被廣泛應用到流年的推測上。首先，是世俗占星學的占星家們藉由每個地區新月、滿月、日蝕、月蝕時刻的星圖，來預測未來的事件。而現在也有許多占星師更進一步將這些星圖對應個人命盤，並藉此推測個人的每月運勢，及可能發生的重要事件。

在新月與滿月圖的預測方式中，太陽所代表的意涵不變，需要注意此時的宮位與相位對個人兩週內將產生影響，不過當日蝕或月蝕圖中，他的影響可能會長達一年甚至數年之久。

太陽回歸圖、月亮回歸圖

在太陽回歸圖中，太陽所在的宮位與相位，暗示著未來一年所重視的事物，或是讓我們覺得成功且發光發熱的事物，也暗示著與父親或丈夫的關係。在月亮

回歸圖中，太陽所在的宮位與相位，則暗示未來一個月的生活重心，以及自我實現的模式。

2007 年日蝕圖的再印證

　　日月蝕在占星學上，被視為是一種非常有效的世俗占星學的研究方式，日月蝕圖的觀測，可以說明這幾年來讓這個國家受到驚嚇的原因，在 2006 年 9 月 22 日的日蝕，我就已經在網路上討論過一次日月蝕的影響，尤其 2007 年倫敦發現的汽車炸彈案件又再一次的印證了日月蝕圖的威力，因此特別再討論一下。

　　現代占星師對月亮週期的重視來自於魯德海雅的研究，近代占星師用當地新月滿月時刻來預測前後一陣子的地區大事與氣候。這個研究技巧其實與日月蝕類似，因為日蝕與月蝕的形成的首要條件是新月與滿月的時刻，同時必須加上南北月交點與日月合相，每當太陽月亮與南北月交相距在 18 度之內時就會產生日蝕，占星家們視南北月交為能量進入地球的節點，這時候所產生的日月合相將有強大的影響力，一般占星師認為日蝕具有三年左右的影響力，而月蝕大約是六個月到一年，世俗事件上的影響力相當的大，對於個人而言，我們可以觀看日月蝕落入我們命盤的位置來視為這幾年面對人生該有的準備。

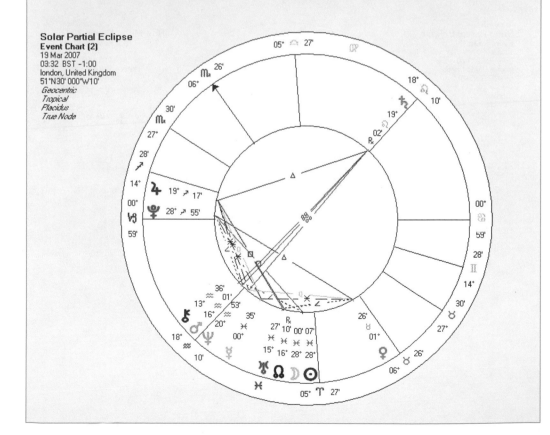

Solar Partial Eclipse
Event Chart (2)
19 Mar 2007
03:32 BST -1:00
london, United Kingdom
51°N30' 000°W10'
Geocentric
Tropical
Placidus
True Node

　　當我和占星學院的同學在研究 2007 年 3 月的日蝕圖的時候，發現當時位於倫敦的星圖有冥王星與上升合相，同時四分著當時產生日蝕的日月，象徵著一種威脅的力量正在醞釀，同時在南北月交附近的行星也會暗示著這個時期重要的事件特質，在北月交附近正是天王星，象徵著改革與變革。當時可以預測的是布萊爾的下台所帶來的改變，同時我們也同意冥王星象徵的恐怖主義的確有威脅。

　　世俗占星的研究當中，日月蝕的圖可以被當作是一張重要的星盤，我們可以用行星過運的星盤來進行合盤，重要的是強硬相位的刺激，也就是合相四分相與對分相，我的老師梅蘭妮，還有一些書面上得到的資訊建議我們，只需要注意行星與南北交的合相即可，但事實上我仍建議把四分相也考慮進去，這一次的倫敦與蘇格蘭汽車炸彈威脅事件就是一個例子。

　　如果再觀察 2007 年 3 月的日蝕圖與 6 月 15 日的新月圖的合盤時就會發現，日月同時四分著日蝕圖的日月，並且對分著日蝕圖的冥王星（也包含現在的冥王星），這具有占星研究上「雙重暗示」的重要意涵，日月在行星過運上扮演重要的「觸發角色」，暗示著這件大事容易在這個月亮循環週期結束前發生，特別容易發生在滿月之前，月亮再一次與冥王星合相帶來刺激，幸好這張星盤當中金星與冥王星三分相稍微削弱了冥王星的威脅，不然事情可就大條了。

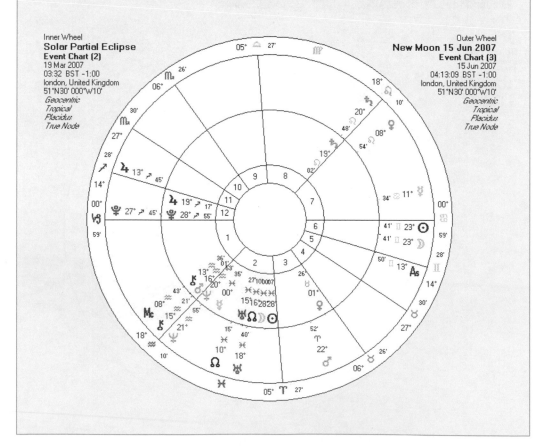

流年月亮的影響

　　月亮與太陽在占星學中有著無比重要的地位，畢竟這是天體間兩個巨大的焦點。從天文學的角度來看，月亮是地球的衛星，而早期有些科學家甚至認為月亮與地球可稱為雙星體系，因為月亮不僅僅繞著地球打轉，在某些程度上也影響著地軸的角度。

　　而在占星學中，由於月亮是整個天體中移動最快一個的角色，具有快速、變換、難以預測的特質。所以從這些字詞又可以聯想到陰晴不定、不安，或是心理學上的無意識或潛意識等部分。

　　月亮在一張出生圖中，包括幾個重要的意涵，基本的需求、不安、情緒、童年與過往、家庭、伴侶、與母親的關係、與女性的關係、內在的精神和諧等、與每日的生活狀態，心理占星學派大多認為月亮與無意識（或潛意識）有著重要的連結，下面我們則列舉出幾項在流年中月亮所來的影響。

難以察覺的情緒與無意識

　　應用在流年預測時，月亮的相位首先會帶來情緒上的刺激、自身的需求，以及和女性、母親關係的變化。當月亮在變換宮位或星座時，也會影響到上述的事件。占星師們普遍認為，月亮的影響多半在無意識的狀態下進行，在與太陽或上升、天頂產生相位時，也可能暗示這些無意識的內容會浮上檯面。

月亮星座的特質

符號：☽，反映事物的介質與潛藏的靈魂。

出生圖上代表的意義：一個人的情緒反應、潛意識、不安與依賴、感情態度。

關鍵字：需求、母親、不安、情緒、善變、敏感、害羞、日常生活的事物。

特色：隨著情緒波動而產生的力量。

正面影響：纖細敏感、包容、富同情心、深思熟慮、想像力豐富。

負面影響：善變、忌妒、膽怯、歇斯底里。

守護星座：巨蟹座。

強勢位置：金牛座。

失利位置：天蠍座。

而當月亮加入戰局，與其他已經產生相位的行星再次形成相位時，則稱為「觸發」，很可能會因情緒、情感、內在的不安與需求，或處於無意識層面的感受，促使著某些事件的發生，或讓我們出現一些無意識的反應舉動，但就因為個人無法意識到，也往往會讓我們覺得莫名其妙，或覺得事件來得突然。

與女性、母親的關係

長久以來月亮代表著母親與女性，月亮的相位和位置具有喚醒女性意識的能力，對於男性來說，可能是意識到自己具有的女性特質，呈現方式有可能會變得特別細心或體貼且具有照顧別人的傾向，或在母親與女性伴侶身上找到這些自己投射出去的特質。

當月亮與個人出生圖中的行星或重要位置（上升、天頂、下降、天底或行星中點等）交會時，這些女性特質就會展現出來，不過也由於月亮代表無意識，多數人總無法察覺。

基本需求的轉變

月亮的位置和我們的基本生活需求，如：溫飽、安全等有關，如同心理學家瑪斯洛（Abrahan H. Maslow）設計的金字塔一樣，當這些需求被滿足時，我們才有可能進一步的去追求自我的實現，在一個人的出生圖上，月亮的位置暗示著我們生活中最重要的需求為何，滿足了這項需求後我們才能獲得安全感，並有充分的力量成長。而在太陽回歸圖或新月、滿月的行星過運圖中，月亮的位置也指引著我們此週期的需求為何。

而觀測二次推運或太陽弧正向推運時，月亮與行星的相位和星座、宮位的變換，也暗示著需求的變換與反應，以及個人精神生活的狀態。在最常被觀測的行星過運圖中，月亮的位置與相位可以透露出我們受到外界刺激的感受，和內在精神的無意識的變化、衝擊、協調與成長。

無論在出生命盤或流年預測中，月亮所在的位置都暗示著一個極為重要且需要被滿足保護的事件，卻因為處於無意識的狀態下讓我們看不見。而占星師最好在取得當事人的信任之後，才可進一步針對當事人需求的部分，給予適當的建議。

健康與精神狀態

由於月亮象徵著人們的基本需求，當然這些需求的滿足與否也會直接的影響到健康與精神狀態。在占星學中，月亮與一個人的飲食習慣有關，特別在二次推運中，月亮的明顯變換可能涉及到飲食習慣的改變。

而月亮也與個人的內在精神生活有關，當流年中月亮與其他行星產生嚴重衝突，或遇上了具有壓抑（土星）與暴力色彩的行星（火星、天王星、冥王星）時，也很有可能暗示著情緒與精神狀態上的衝擊。此外月亮所代表的乳房、消化系統、與個人的情緒精神狀態，也都可以藉由月亮在流年的表現來觀察。

流年月亮在不同推運技巧的應用

二次推運、太陽弧正向推運

在傳統占星學的流年預測法中，二次推運是最常被使用的，由於這門技巧以出生的第二天來預測出生後第二年的命運，基本上只有日、月、金、水、火、木有著明顯的改變，其中又以月亮變換星座與宮位的速度最快，於是月亮就成了二次推運中的要角。

月亮所代表的情緒、內心需求與女性的關係，會隨著所在的星座與宮位、相位產生變化，通常由月亮來引發命盤上的事件與變化，其影響力往往有三個月之久。而由於月亮會在大約出生 28 到 30 天之後，回到原本的位置，因此也暗示著一個人在 28～30 年左右，將會完成第一次的情感與情緒生活的學習週期，進而在精神生活上更為成熟。

近代發展的太陽弧正向推運中，月亮則以出生日的太陽移動度數為基準來移動，但月亮仍具有重要地位。當太陽弧正向推運圖中，月亮改變星座與宮位時，會影響人們的內心需求、情緒反應，以及和女性的關係，對日常生活模式也會有重大改變。

同時必需強調，無論你使用哪一種推運法，二次推運的月亮位置在占星學中永遠佔有重要的指標地位，絕對不能夠忽視。就算是太陽弧正向推運專家諾埃爾‧泰爾（Noel Tyl）都一再強調，就算你使用太陽弧正向推運作為主要的流年推運技巧時，也不可以忽略了二次推運月亮的位置與變化。

行星過運

基本的影響與推運法類似，但在行星過運法中，由於是對照著每天月亮在黃道上位置與個人星盤的位置，以便作出預測，所以月亮的影響力可能從一週、一天甚至是幾個小時不等。雖然影響力短暫，且通常是無意識的影響，不要忘記了，月亮是流年中引發事件與危機的要件。許多原本不明顯，或是移動緩慢的行星所帶來的影響，往往會在與月亮形成相位時，引發事件的產生。

新月滿月圖與日蝕月蝕

月亮與太陽都是新月、滿月圖的要角，在圖中月亮所在的星座與宮位，暗示著我們未來兩週的運勢、精神狀態，以及和母親相處的狀況，日常生活習慣的改變。

太陽回歸圖、月亮回歸圖

如同出生圖的判讀一樣，在太陽回歸圖中月亮所在的位置與相位，暗示著我們在未來一年的內心渴求，容易反應的情緒模式，以及與女性的關係。在另一門流年預測技巧回歸法中，占星師們則常以「月亮回歸法」來觀察個人未來一個月的運勢，藉由每個月月亮回到原本出生星盤位置的時刻，預測個人未來一個月的運勢。

因為這個方法是以月亮回到同樣星座與度數的時刻來製圖，所以月亮並不會變換星座，但極有可能會變換宮位，從宮位的移動也可以觀察出當事者內心需求，已經轉移到哪些層面了。

流年水星的影響

由於水星具有中性的特質與色彩，因此帶來的衝擊能量並不強大，在流年圖中水星的影響，就如同出生圖中所代表的意義，象徵著訊息與溝通，包括了自我與他人的溝通，自己內在與外在的溝通，意識與無意識層面的溝通等等，也包括傳遞訊息的物品，以及報章、雜誌、媒體、電話，以及行動工具汽車、機車、火車等。

此外，水星也和兄弟姊妹有關，同時代表著學生、年輕人、教師等。在身體方面，水星與神經系統、雙手及掌管語言溝通的左腦有關。在政治占星學裡，水星代表著媒體、教育系統、通訊系統與交通系統。在行星過運圖中，水星並不像太陽、月亮一般有著重要的指標，但由於水星移動的速度比起其他行星來得快，因此仍有可能是「觸發」事件產生的要件之一。

溝通與思考的特質

水星最重要的特質就是溝通與思考，在我們出生圖中的水星星座位置，代表我們慣用的思考與溝通方式。例如水星在雙魚座的人，思想上可能會較為虛無飄渺，在與他人溝通時，也容易產生無厘頭或文不對題的情形。但他們的思想也多半比較慈悲善良。

而當推運法或其他流年圖的水星進入另一個星座時，就代表此人的思考方式

水星的特質

符號：☿，注重傳遞靈魂的介質，並且結合靈魂肉體與媒介三者。
出生圖上代表的意義：一個人的溝通、學習能力及特殊專長。
關鍵字：變動、迅速、傳播、溝通、學習、傳送運輸、理性思考分析。
特色：傳遞訊息與快速變動的力量。
正面影響：口才極佳、理性思考、擅長溝通學習、反應靈敏、具商業才能。
負面影響：詭辯、緊張、狡滑。
守護星座：處女座、雙子座。
強勢位置：水瓶座。
失利位置：獅子座。

會在這個週出現改變，如果本命水星雙魚的人，在二次推運圖中水星移動至牡羊座，很可能就會一改過去說話摸不著邊際的方式，而在這三十年間變得較積極，甚至帶點攻擊性的色彩。不過，這些特質只會附加在原本的溝通模式之上，並不會徹底改變當事者原本的溝通模式。

而流年水星所產生的相位，也暗示著這一段時間的思考層面會受到的影響。我們可以觀察行星過運的水星與行星過運其他行星相位，或是行星過運與水星與本盤中其他行星的相位，在推運上我們可以看二次推運與太陽弧正向推運水星的位置與相位而二次推運與太陽弧正向推運的水星與本盤中其他行星產生相位時，暗示著思考與溝通會在這段時期受到另一顆行星的影響，同時也代表，在觸及這顆行星所代表的事物時，也會更爲理智一些（因爲水星也代表思考）。

例如，當推運水星與與命盤中的火星產生相位時，代表我們這一兩年的思考學習和溝通較爲活躍，有時甚至會比較激動。但在火星代表的行動力方面，也會受到水星思考性的引導，而變得較爲理智。

有興趣的話題與學習目標

水星與學習有關，水星所在的星座與宮位也表示當事人較有興趣的話題或學習的科目。當流年水星進入某個星座或宮位時，該星座與宮位所掌管的事件很容易出現在當事者的日常生活的話題中，也可能成爲學習的重點目標之一。

而當流年水星的經過某個宮位時，則應多思考生活中關於那個宮位的事情。當水星與太陽、月亮或第一宮的守護星產生相位時，也較容易收到許多訊息，幫助我們思考與成長。當水星進入第一宮時，也可能代表著水星所守護宮位的事件，進入到我們的生命中。

日常生活的運作

水星與日常生活的運作也息息相關，例如每天該做的工作或功課等。當水星在二次推運或太陽弧正向推運、新月、滿月圖，以及太陽、月亮回歸圖中變換星座時，我們也容易受到影響，並改變日常生活的律動。

不過在占星圖上觀測日常生活的規律，也要注意月亮的星座、宮位與相位，水星只會帶來一小部分的影響，特別在溝通與思考、學習或與兄弟姊妹的關係上。但除非水星與其他行星產生強硬相位，否則水星的影響力並不會帶來太強烈

的感受。

交通與交易

　　水星的守護神漢米斯（Hermes）在希臘羅馬神話中是旅行與商業之神，在占星學中也與交通、財務交流和商業交易有關。當水星與本命盤中的火星、土星、天王、海王、冥王星等行星形成強硬相位時，要特別注意交通上的安全，而不同的行星所帶來的問題也不同，此部分將會在稍後水星與其他的相位中探討。

流年的水星逆行

　　流年的水星逆行有許多不同的解釋，不但可以從心理的層面下手，也可以從字意的解釋來分析。傳統的占星學視逆行的行星為混亂的象徵，當流年水星逆行時，可以結合逆行水星與所在的宮位的提示，提醒我們在思考哪些層面的事情時容易有混亂的思緒，或容易接收到混亂的資訊。例如，當流年水星在第七宮逆行時，很可能在和伴侶或合作夥伴溝通時容易產生混亂，也可能會在合約等法律文件上出現錯誤。

　　而水星也代表著交易與商業行為，所以當流年水星在第二宮或第八宮時，甚至代表公司金錢的第十一宮（第十宮的第二宮，老闆或公司的錢）逆行時，處理金錢問題時也必須特別小心。若在第三宮與第九宮逆行，則容易帶來交通問題，在規劃旅行行程時就需要多預留一些時間，以便處理可能會出現的混亂狀況。

　　在傳統占星學裡，也會從文字層面來解釋逆行的水星，由於水星代表訊息、文件、學生，所以當水星逆行時，很有可能會出現原本失去聯絡的人重新聯絡上，或原本丟掉的東西失而復得的情形。

　　但若從心理層面解釋的話，水星的逆行象徵著深度的思考，所以代表著水星逆行時所落入的星座、宮位所掌管的事情，需要作更有深度的思考，或提醒這件事情要三思而後行，仔細檢查是否還有沒注意到的細節。例如水星逆行在第七宮時，可能容易在法律文件上出問題，或因沒有仔細推敲相關文件，而使後續的執行層面出現問題，因此需要加倍小心。

流年水星在不同推運技巧的應用

二次推運、太陽弧正向推運

在推運法中，水星的星座暗示此一時期的思考特質與慣用的思考模式，例如某人出生時水星在射手座，溝通方式較為積極快速，想法也可能較為理想化，但當推運水星進入摩羯等土相星座時，想法就會比較偏向實際與現實層面的考量。

水星的宮位也暗示著，在這一段時期常常討論的事情以及思考的重點等。舉例來說，當推運的水星進入第七宮時，當事人也較能從他人的角度來考慮事情。當其他行星與水星產生相位時，也會帶來思考上的特徵。例如當二次推運圖的金星與水星產生相位時，思考與溝通的方式就會變得比較柔和，且較富有社交手腕。

行星過運

行星過運的水星星座，會稍微影響溝通與思考方式，但除非與原本出生圖的行星產生相位，否則這些影響就不會那麼強烈。而行星過運的水星宮位，也代表了在這個時期思考的重點，而水星的相位在行星過運時，同樣也有著觸發的效用，當水星扮演觸發角色時，引發事件的通常來自於學習、溝通與思考的方法，或是藉由與兄弟姊妹、交通、溝通等方面來表達。同時不要忘記，影響的原因也很有可能是水星所守護的宮位代表的事物。

新月滿月圖、日蝕月蝕、太陽回歸圖、月亮回歸圖

在這些流年判斷方法中，水星的解讀方式與出生圖一樣，影響的時期僅限於新月的前後一兩週，或是太陽回歸（影響一年）、月亮回歸的週期（影響一個月），日月蝕的影響則可以拉長到一年，如同二次推運的判斷方式，水星的星座仍會影響這個時期的溝通與思考方式，而水星的宮位則是思考與溝通時所關注的重點。水星與其他行星的相位，同時也代表容易受到學習、溝通、交通、兄弟姊妹的影響。

回歸法 Return

　　中文常稱為回歸法或返照法，顧名思義是指某顆行星（最常用的是太陽、月亮、土星等）回到你出生圖（Natal）上的同一個位置，占星師認為當行星回到你出生圖上的位置時象徵著一個新的循環的開始，太陽每年繞完黃道一圈，大約在你生日的時候就會回到你出生圖上的原點，以此時刻繪製一張圖用來推測你未來一年的大事件，這張圖的上升往往暗示著未來一年的生活目標。

　　而這張太陽回歸圖的解讀方法就和出生圖一樣，只是賞味期限一年。而月亮回歸圖則是每個月一次，觀察每個月的運勢，土星回歸每 27～30 年一次，是人生重大時刻，象徵著你必須經過土星的試煉，而完成部分的人生課題。回歸法是最適合初學者的運勢推測法，因為和觀察命盤一樣不用考慮複雜因素。

流年金星的影響

金星對個人的影響也頗爲重要，由於金星本身的能量具有柔和、美化、交換的特質，也與金錢、物質、情感態度、自我價值、女性特質有關。在傳統的占星學上，金星也與貴重金屬有關，在身體方面則和腎臟、喉嚨有關。

尋求和諧的所在

金星本身的能量具有柔和、美化、交換的特質，當金星進入某一個宮位時，象徵著希望求得平靜和諧的層面。常有人說金星代表無私的付出，但這些付出其實仍是渴望回報的。打個比方來說，火星要一件東西時會直接用拿的、用搶的，金星則是以退爲進，自己先付出，而後期待別人給予回饋。而金星所在的宮位，暗示著我們能找到舒適與喜悅的層面，也可能象徵遇見喜歡對象的地點。

軟化與放鬆的特質

金星除了代表和諧與交換，也代表軟化。例如，當金星與太陽產生相位時，自我意識（太陽）會被金星給軟化，雖然不像海王那麼的模糊，但至少會讓我們不那麼堅持自我的要求，軟化的目的是爲了被他人接受。此外，占星師們也觀察到一個現象，那就是金星的放鬆特質會讓人比較不堅持，在處理人際關係時自然

金星的特質
符號：♀，重靈魂勝於物質。
出生圖上代表的意義：一個人的愛情、金錢觀、藝術能力及心中的女性原型。
關鍵字：和平、浪漫、愛情、友誼、愉快、交換、藝術氣氛、田園風光。
特色：和平與平衡的力量。
正面影響：具藝術氣息、愛好和平、合群、受人喜愛的。
負面影響：懶散、放縱、無主見。
守護星座：金牛座、天秤座。
強勢位置：雙魚座。
失利位置：處女座

會比較和諧，但也可能讓當事人變得較爲懶散。

情感、人際關係、女兒與女性友人

　　金星的星座也代表期待的戀愛模式、心動的對象，以及如何和他人互動。流年金星暗示著這一陣子的情感狀態，容易在哪裡遇到喜歡的人，或是這段期間會喜歡什麼樣的人、容易發生什麼樣的感情事件等。

　　由於金星會帶來和諧，在哪些宮位或是與哪些行星交會，代表著該宮位的層面與行星的主題將會得到美化，在合作關係、交易、人際關係、愛情、與女性友人的關係等，也會有影響。流年金星在天底的女生，需要多花點時間來探討自身與父母親的關係，這樣的人無論到了多大年紀，總是希望扮演小女兒的姿態，也比較需要花多一點點時間來挖掘自身的女性特質。

金錢、價值觀、自我價值

　　流年金星不但暗示著人際關係，在金錢、喜好、財務狀態及用錢的態度上，也可能因爲流年金星的星座、宮位變化，及流年的金星相位影響而改變。但金星並非觀察流年財運的唯一指標，還需同時參考流年第二宮中的行星與相位、流年第二宮起點星座的守護星位置與相位，才能作出較爲精確的判斷。

　　金星最基本的意涵包括交易，金星所在的星座，象徵著我們的價值觀，特別是對自我的觀點、要怎麼做才能讓自己更有價值等。

受歡迎特質、令人高興的事情

　　當流年金星出現在上升點、下降點、天頂、天底，且沒有強硬相位干擾時，容易替我們帶來討人喜歡的特質，特別在天頂上時，職場表現也會特別順利，且受到上司或大眾的喜愛。

　　而此時戀愛的機會也會大爲增加，傳統的占星學將金星在上升、天頂、下降等位置，視爲可能結婚的跡象，但要清楚的是，在過去的社會環境下遇到一個心儀的人，或許很容易就能論及婚嫁，但現代社會則添加了許多複雜的因素。因此，這種相位很可能只代表一段令人喜悅的戀情，或是愉快的人際互動。當然結婚的跡象還是有可能的，但前提是已經先有交往情況穩定的男女朋友。

女性注意金星與冥王星的強硬相位

即使是金星的強硬相位，也很少代表激烈的挑戰或挫折，但在金星與冥王星形成對分相、四分相與合相的時期，特別是身為女性的人可能要稍微注意一下。冥王星代表的重整過程可能會相當激烈，往往不是金星所能夠輕易承受的，在這段時間內無論是心靈、情感、身體上的健康與安全問題，都需要特別留意。

流年時金星逆行的影響

金星與自我價值、情感有著深刻的連結，有趣的是金星每八年會在同一個星座逆行，大約每一年半就會逆行一次，每次為期 40 多天，並於八年後回到相同的星座。因此在黃道上會出現一個奇特的象徵，那也就是丹・布朗（Dan Brown）在他的成名之作《達文西密碼》（The Da Vinci Code）中提到，金星每隔八年在黃道帶上形成的軌跡，正好組成了一個五角星，事實上指的就是「金星逆行」的軌跡，而五角星正是女神崇拜的象徵，這裡的女神也正是維納斯（Venus），是古代信仰中司職生產與孕育萬物的女神。

行星逆行在傳統占星學中有負面的含意，但今日許多占星學家已採用較偏向心理層面的用語，來解釋行星逆行所代表的含意。而金星的逆行時就代表容易觸及內心深處的情感，以及調整自我價值與對物質的看法等。

人文占星學則習慣以角度的觀點來觀察，當屬於內行星的金星離開太陽約 45～48 度時就會開始逆行，此時太陽繼續前進，而金星保持逆行，直到金星逆行到與太陽合相，而後到金星與太陽再次形成 45 度角左右，金星這才開始恢復順行。

首先，我們可以先想想 45 度角所代表的含意，在占星學中 45 度稱為「半四分相」，這個相位象徵「自我意識的阻擾」，此刻太陽與金星分別落在兩個不同元素與性質的星座，因此當事人會隱約感覺到不適應與不協調。

同時從行星的相位循環週期來看，45 度代表著兩顆行星從合相出發後的第一次衝突。金星並非外行星，它連結著自我價值、情感、金錢、女性特質等意涵，當這些主題與「自我主觀意識」產生衝突時，必須做的就是回歸到內心中去尋找真正的自我價值、自我的情感，以及自身女性象徵的投影為何。

在行星過運、太陽回歸或月亮回歸圖上，遇到金星逆行的機會較大，但這也

會同時影響到人家，需要注意的是，金星是否在與金錢有關的第二宮、第八宮運行，或與情感有關的第一宮、第五宮、第七宮運行，或是代表人際關係的第三宮與第十一宮。當金星在這些宮位逆行時，這些事情將會在生活中明顯出現變化，同時心裡將會有深刻的感受，需要更深入去探討這些部分。

在二次推運時，金星的逆行將可能會影響大半輩子，需要注意的是逆行金星是否與其他行星產生相位，或是接近一、四、七、十宮起點的四個角落。如果出生圖上的金星並沒有逆行，那麼行運與二次推運金星的逆行，並不會對當事者造成嚴重影響，多數占星師並不會在乎行星過運或推運圖中的逆行星，因此也不需過度解讀。

金星逆行規則圖

　　每八年金星會回到同一個黃道上的星座逆行，如圖西元 2017 年在牡羊座 12 度開始逆行、2018 年在天蠍座 10 度、2020 年在雙子座 21 度，2021 年底在摩羯座 26 度，2023 年在獅子座 28 度，2025 年又回到了牡羊座 11 度開始逆行，正好畫出一個五角星。

流年金星在不同推運技巧的應用

二次推運、太陽弧正向推運

在二次推運與太陽弧正向推運中，金星與情感關係、人際關係、物質態度、金錢態度有關，而心理層面上的審美觀與及女性特質也受到金星的影響。當推運圖中的金星進入另一個星座時，不但象徵著審美觀點的改變，也會讓我們對於情感、人際和金錢等事物產生不同的看法。

對於女性而言，金星在推運盤中變換星座時，對於自身女性特質的呈現方式也會稍微有些改變。對於男性而言，不但象徵著自己情感態度的改變，也可能影響自己對於女性朋友、女兒的態度。而推運圖中金星的宮位，象徵著我們在哪裡或用什麼方式感到舒適寧靜，金星所在的宮位也代表我們受到歡迎的地方。例如：金星在第六宮時，日常生活將過得還算舒適，在工作場合中與下屬的關係也會十分良好。

當推運的金星與出生圖的行星產生相位時，也暗示著情感關係或與身邊女性朋友、女兒的關係會出現改變，也可能代表對於金錢的態度會有所改變。推運金星的相位，也很可能暗示讓人愉悅的事情出現，許多人就在推運金星與太陽或月亮合相或對分相時刻生產。如果推運的金星進入上升、天頂、下降這三個位置，很容易暗示著這一段時間將展現出討人喜歡的特質，容易在外頭受到歡迎，也容易與他人有情感上的互動。

行星過運

行星過運中的金星由於影響時間較短，能夠感受到的事物並不十分強烈。但基本上，仍與推運中描述的情感、人際、金錢、女性關係、物質觀、審美觀、女性特質有關。

行星過運時金星所在的星座，僅會在當行星過運金星與出生圖中其他行星產生相位時，帶來一些感受，否則對個人的影響並不是那麼強烈。但行星過運中金星的宮位就必須留意了，因為這暗示著我們將在哪裡，或透過什麼方式可以得到舒適的感受。尤其是當金星在上升、天頂、下降時，暗示著我們這一段時間十分受到歡迎。

　　而金錢是金星所具有的另一個指標，當行星過運的金星進入上升、天頂、第一宮、第二宮、第八宮時，都暗示著金錢的運勢提升，只是來源有所不同。同時也需注意，當出生圖上行星與其相位，受到行星過運的金星影響時，我們可能會有一些溫和的變化。

新月滿月圖與日蝕月蝕、太陽回歸圖、月亮回歸圖

　　這些不同的流年判讀技巧，在解讀方式上與解讀出生圖相同，只是影響的週期從一年到兩週都有（詳見第三部第一章）。必須注意的是，金星所在的星座暗示著這段時間的感情態度、女性特質、審美觀、價值觀與金錢態度等等。而金星所在的宮位，象徵著我們尋求寧靜的地方或方法，也代表我們受到歡迎或是遇到愛情友情感受到溫暖的地方。

　　而這些圖上的金星相位，很有可能暗示著這段時間內的情感事件、金錢事件等。同樣的這些圖中，若有金星進入上升、天頂、下降點的話，將會替我們帶來大受歡迎的特質與良好的人際關係。

金星（希臘文：阿佛洛黛蒂，Aphrodite）

　　金星（希臘文：阿佛洛黛蒂（Aphrodite）；巴比倫語：伊斯塔（Ishtar））是愛與美麗的女神。古代人之所以會這樣為它命名，應該是由於它在夜空中是最閃亮的一顆行星。（同時金星的表面特徵大部分是以女性的體態來加以命名。）

　　金星從史前時代就被發現，它是天空中除了太陽和月亮以外最亮的星體了。它像水星一樣，常被認成兩個不同的星體：愛爾斯弗羅斯（Eosphorus）是晨星，而赫斯培羅斯（Hesperus）則是黃昏星，但是希臘的天文學家則知道這是不對的。

　　由於金星是一顆內行行星，因此我們從地球上用望遠鏡觀測的時候，可以看見金星有盈虧的景象。伽利略（Galileo）把觀察到的這個現象當成是很重要的證據，支持了哥白尼（Coperinicus）有關太陽系的太陽中心（Heliocentric）學說。

　　金星的自轉或多或少有一些不尋常的地方，包括自轉的速度非常緩慢（金星的一天相當於地球的 243 天），以及自轉方向的逆行（Retrograde）都很奇特。此外，由於金星的自轉週期和它的軌道一致，因此當金星運行到接近地球的時候，它會一直以同一面正對著我們。

流年火星的影響

　　火星在占星學中代表著活力與強大的能量，也是我們生命能量的來源。在心理學家瑪斯洛的理論中，人類求生存的意志是最基礎的本能，而火星正代表著這項本能，包括了尋求溫飽、延續生命、自我保護、回應外界的傷害與挑戰，只有在溫飽的狀態與安全的狀態下，人們才能進一步的追求更完美的自我實現，而火星就是那種維持生命能量的來源與動機。在現代占星學中火星的定義，也正好與瑪斯洛的求生本能不謀而合。

性愛、行動與行動的開啓

　　火星象徵著行動，透過行動來表現出我們的活力與能量，而在二次推運、太陽回歸、月亮回歸、太陽弧正向推運，或是新月、滿月與日月蝕圖中，火星所座落的星座代表著我們在該時期的行動呈現方式。如果命盤中有哪些相位與行星被流年的火星觸及，也代表著行動的展開，特別展現在爲了追求溫飽生活的工作，以及當我們感到被威脅時的自我保護所採取的行動。

　　而性愛也被視爲是延續生命的行動，而與火星有著密切的關連。在占星學中與性愛有關的行星有金星、火星，金星代表的是情慾與感受，而火星則代表繁衍後代的生殖性的動力，由於人們無法永遠活著，所以需要藉由繁衍後代來延續生命，而火星的性正有這樣的意味，所以火星的性多半帶點獸性與肉慾的色彩，相

火星的特質

符號：♂，更早以前則以「＋」取代箭頭，代表重視物質（＋為物質）勝過靈魂。
出生圖上代表的意義：一個人的行動、生存的意志、決斷力、性衝動及心目中的男性原型。
關鍵字：行動、保衛、創造、建構、攻擊、破壞、性、暴力、意志、體力。
特色：兼具開創衝刺與破壞的力量。
正面影響：積極主動、行動力強、意志力強、行事果斷。
負面影響：暴力、侵略、破壞、好鬥、魯莽、沒耐性。
守護星座：白羊座、天蠍座（天蠍也接受冥王星的共管）。
強勢位置：山羊座。
失利位置：巨蟹座。

對的金星傾向情慾與歡愉。

求生意志與自我保護

　　心理占星學家們認為火星的行動都帶有一個基本的特色，那就是為了求生存，有人說火星具有攻擊的色彩，這是相當傳統的看法。雖然，當火星進入幾個攻擊性比較明顯的星座，或是與具有暴力或變動色彩的行星形成強硬相位時，的確很容易採取較劇烈的攻擊行動，但其實火星的基本定義僅是「為了求生存的自我保護」，所以當火星落在天秤、金牛、巨蟹、摩羯、處女這些星座時，它的攻擊性其實並不強，而會展現出自我保護的特色，至於如何保護自己端看這些星座的特性。

　　而當火星與其他行星形成相位時，也會影響火星的自我保護行動，例如當金星與火星產生相位時，其自我保護的行動可能會稍微減弱，比較能顧慮到人際關係與情感面，而會採取較溫和的手段。但當火星與木星產生相位時，其自我保護的範圍就容易擴大，很容易讓人覺得當事人動輒得咎、難以討好。

火星的刺激與加速

　　火星的能量多半藉由刺激與加速來呈現，在流年中當火星進入某一個宮位或星座時，多半會使我們對該宮位或該星座所掌管的事物，感到一種急迫的需求，或是較敏感、容易激動。

　　當流年火星與出生圖或流年圖中的其他行星產生相位時，也會對該行星所掌管的事物，或其守護宮位的事物帶來刺激與加速的作用。尤其當火星在行星過運時更是明顯，會扮演著觸發的角色，刺激本命盤或流年合盤中原本的強硬相位與相位圖形所暗示的跡象，提高發生的機率。

火星的暴力與傷害與疾病

　　不可否認的火星仍是具有暴力的色彩，在流年圖中，火星的位置暗示著我們容易接受到的暴力形式，特別當火星與流年，或出生圖的其他行星形成相位時，都必須注意這幾顆行星所在星座、宮位所掌管的事物。例如當火星在第三宮與原本命盤中第九宮的木星形成對分相時，暗示著容易在交通旅遊時遇到意外。

此外，火星也具有發燒、發炎的含意，因此需注意當流年火星與本命盤上的行星形成相位時，其所在的星座宮位掌管的身體器官特別容易發炎。當行星過運與過運中的土星、天王星、海王星、冥王星產生強硬相位時，或者行星過運的外行星（木星、土星、與三王星）與本命火星產生強硬相位，也必須小心傷害、意外與疾病的產生。

流年的火星逆行

從傳統占星的角度來看，火星逆行的確會擾亂生活步驟，並導致行動力、活力降低，對外的競爭力也會減弱，甚至帶來疾病與衝突。而從心理的角度看來，火星的逆行強調的是回歸自我，因為火星的行動原本應該展現在外頭的，在火星逆行的時間，當事人就比較容易失去展現能力的興趣，轉而重視基本的生存需求，同時競爭或表現的慾望也會變低，對於許多事情也都失去動力。

逆行的火星同時也強調了「只有當我有意願時才會去做的事情」。非到重要的關頭才有可能逼逆行的火星採取行動。由於火星同時也代表求生的慾望，所以包含工作、性愛這類事情，在火星逆行時期，一方面可能會讓當事人顯得興趣缺缺，但也可能必須回到過去發生的經驗，從中找出問題。

火星逆行的時期，通常會促使我們採取重複的行動、朝向自身的行動，這可能會讓原本性情較為急躁的人感到焦慮，但建議這時不妨多花點時間在自我瞭解方面，也可在工作上訓練自己變得更加謹慎小心，並放慢速度。

流年火星在不同推運技巧的應用

二次推運、太陽弧正向推運

在推運圖中必須注意火星移動宮位或星座時所代表的意涵，這象徵著我們行動態度的轉變，例如若本命的火星在雙魚座，但當太陽弧正向推運的火星進入牡羊座時，行動力與性愛態度就會有明顯的轉變。

而當推運圖與本命盤中，有火星與其他行星產生強硬相位時也需特別注意，這段期間容易感受到該行星或是所在宮位、星座象徵事物的急迫，例如當火星與金星產生相位、該星位在金牛、或是該星守護第二宮時象徵著對於物質金錢的急迫需求，也別忘記了火星所隱含的暴力與傷害。

行星過運

行星過運中需特別注意的是，當過運圖中的外行星與本命火星產生強硬相位時，或是過運的火星與本命的行星產生強硬相位的時候。特別是當這些行星觸發了命盤中原本就有強硬相位，或大十字、T型十字這類相位圖形時。

行星過運的宮位會暗示我們在那一兩個月中，在哪方面特別容易受到刺激，或是將過多的精力發洩在那上面，例如行星過運的火星若落在十宮時，暗示著我們會將精力行動放在事業，及爭取個人名聲地位的提升，或是想要藉由提高地位來保護自己，但此時卻也特別敏感易怒。而行星過運時，火星落入的星座影響力則較小，可以視情況判斷。

新月滿月圖與日蝕月蝕、太陽回歸圖、月亮回歸圖

在這些流年判斷法中，還需要注意流年火星與本命盤行星的關係，但是和行星過運相同的是，我們也需注意過運的外行星與本命盤火星是否有產生相位，這種情形同樣會帶來這一段時期的強烈震撼。太陽回歸圖的影響長達一年，月亮回歸為一個月亮週期，而新月、滿月分別影響前後一週，日蝕的時刻的星盤則可能會長達三年左右的影響，這時的火星星座、宮位，同樣暗示著我們行動的呈現，專注的事物與敏感的區域等等。

在日蝕與月蝕中，火星與土星被視為是兩個具有震撼力的行星，特別當我們以行星過運圖，搭配日蝕或月蝕圖來觀察時，往往在行星過運圖中的火星，與日蝕、月蝕當時的月亮南北交點，或日月形成合相、對分相時，暗示著事件的發生點。

火星的逆襲

在傳統占星的觀點來看，逆行並不是好事，認為火星逆行會擾亂生活步驟、行動力降低、活力降低，對外的競爭力減弱，甚至帶來疾病與衝突。

雖然說是傳統的觀點，但有些時候還真的不能夠小看他們，特別是牡羊或上升牡羊，還有天蠍、上升天蠍（因為火星是牡羊座的守護星，也是天蠍的傳統守護星），以及太陽及第一宮中正好有逆行火星的人，都很可能在這段時間活力降低，對外競爭減弱，甚至因為事情進行的不順利而出現脾氣暴躁的狀況。

但是從人文占星學的角度來看，外行星的逆行，根據他們的發生的原理，有著另一套解釋，如果大家還記得的話，我曾經說過，外行星的逆行多半發生在他們接近與太陽對分相的位置，差不多是他們過了與太陽三分相，要接近與太陽對分相的時後就會逆行！

行星的逆行是要與太陽面對面之前的「敬禮」與「善意的提醒」。

好像是他們不願意直接橫越過太陽，來給你當頭棒喝，於是在快要接近時，先來個後退表是他沒有敵意，也讓太陽準備一下。也就是說，火星所象徵的行動與自我展現的意志等事情，在這時候即將與太陽對分，於是在對分之前先逆行，讓太陽所代表的自我意識有個心理準備，避免一下子突然受到衝擊。

從人文與心理占星的角度看來，火星的逆行強調的是回歸自我，通常火星的行動可以展現在外頭，而火星逆行的期間內，你並沒什麼興趣去展現你的能力，而會比較重視基本的生存需求，競爭或表現的慾望也較低，對於許多事情也都失去動力。逆行的火星強調了，在這個時段只有「我」有意願的事情我才會去做，也代表非到了重要的關頭，才有可能逼逆行的火星採取行動。

火星的逆行更依據了每個人不同的不同宮位，而有不同的表現，同時要你去想想看，是不是最近這一陣子有什麼計畫正準備進行，可是似乎不順利，或之前的準備工作並沒有做的完善的，這時候火星逆行，讓你不用急著衝出去打仗，而是讓你退居城牆養精蓄銳，招兵買馬囤積糧草，當火星恢復順行時，才可以再一次的衝鋒陷陣。

所以對於進行的不順利的工作和計畫，第一不要氣餒，第二不要擱置，先減低在外衝撞的機會，閉門思過，想想計畫有沒有不周全，特別是關於自己自身的能力，以及自我保護的計畫有沒有做好，這些都想清楚了，才有可能在火星恢復順行時採取行動。

流年木星的影響

　　木星在占星學的基礎象徵，包含發展、擴張、理想信念、信仰、哲理、幸運、貴人等。一般對木星都抱持較正面且吉利的看法，認為木星能帶來幸運與發展的能量，許多占星師也喜歡把流年（特別是行星過運）的木星，與四角或個人行星產生相位的時刻稱為「聖誕假期」，就如同中國人的過年一樣，帶著歡樂愉快的心情。不過木星也可能讓我們因為過度樂觀，而失去了對危險的警覺性。

　　從心理層面來看，木星代表著我們所相信的事情，很多人直接解釋為信仰，但並不只是宗教信仰，而是包括我們所相信的種種事情，或許是人生觀、科學原理，也可能是一些生活小常識等等，小至那種「一天一顆蘋果讓你遠離醫生」的生活經驗，大到何謂世界或宇宙的極端，或者是人生所為何來等觀點，都可以從出生圖的木星找出暗示。

　　流年木星與本命盤行星產生合相與強硬相位時，會將木星的樂觀、發展、膨脹特質，以及自身的信念、信仰，帶到該行星所主掌的事務上。例如當流年木星與本命金星產生相位時，很可能會讓原本情感關係受到信仰的影響，或因愛情有幸運發展，或過度發展（也可能指外遇）而帶來變化。

　　相反的，如果是其他流年行星前來會合本命的木星，將會藉由該行星的能量，引發對自身的信仰與信念的探討。例如當流年金星經過本命木星時，容易讓人透過金錢或愛情來彰顯自身的信念，或是透過金錢與愛情來表達自己的仁慈與

木星的特質

符號：♃，新月型象徵媒介的魂，位於＋（代表物質），象徵提昇於物質之上並免除物質的束縛。

出生圖上代表的意義：一個人的理想、抱負與幸運機會。

關鍵字：幸運的、樂觀、擴張的、提昇的、理想的、仁慈、希望、進步。

特色：擴張與帶來機會的力量。

正面影響：樂觀、幸運、大方、自信、仁慈、充滿理想、追求心靈上的成長。

負面影響：過於樂觀、誇張、放縱。

守護星座：射手座、雙魚座（雙魚也接受海王星的共管）。

強勢位置：巨蟹座。

失利位置：山羊座。

樂觀。

此外，也別忘記了木星在你本命盤所守護的宮位爲何，許多占星初學者常常忽略這個關鍵的代表事務，因此錯過精確判斷的機會，我們可以簡單的整合出一些在流年中與木星有關的感受。

在行星過運與月亮回歸的木星發揮上述影響力時，這樣的感受通常可以維持一個月左右的時刻，但必須注意木星一年有三分之一的時間會發生逆行，因此在遇到逆行時影響時間就可能會延長。而太陽回歸的木星，其影響力則會持續一年到一年半的時間，若是在二次推運或太陽弧正向推運等流年技巧中，則會將這樣的幸運時期延長至兩年左右。

幸運與幸福的時刻

在行星過運或推運的木星，與本命盤上的四個角落（尤其是上升、天頂）、太陽或命主星形成相位時，最能讓人感受到木星所帶來的幸運。在那段期間，我們會覺得自己總能在最正確的時間、最好的地點、做出最佳的反應，並獲得正面的結果與回應，整個人生就像搭上順風船一般加速前進。而如果是流年木星與任何個人行星或四個角產生相位（也包含了對分相），就代表容易遇到貴人相助，在對分相時也可能是自己會扮演別人的聖誕老公公。

發展與擴張旅遊與學習

木星的擴張與發展能力能幫助我們去實現理想，並擴張自己的領土與影響力。木星在任何流年技巧中所進入的宮位，都是適合發展的幸運方向，木星與上升、天頂或太陽、水星、火星、命主星交會時，則代表著成長的時刻，或是透過旅遊與學習，讓自己提升到較高的層次。

木星也是適合去擴大膨脹的地方，例如當流年木星進入第四宮時，常象徵著搬家換大房子，或擴建自己的房子等事件。對於想要減肥的人來說，千萬別選擇木星進入第一、二宮的時刻，因爲這兩個宮位代表自己的外型與身體，有了木星的影響就代表著膨脹的自我（木星入一宮），或膨脹的形體（木星入二宮），這段期間減肥的效果多半不彰。

自信與信念

　　木星所帶來的幸運與自信能為我們帶來積極主動的態度，但也可能因過度主張自己的信念，而聽不見別人的建議。特別在流年木星與太陽、火星、上升、天頂產生相位時，往往會因為自身的信仰採取立即的行動，例如可能會加入宗教團體，或用力宣傳自己所相信的事情等等，例如當流年木星在二宮的人，就會開始向他人推銷自己的理財方式，而流年木星在五宮的人，則可能去推廣自己的育兒方針或戀愛哲學等。

幸運的逃脫

　　這是另一種幸運的表現，在神話中代表木星的宙斯（Zeus），幸運地逃過被父親吞下肚子的厄運，因此在占星學中，木星也象徵著避開困難與不幸的幸運。但反過來說，也可能代表自己不願克服的困難，或不願意面對的責任，以及逃避所可能產生的負面影響。

過度自信的負面特質 —— 非法與犯罪

　　過度自信、過度擴張、過度膨脹、不願去面對責任、不願完成工作、不知道危險為何、不知道自己能力或權力的底線……等，都是木星所帶來的負面影響。在這個負面影響之下，甚至會引發許多不道德與非法的事情發生，小到認為自己不會被車撞到而任意穿越馬路，或認為自己運氣好而作弊，大到逃漏稅或偷竊搶劫等非法行為，都有可能與木星在流年時的相位有關。在此要提醒大家，不一定是強硬相位才會帶來犯罪，因為許多犯罪通常發生在代表著寬鬆無限制的三分相，或是代表「應用」的六分相中。

富足的感受

　　木星在過去常是財富的象徵，在現代占星中也可以解釋成一種富足感，或對於富足的追求。當木星與日、上升、命主等產生合相時，往往會帶來精神上的富足感（自信與發展），在與第二宮、二宮主星或金星產生合相，則暗示著實質的

財富象徵。與月亮、土星產生合相代表過去的努力有所回報（注意行星本身的定義），與天頂合相則暗示著受到貴人的支援，且擁有良好的社會名聲或帶來財富等，與四宮合相則家庭的擴張（生子、擴建、改建、裝潢）等。

面對流年木星應有的態度

流年木星發揮重要影響力時，我們必須注意自己的言行是否太過膨脹，是否承諾過多的事情，是否過度自信，以及我們做的事情是否合法。我們可以藉由木星的自信來完成夢想與理想，或藉由旅行放鬆自己，亦或透過執行流年或本命木星所在宮位的事，或執行本命木星所守護的宮位的事，來讓自己的生命更加圓滿。

此外要特別提醒的是，身為占星師在幫人看盤時，切記不要讓自己扮演對方的木星，否則可能用光木星的能量，同時讓對方有過度的期待，那麼下次他回來找你時會相當的失望，我們可以提醒當事者適合做哪些事情，以便將木星的能量發揮到最大，但盡量用較為平常的語言，而不要使用木星式的激情語言與歡樂氣氛。

例如：不要說：「你今年運氣超好的，任何事情都會心想事成。」這時候你已經在扮演對方的聖誕老公公了，不但佔用了他的木星能量，同時也可能給他一個錯誤的訊息，讓對方誤以為什麼都不做就會有好運到來。你可以低調地說：「今年運氣還不錯，任何事情只要有努力就會有很棒的收穫。」這不但給他一點希望，同時也不會有木星過度膨脹的缺點。

從地球的角度觀測木星，每一年有三分之一的時間在逆行，也因此有部分占星師會主張，外圍行星的逆行與順行並沒有太大的差別。然而另一部分的占星師仍認為要嚴肅看待行星的逆行。每年行星過運木星逆行的週期，多半介於木星與當時太陽的三分相到對分相之間，我們可以透過行星與相位的象徵意涵，來勾勒出這段期間的木星課題。

無論對個人或社會而言，木星都代表信念與發展，三分相象徵著不受約束的整合發展力量，但面對即將到來的成果展現（對分相），我們必須更為小心謹慎，在此時的逆行代表著整個計畫完整呈現前的停滯，對於個人或社會而言，這時候可能因為種種理由使我們原先的成長或發展計畫遭到擱置，必須回頭審視那些與木星有關的事務、木星所代表的信念、整個計畫的背後精神，以及社會環境與風氣是否得以配合，也必須小心整個過程中，我們是不是因為過度的膨脹，而

投機取巧甚至探取非法的行動。

　　由於木星本身具有膨脹的意涵，在逆行時我們可以解視爲膨脹的消退，往往會帶來一種強烈的不確定感，但計畫停擺在此時並非壞事，而是爲了作一個整體的審視，期許整個計畫在木星恢復順行時能有更完美的呈現。若此時我們不仔細的修正計畫，使其與符合自己的信念及道德公理，那麼到了行星過運中木星與太陽呈對分相所象徵的開花結果時刻，所做的惡業也可能在此時顯現，使原本完美的計畫留下陰影。

流年木星在不同推運技巧的應用

二次推運、太陽弧正向推運

　　在二次推運中木星的移動相當的緩慢，很少有移動星座或宮位的機會，但只要出現這種情形，就會爲個人的生命帶來重大的改變。而太陽弧正向推運木星每天移動 0 度 57 分到 1 度 01 分之間，每三十年左右就會變換一個宮位或星座。

　　推運中木星變換星座或宮位的時刻，當事者的信仰或信念的內容往往會產生變化，例如原本木星在第四宮的人，其信念可能是來自於家庭，或認爲家庭是一切的根源，可是當他的推運木星移動到第五宮時，這些信念可能開始改變，認爲人應當勇敢的去追求自我的目標。

　　其次，當推運中的其他行星與二次推運的木星產生相位時，也會替此人的信念帶來一些變化，原本不容妥協的人，可能因爲金星、木星的相位，而在這段時期變得以和爲貴起來。推運的木星與本命盤的行星產生相位，代表著我們會在那件事情上落實自己的信念，或表現得特別寬大慈悲，或甚至是以勇於追求成長或冒險的方式，來展現推運木星對本命的影響。例如當推運木星與本命水星產生相位時，我們可能會更積極追求知性的成長，但另一方面，也可能會變得比較容易說大話或口不擇言。

行星過運

　　木星在行星過運時給予我們一些重要的暗示，行星過運木星的星座提醒我們這適合發展哪些事務，落入的宮位提醒我們在哪裡可以找到幸運，或自我發展的機會，亦或是提醒自己可能過度膨脹的領域。

　　而行星過運的木星與本命盤個人行星的交會，暗示著我們應當注意的想法與信念，通常代表外界的共同信念會對自身帶來影響，可能是自我啓發的關鍵，也可能是某一件原本自己有點過火的事情。相對的，若是行星過運的其他行星前來刺激本命木星，與本命木星產生相位，就代表著我們會藉由某種形式，表達出自己所相信的事情。

　　更重要的是，木星以外的行星在行星過運中扮演著相當重要的角色，由於這些行星移動的速度較慢，一次的影響往往從數個月到數年之久，占星師在觀察木星、土星、天王星、海王星、冥王星這五顆行星的行星過運時，都會同時注意其落入的星座，以及彼此之間的相位，因爲這些代表著世界局勢的變遷。其中，木星代表整個社會政治經濟的理想與發展趨向，土星代表著社會政治經濟的責任與限制及實際運作，木星每一年更換一個星座，可以說是潮流與發展的風向球，木星與土星之間的相位也可以觀察出世界政經局勢的變動過程。

　　我們可以從二十世紀的四次木星、土星合相時所在的星座，清楚解釋這對於整體社會環境的影響。例如：**西元 1921 年木星、土星在處女座會合**，可以看出當時的社會因爲戰爭與自然因素，使得人們必須更節制地生活。**西元 1941 的二次大戰前後，木星、土星就在金牛座會合**，也讓世界能從二次大戰後快速復原，並且著眼經濟和商業的發展，農作、物產的問題也成爲人們最關切的事件，但同時保守勢力卻也發展到了極致。**西元 1961 年木土在摩羯座會合**，美蘇強權在此時主導著整個社會的局勢發展，冷戰也在這時發展到最高峰。**西元 1961～2000 年的木土會合**是更明顯的例子，由於這次會合落在象徵著和平與外交協調的天秤座，於是我們也看到蘇聯與東歐國家解體與和平演進。

　　西元 2000 年 5 月木星、土星在金牛座的會合，亦曾經是世俗占星學上的研究重點，它代表了接下來二十年間社會局勢將傾向保守、實際，人們的生活也將受到物質、資源、能源、金融商業經濟情勢影響，金錢與物質的崇拜或討論，也容易凌駕於其他議題之上。

　　西元 2020 年 12 月，木星、土星將於水瓶座合相，很多占星師都已經把這視爲研究重點。我們可以預期，未來二十年社會發展趨勢重點會放在人道主義、社會制度的建構及改革、社會議題及整體人類的福祉之上，理想、合作、溝通互動都會成爲主流。

　　占星師認爲，在木土交會的二十年中，前十年傾向於發揮木星的發展特質，而後十年傾向於土星的嚴苛與責任特質，這也就是說，2030 年之前人們將享受及體驗到人類文明的發展及社會制度的改革所帶來的發展及好處（木星水瓶），

但在 2030 年之後，人們必須面對這些當初相當理想的制度，當於現實世界實行時無可避免衍生的各種反效果或缺憾（土星金牛），這樣的社會氛圍會一直延續到 2040 年 10 月，木星跟土星再次會合在天秤座為止。

然而應用在個人身上時，木星在行星過運時是我們與社會當時文化發展的互動過程，也就是當下的社會影響，例如 2006 年木星在天蠍座時，與天蠍座有關的「大型企業的重整併購」、「保險」、「生死」、「石油化學」、「投資與借貸」等都會被特別彰顯。

我的學生 Doris 在當時就做過一項調查，該年保險業成為投資鉅子巴菲特的重點目標，同時在網路的關鍵字行銷上，徵信與融資借貸也分別成為冠亞軍，而美容整型也是成長幅度最高的關鍵字。

由此可見，當木星落在某一星座時，將帶來該年文化經濟的動向，同時我們也可以從行星過運的木星，與本命盤的行星相位中，看出該年外界政經文化發展對個人的影響，例如：當行星過運木星與個人本命盤的金星產生對分相時，象徵在金錢或愛情上（本命金星），與他人的互動（對分相），受到了當下社會風氣（過運木星）的影響，於是展開交往或是借貸、投資等行為。

新月滿月圖與日蝕月蝕、太陽回歸圖、月亮回歸圖

新月、滿月圖與日蝕、月蝕、太陽回歸圖、月亮回歸圖中的木星星座與宮位，是我們在那一段時期必須注意的事項，這些技巧象徵一個重要的占星（日、月回歸）或天文（月相與日月蝕）時刻對個人所帶來的影響，但我們也可以把這些技巧視為行星過運的一種，因為這不過就是一張比較重要、較有影響力的行星過運時刻。

在這些星圖中必須特別注意木星的星座與宮位，以及木星是否和其他行星產生相位，或是利用合盤的方式，來觀察流年木星是不是與本命盤的行星產生任何相位，特別是合相與強硬相位。

若在這些圖中木星進入了命盤的四角，或是與命盤上的太陽、命主星產生相位，個人就容易在這個時刻（一個月到一年左右）沾染上強烈的木星氣質，變得樂觀、愛冒險，或是真正獲得實質上的幸運，但也可能是變胖、變得有自信（或過度自信），或更加不知天高地厚、無法無天等。

流年土星的影響

在傳統占星學中，土星被認爲是凶星，且多半會解釋成厄運，但近代占星學則抱持著較中立的看法，認爲土星所帶來的困難，其實是一種責任或訓練的過程。

在天王星被發現前，土星被認爲是太陽系最外圍的一顆行星，於是土星也代表了限制或界線，這種限制與界線的感覺，不只是外力的阻礙，同時也可能是內心的限制。但限制或界線的定義在某方面來說，也同樣具有保護自我的意涵，所以並不是全然的壞事。

土星在流年中往往代表著一種檢驗的時刻，土星會檢查我們是否做到其所在宮位的事情、是否盡到自己的責任。不過有鑑於土星的嚴肅特質，當我們做得好時，土星並不會給我們太過驚喜的獎賞，卻會給我們實際與合理的保護和承諾，讓我們的努力付出得已被保存下來。

但是當我們沒有準備好，沒有認眞的面對那些問題，或是對於該星座、宮位，甚至是流年時刻與土星產生相位的行星，所涵蓋的事件有太過夢幻、虛假、不誠實的行爲、不切實際的期待時，土星就會從這些面向給予教訓。

土星的特質
符號：♄，新月型的介質魂位於代表物質＋的下方，代表遭受物質的囚禁，而具有形體。
出生圖上代表的意義：一個人的責任與考驗必須面對的現實部分。
關鍵字：現實的、經驗與教訓、責任、憂鬱、冷漠、嚴肅、無情的。
特色：帶來經驗教訓與責任的自我反省且沉重保守力量。
正面影響：嚴肅、認真、自律、謹慎、負責任、雄心勃勃。
負面影響：過於無情、冷漠、保守、自我壓抑的。
守護星座：山羊座、水瓶座（水瓶也接受天王星的共管）。
強勢位置：天秤座。
失利位置：白羊座。

一張過去的帳單

由於土星與過去有關，近代占星師認為，土星在某方面就像是一張「過去」的帳單。對於你所揮霍，或沒有做好的事，土星會要你付出代價，負面一點的說法也就是所謂的報應。

但現代占星師通常會用較為積極的觀點，將土星的課題視為一種檢視與提醒，讓我們有機會去整理我們所未曾注意到的過去，去面對過去我們沒有處理好的事情。因為土星的恐懼是來自於不穩定與不安，事實上每個人都知道自己在哪些方面可能有所忽略，或逃避了哪些責任。而土星迫使我們面對的方式，就是運用恐懼與擔憂來刺激我們。

過去的陰影

土星象徵過去的恐懼與憂慮，這些陰影往往會和本命盤中，土星所座落的星座、宮位，及土星守護的宮位有關連。例如：當某人的土星在獅子座第二宮，他過去的陰影可能與獅子座暗示的自我表達、創造能力、青少年時期的成長有關，或與第二宮代表的物質安全感、自身的能力有關。但若他的土星守護著以摩羯座為起點的第七宮，加上土星又是水瓶座為起點的第八宮的共同守護星（在傳統占星學，摩羯與水瓶都由土星守護），那麼與第七宮的婚姻伴侶關係、合夥關係，及第八宮相關的性愛、心靈深處的憂慮、物質上的合作等事情，也都會在土星在流年發揮影響力時引起作用。

落實與建立保護自己的架構

土星並非只有負面意義，心理占星學家就認為土星可以將一些原本鬆散的事物組織起來，產生一個架構，並保護這個架構。而流年（特別是行星過運）的土星就會在二十八年左右繞完命盤一周，為我們建立起完整的生活架構，好讓我們面對成年與社會責任。而當流年土星每進入一個宮位時，就會把我們手邊有的資源與過去的努力拿出來檢查，將已擁有的材料建築出一座城堡，讓這些事情得以健全的運作，並且用來保護自己。但針對過去沒有做到的部分，就像是城牆有一個缺口一樣，土星就會逼著我們去修補，若是沒有修補好，土星也可能會找機會

整個推倒，要我們在往後的生命中重新堆砌一道磚牆，或者飽受沒有保護、沒有架構的痛苦。

教訓與否認

土星對於不切實際的行為會給予教訓，也會對我們不夠務實的期待給予否定。要記住的是，土星並不是善良親切的老師，它不會稱讚你做好的地方，不會給你正面的鼓勵，而比較像是嚴格又愛吹毛求疵的訓導主任，土星這顆教訓之星就是在提醒我們這一段時期該學習的功課。

特別當行星過運中的土星進入某一宮時，對於該宮的事務我們必須特別小心應對，並抱著謹慎與學習的心態來面對土星。如果我們對自己的要求不夠嚴格，土星就可能透過其他人或外在環境來給予我們教訓。

消失與延遲

土星帶給人們的失落感，有時更會以消失及延遲的方式出現，土星會讓不應該屬於我們的東西消失，也會要我們考慮到詳細與周全，並為即將到來的事情做最完整的準備，因此它也可能會延緩事情發生的時間點，這往往會讓我們在面對行星過運土星所在宮位所掌管的事物上感到沮喪，或是讓這些事物的進行不順暢或拖延許久。特別是我們過度期待的事情，土星也常常用消失和延遲的手法來讓我們失望。

流年的土星逆行

在推運的技巧中，土星逆行的影響力往往就是一輩子，如果原本在命盤中，順行的土星在某個年紀的推運圖中開始出現逆行，我們就必須從那個時候起，仔細去檢討過去的經驗，或過去沒有完成的事情。

但在行星過運圖中土星的逆行就比較頻繁，幾乎每年都會有超過三分之一的時間在逆行，每次的逆行則是發生在那年太陽與土星呈現三分相的前十二天左右，直到下一次太陽與土星產生另一個三分相時才會結束逆行。

從人文占星學的角度來看，土星的逆行並不代表土星失去限制的力量，但會讓我們好過一點的是，逆行的土星給我們機會去思考，究竟是要自己去修補這一

宮裡頭沒有完成的事物，還是在最後要讓外人來宣判我們沒有努力，而不分青紅皂白的把過去的成果作品給摧毀。

這接近 130 天的逆行週期，可以讓我們有機會把寫錯的功課擦掉重寫，土星這一位磨人又很有耐心的老師，總共會給我們兩、三次的機會去重寫作業。但重點是它可是不會提醒你寫作業的，土星逆行的週期所帶給人的感覺，就像是老師暫時離開座位，這時究竟是要趁這個壓力稍減的時刻乖乖寫完作業，還是什麼都不做，等老師回來給自己一些顏色瞧瞧，就看每個人的決定了。

土星的磨人可以從許多角度來觀察，就連在逆行的時候，我們都可以把土星逆行的時間分成兩段，前半段大約是從土星與太陽三分相到對分相的時刻，這時候你可以擦掉作業重新思考要怎麼做，或許不是一蹴即成，得多試幾次，如果夠認真的話，到了接近對分相的時刻，約莫就可以找到新的寫法了，往後一直到土星與太陽再一次三分相時，就會有充足的兩個月時間，把該做完的基礎架構給建立起來。

流年土星在不同推運技巧的應用

二次推運、太陽弧正向推運

土星在二次推運中的移動速度非常慢，由於二次推運法以出生後第二天的實際行星移動，來作為預測出生後第二年的運勢判斷標準，因此在二次推運盤中土星移動的範圍很小，必須注意的是，當土星變換星座、宮位，或者開始與推運或出生圖的其他行星產生相位的時刻。

在太陽弧正向推運中，土星移動的速度與出生當天的太陽移動速度一樣，從 0 度 57 分到 1 度 01 分不等，與二次推運相比移動速度快了許多，但解讀的方式相似，當土星變換星座宮位時會帶來相當顯著的事件與感受。

至於在相位上，由於太陽弧正向推運圖中的行星彼此間的相位，會維持和出生圖一樣的相位，所以這時只需要關注在太陽弧推運圖與出生圖出現相位時的互動，特別當有合相、對分相與四分相等相位發生時，暗示著事件發生的機率相當的高，通常可以有前後一度左右的容許值。對於太陽弧正向推運來說運行依度大約就是一年的時間，如何在這一年的時間中找出更為精確的發生時間，就要運用行星過運的技巧，觀察哪些時候的行星過運圖，有行星觸動本命盤與太陽弧正向推運的相位，這一點在第一章流年預測技巧整合章節中已有詳細說明。

行星過運

土星在行星過運時大約每兩年半就會在黃道上換一個星座，繞行完黃道一整圈大約是 28～30 年左右，土星每年在行星過運時所經過的星座，暗示著人們應當小心謹慎的事情。

舉例來說，由於土星在 2005～2007 年通過獅子座，在世俗占星學中獅子座掌管著國家元首、演藝圈等，因此在這段期間中若國家政權與元首做了不應該做的事情，或是沒有盡到自己該盡的責任，就會遭受到土星的挑戰，演藝圈的人員也一樣，在這時候許多演藝圈的弊病都會被揭發出來。

於是我們看到泰國、台灣、東歐許多國家的元首都紛紛遭受到人民的挑戰（這一點也與海王星的理想熱誠，進入掌管革命的水瓶座與獅子座的土星對分相有關。）同時也看到無論國內外的演藝圈，都出現了許多震撼的消息，如派瑞絲希爾頓的酒駕入獄、喬治麥克、梅爾吉伯遜及國內歌手林曉培的酒駕官司等，或是台灣一連串的藝人吸食大麻遭到勒戒的事件，都可以看得出土星的教訓意味。在木星的行星過運中我們大力的強調了木星土星與世俗事件的影響，同時不要忘記行星過運土星，與木星、海王星的相位，也暗示著世界經濟的起伏波動。

對於個人而言，土星在行星過運中扮演著重要的角色，特別是土星與本命盤四個角產生 3 度內的合相時，以及土星與本命太陽、月亮、一宮守護星與七宮守護星、天頂守護星等，產生 3 度以內強硬相位的時期。一個人很可能一輩子都遇不到二次推運土星移動宮位與相位的影響，但是一定會在行星過運中經歷這些效應，因此土星進入這些位置或是產生這些相位時，就是人生重大改變的時刻。

我們應當留意行星過運土星的星座的特質，關注在這些層面上，對於土星在行星過運所停留的宮位，更是我們應當注意的生活層面與舞台，保持謹慎踏實的步調，時時檢視自己的行動就是呼應土星能量的不二法門。

新月滿月圖與日蝕月蝕、太陽回歸圖、月亮回歸圖

由於土星移動較為緩慢，以致於在新月滿月以及太陽月亮回歸圖中，土星觀察與解讀方式與行星過運類似，其所在的星座、宮位都是必須注意的，若與命盤上或上述圖中的個人行星產生相位，也需要謹慎面對。

在日蝕與月蝕中，火星與土星被視為是兩個具有震撼力的行星，特別當我們

以行星過運圖，搭配日蝕或月蝕圖來觀察時，往往在行星過運圖的土星與日蝕月蝕當時的南北交點，或日、月形成合相、對分相時，常暗示著事件的發生點。

行星過運

　　行星過運是指每天行星在黃道上位置與個人命盤對應，產生對一個人的影響，例如：你的 Asc 是獅子座 5 度，而 2006 年春天時土星正好在附近，那麼雖然你出生時土星並不在上升點位置，但是 2006 年春天左右，土星正好經過了你上升點的位置，帶來階段性的暫時影響，讓你感受到明顯的壓力與責任，也容易帶來挫折與沮喪，但這個影響不是永久的，會在土星離開上升點的合相容許度時慢慢減弱。又例如：每年 7、8 月太陽會經過獅子座，這時候上升在獅子的人會感受到活力十足，也希望照亮他人，幫助他人或是點燃他人的生命之火等等。

　　因此，行星過運法也就是太陽、月亮與行星每天對應在你星盤上時帶給你的感受，必須使用兩個星圖併盤的方式來觀察（就如同幫情人合盤的 synastry 法一樣，將行星過運盤與本命盤合在一起看），初學者需要一點時間來適應與理解，建議初學者練習時，可以將行星相位容許度減少到 1～2 度，並且只看合相、對分相、四分相、三分相即可。

流年天王星的影響

　　流年的天王星代表著對現況的不滿，察覺到生命中改變的時刻來臨了，需要徹底的改變。由於現代的占星師們特別注重天王星在行星過運中的週期性改變，當流年天王星在命盤中變動宮位，或與命盤中的行星產生相位時，我們常會因為外界的變化，而特別容易對生活中的規律與常規感到不滿，或在某些層面產生覺醒。天王星的特質是快速且令人驚訝，往往在很短的時間內，就喚醒了我們心中想要追求改變的部分。

　　要注意的是，如果自身並沒有準備好改變，天王星可能在肉體或精神上，以激烈的驚嚇來促使改變發生。天王星在行星過運時的病痛往往發現（或發生）得令人驚訝、驚嚇，甚至在短時間內就必須割除某個部分，或是在心理上，必須與某件事、某段關係上快速切斷連結。三王星的逆行由於發生的次數頻繁，順行與逆行的差異並不明顯，所以不在此做討論。

流年天王星在不同推運技巧的應用

二次推運、太陽弧正向推運

　　天王星想要造成與過去的不同，最常見的方式甚至就是與過去切斷連結，離開家庭、離開情人、離開跟過去有關的事情。當推運天王星出現在四個角，或是

天王星的特質

符號：♅，代表○的靈被物質的「＋」給分開成新月型的介質魂「）」。
出生圖上代表的意義：天王星所在的位置將展現奇異創新與改革的能力。
關鍵字：創意、發明、科技、特立獨行、反傳統、無法掌握、人道主義。
特色：無法控制的突變與改革創造力量。
正面影響：友善、人道主義、改革、創意、獨立。
負面影響：古怪、反叛、無秩序的。
守護星座：水瓶座。
強勢位置：天蠍座。
失利位置：金牛座。

與個人行星產生合相或強硬相位時，分離或獨立會是常見的事情。

　　同時推運天王星所進入的宮位，也會帶來快速的改變，或是快速切斷關係，對當事者來說之所以會如此迫切，是因為無意識中希望能夠早一日脫離束縛，而離整合完全的自我更接近的關係。

行星過運

　　天王星在行星過運中扮演著舉足輕重的腳色，特別當行星過運天王星變換宮位，或是與太陽、月亮、命主星等個人行星產生互動時，我們對於自己本身受到的限制（既使原本是一種保護）會感到極度厭惡，希望藉由改變來擺脫限制。行運天王星會為了新的生活與自我的整合，不惜打破所有舊的規則與模式，甚至要你放下安全的守護。

　　由於天王星的高度能量，這些改變往往只在片刻之間就豬羊變色，而且如此強勢的能量不會容許當事者作壁上觀，許多人往往在行星天王星產生影響時，雖不做任何事，卻仍感到疲憊，那是因為天王星的強烈能量呼喚著我們，如果我們去採取改變的行動，那麼這個能量就會順勢地呼應我們的改變，但如果我們不肯採取行動，甚至抵抗，那麼就必須花更多的精力與天王星的強烈能量對抗，最後弄得身心都很疲憊，最後仍然得面對舊有模式的破壞，甚至有時還會直接帶來一些意外的發生。

　　由於天王星的能量太強，我們必須主動出擊，並且提前做好心理準備，避免自身一下子承受不了那麼大的衝擊。又或者我們也可以選擇目標，將能量鎖定在某一方面，而不是任由天王星不分好壞地破壞所有的舊有事物。

　　但因天王星的特質，當你選擇被動改變時，很可能會因為舊有模式的破壞而產生憤怒，而選擇主動改變時，你的破壞也可能會引發周圍的人憤怒。例如一個男人在行運天王星與本命月亮產生對分相時，因為想要爭取個人自由而提出離婚的請求，也自然引來了妻子的憤怒。這時就應有技巧地，以溫和漸進的方式改變，而避免引起仇恨或遺憾。

新月、滿月圖與日蝕、月蝕、太陽回歸圖、月亮回歸圖

　　這幾種流年技巧多半與行星過運有關，但不可以忽略的是，如果在這幾種流年技巧中，發現了天王星與命盤上的四角、日、月、金、火、土，或是與上升、

下降、天頂的守護星，產生 4 度以內的合相或強硬相位時，就必須注意天王星的影響力，將會在這種流年技巧的影響週期發揮最大的功效。

例如如果太陽回歸圖或是日蝕、月蝕圖中的天王星位置，正好和你的下降點合相，那麼這一年的震盪起伏將會非常明顯，同時與下降點有關的伴侶關係，將需要特別的注意，這時期可能會特別希望能夠爭取個人的空間，或是在伴侶關係上做一些刺激的改變，如果這時沒有和你的伴侶取得共識，那麼離婚與爭執就非常有可能產生。

流年海王星的影響

　　占星學中海王星，象徵著藝術、幻象、理想化的境界，且與宗教、犧牲、將力量弱化或單純的想法有關。海王星在流年期間，若與個人行星或四角產生合相與強硬相位，就會替這段生活帶來了許多大問號與不確定感。

　　更特別的是，瘋狂與犧牲等課題，往往在流年海王星發揮強烈影響力時分別起作用，有時甚至會同時發揮兩種特色，讓我們瘋狂地犧牲。對某些人而言，海王星特別容易讓人迷失而選擇冒險，可能是精神或肉體上的冒險，也可能是犧牲一些東西來換取美好的夢想。同時海王星的弱化特質，也會讓我們的身體在此時較為虛弱。

　　在心理層面上，海王星象徵模糊的意識狀態及理想的境界。海王星易最無賴察覺的方式，讓我們撤銷限制與保護，最重要的是要告訴世人，每個人都是平等的、一體的，或是透過一些事件的試煉，讓我們體會慈悲的精神。同樣的，海王星每一年總會有很長一段時間處於逆行，多數占星師認為海王星的順行與逆行差異並不明顯，所以在此也不多做解釋。

海王星的特質

符號：♆，代表「）」的魂被物質的「＋」給刺穿而犧牲。
出生圖上代表的意義：海王星所在的位置將展現出敏感與理想化的特質。
關鍵字：大愛、仁慈、犧牲、幻想、虛幻、夢境、藝術展現、心靈感應的直覺。
特色：無法捉摸的直覺與虛幻力量。
正面影響：仁慈、感受力強、浪漫、想像力豐富、具藝術創造力。
負面影響：欺騙、麻痺、蠱惑、過於理想化。
守護星座：雙魚座。
強勢位置：巨蟹座。
失利位置：處女座。

流年海王星在不同推運技巧的應用

二次推運、太陽弧正向推運

海王星最主要的目的，是讓我們體會眾生平等，以及我們和他人其實沒有什麼不同的地方。雖然在二次推運中，海王星移動的速度緩慢，但如果海王星與個人行星（日月水金火）以及上升、天頂，及上升、天頂的守護星產生合相或強硬相位時，就會帶來明顯而且長時期的海王星試煉。

海王星所進入的宮位所掌管的事物，容易讓我們體驗到無常，一方面是海王星的夢幻特質，另一方面也因為它有消弭、減弱成果的力量，無論我們多麼努力，它總是會讓我們沒辦法得到夢想中最好的結果，因而感到氣餒不已。

行星過運

三王星在行星過運中扮演了重要的角色，行星過運中所有的行星都會快速移動，而海王星每進入一個宮位就會帶來大約 14 年的影響，因此成為行星過運的研究重點，占星師認為三王星的出現，都與撤銷土星的自我限制、自私、保護有關。

海王星有一個相當特殊的關鍵字為「溶解」，不但溶解我們與他人之間的界線（土星），同時也溶解了肉體與精神上的防衛，多半被認為是暈眩、體力虛弱、病毒感染、藥癮、毒癮、藥物中毒、瓦斯中毒，或精神虛弱、精神狀態不佳的象徵。因此流年海王星發揮影響力時，需特別注意自己的健康狀態。

流年海王星發揮強大作用時，不但會讓我們迷失在某件事物中，也會讓我們失去一些事物或關係，這也和海王星的犧牲特質有關。當流年海王星發揮作用時，我們會為了某些事情犧牲另一件事情或某段關係。

我有一位朋友流年的海王星與他的上升守護星、土星產生對分相，這一段期間他的身體就相當虛弱，且查不清楚病因。這讓年輕且擁有許多夢想的他感到非常無奈與痛苦，因為在生病之前，他正有許多計畫正在進行著，而海王星的出現，就只能讓他選擇犧牲健康來完成計畫，或是犧牲計畫來維護健康。

這段時間我們必須學會慈悲，同時若有機會接觸宗教或藝術創作，都可以試著去進行，藉此呼應海王星的能量。理解他人的感受，是海王星要我們學習的，

其目的就是要撤除這些「你」、「我」的界線，並且去理解他人的感受，學著去服務他人。

新月滿月圖與日蝕、月蝕、太陽回歸圖、月亮回歸圖

　　這些技巧都是與行星過運有關的技巧，因此需要注意行星過運的海王星表現。同時在這些技巧中，若海王星出現在命盤的上升、天頂、下降、天底這四個角，就要小心所有與海王星有關的事情，包含身體健康、迷失自我、學習慈悲與無常等，海王星會給你一個美夢，但你要小心地朝這個美夢前進，而不是因為海王星的許諾就迷失自己，做出對自己和他人不誠實的行為。

流年冥王星的影響

在占星學中冥王星就如同一個「超級火星」，與我們最原始的生存意志有關，冥王星具有隱藏、掩埋、重生以及劇烈蛻變的意義，業與內心的陰影還有黑暗面有關。而在心理層面上，也象徵著最原始的生命力量與求生意志與生命的延續（亦即性愛）。在星盤中冥王星所在的宮位與星座，代表著被我們所遺忘的事情，以及容易帶來傷痛與引發內心黑暗面的部分。

從與冥王星連結的八宮和天蠍，我們可以瞭解到冥王星與心靈深處中的個人無意識還有集體無意識有關，在這個時期這些被我們遺忘的東西常常會浮現出來。要瞭解無意識的層面中，有許多我們不願意面對或有意無意去遺忘的事情，童年的不愉快經驗，甚至是存在於人類集體意識中不被我們接受的醜陋面、獸性、嫉妒等。

流年冥王星在不同推運技巧的應用

二次推運、太陽弧正向推運

我們可以簡單的將冥王星看成是一股威脅的黑暗力量，代表我們未知的心靈深處，我們掩埋的恐懼與害怕，或不願面對的醜陋事物。這些事情平時我們並不會注意到，但在推運的冥王星與本命盤產生互動時，這些威脅與恐懼就會浮現到

冥王星的特質

符號：♇，代表「○」的靈與被物質的「＋」由新月型的介質魂「）」結合再生。
出生圖上代表的意義：冥王星所在的位置將展現強大的意志與掌控力。
關鍵字：神祕、恐怖、掌控、意志、死亡與再生、隱藏的資源。
特色：置之死地而後生的力量。
正面影響：直覺、意志力強、轉換能力、開創新局面、豐富的資源。
負面影響：恐怖的、極權、控制、殘酷的。
守護星座：天蠍座。
強勢位置：獅子座。
失利位置：金牛座。

意識中。

　　此外，冥王星也會讓人聯想到死亡與黑暗的陰影，冥王星會把過去醜陋（不願面對）的事件帶到生活中，特別在二次推運中，一旦冥王星開始產生影響，其影響力將會持續很長的一段時間。而最好的應對方式就是去接受它，接受自我與人性中最原始或者醜陋黑暗的一面，要知道這也是「我」的一部分。

行星過運

　　冥王象徵著一種強大的力量，在行星過運時，若冥王星開始發揮影響力，通常會促使當事人逐漸去碰觸到自己內心的黑暗面，或透過他人或外在環境替當事人帶來莫大的壓力，最常見的是有人取得一種控制他人的力量，對自己或身邊的人造成了威脅，這可能是政治上的控制、公司中的權力運作、家族中的控制、伴侶關係中的互動，或是他人對自己在精神、肉體上的傷害。

　　有些占星師認為，星盤上行星的效應是透過我們自己和別人的互動來運作的，如果你不想當冥王星，那麼別人就會扮演你的冥王星。所以如果你不想讓別人當冥王星來控制你，或殘忍的對待你，那麼就必須去挖掘自己隱藏的求生意志，幫助自己重新站起來。

　　常有人說冥王星與死亡有關，要知道冥王星的死亡或許是肉體的消失，但更多時候卻是在心理層面或事件、關係的結束，亦即親情、愛情、友情，與任何一種公與私的連結關係的消失，或舊事物的結束。

　　我們要瞭解，冥王星會將我們生命中太過依賴或過度看重的，非必要的事物奪走，它藉由精神或肉體的壓力迫使我們放棄某種「執著」。此時必須傾聽內心的聲音，暫時放下一些事物，並進入心靈中去發現自己未曾發現的覺醒。否則冥王星將會一而再地，用更嚴酷的手段來刺激（打擊）我們。

新月滿月圖與日蝕、月蝕、太陽回歸圖、月亮回歸圖

　　這些技巧都是與行星過運有關的技巧，因此需要注意行星過運的冥王王星表現，同時在這些圖中，若冥王王星出現在命盤的上升、天頂、下降、天底這四角時，那麼冥王星在這一段流年影響期間會變得特別重要，提醒我們這時候必須注意冥王星的心理黑暗面，以及毀滅與重生的課題。

　　冥王星代表著我們內心中（特別在無意識面）對現狀或過去的不滿，而渴求

著一種全部結束重新開始的改變，人們常說冥王星也常引發自殺傾向，這也是一種渴望全部重新開始的象徵，但我們不必看到冥王星就有過度反應，我們可以提醒對方追求徹頭徹尾的改變來獲得重生，或許在意識層面當中我們無法承認，但當我們開始著手改變自我，就會享受到成長的甜美滋味。

第二章 流年行星進入星座的解釋

在瞭解行星在各種流年預測工具裡的意義後，接著要介紹的是流年行星進入十二星座時的定義。而在進入主文前，就讓我們再複習一下各星座的特質及優缺點吧。

首先是黃道上的第一個星座白羊座，由於屬於開創星座，且是火相星座，白羊座通常擁有自信、純眞、勇往直前、冒險犯難、不怕失敗、喜歡居於領導地位等優點，而缺點則是有點自我，個性急躁、粗心，略顯三分鐘熱度、孩子氣、有時會顯得過份自負、有勇無謀。

而屬於固定、土相星座的金牛，其特質則是重視物質、重視感官，而由於守護星是金星，通常對美的事物感受敏銳，個性也非常腳踏實地、包容，但缺點是有時略顯固執，對物質的佔有欲太強、應變能力也稍嫌緩慢等。

由於雙子座是變動的風相星座，又歸掌管思考的水星守護，因此優點自然是機靈的、多才多藝的、充滿知性與理性，並擅長傳遞訊息，但缺點則是略顯輕浮、善變，讓人覺得不夠誠懇。

歸月亮守護的巨蟹座，是開創的水相星座，優點是敏感、顧家、善體人意、心地善良，並能讓人充分感受到母性的溫暖，但缺點是容易情緒化、多疑、缺乏安全感。

而獅子座屬於火相星座，守護星正是太陽，因此個性通常是豪爽的、愉快的、充滿自信與活力，並且擁有源源不絕的創意，但缺點也是虛榮心較強，旺盛的表現欲無法被滿足或欣賞時，就會顯得鬱鬱寡歡或狂妄專斷，由於它是固定星座，所以有時也蠻固執的。

處女座給人的感覺總是龜毛、愛鑽牛角尖，但事實上隸屬於水星守護，且是變動星座的處女座，另有一個重要的關鍵字是「服務」，因此如能將本身優秀的分析能力運用得當，並讓自己緊繃的情緒放鬆一些，就不會總帶給人嚴苛的感覺了。

如果說白羊代表自我，呈軸線關係的天秤座就代表與他人的關係，因此天秤座通常都很善於溝通協調與交際，也重視和平、和諧與正義，同屬金星守護的天秤對美的感受也很敏銳，但缺點則是略顯多慮，並容易缺乏自信、猶豫不決。

天蠍帶給人的第一印象就是「佔有欲」，這是因爲黃道第八宮本來就代表

「他人的財物」與「資源分配的權力」，加上他們擁有冥王星守護，因此總帶給人一種神祕的感覺。此外，冥王星也帶給天蠍強烈的意志、戰鬥力，與極強的重生能力。

屬於變動、火相星座的射手，其符號就像是一個箭頭一樣，所以總是往高處看、喜歡往外跑，而由於黃道上的第九宮掌管旅行與高等教育，射手的守護星木星又代表幸運與樂觀，因此射手通常也有此特質。

摩羯屬於開創的土相星座，總帶給人深謀遠慮、城府極深的感覺，事實上，這與守護摩羯的土星有關，土星就像一位嚴格的老師，因此也帶給摩羯這樣的色彩。此外，摩羯的特質還有耐心、毅力、負責任的、有計畫的，同時也代表組織。

水瓶由天王星守護，因此總帶給人思想前衛、不按牌理出牌的感覺，事實上，水瓶的關鍵字還有社群、社團與遠大的目標等，而隸屬於固定、風相星座的水瓶，雖然本身的行為總讓人猜不透，但固執起來也是很拗的。

黃道上的最後一個星座雙魚，其關鍵字是敏感、善良、犧牲、慈悲，但常將這些的能量用在錯誤的地方，由於守護星海王同時有麻痺、模糊的意義，因此雙魚除了本身散發出這樣的特質外，同時也容易與酒癮、毒癮扯上關係。

流年太陽進入十二星座的影響

流年太陽進入牡羊座

在行星過運中，太陽具有指標與觸發的作用，太陽進入牡羊座的期間，我們往往會追求自我的表現。當此時太陽與其他行星產生相位，或觸動了本命盤的相位時，代表這種積極追求自我的態度將會引發事件，與父親或男性伴侶也會產生更密切的互動。而在二次推運與太陽弧推運中，也可能具有相同的意思，同時也代表自我意識的抬頭。

流年太陽進入金牛座

代表這段期間會特別需要追求物質上的安全感，而金牛除了代表金錢、物質，也與身體有關。在行星過運中，如果在金牛座的太陽與命盤上其他行星產生相位，代表著物質有關的事件的發生，如果是 180 度或 90 度的強硬角度，更必須更小心面對金錢與物質的問題。當推運的太陽落入金牛座時，同樣表示這段時間容易將生活重點放在金錢與物質和安全感的追求上。

流年太陽進入雙子座

流年太陽進入雙子座時，代表溝通、學習、交通、兄弟姊妹是這段期間注意的重點，並將透過這些事情來呈現自我特質。在行星過運中則可能代表當事人說的話會變得相當重要，也會在言談間充分顯露出自信。而當行星過運中的雙子太陽與命盤上的行星產生相位時，表示溝通、學習、人際關係上的事情容易對自身產生影響。

二次推運與太陽弧正向推運的太陽進入雙子座時，暗指著未來將是一段重視學習溝通與成長的時刻，與兄弟姊妹和朋友的互動將會是生命中重要的部分。

流年太陽進入巨蟹座

巨蟹座象徵著生活的安全感與家庭環境，在行運時如果巨蟹座的太陽與命盤中的某些行星產生相位時，就必須注意該行星掌管的事情，以及太陽宮位和行星宮位所代表的事情，尤其是巨蟹座所代表的安全感與家庭因素更是其中的重點，也是觸發一連串事件的關鍵。

在二次推運與太陽弧推運中，如果太陽進入巨蟹座，代表在經過一連串的學習與社交經驗後，現在是回到內心世界中，去深入瞭解自己對安全、家庭、自我情緒的表達等看法的時候了。

流年太陽進入獅子座

在占星學中獅子座與創造、創意和自我呈現、目標達成有關，也與愛情、子女、娛樂等有關。在行星過運中，獅子座的太陽若與命盤中的行星產生相位，暗示著上述領域會出現變化，至於是何種變化，則要參看產生相位行星所代表的事件，以及太陽與該顆行星所在的宮位等。

在太陽弧推運與二次推運中，太陽進入獅子座，代表我們將更注重自我的呈現與目標的達成，在這段期間也會變得較有自信。

流年太陽進入處女座

太陽進入處女座時，會讓我們更注意身體的健康，日常的工作狀態，以及與下屬或動物的關係。在行運中如果處女座的太陽與命盤行星產生合相，暗示著上述的事情將會在這段時間內引發一些事件，事件的內容與太陽和該行星的宮位和所掌管的事件有關。

在二次推運與太陽弧正向推運中，太陽在處女座讓人們更重視健康的追求，也促使在日常生活的工作中尋求成就感，與部屬或動物之間的關係也會變得更為密切。

流年太陽進入天秤座

　　天秤座與人我關係及伴侶生活有關，天秤座具有和諧和平的氣氛，當太陽弧正向推運或二次推運的太陽進入天秤座時，我們會更能考慮到他人的觀點，也會覺得有人陪伴是件快樂的事情，對於伴侶或是尋找伴侶或合作搭檔等事情也會變得較爲積極。當行運的太陽進入天秤座且和命盤中的其他行星產生相位時，將在外表裝扮、美麗的事物、伴侶或人際關係、合作關係會出現改變。

流年太陽進入天蠍座

　　天蠍座的死亡與重生，來自於想要改變現況的要求，當行運的太陽進入天蠍座且與命盤行星產生相位時，內心的不安與恐懼、對物質的佔有與分享的看法，會是導致近期事件的主因。

　　當二次推運或太陽弧正向推運的太陽進入天蠍時，會變得極度渴望改變自己的身心，這段時間往往成爲危機點與轉機點，最好能回過頭去檢視內心的不安與恐懼，且學會面對，才能積極地進行自我成長與改造計畫，度過這段困難的時期。

流年太陽進入射手座

　　當流年太陽進入射手座時，帶來了積極成長以及追求理想的目標，同時旅行、學習、宗教信仰與個人生活哲學觀也將影響當事人。在行星過運中若射手座的太陽與命盤中的行星產生相位，代表著上述事情會對生活帶來影響進而引發其他事件，或者心態上的轉變。

　　在推運時也會有上述的影響，同時當推運太陽進入射手座，當事人會試著建構一套自我的人生觀，且對於旅行、研究、學習或宗教事物特別感到興趣。

流年太陽進入摩羯座

　　流年太陽進入摩羯座，讓人們更爲重視事物的組織與管理，也是貢獻出自我過去經驗幫助引導他人的時刻。在行星過運太陽進入摩羯座且與命盤中的行星產

生交會，暗示可能會跟公家機關或大型機構打交道，也可能是和具有權威的人士或家中的長輩有更密切的互動。

在二次推運或太陽弧推運中也有同樣的狀況，同時當推運太陽進入摩羯座時，會促使一個人對於追求功成名就，有著更強烈的野心。

流年太陽進入水瓶座

水瓶座代表一種想要超越自我的能量，當行星過運太陽進入水瓶座且與命盤中其他行星產生相位時，暗指著想要超越自我、與眾不同的想法是最近帶來動力的主因，也可能會引發相關事件。

在推運中太陽進入水瓶時，會帶來強烈的獨立感受，此時當事人通常不願意輕易與他人融合，但卻又需要朋友和團體來突顯自我的不同，於是常處於一種對於團體或社交活動若即若離的態度。

流年太陽進入雙魚座

雙魚座帶來了犧牲自我服務他人特質，除了具有強烈的宗教情懷之外，也有浪漫與理想主義的態度。在行星過運中，雙魚座的太陽若和命盤上的行星產生相位，往往暗示著對於事物理想與天真的態度，是促使事件發生的重要原因。

在推運的太陽進入雙魚座時，生活態度變得較為浪漫與理想，也容易產生宗教情懷或犧牲奉獻的態度，但也可能會以消極或宗教的態度，來面對生活中的變動。

流年月亮進入十二星座的影響

　　月亮幾乎每兩天半就會更換一個星座，應用在行星過運時，象徵短暫的心態變化，除非是上升太陽或月亮在巨蟹的人，或是行星過運中的月亮，與出生圖中的行星與上升、天頂、下降、天底產生相位，否則較難以察覺到。在行星過運中，行運的月亮，若和本命盤上以產生相位的行星，再一次的產生相位時，會觸動本命盤的相位所暗示的事件或狀況，但此刻也要把行運月亮所在星座的特質的影響考慮進來。

　　但在最常使用的二次推運法中，月亮象徵著每兩年半的心態改變，此時身邊的人會很容易察覺到到這樣的心態變化與心理需求的改變，月亮的星座與宮位在二次推運中佔有相當重要的地位。

　　而在太陽回歸圖中，月亮落入的星座暗示著這一年內內心的需求爲何。應用在新月、滿月圖上時，落入的星座則是該月份內心需求的重點。

流年月亮在牡羊座

　　當流年的月亮進入牡羊座時，象徵在這段時期內會希望他人能認同自己的存在，希望能滿足心裡所想要的任何需求。至於需求爲何，很可能透過月亮所在的宮位來暗示。月亮在牡羊座使人在無意識中會想與他人競爭。這段期間內也較缺乏耐性，希望任何事情都能快又有效，因此對於周圍發生的事物或他人說的話，也容易有較快、較衝動的反應。

流年月亮在金牛座

　　當月亮進入金牛座時也是人們感覺最舒適的時刻，在此一週期內，我們會希望藉由物質來滿足自己換取安全感，此時也容易察覺到感官上的刺激，包含聽、看、聞、味覺、觸覺等感受，並透過這些來建構自己的安全感。

流年月亮在雙子座

　　溝通、學習、知識分享是月亮經過雙子座時所帶來的影響，在流年月亮經過

個案分析：流年月亮在金牛座的影響

例如：你本命盤有金星在獅子座 5 度與土星在水瓶 5 度的對分相，而當行運月亮經過了金牛座 5 度時，就會同時和本命的金星、土星產生強硬相位的四分相。

這時候不但本命金土對分相的事件，會被月亮觸發，可能暗示對於金錢（金星）的野心（土星）、對於愛情（金星）的憂慮（土星），或是對於父親或長輩（土星）的情感（金星）。

同時我們也要考慮，此刻行運月亮在金牛座的特質，也會牽涉在這一次的事件當中，例如可能是物質安全感（金牛）的憂慮（月亮），引發了對金錢的野心，或愛情的憂慮等等。

雙子座時，會重新察覺周圍環境對自己造成的影響，此時也很容易被媒體或他人傳來的訊息刺激，但又怕處在與世隔絕的環境中，失去與外界的聯繫溝通，因此情緒也較不穩定。

流年月亮在巨蟹座

對於安全的需求，是流年月亮經過巨蟹座時最容易體驗到的感受，這時候會特別想要一個舒適穩定的隱密環境，不希望被人打擾。

流年月亮在獅子座

流年月亮在獅子座容易讓人們戲劇化的表現自己的情感，對於所有的刺激都有著極度的反應，同時認為他人的關心與照顧是必然的。這也是一個表現創意與照顧他人、管理其他人的時刻。同時帶來一種需要「最好」的感覺，會希望自己擁有最好的伴侶、最好的子女、最好的戀情，以便滿足自己。

流年月亮在處女座

流年月亮在處女座帶來了重視規律與健康的感受，在這段期間內人們容易不由自主的擔心自己的身體健康及飲食狀況，對於日常生活的規律與否也相當重視。因此這段期間當心情特別慌亂時，特別在與工作、與下屬互動、健康層面

有關的事物產生困擾時，不妨重新規劃自己的日常生活，幫助自己重拾原來的步調。

流年月亮在天秤座

流年月亮在天秤座帶來了重視和諧與和平的氛圍，這時會不希望周圍的人打破這種寧靜的氣氛，同時也希望從他人眼中看到自己，於是他人的觀點、他人的想法與他人的陪伴變得很重要，少了這些就容易感到莫名其妙的焦慮。

流年月亮在天蠍座

當流年月亮進入天蠍座時帶來一種內心中的強烈騷動，因急於控制住自己的情感與情緒，卻不得要領而造成一些煩惱。在與他人的關係上，這時會特別渴望與他人有著更為親密的關係，並且容易透過這層關係，達到對自我與他人掌控所帶來安全感的狀態。

流年月亮在射手座

流年月亮在射手座時促使著人們對於自由和空間產生更多的需求，在這個時候人們不喜歡被約束的感受，心情也較容易放輕鬆，容易接受幽默與好玩的新鮮事物。月亮在射手座的週期，會使我們需要心靈成長的刺激，看書學習增廣見聞是成長的動力。

流年月亮在摩羯座

組織、規劃、架構是月亮經過摩羯座時帶來的影響，人們在這時候特別重視規劃，以及自己的工作成果和表現等。不過月亮通過摩羯座的週期，容易使人壓抑自己的情感、情緒，甚至私人的需求，只為了讓自己顯得理性一些。

流年月亮在水瓶座

流年的月亮在水瓶座有著客觀與科學的精神，這段期間會特別需要超脫原有

的架構與束縛，成爲高人一等的高尚靈魂。此時人們也喜歡與朋友見面交往，或去追求更多新的知識，但是仍會保持一個距離，好讓自己在情緒表現上更能夠客觀的處理。

流年的月亮在雙魚座

情感的浪漫、對於理想的天眞與熱忱，是月亮在雙魚座的重要影響，當流年的月亮經過這裡時，我們往往會分不清楚理想與現實的差距，覺得爲什麼這個世界或這件事情就不能單純一點、理想一點，也往往會對某種事物產生犧牲奉獻的情操。月亮經過雙魚時也容易受到他人情緒的影響，情緒起伏的波動會特別大。

流年水星進入十二星座的影響

水星進入星座的影響多半在二次推運、太陽弧正向推運、新月滿月、太陽月亮回歸時才會有明顯的影響，至於行星過運則必須在水星與出生圖中的行星產生相位，或與上升、下降、天頂、天底合相時才容易表現出來。只是水星在行星過運與推運中仍扮演觸發的角色，需要特別注意。

流年水星進入牡羊座

流年水星進入牡羊座時，溝通與思考模式多半帶有點挑戰他人的特性，說話與溝通的重點在於效率，希望快又有效的進行溝通，說話的方式可能簡單扼要，也通常會沒什麼耐心。當流年水星在牡羊座與其他行星產生負面相位時，發生的事件多半是因為沒有仔細考慮就去進行，或是太過於急促導致溝通不良，也可能引發交通問題。

流年水星進入金牛座

流年水星進入金牛座帶來溝通與思考上重視安全與實際的特質，在這一段時期中我們思考方向會比較保守，維護自身或整件事物的安全為第一考量，物質與身家財產的安全成為此時思考的重點。當流年水星進入金牛座時，思考、學習與溝通是一步一步來的，所以思考溝通與交通旅行的速度都會更慢，主要是因為需要更多的時間去思考。

流年水星進入雙子座

當流年水星進入雙子座時，水星回歸到純粹的溝通與討論思考，我們往這時候往在會處於一個媒介的角色，說話、溝通的時間往往佔據了大部分的生活，卻很難在生活中扮演固定的角色，但有時也可從所傳遞的訊息中得到一些重要資訊。這段時間也很適合短期進修與學習。

無論在哪一種流年的判斷方法中，水星在雙子座與其他行星產生相位時，代表著必須著眼在眼前所說與所做的事物上，這些將會為自己的生活帶來影響。

流年水星進入巨蟹座

此時思考容易受情緒與感受所影響，因此往往是感性十足，但有點欠缺理智。流年水星在巨蟹座時有利於情緒的表達，水星在巨蟹座的時刻往往會對過去的事情、過往的紀錄產生興趣，經驗與感受會是這一段時間我們思考的主要模式，與家人和兄弟姊妹之間的互動也會變得較為頻繁。

而在行星過運時，上述情形並不明顯，除非水星與命盤中的行星產生相位，或觸發了某些已經形成強硬相位的行星位置。

流年水星進入獅子座

創意、創造與自我的呈現是獅子座的特質，而當水星在流年命盤中進入獅子座，這些特質將會出現在日常生活對話中，因此這段時期會比較重視自我的表達，開口閉口可能都是「我想」、「我認為」、「我覺得」，思考與溝通也會比較主觀。

具有創意且戲劇化是流年獅子座水星的另一個特質，如果是在行星過運中出現，且和命盤產生強硬相位的話，也可能因為過於誇張的言詞而引發事件或麻煩。

流年水星進入處女座

當流年水星進入處女座時，或許是因為在上一個階段受了些教訓，所以此時在思考溝通、學習或交通、旅行方面會更為謹慎。由於處女座的水星重視分析與細節，眼光與思考方式以往往會著重在細節上，如果再與命盤上的行星產生負面的強硬角度，這些思考方式往往會讓他人難以忍受。處女座也有重視工作、日常生活與健康的特質，這些主題也都會是此時的思考重點。

流年水星進入天秤座

重視和諧的特質與外交辭令的技巧，是流年水星進入天秤座的特色，此時我們會變得樂於傳遞訊息，並期待這些訊息能夠讓帶給人愉快的感覺。流年水星在

天秤座時，往往會讓我們從他人的角度來思考，或是希望採取更為客觀的思考與溝通模式，藉此避開衝突與不愉快。

流年水星在天秤座時，也容易激發我們對於伴侶關係的思考，與伴侶的對話在這時顯得十分重要，可以透過這些對話發展出更和諧的關係。

流年水星進入天蠍座

水星在天蠍座時會讓我們的思考陷入極端的喜好厭惡，很多事情在這時候對你來說不是黑就是白，於是開口說出來的話往往會讓身邊的人感到驚訝。流年水星經過天蠍座時，天蠍座所掌管的生死議題、佔有與分享的問題，結束與重新開始的議題都會出現在我們的思考對話與學習中，天蠍也代表心靈深處的複雜情節。當推運或回歸圖的水星進入天蠍座時，相當適合展開更深入的自我瞭解工作。

流年水星進入射手座

傳遞自己所相信的事情是這階段的重點，水星進入射手座的時候，往往會在溝通中傳達出自己所相信的事件和理念，可能是宗教信仰，也可能是生活態度或是哲學觀。由於射手座也與異國文化有關，這時也相當適合去學習外語或是去旅行，無論哪一種作法都會替我們的生活增添更多經驗。

此外，流年水星在射手座也會讓我們思考說話較為快速，有時會有些誇張（甚至說謊），尤其當流年水星與命盤上的行星產生強硬相位時，就可能會因為誇張的言詞惹上麻煩。

流年水星進入摩羯座

摩羯座的特性包括了權威與組織，在流年水星進入摩羯座時，我們會不由自主的以權威或較高的姿態發言，有時後還蠻會打官腔的。水星在摩羯座的溝通方式講求實際、有結構組織和目的，這時候我們會捨棄那種華而不實、言不及義的言語，而只說重點，而且力求清晰簡單，達到目的就好了，其他的廢話少說，同時水星在摩羯座時卻相當有利於談判、商業經營，或是與公家機關打交道。

流年水星進入水瓶座

當水星經過水瓶座時，思考模式也會變得較特立獨行，在與人說話溝通或是學習的目標上，都極想要展現出自我的不同。水瓶座也有強烈的人道精神，因此此刻的想法也會有別於過去的自我，希望展現出更高的層次與更寬廣的格局，說出來的話或想法也往往會讓人大吃一驚。

當行運水星經過水瓶座時，也適合與朋友聚會或是上網搜尋新資訊，但是當流年水星與命盤行星形成強硬相位時，特殊的想法與溝通方式則會較難為人所接受。

流年水星進入雙魚座

雙魚座的敏銳直覺和感受性，反映在水星代表的思考溝通上有好有壞，雖然不利於理智的思考判斷，但是更強烈的直覺與感受，能夠幫助我們從生物的本能與無意識中獲得正確的選擇。當流年水星進入雙魚座時，思緒容易變得混亂，且很難理性的與人溝通。

藝術與精神層次的事物，是這時最關注的焦點，也會特別重視事物背後的精神意涵與感受。流年的水星若與命盤行星產生負面角度時，要小心太過理想化的態度，也要留意曾經遺忘的事情所帶來的問題。

流年金星進入十二星座的影響

　　金星星進入星座的影響多半在二次推運、太陽弧正向推運、新月滿月、太陽月亮回歸時才會有明顯的特質，至於行星過運時因爲運行速度過快，則需在金星與出生圖中的行星產生相位，或與上升、下降、天頂、天底合相時，才容易表現出來。

流年金星進入牡羊座

　　當流年金星進入牡羊座時，對於自我的認同提高了許多，認爲採取行動以及自信就是一種增加自我價值的方式，對於所喜歡的東西有一種急於去爭取的衝動。此外，如果有某件物品或事情需要競爭才能獲得，就會讓當事人覺得更有價值。

　　這一段時間也會相當熱中於金錢追求，但因容易衝動的關係，以致於理財的手段通常不是很高明。在情感或人際關係方面，這段期間會變得比較主動，但在經營情感關係時也容易因爲個性自我，而引起對方的不滿。

流年金星進入金牛座

　　金星進入金牛座是回到自我守護的星座，物質的觀念在這裡有著明顯的暗示，甚至連情感都需要透過有形的物質來表現，例如：光是抽象的「我愛你」一句話，將很難滿足推運金星進入金牛座的人，可能需要加上鮮花、巧克力來表達。

　　同時這一段時間也會需要透過累積物質資源來感受自我的富足。對金錢的態度會變得較實際（金牛並不一定就代表愛錢或賺大錢），而讓家中的物品實用夠用，讓生活充滿安全感就是這段期間最大的目標。

流年金星進入雙子座

　　流年的金星進入雙子座時，會認爲知識、交談和朋友關係就是一種無形的財富，也可能對藝術、外交、情感上面的話題有較多感受，或是在這段期間選擇從

商，或與他人進行物質的交流。此外，此時在言語與溝通方式也會受到金星影響，變得較溫和。

而受到雙子座的影響，這段期間的情感表達會相當重視溝通與知性的交流。但要提醒的是，這段時間對理財資訊的敏感度雖然高，卻不一定真的採取行動，有時只是被那種知識價值給吸引住而已。此外，這時在買書、買 CD、逛街、和朋友吃飯上的花費也絕不手軟。

流年金星進入巨蟹座

重視家庭價值是當流年金星進入 巨蟹座時帶來的特質，這一段時間如果沒有嚴重的強硬相位干擾，我們在家庭中會感受到許多的溫暖，甚至可能覺得為了家人一切都值得。除了家庭之外，我們需要被接納的歸屬感，這個歸屬感也很可能不是來自於家庭，而是來自於朋友或他人。

而進行尋根、家族歷史探索，或接觸歷史或古典文學，也會讓我們找到歸屬感，進一步的覺得舒適而且富足，而且，這時也會喜歡用更為藝術與溫暖寧靜的手法來布置自己的家。

此外，因為巨蟹座的影響，在感情方面也比較喜歡隱密、不受人注意的關係，而且喜歡照顧幫助對方，展現出巨蟹座的母性特質。此時金錢的處理態度上較為節省，卻捨得為了買房子或布置裝潢而花大錢。

流年金星進入獅子座

當流年金星進入到相當自我的獅子座時，情感的觀點容易以自我為中心，個人的喜好厭惡成為衡量一切事物價值的標準，當你認為這個人不上道、擺不上檯面時，別人說什麼心地善良認真負責，都沒有辦法引起你的興趣。這段時間情感的表達方式較為誇張容易有戲劇化的表現，無論追求、告白或爭吵分手都很有好萊塢電影的架勢。

流年金星在獅子座會讓人重視物質的呈現方式，是否有創意，是否能夠吸引人注意都是很重要的，但要小心可能會淪落於過度重視外表的陷阱。對於金錢的態度上較為大方，喜歡把手邊的資產通通秀出來給別人看，常讓人覺得有些愛現。

流年金星進入處女座

實際的價值觀是金星進入處女座的一大特徵，通常這時在我們的採購指南上會清楚寫著，要堅固耐用又便宜的東西。同時這段期間也相當注重身體的健康，認為維持健康與每天的勞動，就是一種增加自我價值的最好手段。

金星在處女座認為賺來的辛苦錢不能浪費，所以對於金錢相當的謹慎小心。處女座的實用性質，雖然小幅的削減了金星的美感，但是卻讓生活充滿了寧靜且踏實的溫暖。此外，在感情方面也會變得比較實際，或是會透過服務情人來表現自己的愛意。但是處女的重視細節與分析使得情感態度帶點灰色的想法，有時會有些自卑。

流年金星進入天秤座

流年金星進入天秤座時，暗示著情感關係的重要性，金星共守護兩個星座，在金牛時較為重視感官與物質，在天秤時則強調人我之間的關係。流年金星在天秤座可以解釋為，透過情感以及和他人的互動來讓自己覺得自己更有價值。如果此時金星沒有其他行星的強硬相位來干擾，通常能夠增進人際關係的互動，在伴侶關係上也會有明顯的進步。

但因為受金星的影響，在表現關懷的同時，無非也是希望對方給予我們同等的關懷，如果對方沒有付出同等回報或反應較為遲鈍，就容易自己生悶氣，建議應該試著表達出自己的感受。金星在天秤座時會特別重視物質的美感，處理金錢手的法也較為溫和，但也容易因為太過在意他人的看法，而錯失賺錢的機會。

流年金星進入天蠍座

性愛、權力、控制、操作、生與死的循環、分享他人的資源，都是天蠍座的特質，如果分別將這些特質與金星強調的事件作為結合，在情感上的性愛將會成為一個值得討論的重點。無論原本對性愛的觀點是什麼，在這個時刻性愛的關係常會左右情感的變化，權力與控制同樣也會出現在情感中，無論是自己與他人的關係、與情人的關係、與女兒或女性朋友的關係，都處於一種權力的角逐中，但對當事人來說，不過就是希望彼此間的關係更為緊密，卻不知道其他人無法接受

這種令人窒息的關係。

　　對於金錢和物質的控制慾望，可能會使我們在與他人分享資源上產生互動，如果金星呈現柔和相位且出生圖上的第八宮相位良好，適合與他人合資，反之則不然，如果金星在這裡又遇到了強硬相位，往往會有複雜的感情或金錢事件出現。

流年金星進入射手座

　　流年金星在射手座的時期會使我們重視精神的成長，認為精神生活的富足就是一件值得喜悅的事情，這也使得我們開始接觸宗教哲學文或是異國文化，也可能對深入的研究產生興趣，不過如果沒有土星或火星的相位，恐怕深入的機會不多。

　　金星進入射手座的精神性，會讓我們希望和喜歡的人在人生的道路上一起成長，精神的契合是一大指標，但要注意的是，這段期間自己對於緊密的關係並不真的這麼熱衷，無拘無束才是適合這段時間的情感模式。由於射手座象徵著海外，金星在這個位置也很可能讓我們與外國人交往，或有著密切的互動關係，或是容易受到不同文化的吸引，容易吸引到外國人等等。而在金錢方面，射手座的衝動與擴張特質，很可能會讓我們對於金錢抱持著樂觀且懶散的態度。

流年金星進入摩羯座

　　流年時落入土相星座的金星，往往會使金星的特質偏向實際，當金星進入摩羯座時，就連愛情態度都會變得很實際。金星在摩羯往往會讓浪漫的人覺得煞風景，因為這個位置較難體會到美麗與溫柔浪漫，也很難表現出這樣的態度，這一點也很可能會帶來困擾。

　　但相對的，當事人也會將實際的好處帶入情感生活，或對兩人的未來較有規劃。金星在摩羯座時會對審美有另一套看法，突然喜歡古老或傳統的東西，認為這樣才是一種美，但在選購物品時則會選擇實用耐用的，金錢上盡量節省開支，不浪費金錢幾乎成了金星在土相星座的共同表現。

流年金星進入水瓶座

　　水瓶座的特質是不尋常，金星進入到這個位置首先會帶來超現代的美感，卻讓一般人覺得你的品味怪得可以，金星水瓶雖然會使得金錢與投資變得更具有前瞻性，但往往錯在起步太早且缺乏耐心，使得許多投資的事情到最後不了了之，甚至認賠殺出。

　　在情感上金星在水瓶容易出現不尋常的情感，可能是會嚇壞保守人士的師生戀、老少配或同性戀，但別緊張，金星在水瓶也很可能只象徵一段近似於友誼的柏拉圖之戀而已。進入水瓶座的金星，想要愛得不平凡，也想要愛得自由，不喜歡受到感情的約束，有來去自如的感覺。

流年金星進入雙魚座

　　流年金星在雙魚座對於感情的天真，可以有許多不同的呈現方式，可能相當單純的認為一生只愛一個人，為了對方奉獻。也很可能是浪漫過頭了，把所有的事情都置之不理，但也可能是變成是見一個愛一個的亂愛，雙魚座的浪漫天真和混亂很難讓人拿捏得清楚分寸在哪裡。

　　當流年金星進入雙魚座時，一心只想著為愛奉獻，也很容易為了一點點小事而喜悅或感動。流年金星在這個星座強調了精神性，對於金錢的管理能力就相當薄弱，用錢也比較隨性且情緒化，需要多加注意。

流年火星進入十二星座的影響

流年火星進入牡羊座

火星在牡羊座展現出喜歡競爭挑戰的態度，透過攻擊他人或是競賽來保護自己，在這段期間中我們可能變得相當的好戰、動輒得咎，但卻也顯得精力旺盛、活力十足。相對的，耐心不足脾氣暴躁是此刻的最大缺點，行動上往往有些自以為是，讓人覺得很自私。

流年火星進入金牛座

當流年火星進入金牛座時，我們會比較在意物質金錢所帶來的安全感，特別當這方面的事情遭到侵略或破壞時容易動怒。做任何事情都採取比較保守的態度來換取安全，同時行動也比較偏向於實際，重視情慾與性愛的結合，是火星進入金牛座時容易表現出來的特質。

流年火星進入雙子座

流年當火星進入雙子座時，容易表現出焦躁和不安的行動，不斷地在行動前蒐集資訊是一大特徵，然而過多的資訊也會造成風聲鶴唳草木皆兵的感覺，這時候常會為了改變而改變，與鄰居或周圍人事的關係互動頻繁，卻也容易產生磨擦。

流年火星進入巨蟹座

流年火星進入重視家庭與情緒安全感的巨蟹座時，這兩件事情成為行動上的最主要考量。此時可能將行動重心擺在家庭事物上，而當情緒沒有獲得滿足或是覺得不安時，就容易有激動的表現。流年火星在巨蟹座時，我們往往採取以退為進的迂迴方式來處理事情以換得情緒上的安全感。

流年火星進入獅子座

火星進入了重視自我的獅子座時會讓我們重視自我的呈現，將我們的精力與體力都放在一個自我實現的目標上，此時做事情的時候往往具有創意與戲劇效果，不過由於這個時期我們過分關注在自我的事物上頭，所以往往會對他人帶有忽視或攻擊性的色彩，需要注意他人的感受。

流年火星進入處女座

流年火星進入處女座時，會相當在意事物的細節與實用性，這段時間也容易緊張、焦慮，做事時也會更加重視細節，其原因是來自於自信心不足與重視安全的考量。火星在處女座或第六宮時需要多注意健康，規律的運動是能夠避免過度焦慮與緊張的最好方式。

流年火星進入天秤座

火星的能量進入天秤座時，將關注的焦點放在了伴侶關係上，這時候我們重視與他人的合作，也喜歡有人陪我們一同行動，但是必須注意是否我們的行動傷害或造成了他人的損失，火星有利己的習慣，在天秤座時往往會造成彼此合作的困擾，而此時火星的能量表現的較為溫和。

流年火星進入天蠍座

流年火星進入天蠍座時，象徵著隱密而審慎的行動方式，對於物質與身邊資源的佔有慾相當強烈，無意識中的不安往往是造成個人採取激烈行動的最大原因，最好能回到自己內心深處去找出原因。

流年火星進入射手座

射手座代表著信念，當流年火星進入這個星座時，可能會開始執行自己的信念，或許是一個宗教信仰，也或者是一個生活上的觀念，很容易一頭熱地就栽進

去。但流年火星在射手座時，也很適合透過各種方式提昇自己的心靈與知識上的成長。

流年火星進入摩羯座

摩羯座象徵著嚴謹的組織，當流年火星進入摩羯座時我們做事的態度變得比較有組織，很有耐心傾向實際的作風，過去火星在射手座的大膽作風突然的變成了保守且重視安全，而這時候比較目標取向，任何行動的背後都有動機可以解讀，一步一腳印是流年火星進入摩羯座的最佳形容。

流年火星進入水瓶座

當流年火星進入水瓶座時，行動的目的是超越，無論是超越自我、超越限制或束縛，這個時期的行動可能比較沒有章法，且常常不按牌理出牌，突如其來的行動往往會使身邊的人驚訝，這是一個參加社群團體，幫助自己成長的最好時刻，也很適合應用科技產品幫助自己完成工作。

流年火星進入雙魚座

雙魚座的虛無飄渺會讓火星沒有著力點，雙魚座並不急著表現，喜歡一切隨緣的姿態會讓火星的行動力大幅降低，這些人行動較為隨性且多變，工作的態度與進度讓他人難以預測，流年火星在雙魚座會讓我們傾向朝著自己內心的心靈世界去發展，靈修或是心靈成長都是不錯的發展目標。

流年木星進入十二星座的影響

流年木星進入牡羊座

流年木星行經牡羊座時,加深了個人對於自我的信念,這個時期適合展現強烈的個人特質,越能在這個時期表現出自信的人,越能獲得更多的發展機會以及好運。當行星過運的木星進入牡羊座時,在社會文化的發展的特徵上,容易出現個人式的英雄主義風格、且具有挑戰競爭的意味,新事物的發現與發展特別容易引起注意。

若不考慮該年木星與其他行星的相位影響,這一年的財經情勢常上演暴漲與過熱的行情,木星在牡羊時會支持自由業以及任何與火有關的行業。這時候人們對於自身所相信的事情或是信仰都容易展現出積極的熱情,同時這些熱情可能過度的被發展,成為一種狂熱的態度。

而木星所代表的國際之間的互動,也沾染上牡羊座的火爆積極色彩,可能會在流年木星與其他行星產生強硬相位時引爆衝突,也容易使事件提前引爆。

流年木星進入金牛座

金錢物質在流年木星進駐金牛座時會備受重視,這時我們容易重視與物質資源、物質安全有關的議題。特別在行星過運中,此一時刻的社會氣氛較為保守務實,社會的風氣傾向實際的態度,在這一年可能相當流行一些金融理財,維護身家財產安全,或者如何賺錢,如何獲得更多能力的流行主題。

在財經的情勢上若不考量與其他行星的相位,這一年的財經狀況多半呈現持續成長的狀態,約略到木星過了金牛座 20 度左右才會開始收縮,木星在金牛有利於農業與金融業的發展。受到外界的影響,多數人也會採取較為保守的態度來面對外界的回應,國際事件上以經濟及商業的考量最被重視。

在個人方面,外界對於金錢與物質的保守態度會影響著我們的生活,同時需要注意在這一年經由流年木星所觸發的事件都會具有延遲的特性,而不會有立竿見影的效果。

流年木星進入雙子座

通訊、傳播、交通、教育與學習，是行星過運木星進入雙子座時引人注意的特點，人與人之間的溝通、知識的傳播與學習、與鄰居同學還有兄弟姊妹的關係，在木星行經雙子座的這一年給予我們高度的啓發，而社會議題也容易圍繞在上述的幾個特徵中，同時小道消息在這一年容易帶來兩極的作用，一方面使得消息傳播得特別快速，另一方面也容易因爲小道消息帶來一些誤解與紛爭。

若不考慮其他的行星相位，財經情勢會受到木星的影響，使得這一年的經濟狀況較爲持平或略顯冷淡，通訊業、補教業、國內交通運輸行業比起其他行業來得有優勢。對於個人的影響上，當推運木星進入雙子，或有任何行星與此年木星產生相位（特別是強硬相位）時，或是木星在此時進入四個角，就必須知道言語是利刃的兩面，能幫助人也可能會傷害人。這一年發生的事情多有不穩定的特質，面對事情的變化時，應保持彈性與調節的空間和態度。

流年木星進入巨蟹座

當行星過運的木星進入與血緣關係家庭關係有關的巨蟹座時，這一年的文化潮流定位在復古與回顧的風潮中，在這段時間我們可能會探討國家、民族的問題，探討家庭的結構血緣的關係，更重要的是，這一年大家非常重視安全的問題態度也相對變得保守。傳統占星學認爲木星進入巨蟹座是一種強勢的守護，稱爲「得利」，巨蟹會把木星的慈愛表現在彼此關懷與照顧上，社會的氣氛較爲溫馨。

在財經方面餐飲、看護、幼教、漁業等表現較佳，而年度的經濟景氣在不考慮其他相位的影響下，多半容易攀上十二年全球經濟循環的最高點。推運與行星過運的木星在巨蟹座，使得我們在這個時刻對他人付出較多的關心，這時候不適合表現得太過自私，而家庭以及血緣關係往往能夠替我們帶來更多的好運。當木星在此時與本命行星產生相位時所帶來的事件，多半帶有家族、親人、家庭、房屋或者心理安全及過往事物等特質。

流年木星進入獅子座

獅子座所掌管的娛樂、表演、創意在此時會顯得更加耀眼，重視自我表現以及創意的精神，是流年木星經過獅子座時最明顯的特質。人們變得較有自信有時甚至過度自負，當個人的推運木星進駐獅子座時，特別又有其他行星形成強硬相位時，在面對自己的自信時必須更爲謹愼。

當行星過運的木星經過獅子座時，社會風氣容易變得奢華，投機、賭博及娛樂事業的表現十分亮眼，勇於表現、秀出創意，會成爲這一年最能夠獲得大家注目的方式，在絕大多數的情況下，這一年展現自我並不會有問題，但因爲擴張自己的地盤或是權力而引來的爭執，以及過度自信、不理會他人勸告的問題也容易出現。

在經濟層面而言，這是相當關鍵的一年，由於整體的投機與過度樂觀氣氛使然，往往會讓人們忽略許多盲點而造成投資上的損失，根據財經占星師的研究，美國的經濟活動往往會在木星進入獅子座時產生收縮與危機，在過去這可能象徵著全球的經濟同步產生危機，雖然今日的全球經濟逐漸走出美國主導的時代，但是仍是一個值得注意的時刻。

流年木星進入處女座

工業、管理、服務、公共衛生、醫療等主題是木星進入處女座時最被注目的事項。對於個人而言，推運木星進入處女座時，或是當任何一種流年盤的木星位於處女座且在四角上，那麼在做事的過程中若能更事必躬親的去執行，同時重視身體健康，就能夠呼應木星所帶來的幸運能量。

而在行星過運木星進入處女座的一年，社會的風氣處在一種不確定的調節狀態，往年的過度發展與膨脹，在這一年讓人們開始產生反思且開始調整，去年沒跟上腳步的人急著追上，去年玩得太過火的人開始冷卻，在此同時引發的社會衝突、社會的貧富差距的落差、公共醫療衛生、勞工階層的問題等，在這時候都會被人用放大鏡來檢視，而批判與檢驗在這一年大行其道。

同時經濟氣氛上，木星進入處女座的前 15 度處於重創後的谷底，但之後經濟可望走出陰霾。同時也可能是經濟的因素影響，節省與樸素成爲這一年社會風氣的主流，省錢方式的探討、耐用且樸素的物品大行其道，流行風格也偏向簡單

素雅。

流年木星進入天秤座

當流年的木星進入天秤座時，我們與他人的關係顯得相當的重要，人與人、國與國，合作與競爭對抗，無論是伴侶關係、合夥關係或是公開的敵人或是競爭關係，都會在這時候變得十分清晰，目的是要我們從他人身上找到自我，透過對他人的觀察來明白自身的優缺點。

無論是在哪一種流年技巧中遇到木星進入天秤座，我們都應當放開心胸去接受別人的觀點，這將會是替自己帶來成長與好運的法門。在行星過運的木星進入天秤座時，已經經過了一段渾沌不明的調節時期，新的契機隨著合作的開啓而來臨。

行星過運木星進駐天秤座時，社會與法律的公正性特別會被強調，透過衝突談判與妥協中取得平衡，社會批判變得更加多元但卻較爲樂觀積極，不過仍需要注意許多時候這些言論容易淪爲空談或理論，藝術與文化上也強調著協調的精神或對立的平衡觀點。在經濟層面上，木星在行星過運進入天秤座時，通常會延續著去年的微幅復甦的情況，直到木星過了天秤座 20 度前後，又會開始進行市場的調節。

流年木星進入天蠍座

物質的整合分配，我們與他人的金錢、物質與身體的互動，深層的心靈感受這些都與天蠍座有關，在流年的木星移動進入天蠍座時，這些事情可能會成爲我們生活信念的一部分，或是在生活中被擴大彰顯引起我們的注意，同時透過去進行這些事情讓我們覺得自我得到了擴張與成長，我們也可以透過與他人的身心靈的互動來安撫心中的焦躁與不安。

若流年在天蠍座的木星與你命盤上的四角或是行星產生互動時，這些主題也可能會引發一些事件的發生。當行星過運木星經過天蠍座時，心靈、心理疾病的議題，個人的隱私與祕密，都可能成爲大家關注的焦點，祕密與醜聞常會帶來一些震撼，社會的再造與整合也是一個主題，過去不被人注意的議題或隱憂都容易在這時候爆發。

在財經上就容易藉由機構的整合或合併來呈現，特別是一些投資與金融機構

或是大型企業的合併會特別受到矚目，若不考慮此時木星與其他行星的相位我們會發現，這木星進入天蠍座的前半段商業交易與行情仍處於調節的階段，到了後半段則開始朝著木星十二年循環的第二個高峰前進。

流年木星進入射手座

木星是射手座的守護星，當流年木星回到射手座時會引發木星強勁的發展力，木星在此非常的強勢，對於國際文化的交流、信仰或信念的推動有著很大的助力，當行星過運木星回到射手座時，社會上容易瀰漫一股樂觀的氣氛，宗教的信仰備受矚目，在流行與文化上，強烈的異國風情與波西米亞風格，哲學、信仰、身心靈或是與國際政經有關的事務都會特別的醒目。

從財經占星學的觀點來看，木星進入射手座時，經濟的活動顯得特別活躍，成長的力量也特別強勁，同時需要注意投機性質的熱錢容易四處亂竄，但是由於射手座的變動與調節性質較強，此刻進行投資理財時，往往建議採取較為靈活且有彈性的手法。

對於個人而言，如果進入射手座的行星過運木星與你的四角交會，或是與重要的個人行星交會，常會引發個人的成長與擴張，增加了我們與他人互動的頻率，也帶來自信或是一些信仰上的發展，這時候適合進修、書寫、旅行，透過這些方式吸收新知，也同時增強自己在身心靈上的成長。

流年木星進入摩羯座

流年木星進入摩羯座時，政府機關、大型機構、組織的管理與經營規劃都容易在此時獲得木星的能量，若流年的木星在此時走到命盤四角，或是與個人行星產生相位，我們可能或多或少會享受到權力的甜頭，或是因為我們持續經營有規劃的事物而獲得好處。

當行星過運的木星經過摩羯座時，我們常會看到國家權力的擴張，政府或大型機構的膨脹，同時復古與謹慎保守的風格會再一次的被強調，同時也因為政府或商業組織的管理階層權力被擴張到一定的極限，人們的反應往往是順從一段時間之後反彈的情緒會開始出現。

在社會文化風氣上，強調許多實用的價值觀與安全保守的傳統作風，太過抽象或不切實際的想法無法在此時獲得認同。從過去我們對經濟活動的觀察發現，

在不考慮其他行星的相位影響之下，木星進入摩羯座時，往往會在開頭一兩個月延續著過去的強勁成長，隨後就立即展開了劇烈的修正。

從經濟學供需的觀點來看之前木星在射手的過度膨脹，容易造成生產過剩以及類似泡沫經濟的狀態，也可能暗示著政府（木星摩羯）為了喝止過度投機的熱錢湧入市場而祭出的防範措施，經過多年的研究，占星師有理由相信當木星進入具有強烈土星收縮特質的摩羯與水瓶時，常暗示著景氣收縮的狀態。

流年木星進入水瓶座

若我們單純的觀察木星的十二年循環會發現， 西元 1973、1985 與 1997 年，全球分別因為不同的原因而引爆了經濟危機，而剛好這時候木星都進入水瓶座，這當中因涉及了政治與經濟的因素，所以我們不能夠如此粗糙的判斷每一次木星進入水瓶座就是經濟危機的原因，經濟學家或許可以透過經濟模型的預測給予我們許多理由，但是占星學家卻不能忽略，代表著社會經濟發展的木星在經過射手座高度膨脹之後，在往後兩年所造成的修正與調節是必須面對的現實，直到木星進入水瓶座尾端，全球經濟才開始有復甦的跡象。

行星過運木星經過水瓶座時，會將社會改革的力量彰顯出來，人們對現況的不滿帶動了改革的熱潮，人民團體的影響力上揚，這股充滿高度理想性的能量也會與當權者以及既得利益者有所衝突，在社會文化方面講求改革創新與全方位鳥瞰視野，以及未來以高科技風格的態度帶來一種全新的感受。

在其他流年圖或個人推運圖上的木星進入水瓶座，或是行星過運木星經過水瓶座，且與命盤四角或個人行星產生相位時，需要注意的是自我改革的態度，這時候相當適合去改造自我追求生命的成長，也適合加入一些與自己目標有關連的團體共同努力。

流年木星進入雙魚座

在傳統的占星學中，木星是雙魚座的守護行星，雙魚座的慈悲與高度重視精神靈性發展的特性藉由木星的能量擴張，犧牲小我完成大我的精神，或是奉獻的精神是這一時期的特有風格。

當流年或個人推運圖中的木星進入雙魚座，或是行星過運位在雙魚座的木星與你的四角或個人行星產生相位時，就是我們透過同情、慈悲、犧牲來換取個人

成長經驗的重要時刻。

　　當行星過運木星進入雙魚座時，常會把社會的焦點放在一些引發我們慈悲與憐憫的邊緣角落，雙魚座的無我精神讓人們願意去幫助他人，而另外一方面人們更為重視身心靈的成長，同時濫用身心靈成長與人們同情心的詐騙也相當容易發生。

　　在社會文化上浪漫的精神不只發揮在個人情感方面，宗教與濟世情懷也是一種犧牲大我的浪漫行動，而這些都相當容易在此時獲得人們的共鳴。在經濟層面上，經過了兩年的修正調整，木星從進入水瓶座尾端開始發揮了成長影響力，在木星進入雙魚座時全球的經濟都能看見明顯的跌深反彈，若不考慮其他行星相位的影響，這一股強勁成長的力量常會延續到木星進入金牛座 20 度左右。

流年土星進入十二星座的影響

流年土星進入牡羊座

土星進入牡羊座的時間人們透過深刻的自我反省，來體驗自我的存在，此時的土星會去壓抑自我而讓我們感到難受，就連平時我們察覺不到的那種自我的態度，在此時都會變成一些小小的麻煩，有時土星也暗示著國家權力機構或是長者，對於你的自我表達採取壓抑的行動，有些時候甚至暗示著對於個人權力的限制。國家在軍事國防政策，或是開發政策上可能會面臨收縮的狀況。

牡羊座與軍事探索開發等具有開創性質的產業有關，也與許多需要使用到火的產業有關，例如消防等，當土星進入牡羊座時這些產業需要特別謹慎，對於本身所有的缺陷應當特別注意。在經濟影響上土星在牡羊座少有嚴重的干擾情況，此時需要特別注意其他的占星經濟指標，例如木星的星座與土星與木星，還有土星海王星之間的相位。

流年土星進入金牛座

流年土星在金牛座時，暗示著在物質層面上需要更加注意，土星的特質是破壞，但它所破壞的目標是那些不切實際且不需要或不夠好的東西，在財物上如果我們謹慎的處理自己的財務狀況，那麼流年土星來襲時不但不會帶來困擾，反而同時會確保我們穩固的財務狀況，同樣的我們在物質層面上的態度，例如：購物、使用物品等也一樣，這時候應當把錢花在刀口上，且注意物品的實用性。

在世俗占星中金牛座與農產以及金融行業有關，當土星進入金牛座時這一類的行業會面臨來自各方面的檢驗，包括市場的考驗以及國家政府的考驗，將體制健全完整且符合需求的留下來，將不健全的毛病挑出來加以修正或淘汰，而國家的金融、貨幣和消費也可能在這時候受到考驗挑戰而容易出現蕭條，雖然並非每個國家都會出現類似的狀況，影響的狀況需要參考各國的出生圖與流年搭配，但是這種產業性的蕭條仍會影響許多地方，只是影響情況的輕重程度不一。

流年土星進入雙子座

　　傳播與通信業與交通、教育產業是土星進入雙子座時被檢視的目標，在這段時間國家政府機關的權力容易影響新聞傳播與通信業，程度輕微的是權力機構對於劣質媒體的批判與檢視，嚴重的狀況則像是國家控制新聞自由等，別忘記權力與檢視的狀況，一樣會涉入在交通與教育產業或政策上，這同時也暗示著這些產業的弊端，特別容易在這時候顯露出來。

　　對於個人來說，這時候特別需要注意自己所說出口的話，以及自身與周遭環境的互動關係，與自己的兄弟姊妹或是鄰居的關係，這時候容易受到考驗，所說的話都會被視為是一種承諾等，情況類似於土星進入第三宮的表現，只是當下被土星影響而需要注意口舌的人，將擴及全世界每個角落。

　　從財經占星學來觀察，與雙子座、巨蟹座極有關連的美國經濟，往往在土星進入雙子與巨蟹時開始往下修正，長達五年左右的時間中間雖有可能呈現短暫的成長，但真正的復甦需要等到土星進入巨蟹座末端。例如：西元 1971～1973 以及 2001～2003 年土星正好行經雙子在美國代表國力的第一宮，我們都看到美國經濟在此時明顯的衰退，同時若大家還有印象特別在 1972 與 1973 同時是木星進入蕭條摩羯座、水瓶座的時刻，這樣的雙重暗示，是學習占星學不可錯過的重要暗示。

流年土星進入巨蟹座

　　流年土星進入到了巨蟹座暗示著家庭結構的檢視，家庭關係、親子關係、照顧養護的事件為土星所檢視，人民對國家、血緣的認同與歸屬感的探討等，這些事件往往會引起我們的關注，個人需要注意自己與父母親或子女的關係，特別在細節以及我們對待父母或照顧子女時所忽略的問題，都可能在這時候暴露出來，特別在照顧子女的關係上。

　　由於接下來土星會進入獅子座暗示著此刻的問題有可能延續長達四、五年。對於整個社會而言，除了上述的家庭關係之外，巨蟹座也與糧食、食品婦女人口及照顧看護系統有關，在這些政策上的需要檢視其架構是否穩定，同時弊端在這時候容易被揭發，在經濟上不僅僅是糧食問題帶來影響。

　　由於世界經濟強國的美國本身的太陽落入巨蟹座，美國國運圖中掌管經濟的

第二宮也在巨蟹座，因此特別容易在土星進入巨蟹座時，替美國經濟帶來土星收縮的影響。行星過運巨蟹座的土星同時也會英國、俄羅斯以及歐元區的成長力量，進而連帶的影響到全球的經濟發展，直到土星進入巨蟹座末端復甦的跡象才會出現。

流年土星進入獅子座

當土星進入獅子座時，獅子座所掌管的政權、國家元首、演藝圈會紛紛遭受土星的嚴格檢視，將需要修正的弊端揭露出來，例如 2007 年期間，東歐許多國家以及亞洲的泰國、台灣，政治領袖在沒有盡到責任的地方都被人民嚴重的質疑，同時演藝圈藝人吸食大麻遭到勒戒的事情，無論在國內外都成為頗受矚目的事件。

在經濟力量上土星進入獅子座所進行的干擾較小，較容易影響的應該是獅子座所掌管的黃金市場與貴重金屬的行情。對於個人而言，獅子座與個人目標、創造力還有娛樂有關，在個人目標上自己的態度是否踏實，是否把事情想得太簡單，或者只是眼高手低或半途而廢，同時應該特別注意那種以自我為中心的態度是否正確。

此外，也應注意自己過去最為驕傲的地方，是否是真材實料，或是徒有虛名，如果我們是因為自身的真材實料而感到驕傲的話，土星會在這方面給予正面的回應，如果是靠著一些投機取巧、或者不切實際的幻想所得來的驕傲，那麼土星這一位嚴格的老師可能會把這份驕傲當掉重修。

流年土星進入處女座

對於個人而言處女座暗示著生活中每日規律的勞動生活，許多生活的細節包括健康與工作態度也和處女座有關，當流年土星進入了處女座時，所有的人都應當在細節上頭多花些心思來檢驗，粗心的人在這時候總是特別吃虧。

嚴格的說土星是一個相當嚴格的品管人員，特別在經過以細心出名的處女座時，標準更是嚴格，無論是自己在工作上仔不仔細，或是否在身體健康上仔細的照顧自己。土星不懂得幽默也不會聽你的藉口，如果你每天都好吃懶做，土星可能讓你在工作和健康上同時出現問題，相信沒有人會在這時候願意拿自己的健康和工作開玩笑。

對於社會局面來說，土星在處女座正好能夠將土星的精密與嚴格表現得淋漓盡致。處女座也跟製造業和工業有關，體質不良的產業很可能在這時候會遭到處女座的淘汰，同時處女座象徵著公共衛生、勞動階級層面的事物，這段期間公共衛生以及勞資糾紛、與工作環境的安全還有工業的發展，都可能受到挑戰。

在經濟層面上，土星進入處女座的時期，暗示著工業與製造業受到體質不良公司衝擊的影響而蕭條，同時由於巴西與俄羅斯分別有太陽與月亮座落在處女座，相對的在國力與經濟與產業上都容易受到影響。

流年土星進入天秤座

天秤座掌管合作與合夥的相關事宜，包括了工作上的合作夥伴或是婚姻與生活上的伴侶都與天秤座有關，因此，維持一段合作關係的合約、契約甚至法律等事物，都與黃道上的天秤息息相關。傳統的占星學中是土星進入天秤座為強勢的位置，認為土星能夠確切的穩固一段關係，並且落實合約或法律的精神。

這個時期對於個人影響較強烈的，包括了我們與他人的合作中是否有不平等的關係，或是不切實際的想法，婚姻與伴侶關係是否建築在平等互信或厚實的基礎上，對於伴侶、合夥人或合作夥伴是否有不切實際的想法等。土星在此時所帶來的影響，是要我們去深入思考這些問題。

對於社會層面來說，天秤座關係著國家與國家的對等互動結盟，或公開競爭敵對的狀態，或是國家之間的合約或盟約等外交問題，而時尚、美容、化妝品、服飾等產業也和天秤座有關。土星在天秤座時對於財經的壓制力量並不強大，若能搭配同一時期的木星與相位來作研究，就能夠找到最適合的經濟成長週期。

此外大中華地區的中國與台灣，其出生圖的太陽都落在天秤座，也因此當土星進入天秤座時，要注意這個區域的國力或經濟力蕭條所帶來的影響。

流年土星進入天蠍座

天蠍座代表著事物的重整與重新出發，當然在事物與組織的重整之前舊有的架構與價值觀可能都會遭受挑戰，而行星過運土星的進入正好呼應了這個力量，大型企業的併購或整合在此時需要特別注意，土星的嚴格管制或是代表權力機構的檢視，都有可能會對一些投機或是違法的商業交易或是併購帶來影響，通常最常見的是將不良的體質從大型公司或產業中徹底淘汰，此時這些大型的公司往往

影響到區域或全球的經濟發展，但從好的角度來看，這些體質不良的問題解決之後，就是經濟回升的時候。

同時天蠍座與石油產業有關，而油價又與物價和消費能力有著緊密的關連，所以往往土星在天蠍座時，美國與歐盟地區常出現經濟上揚、暴跌，最後快速升溫的特色。對於個人而言，天蠍座象徵著我們內心的黑暗面與恐懼，無論是推運或是行星過運土星進入天蠍座時，最適合的就是去深入的討論內心中不願意面對的事物，而非壓抑。

同時我們的合夥關係中的物質層面，或者我們與他人的肉體關以及彼此之間相對的安全感問題都在這時候受到檢視，同時這時候所發生的金錢借貸還有稅務問題，都需要特別注意。

流年土星進入射手座

在任何流年技法中，當土星進入射手座時，我們必須檢視自己的夢想與理想，射手座象徵著崇高的個人成長，例如：個人的身心靈發展、信念與高等學習及旅遊等，但是當土星進入射手座時，我們必須知道一件事情，土星不允許我們建築空中樓閣，它要我們從基本層面做起，從現實生活與實際層面來建構個人的理想。

若此時在大學研究所學習或工作的人，需要注意自己的態度是否務實，而從事宗教或身心靈成長的人，也必須以較為實際的修為來看待這個層面的事物。對於世俗層面而言，行星過運土星進入射手座時，會嚴格的考驗國際之間的交流，跨國的產業與經濟合作都需要更為小心，此時最容易被影響的包括了圖書出版、旅遊以及航空等產業，然而全球的經濟起伏受到土星的干預情形並不明顯。

而在政治中，國際交流、航空與觀光政策及高等教育政策都需要仔細檢驗，注意細節的落實，在宗教方面宗教的世俗化無法避免，同時需要注意宗教中的醜聞或是政治權利的干涉，都有可能在這時候爆發。

流年土星進入摩羯座

在占星學的財經預測中，土星並非首要指標，但仍值得注意觀察的是土星運行星座相關的產業以及容易影響的地區，傳統產業與礦業與摩羯座的關連比較明顯。在政治上需照注意國家的運行架構是否實際，國家的發展是否擴張得太快或

是擴張在不切實際的地方。

　　行星過運的土星在進入摩羯座時，幾乎嚴重的影響了許多國家的政經局勢，進入摩羯座的土星會與美國出生圖的太陽對分相，而與英國、俄羅斯、歐元區等地的出生圖太陽合相，這些地區的經濟都容易受到修正，也容易使得保守勢力抬頭，當土星進入黃道上的巨蟹與摩羯座這條軸線上的兩個星座時，全球的政經情勢往往讓我們感受到蕭條與肅殺的氣氛。

　　對於個人而言，摩羯座要我們注意自己與長輩的關係，與社會的互動，我們是否有能力給予這個社會一些回饋，土星要我們注意我們自身的社會責任，也會要我們檢視自己與政府機關或權力機構打交道的細節。

流年土星進入水瓶座

　　土星與木星的性質完全不同，帶來的影響也有相當大的差異，在關於木星的研究中我們討論過，當過去木星進入水瓶座時，多半是經濟蕭條的時刻，然而土星進入水瓶座時，卻相反的可以看到溫和的成長狀態，或許先前土星在摩羯座時已經有了震撼教育，使得大家都提高警覺，不過仍然要注意的是，與水瓶座有關的地區包括了印度、中、美三國的糧食與農產問題。又因為水瓶座所掌管的高科技產業，這些展業的發展或是過去的弊端都容易在此時出現。

　　對於個人而言，水瓶座象徵著自身結合他人的力量來完成眾人共同的目標，例如：我們與社會的資源結合，或是我們收到社會資源的幫助等，社會福利政策、社會公義問題、社會團體或是公眾的目標，都是我們需要關注的議題。

　　同時水瓶座也與自我革新有關，在追逐自我目標與自我改革的同時，我們如何跳脫狹隘的視野，同時注意到我們的社會責任是一個相當困難的課題，但是要知道，就算是遇到阻礙也不灰心，成為此時最重要的態度。

流年土星進入雙魚座

　　當我們觀察土星在黃道上對於全球經濟帶來的影響時，會發現一個有趣的現象，往往土星在經過水相星座時，經濟力量都會出現先上升而後轉蕭條的狀態，而雙魚座也是其中一個明顯的案例。

　　雙魚座暗示一個社會的醫院與慈善機構，釀酒與化學與製藥產業，當行星過運土星進入雙魚座時，會對這些產業作一些調整，社會福利政策以及醫療系統與

醫療衛生政策、監獄管理系統都需要特別注意。同時雙魚座與其本身的守護木星、海王星都有暗示經濟熱潮的暗示，當是遇到代表蕭條的土星就會受到嚴重的影響，此時容易暗示經濟的蕭週期，但是再一次提醒大家，土星並非財經占星判斷的重要依據，除了觀察土星之外，仍需要配合其他客觀條件來判斷。

對於個人而言，包括我們的想像力與感受力在這時候不容易發揮得像過去那樣天馬行空，但是卻比較能夠落實，而我們需要注意的還包括，我們對他人的付出是否屬於有意義的付出，而非憑著一時的衝動熱誠或幻想，所做出的無謂犧牲。

流年天王星進入十二星座的影響

流年天王星進入牡羊座

流年天王星進入牡羊座帶來了個人改革的情結，此時對於自我與大環境都有改革的衝動，一旦對舊有事物不滿，就一股腦地想毀掉舊有的事物，重新建立起新秩序。

若你的推運天王星進入了牡羊座，那麼此時你會急著想要展現你覺醒之後的個人表現，要別人看看你有多麼超凡特殊，但此時要注意自己與他人的關係容易太過疏離而帶來一些問題。2011 年 3 月行星過運的天王星正式進入牡羊座，除了讓人們重新面對天王星所帶來的改變，學習獨立自主以及爭取個人自由的態度之外，最讓世界震驚的是，於它正式進入牡羊座前的 3 月 11 日，發生了日本福島核事故，不少占星師都認為這事件非常呼應天王星入牡羊的意涵。

流年天王星進入金牛座

天王星在金牛座的時候帶來一種對於金錢、物質以及安全感的全新的看法，一方面你喜歡創新與革新的物品，特別是去改變那些物品的實用價值，同時也會特別注重自身價值觀點的改變，此時因為一方面想要擺脫過去的框架想要改變價值觀，另一方面卻擔心失去安全感，因此內心衝突也相對較多。行星過運的天王星在 2018 年進入了金牛座，象徵著人們的價值觀、安全感、以及物質世界再一次產生革命性的改變，在世俗層面上，我們可以期望嶄新的金融體系跟虛擬貨幣也會同時經歷革命性的新發展。

流年天王星進入雙子座

此時對於溝通方式、學習方式，以及和兄弟姊妹鄰居之間的關係有著與過去完全不同的看法，透過學習即與這些人的互動，帶來生命的不斷變化與進步，這個時期會特別重視溝通模式的進步與改變，並進行腦內革命。

受到天王星影響，在此一時期生活中與雙子座有關的思考、交通學習都在變

動與改革中。天王星在 2025 年左右再一次進入雙子座，可以猜想屆時在教育與溝通還有交通模式上的劇烈變化，會徹底的改變人與人之間的關係。

流年天王星進入巨蟹座

大約是出生於 1930 年代出生的人，會在 2007 年起經歷太陽弧正向推運的天王星進入巨蟹座的改變，所帶來的家庭革命，改變了他們對家庭的看法，容易與家庭保持距離，也徹底改進了這些人的生活居住方式。這些長者現在正經歷著是否要接觸這些新科技產品來幫助他們做生活上的改變，或因為種種的生活作息上必須仰賴陌生的科技產品，所產生埋怨或憤怒情緒中。

流年天王星進入獅子座

流年天王星走到獅子座時，帶來了一種對於自我重新體認的看法，在這一段時期我們希望周圍的人認知到自己與身邊的人有多麼的不同，自己的想法和創意有多麼的獨特。能夠發揮的地方在於創作上，藉由藝術、音樂、繪畫、美術、戲劇表演上，改變創作的表現方式，來呈現自我的特殊之處，此時也會善用電子媒體，來表達自己的存在。

流年天王星進入處女座

當流年天王星進入到處女座時，與處女座相關的身心健康以及工作和管理，受到天王星的影響而有跳躍式的進展，使得醫療科技與工業電子化有突破性的發明，同時在世界的勞工權益、保護動物組織或公共衛生等議題也會相當受重視。

我們可以試著回顧歷史，許多出生於 1951～1955 年代的人們，從 1990 年代開始，受到自身太陽弧正向推運中天王星進入處女座的影響而有上述的表現，高度的醫療產品及電子產品充斥在生活中，同時也投身許多勞工與動物保護運動。

流年天王星進入天秤座

當天王星在流年進入天秤座時，會改變我們對婚姻制度法律的看法，改變婚姻的結構或是脫離婚姻制度的想法容易在此時出現。而 1966 年 1968 出生的人則

會在他們的青少年到適婚年齡的階段，就遇到流年天王星進入天秤座的影響，以致於在他們對於伴侶關係及婚姻狀態的保持一種改革的立場，採取不婚或同居的關係。

而更特別的是 1956 年～1965 出生的人會在 2008 年前後，經歷太陽弧正向推運的天王星進入天秤座，這同時也刺激這些人在這些年急著想要爭取個人的自由，同時也可能刺激離婚率的上升。

流年天王星進入天蠍座

流年天王星進入天蠍座的時候，引發了我們對於不尋常事物的好奇心，想要透過一些心理的探索、靈性的研究，或者對於神祕禁忌事物的研究來提升自身對於生命的瞭解，有些人則對於性愛與犯罪這些事情產生不同的見解，以及讓自己超越原有的自我限制。此時我們對於生命與死亡，會急切想要去發現新領域或有革命性看法，也可能帶來自身劇烈的改變，對周圍人們的驚嚇也不小。

流年天王星進入射手座

流年天王星經過與信念還有高等學習以及旅行的射手座時，帶來了個人信仰及對於自我成長的改變，此時對於宗教與哲學和教育和過往有著截然不同的看法。流年的天王星讓我們在這時候經歷一場信念的改變，想要看得更高更遠，並促使這些人走出自己的國家，追求更高等的學問及開闊的視野。

流年天王星進入摩羯座

流年天王星經過摩羯座的期間，會讓我們對於政治權力的變化相當敏感，無論是在工作環境或是對於政治上，或者對於自己的做事方式，都有著和過去相當不同的觀點，也讓我們對於舊有事物與傳統思想上有進行改革的念頭，期待一個更新更人性的工作或政治環境，這個時候多半不服從權威式的領導。1980 年前期出生的人大約會在中年時期，遇到推運天王星進入摩羯座，將有可能影響那時候的政治體系與組織結構。

流年天王星進入水瓶座

天王星是水瓶座的守護星，影響力也變得相當強大，我們觀察西元 1996～2003 流年天王星回到水瓶座期間，科技產業有著革命性的進展，而社會的改革也更貼近於水瓶座的人道精神，對於精神與心靈的力量，也開始有了不同的看法。對於個人來說，流年天王星進入水瓶座時，會帶來一股追求理想的積極精神，這時候我們會期待生命中出現重大改變，甚至更積極的去實踐這些讓自己或整個社會更好的想法。

流年天王星進入雙魚座

流年天王星進入雙魚座時，我們對於世界有了更不同的看法，精神世界、物質世界、靈魂與肉體，天王星在公元 2000 年左右的位置就在雙魚座，在這段時間中，雙魚座所代表的宗教與神祕事物，例如心靈成長、禪修、新世紀思想、靈療等事物，都有相當具體的進步與成長，這就是天王星所帶來的改革力量。

流年海王星進入十二星座的影響

流年海王星進入牡羊座

　　海王星本身就具有一種狂熱與瘋狂的意涵，同時海王星的宗教與慈愛思想，受到牡羊座熱情積極的影響，讓這個時候對於宗教精神和神祕事物相當熱誠，但這樣的熱誠受到牡羊座的熱情影響，會帶點盲目的狂熱。這一段時期的社會風氣會對宗教精神上的事物產生保衛戰，不同的信仰之間可能相互的攻擊競爭，有些精神宗教信仰也容易有本位主義色彩。

流年海王星進入金牛座

　　此時人們容易迷失在物質的堆積中，這個時代出生的人雖然不能說是金錢至上，但卻瘋狂的相信看得見摸得著的物質，想法上是比較唯物論的，他們無法相信抽象或太過精神性的東西。但其實這個世代的人頗具有同情心，如同新教徒一般，一方面認為物質可以榮耀上帝，在另一方面卻不吝於將物質與他人分享。

流年海王星進入雙子座

　　海王星在雙子座的流年影響，帶來對於資訊與學習的迷思，這時候的社會風氣信仰知識就是力量，但此刻人們的信念卻很少經過深思。海王星落在雙子座，通常代表此刻的社會風氣傳遞著包羅萬象的訊息，舉凡心靈的修養、精神成長、宗教或神話，但卻都帶有一些虛幻的特質，讓人分不清事實的真相為何。盲目的追逐資訊潮流，是海王星進入雙子座所帶來的另一種狂熱態度。

流年海王星進入巨蟹座

　　西元 1901～1914 年當海王星經過巨蟹座，正好也是民族主義掀起熱潮的時刻。從這裡我們可以看出，海王星進入巨蟹座時所帶來的迷思，此刻你對於家庭與民族血緣關係有著一定的熱誠與憧憬，對國族或家庭的興衰有著相當程度的情

緒反應，對這些信念也有著模糊不清的觀念和宗教式的崇拜，受到刺激時會狂熱地捍衛著自己的家庭、宗教與國家民族。但同時也可能表現成，不知道自己屬於哪一個族群或家庭的狀況。

流年海王星進入獅子座

海王星進入與自我中心有關的獅子座時，會帶來一個人對於自己的迷失，這時候有一些特色是可以參考的，我們可能對於藝術表演充滿了狂熱，也可能擁有藝術創作的興趣，如果不是這樣可能開始接觸宗教。海王星也可能讓我們迷失自我的目標，不知道當下自己在幹什麼。

流年海王星進入處女座

海王星的犧牲奉獻在進入處女座時會有一段掙扎的時光，我們會開始質疑自己的犧牲究竟有沒有替社會帶來好處，處女座的實用主義也可能被海王星給擴大，不過處女座注意細節的態度，卻很容易在這時候感染上海王星的不在乎與無所謂，對自身嚴格的要求也常常被消除了，別忘記處女座與健康有關，此刻更應當注意身體的健康狀態。

流年海王星進入天秤座

天秤座掌管個人與他人的關係，流年海王星經過這個星座時，模糊的伴侶關係或人際關係與自我認同。這時候我們可能迷失在他人的一言一行中，十分在意他人怎麼看待自己，願意為了他人犧牲自己的利益。特別值得注意，這一段時間，我們十分容易因為太過相信別人而被欺騙。

流年海王星進入天蠍座

天蠍座代表著的性與死亡權力，這一段時間我們會對這些事物產生過多的幻想或期待，但是卻又有不同的展現方式，有人心中對於死亡的恐懼會被海王星渲染式的幻想力給擴大，造成個人精神的問題，或者海王星也可能讓人對權力或性產生一種執迷的狂熱，並且對這兩件事情有著過度的幻想與期待。

流年海王星進入射手座

當流年的海王星進入射手座，會讓我們對於旅行還有自我成長有著一定程度的幻想，我們可能期待著自己的成長能夠超脫肉體的限制，這時候往往會帶來許多靈修的念頭，同時可能夢想著遙遠的地方存在一個和平的烏托邦。透過這一類的幻想與期待可能讓我們有著出去流浪的冒險衝動。但是需要注意海王星進入射手座或第九宮的時候，往往也暗示在精神與信念上的迷思或被欺騙。

流年海王星進入摩羯座

摩羯座代表著組織國家與傳統以及事物的架構，當流年海王星進入時，雖然不至於立即打破這樣的傳統，但是卻也使得我們與社會的界線開始模糊不清，我們生活中的許多組織架構開始變得混亂。同時如果我們在這時候與政治扯上關係，很可能會對政治有著許多的憧憬與幻影，但同時也可能代表著我們會在稍後對政治或組織的力量感到失望。

流年海王星進入水瓶座

從行星的過運觀點來看 2011 年之前，海王星會一直留在水瓶座，帶動了人們對於科技的更多期待，也促使著人們以更慈悲的態度與人道主義來對待彼此。海王星在水瓶座的流年時刻，會讓我們更相信人類擁有美好的未來，需要為了這個未來而努力，我們也對科技以及非政府組織的寄予厚望，同時讓我們期待這些事情會實現我們共同的夢想。

流年海王星進入雙魚座

過運的海王星在 2011 年進入雙魚座，人們的慈悲與一體會在這時候強烈的展現出來，這是一個讓我們完全拋棄自私的時刻，我們可能更進一步的面臨著生存的危機，讓我們瞭解到海王星一直要告訴我們的事情，萬物平等，在遇到全球性的危機時刻無論你是富人、窮人、無論你是總統或平民都會遇到相同的待遇。此刻會是學會慈悲的時刻，就算你不願意，你與他人的差別也會被海王星莫名其妙的撤銷。

流年冥王星進入十二星座的影響

流年冥王星進入牡羊座

流年的冥王星進入牡羊座時，帶來對自我的重新體驗，這是一個相當特殊的時刻，很有可能會度過一段自我壓抑甚至沒有自我的時間，然後又突然爆發出強烈的自我，以及展現對他人的控制力。行星過運的冥王星在牡羊座帶來重要性的革新工作，牡羊座有新生、創新的意思，在冥王星的驅力下，這樣的新生建立在摧毀過去的根基上，透過完全剷除過去的痕跡而新生。

流年冥王星進入金牛座

冥王星進入金牛座象徵著要我們看清楚物質世界在生命中扮演的角色，此刻如果我們太重視物質冥王星會將物質與金錢從我們生命中抹去，重新體驗就算沒有富足的金錢資源，也要想辦法活下去的課題。行運冥王星在金牛座時，帶來人們對於資源與物質的爭奪，冥王星的影響也將使得人們取得物資的控制權而征戰，這樣的人相當在意對物質的控制，也擅長投資。

流年冥王星進入雙子座

流年冥王星進入雙子座時，我們容易感受到言語的威脅力量，這時候我們會清楚的體驗到一句話可以傷害人到什麼樣的地步，同時這個時期也應該注意交通安全，以及與兄弟姊妹鄰居朋友的關係。

冥王星在雙子座帶來對於通訊交通和知識的改革，舊的溝通及學習方式被新的方法給取代，而透過溝通與學習我們也會清楚的感受到他人對我們的影響力。

流年冥王星進入巨蟹座

流年的冥王星進入巨蟹座時，會很明顯的帶來家庭的變動，我們常常在孤單無助的時刻需要他人的支持與保護，而這時候殘忍的冥王星會提醒我們，就算沒

有他人我們也要自己努力的活下去。巨蟹座不僅代表家庭，還代表民族、種族，當行星過運冥王星出現在巨蟹座時會刺激民族意識的覺醒，有些民族對於受他人控制終於感到無法容忍，從 20 世紀初期的民族主義與大大小小的革命，就可以瞭解冥王星在巨蟹座的影響力。

流年冥王星進入獅子座

若流年的冥王星此時正好落在個人命盤上顯著的位置，或是與個人行星產生合相與強硬相位，會帶來一種彼此之間的權力爭奪，因為此刻我們的自我展現想要透過對他人的控制與影響力來展現。要知道冥王星在獅子座時是最強勢的位置，權力的爭奪與控制在此刻最為熾烈，國際間的勢力巧妙地扮演著互相制衡的影響，而我們可以看出每一個政權都想展現自身的影響力以顯示自己的力量。

流年冥王星進入處女座

冥王星進入處女座的流年時刻是我們對於每天生活有了重新定義的時刻，對於工作、健康、每天的活動必須重新檢視。我們會從這些主題中討論，要怎麼找出自己的生存動力，要怎麼活下去。冥王星出現在處女座時帶來了許多轉變，工廠的自動化改變了過去對工人和技術的依賴。而冥王星所代表的性、權力與神祕學等，在透過分析後被更多人瞭解。

流年冥王星進入天秤座

冥王星進入天秤座時，帶來了重新檢視婚姻伴侶生活的時刻，這一段時間就算是婚姻過得很平穩，也可能感受到內心中的那種壓力，讓你對婚姻和伴侶產生不滿。必須檢視內心中的不滿究竟來自於哪裡，並且將這種不滿與心理諮商師進行諮商，透過別人的幫助讓伴侶關係獲得新生。

同時在世俗層面冥王星出現在天秤座時，而此一時刻也是審視不合理法律，重新建立司法系統的時期。

流年冥王星進入天蠍座

流年冥王星進入了天蠍座，回到了原本所屬的星座，使得冥王星發揮更為強大的力量，此刻或許我們對於權力與資源控制有著更多的瞭解。但是問題卻很難因此解決，必須透過對心裡黑暗面的探索來瞭解自身的不安全感。行星過運的冥王在天蠍的時期，不只是國家與政治機器介入這些紛爭中，就連大型的商業集團都會對世局變化有著重要影響。

流年冥王星進入射手座

行星過運冥王星進入射手座時，會帶來不安定性，2008 年之前所有人就活在這樣的影響中，此刻國際的情勢（射手座）仍就會產生許多巨大變化（冥王星），可以預測的是舊有的國際合作模式都必須重新被檢討，新的組織將會誕生，取代舊的合作關係。而射手座所代表的宗教也將在此發揮強烈的影響力，冥王星也會同時激發我們的信念改革與新思維的誕生，對於生活哲學或宗教產生新的看法。

流年冥王星進入摩羯座

冥王星在 2008 年進入摩羯座，摩羯座所代表的國家政治體系的確於這之後出現了不少的變革，例如茉莉花革命、兩岸三地各自的連串政治事件、國際間出現強權勢力、中美的貿易戰等等，都呼應了冥王摩羯的主題。此外，龐大的政治機器、商業組織，對於人們的強烈控制與影響力也是可以預料的。對於個人來說，我們的社會地位與工作型態，以及參與政治的方式也無疑在這些年間受到影響，不少人明白到即便你不碰政治，政治也會找上門，直接的讓我們想要參與改革現況的過程，以不同方式向權威表達意見。

流年冥王星進入水瓶座

對個人而言，我們可能會對於未來不報任何希望，甚至覺得只要活著不需要看太遠，只到一連串的考驗讓我們知道雖然我們不能做白日夢，但是心中還是要

對未來抱著希望。在世俗上透過流年冥王星在水瓶座的破壞與重建，自由與平等被更進一步的實現，人們之間彼此互助的人道精神可能會在某一段時間被壓抑，然後在最絕望的時候開始重生，水瓶座象徵的科技也是如此。

流年冥王星進入雙魚座

冥王星在流年進入雙魚座時透過種種的改變要我們理解眾生平等的暗示，他人所承受的痛苦也會影響到我們，此刻的人們透過宗教與藝術來瞭解大家心理共有的恐懼，例如：死亡。透過這一類的威脅讓人們重新體會生命的意義與慈悲共生的價值。

第三章　流年行星進入十二宮的解釋

第一宮：自我

　　第一宮代表當事人希望成爲怎樣的人，以及外表上將如何表現，同時也反映了自己給人的第一印象、外貌特徵與自我的態度。此外，第一宮的起點也就是「上升星座」，如果一個人的表現不符合太陽星座的特質，通常是受上升星座影響所致。

　　例如：一個太陽獅子座的人，在面對陌生人時若顯得較爲畏縮，多半是有個土相的上升星座。

　　而上升星座起點的前後 9 度，若是有行星出現，該行星也會賦予當事人在外表上相當顯著的特質，並對當事人的性格產生巨大的影響。

第二宮：財務、財運、價值觀

　　以第二宮爲起點，逆時針方向的第二個位置就是第二宮。初學者不妨先從黃道上的第二個星座來作聯想，由於第二個星座是與物質有關的金牛座，所以一個人命盤上的第二宮，就和他的錢財狀況息息相關。從第二宮的起始星座及落入第二宮的行星，也可以觀察出這個人的金錢態度與運氣。此外，從第二宮起始星座的守護星位置（宮位），也可以觀察這個人適合以何種行業維生。在心理占星的層面上，第二宮也與我們的自我價值及能力有關。

第三宮：兄弟姊妹、親戚、溝通方式、基礎教育、短程旅行

　　第三宮掌管一個人與兄弟姊妹的關係，還有像是與死黨、密友和親戚的關係也可以算在裡面；又因爲第三宮受到雙子座密切的影響，也與學習能力、短程旅行、還有溝通能力有關。其通常也代表一個人的基礎教育，例如：一個人從小學到中學的表現，在這段過程中的學習態度如何、心智發展過程是否順利等等，都可以從第三宮與第三宮守護的所在的位置來觀察。不過在觀察一個人的溝通與

學習能力時，除了上述的位置外，也不要忘記看水星的表現，將這三者綜合起來才能有更準確的判斷。

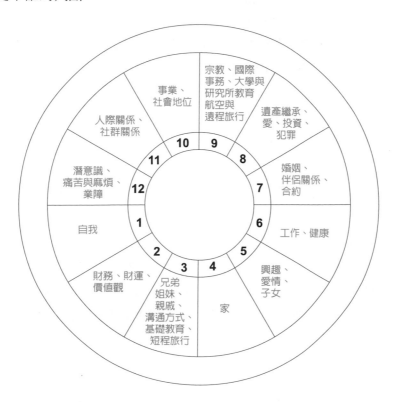

第四宮：家

　　第四宮廣泛的意義在於家庭、家族、父母以及房子與土地。其中，家族的意味又特別濃厚，因為第四宮又代表著「根源」，占星學家常會從第四宮、土星，以及南北月交點的位置，來看一個人過去的「業」，或是拿來解釋前世今生的關係。第四宮更重要的是父母親的影響，在過去第四宮被視為是母親的影響力，或是家族當中女性的影響力，其中也包括了母親、祖母、姊妹等。

　　此外，從第四宮也可以看出一個人的生活態度，由於黃道上的第四宮是巨蟹座，所以第四宮強的人，也帶了點巨蟹座的特色，例如：重視家庭關係或是與母親的關係密切。而要觀察一個人的居家生活，除了看第四宮，月亮也是一個重要的參考依據。

　　第四宮的起點又叫「天底」，與該點產生合相的行星，將會對這個人的個性與職業產生明顯影響。在心理占星的層面上，第四宮與我們的情緒、內心的歸屬感、安全感有著密切關連，是我們瞭解自己內心情緒的重要位置。

第五宮：興趣、愛情、子女

基本上第五宮與興趣有關，並且從喜好的意義，延伸到愛情、情人、子女，或甚至是寵物。此外，第五宮也跟娛樂有關，在世俗占星學中，第五宮強的人和娛樂圈會特別有緣。但對於個人來說，第五宮最重要的執掌則是愛情，所以又稱爲「戀愛宮」。第五宮起始的星座與當事人對愛情抱持的夢想有關，而第五宮內的行星、第五宮起始星座的守護星，以及守護星的宮位與相位，則顯示了此人的愛情運。

當占星師分析一個人的愛情運勢時，同時還要參考金星、火星與第八宮的位置，金星反映一個人談戀愛時的態度，性愛則交給火星和第八宮掌管。

第五宮的其他執掌，其實可以利用聯想法來延伸，或許從字面上來看會覺得很沒有邏輯，但事實上動點腦筋就可以發現彼此的關連，像是第五宮與興趣、娛樂有關，又因賭博也是娛樂的一種，所以從第五宮也可以看出賭運，而「偏財運」的好壞也可以從第五宮來看。由於絕大部分高風險的（股票、期貨）投資都帶有類似的性質，冒險性質越大時，受到第五宮的影響越深，但如果像是比較穩紮穩打的投資，類似定期存單、保險投資、共同基金等投資工具，就與第八宮的關連較爲緊密。在心理占星學中，第五宮與我們的創造力及追逐的目標有關，所有展現自我的因素都和此宮有關。

第六宮：工作、健康狀況

第六宮所代表的工作，偏向每天規律運行的事物與勞動力，和黃道上的第六個星座「處女座」掌管的層面相當類似。也由於第六宮和身體有關，第六宮所代表的工作較偏向勞動力，或是爲了維持基本生活所從事的工作。

所以一般勞工、上班族的工作狀態，都可以從第六宮來觀察，而一個人對工作的態度、工作上的表現，以及職場上的關係和部屬的互動等，也都和第六宮息息相關。

身體健康也是第六宮要透露的重要訊息，尤其是當本命盤、流年的推運盤、太陽回歸圖，或是月亮回歸圖中的第六宮裡，有行星嚴重受剋時，就必須更仔細地解讀。一般來說，占星家在看一個人的身體健康時，不一定只看第六宮內狀況，還包括這個人命盤中是否有行星受到嚴重的沖剋。

此外，第六宮的起始點星座，以及其守護星的位置與相位如何，都是分析一個人健康運勢的要件。

第七宮：婚姻、伴侶關係、合約

一張星盤中，從上升星座開始的第一宮一直到第六宮，都是屬於個人生活範圍的部分。如果一個人星盤上的行星都集中在一到六宮，這個人可能較爲內向，日常生活也與伴侶、家庭或是親密的朋友較爲緊密，較缺乏社交技巧，社交生活也侷限在少數人和少數的地方。

從第七宮開始，就是個人生活的對外延伸，七到十二宮象徵著家庭與社會，同時也是一到六宮所象徵的內在生活的延伸。

第七宮其實是第一宮對外在社會的延伸。和上升星座一樣，第七宮在個人的星盤中占有重要的地位，一個人與外在世界的結合首先反映在婚姻上，所以第七宮第一個重要的執掌就是婚姻。

落入第七宮的星座代表著一個人對婚姻的態度，而一個人的姻緣則與第七宮的行星有關。此外，第七宮所在星座的守護星也是重要的觀察重點，守護星的運行順利與否，關係到當事人的婚姻狀態，而該行星座落的宮位，則可用來推論當事人在選擇婚姻時，是否有些什麼其他考量。例如：一個人的第七宮如果落在金牛座，而守護金牛座的金星又正好進入掌管金錢的第二宮，那麼這個人在挑選結婚對象時，對方可以提供的金錢與物質條件就顯得重要許多。

除了婚姻關係之外，工作上的搭檔、合夥人，也和第七宮有類似的關連。第一宮掌管「自我」，而第七宮相對地就掌管「他人」，而這個他人仍和當事人維持著重要且緊密的關係，這些關係通常會有契約或法律的約束力量來加以規範。例如：結婚證書或合作契約等，所以第七宮也代表著法律問題。

第七宮的起點稱爲「下降點」，在星盤當中上升點、下降點、天頂、天底有著同樣重要影響，如果有行星與下降點產生合相，則會影響這個人在職業和伴侶方面的選擇。

第八宮：遺產繼承、性愛、投資、犯罪

在占星學當中要搞懂第八宮與第五、六宮的複雜定義，恐怕是初學者最頭痛的事情，由於這些宮位都被賦予了較爲複雜且有時毫無關連的事件，讓人很難發

揮聯想。想要弄懂第八宮管些什麼，得靠黃道十二星座的知識來提供一些蛛絲馬跡。

首先，我們先從天蠍座開始，天蠍座是黃道上的第八宮，掌管的是神祕與禁忌，所以第八宮管理所有神祕的事情，像是占星、塔羅、神祕學、巫術、前世今生、催眠這一類的神祕事物。由於死亡對人們來說，是一件略帶神祕又恐懼的事情，所以第八宮也暗示著這個人對死亡的態度。

第八宮強的人通常很喜歡探討神祕學的事情，許多知名的占星師就有很強的第八宮。此外，「性」對許多人來說也常是神祕難以言說的，因此也歸第八宮管（從星座與身體的關連來看，天蠍座正好就掌管性器官）。所以，第八宮掌管了一個人對性愛的態度，而火星則可觀察一個人的性愛表現。

從另一方面來看，第八宮是第二宮的延伸，既然第二宮掌管個人的財務，那麼第八宮就是個人財務的延伸，包括投資（股票期貨等）、保險、透過經理人的理財工具（如共同基金），以及從他人那邊得到的財產（像是遺產與贈與），或是你與他人在金錢上的合作表現。而從別人那裡得來的不義之財，也可以歸第八宮管，因為第八宮掌管神祕、不能為人所知的事情，所以也帶著一點犯罪色彩犯罪。

在心理占星學中，第八宮與我們內心當中，由於過去生活的死懼所造成的陰影有關，常與榮格的無意識產生關連。

第九宮：宗教、國際事務、大學與研究所的教育、航空與遠程旅行

要想瞭解第九宮掌管的事物並不難，第九宮是第三宮的延伸，第三宮掌管基礎的教育心智發展的過程，而第九宮掌管的就是這些事物的延伸。如大學、研究、圖書出版、新聞與知識傳播，或是更深入的哲學、宗教或是人類心理的層面。第九宮強的人對人生的看法相當積極樂觀，也樂於深入研究知識，由於第九宮牽涉到一個人的知性發展與知識研究，所以占星師也常透過這一宮來觀察一個人的夢想。

此外，第三宮也掌管短程的旅行以及生活周遭的環境，所以第九宮就更進一步掌管長途旅行、國外旅遊以及所有與國外相關的事物。

一個人的外語能力和第九宮也有所關連，第九宮強的人海外旅行的次數通常會較為頻繁，甚至有移民的可能。

第十宮：事業、社會地位

　　第十宮在占星圖上相當重要，在某些分宮法中，第十宮的起點就是和上升星座同等重要的「天頂」，掌管的正是個人的社會表現、事業野心等等。如果使用等宮制的人需要區分天頂與第十宮的不同，那麼天頂更能代表一個人在事業上的表現。

　　第十宮代表一個人與社會的互動，以及當事人渴望獲得的社會地位。第十宮有很強的行星表現或相位時，當事人對於出人頭地、受人矚目的渴望會更強烈，這種人不但有強烈的野心，也很擅長累積自己的能見度，並藉此換取更高的社會地位及影響力。所以第十宮強的人有機會成為政治人物、明星，或是各行各業中頂尖的人物。

　　舉例來說，如果以等宮制的方式劃分，當一個人的第十宮位於白羊座，天頂卻落在一旁的雙魚座，那麼這個人在受到白羊座、第十宮的影響時，或許會比較積極，想要努力成為某些團體的領導人物（第十宮裡要有很強的星曜才容易成就此事）。但受到天頂位於雙魚座的影響，卻會讓這個人變得不是那麼積極，反而有點藝術家的特質或性格，做起事來有一搭沒一搭的，完全憑自己的喜好來決定，很像那些積極參與社會改造運動的文人或藝術家。而在天頂附近與天頂產生合相的行星，則會對這個人的職業、外表特質，以及社會人格產生嚴重的影響。

第十一宮：人際關係、社群關係

　　第五宮掌管興趣，而第十一宮則延伸為志同道合的夥伴，這和家人、鄰居、同學、同事等無法選擇的夥伴不同，這些夥伴或許不見得很親密，但多半是有著共同的興趣與看法的朋友。

　　所以第十一宮也代表社團與活動中認識的朋友，或是社會上的人脈。第十一宮所在的星座與行星，與一個人的社交技巧、應對進退有著重要關係。此外，這一宮也代表著較知性或精神層面的興趣，例如：思考、閱讀、書寫、幻想，和第五宮較偏向物質或體能上的興趣有所區隔。

第十二宮：無意識、痛苦與麻煩、業障

在傳統占星學中，第十二宮象徵著隱藏的位置，那些其他人或甚至自己都看不到的地方，因此第十二宮也有著逃避的意味。而自從心理學興起之後，關於無意識的研究也讓第十二宮變得更容易解釋，第十二宮代表生活中被遺忘的訊息，特別是那些不願意面對或是見不得人的事情。此外，痛苦麻煩也與十二宮有關，當十二宮發揮強烈影響力時，當事人很容易覺得諸事不順。

第十二宮強的人通常有強烈的孤獨感，雖然因為心地善良有很多朋友，但卻常有時不我與的感覺。太陽在第十二宮的人（亦即上午五點到七點出生的人），通常有著孤獨的童年，也頗為敏感早熟，但卻往往要到三十歲過後，才會自我覺醒，或是開始展現自我。這種人無論擁有什麼樣的成就或地位，總是喜歡保持孤獨不被瞭解的狀態。

對於相信前世今生和輪迴因果的人，第十二宮有著相當重要的意義，代表著過去的、不願看見或無法看見的事業，亦即佛家所說的「業」。在因果占星學中，對十二宮有著特別的解釋，有些學習因果業力的占星師認為，第十二宮可以解釋成我們前世經驗與能力的累積，但由於某些經驗或特殊能力必須經過一段時間的生活歷練，或是等到適當時機才能使用，於是就把它們隱藏到第十二宮去，等待日後有充足的生活經驗時，才可以使用。

流年太陽進入十二宮的影響

流年太陽進入第一宮

第一宮代表自我，是自我通往外界的途徑，掌管我們呈現在他人眼前的自我，包括身體、行爲、外觀與個人態度，我們的世界觀與生活觀也與第一宮有著緊密連結。

此外，第一宮也與童年經驗有關，第一宮所表現的自我，往往來自於成長過程中與他人的互動經驗，例如小男生在哭鬧時，會被大人告誡「男生不可哭」、「這樣不勇敢」、「你如果再哭就不理你之類的話」，這個訊息與正在哭泣的自我產生衝突，於是下次小男生遇到挫折有了哭泣的衝動時，他會考慮他的哭泣行爲是否會被他人接受，而決定表現得勇敢。

在這個例子中，第一個想要表達的自我可能來自太陽或是月亮的影響（例如想要哭泣），緊接著考慮自己的行爲是否會被他人接受（此時可能受到太陽與水星的影響），而後採取他人能夠接受的模式來呈現自我時，就是上升星座與第一宮的效應，而位在第一宮的行星影響，也會強烈地影響當事人帶給他人的印象。

當流年（二次推運、太陽弧正向推運、行星過運或太陽月亮回歸圖）的太陽進入第一宮時，表示你正處於自我意識高漲的時刻，從某些層面來說，這是一個相當不錯的自我實現週期。當流年的太陽在這個位置時，內心通常會出現積極實現自我的渴望，重要的是必須去探討自己想要追求什麼？所要追求的事物是不是你眞的需要的？

通常占星師會建議應該先滿足眞正的自我需求（流年與本命月亮所代表的事物），以及必須完成的工作（流年與本命土星所代表的事物），然後才有能力進一步滿足自我的實現，這也正符合了心理學家瑪斯洛的理論，在人類的需求層次中，必須先滿足金字塔底層的基本需求，才能進一步的實現更高層次實現自我的追求。也就是說如果你沒有滿足自我的眞正需求，且完成該作的工作，那麼你所能達成的夢想與未來就不如你所預期的。

在太陽經過第一宮的階段，會讓人更重視自我實現，這一個週期使得人們變得更加自我中心，特別是太陽與上升點緊密的結合時會更爲明顯，但太過專注在自己身上，往往容易忽略了周圍的大小事物，例如自我與他人的關係，此時

也常常出現與他人合作上的困難，如果，太陽與其他行星產生對分相與四分相，或者是金星或第七宮內的行星或守護第七宮的行星相位不佳時，這樣的狀況更為明顯。這樣的時刻容易帶給他人較為自私，不顧慮到他人的感受，不合群等。記住，此一時刻太陽的能量帶來了強大的活力，有利於實現夢想，但要知道築夢踏實。

流年太陽進入第二宮

第二宮的重要意涵為資源，在古典占星學中則包含了錢財、動產，及有價值的物品等。當流年的太陽進入第二宮時，物質開始對你產生強烈的吸引力，對於金錢與物質的追求有著極大的興趣，通常在沒有強硬相位的影響下，會有明顯的個人收入增加。

但是不可否認的，對於物質的追求在扯上貪慾時，往往會讓當事人過度擴張自己的信用，利用貸款購買自己能力所不及的高價品，當物質的需求高過於自己所能負擔的範圍，或者將這樣的金錢遊戲擴及到他人身上，就會讓我們忘了考量到風險，並帶來麻煩。

在太陽進入第二宮時，占星師們必須提醒此人在物質方面的追求必須更為小心，最基本的作法是從先檢視個人的價值觀、討論此人真正的需求、衡量自我的能力，再來才是討論金錢上的追逐行動。事實上，第二宮也與肉體有關，當太陽進入第二宮時，身體的健康狀況通常不錯，如果有強硬相位影響時，則要注意喉嚨與太陽所代表的心臟、脾臟、脊椎、免疫系統等疾病。

太陽星座的關鍵字

太陽的關鍵字是自我、意志、男人（父親、丈夫）、未來目標、重要的事、想追求的事物。太陽代表此人有怎樣的自我形象，自我意識是否強烈。形成相位行星的特性也會替太陽星座帶來不同特質，如木星與太陽產生相位，會帶來過度的反應，土星呈現的或許是壓抑。有時負面角度不一定是壞的，反而會是一種保護機制。

流年太陽進入第三宮

當流年太陽進入第三宮時，第三宮所代表的鄰近的人事物會是你最關注的，與兄弟姊妹、鄰人、好友之間的關係也會成爲此刻的生活重心。你可能短暫的扮演起對他們具有影響力的角色（有如父親），而他們的回應也帶給你更多的活力與自信。

太陽在第三宮容易讓你將重點放在許多瑣碎的事物上，有時我們會被周圍的大小事物給吸引，忙著處理他人的事情，而忘了眞正重要的工作、自己應負的責任，與需要滿足的基本需求，有時也容易產生短視近利的現象，忘記了重要的人生目標。

在這一個時期中，溝通與學習也成了相當重要的關鍵，特別是一些誤會的澄清，或是表明自己態度的工作，都很適合在太陽位於第三宮時來發揮，不過由於太陽所代表的主觀意識，會讓部分的人拚命地想將自己的觀念灌輸在別人身上，而忘記聆聽也是溝通中相當重要的一部分，別忘記也聽聽他人給你的建議。

太陽進入第三宮的時刻，是一個忙碌且適合展開短期課程的時刻，去學一些你有興趣的事情，或是暫時跳脫一成不變的生活，到鄰近的地區去旅行，更能夠將太陽的能量引導至正確的方向。

流年太陽進入第四宮

當太陽在某一時期進入掌管家庭與根源的第四宮時，象徵著這段時間父母與家庭生活對你有著重要的影響，很可能你無意間將重心轉爲家庭，或者家庭間出現了一些轉變迫使你不得不關心。通常太陽所代表的父親會在這時候引起你的關注，他們的言語和行動都對你有著關鍵性的影響。也有時你反而必須扮演起父母親的照顧者，扮演他們的支持者甚至扮演他們的父母，這一點我們常在許多雙親已經年邁的成年人身上看見。

在物質層面上，第四宮所代表的是你所居住的地方，這一段時間你會特別在意你居住環境的品質，特別是採光與通風是否良好，對於個人健康是否有幫助或妨礙，也因此開始有了改建或重新裝潢或是添購家具的念頭。沒有房產的人也可能在這一段時間特別留意房價，或是興起想要構築一座自己的城堡的念頭。

根據心理占星學大師史蒂芬・阿若優的詮釋，第四宮往往也代表人們心靈深

處對於安全的需求，因此當太陽進入這個時刻時，往往渴望個人的不安的情緒受到安撫，童年或過去所受的傷害很可能浮現到意識層面。但這些傷害也往往能夠藉由太陽所帶來的光明面來治療，占星師通常會建議此時應將重心擺在家庭和自我身上，多關注你的家人，尋求一些心靈上的平靜，或是去參加心靈成長團體，聽聽心理諮商師的意見，或接觸「New age」的心靈治療活動，幫助自己治療過去心靈與情緒上的創傷。

流年太陽進入第五宮

在占星學中太陽守護著黃道上的第五宮（獅子座），而星盤上的太陽或多或少也會影響到與第五宮相關的事物，當太陽進入第五宮時如同回到自己家一般的舒適，特別對獅子座和上升獅子座的人有著強烈的影響。

第五宮代表著歡樂的事物，當太陽進入第五宮時，只要太陽的相位不差，通常會帶來一段相當愉快的時光。第五宮所掌管的娛樂在此一時期成為重心，一些休閒活動或嗜好可以計畫在太陽進入第五宮時進行。而太陽進入第五宮的時刻也往往帶來許多的創意，從事一些美術或藝文創作工作的人常能夠將太陽充沛的能量引導入自己的生活中。

對於單身的人來說，這會是一段讓你對愛情產生憧憬的時刻，對於愛情的渴望常常在太陽進入第五宮時提高許多，若能積極追求通常能擁有一段愉快的時光。而對於有子女的人來說，這一段時間必須重視自己與子女的互動，你很可能突然覺得自己在他們的生活中扮演起重要的角色，而相對的，子女的事物以及與子女的互動，也在這時候成為生活中的重心。

第五宮在心理占星學上與自我目標的實現有關，在這段時間相當適合設定目標，去做自己想做的事情，由於太陽暗示著生活的重心與追求的事物，你往往會排除大部分的干擾，去實現自己設定的目標。

流年太陽進入第六宮

工作、與日常生活的瑣碎事物由第六宮掌管，當太陽進入這個位置時，我們不得不暫時放下崇高的理想、偉大的目標，腳踏實地的去處理這些日常生活的瑣碎事物。對於某些人來說，或許會覺得這些事情很繁瑣，但我們不得不面對這樣的問題，與其覺得厭煩，還不如以正面的眼光來看待，我們必須在這個時刻作一

些生活上的調整，讓自己的生活更有規律，檢視生活事物的細微末節，好讓未來無後顧之憂。

第六宮也掌管身體的健康與疾病，當太陽進入這個位置且產生負面相位時，會帶來較弱的體力，必須注意個人的健康狀況，過多的憂慮也容易在此時出現。占星師往往會建議對方在這個時刻過著較爲規律的生活，也是因爲健康的因素，在這段時間對於自己的健康應該作一番檢視，同時注重養生補充生活中的能量，第六宮也與肉體勞動有關，如果你不希望在這段時間被瑣碎事物逼著東奔西跑，定時的運動或許能夠轉換這樣的狀況。由於第六宮與健康有關，當然也要同時注意太陽所代表的器官心臟、脾臟、脊椎、免疫系統，特別在強硬相位出現時需要更爲注意。

第六宮也與爲他人服務有關，當太陽進入這一宮時你必須犧牲一下自我，扮演服務他人的角色，上班族在這陣子的工作量會增加，老闆的要求也會提高不少，而身爲老闆的人在這陣子也常常有一種事必躬親的想法，並對員工帶來壓力與要求。對許多人來說，這個時期也是參與社會服務的時刻，往往會對自身所處的環境有意見，許多的想法和批評還不如親自去參與改造社會的工程來得有效。

流年太陽進入第七宮

如果第一宮象徵自我，那麼命盤上與第一宮遙遙相對的第七宮，則象徵與你互動關係密切的他人，最熟悉的就是你的伴侶，這也是爲什麼第七宮有時又被稱作婚姻宮或伴侶宮。其實第七宮所掌管的不只伴侶或婚姻關係，還包括你的合夥人，或工作中地位平等不受你指揮的搭檔、諮詢對象等。

當流年太陽進入第七宮時，你與他人之間的互動關係顯得相當重要，多半在這時候我們會仔細考慮別人的感受，透過與他人互動的過程中尋找到自我的重要性。在這段期間內最不適合的就是獨斷獨行，或是太過自私，這麼做往往會遭到迎頭痛擊。特別像是喜歡獨斷獨行的火相星座和水瓶、天蠍等較爲獨立的星座，這段時間最好能夠仔細考慮與他人合作，在遇到困難時也不要吝於向他人求助，或許你們不喜歡他人帶來的干擾因素，但這個時期合作會比獨立作業好很多。

在這段期間內，伴侶關係顯得相當的重要，如果沒有不良的相位影響，將會有十分愉快的伴侶生活，如果遇上了對分相與四分相，那麼必須仔細的考慮伴侶關係中的細節，與你的另一半多作溝通討論，你們的生活上或許需要達成某些共識。這些討論對你來說是必須的，也一定會發生，如果不是心平氣和的去討論與

認真考慮，那麼這種現象也有可能藉由衝突與爭執來呈現。對於交往許久的情侶來說，這也是一段仔細考慮彼此關係的時間，有時會有想結婚的衝動。如果你真的很想求婚，那麼挑選太陽進入對方第七宮的好時機，行動會比較容易成功。

第七宮掌管所有與他人的互動，而競爭與衝突也是其中一種。當流年太陽在第七宮時生命中常會出現競爭或合作的事項。在許多時候，競爭衝突與合作同時出現，事情並沒有絕對的好與壞，認真的面對競爭或衝突，你將會學到不少的東西。同時第七宮也掌管法律與合約，在這段時間內適合檢視你與你工作夥伴之間的約定，與公司或客戶之間的合約等等。占星大師羅伯漢（Rob Hand）指出這段時期也相當適合諮詢，特別當你無法獨自面對問題時，不妨包括尋求法律顧問、心理醫生、心理諮商師、醫生甚至占星家的幫助。

流年太陽進入第八宮

當太陽進入掌管個人內心深層渴望的第八宮時，往往帶來許多無法理解且無法抗拒的改變。許多占星的初學者對於第八宮有著模糊的感受，感到無法掌握此宮的意涵。事實上，這種感受就是第八宮所掌管的。在心理占星學中，第八宮代表隱藏在我們心靈深處的自我，可能是我們不願意面對的事情、傷痛、慾望、野心，以及我們無法理解的事物，這些我們不願意承認與面對的事物，平時會被理智與意識壓抑。

當太陽進入第八宮時，就像是心理學所說的，心靈上的衝突忽然浮現在意識表層，造成個人心靈與行為上的重大衝擊，在太陽經過第八宮的時期，我們最需要做的，就是認真的去感受內心的渴望，與內在的自我多多對話降低自我衝突的發生。

在某些占星師的眼中，第八宮是個危機點，當太陽進入第八宮時往往會引爆日常生活中的危機，這是因為在此時出現的事物，很可能是我們不願意面對、不願意承認、也不願意去處理的事情，是我們心靈深處黑暗面的投射，如果不認真面對，往往就真的會引爆生活中的危機。理智與理解對於這些第八宮的事物似乎起不了太大的作用，若能改用感覺與感受或許比較能夠體會。此時需盡量去滿足心中的慾望，與自我對話，或透過心理諮商人員的幫助面對這些傷痛或心靈的黑暗面。

由於第八宮所隱藏的感受與事物，在經過長時間的累積後，往往擁有巨大的心靈能量，在一瞬間爆發時就會帶來個人生活的巨大改變。當太陽經過此處時往

往暗示著，由心靈深處的渴望帶動生活的轉變，第八宮同時有死亡的意思，這裡的死亡並不一定真的代表肉體上的死亡，當流年太陽經過此處時，象徵的就是徹底的改變，剛剛提到過去事物的結束與改變，就象徵著某種程度的死亡。占星學中真正的死亡，需要有更多的行星與相位的象徵才能討論。

而第八宮同時也代表了物質資源的分配，在這段時間中除了心靈的感受之外，與他人透過物質關係的交流成為生活中的重點，藉由身體交流情感的性愛也是其中一環。你的性生活與性關係將在這個時刻有重要的影響，這或許也是源於某種壓抑的內心渴望，在這段重要的時間與其抗拒還不如順從。而這段時間內，你與他人的金錢關係會有某種程度的影響，許多問題將會浮上檯面。還包括了你與伴侶的金錢關係、你與合夥人的共同投資等，仔細檢視其中的細節將會十分重要。

流年太陽進入第九宮

太陽進入第九宮的時期，將會是一段重要的心靈成長時刻，你所必須面對的是你所相信的事情，這些事情可能包括了宗教、哲學、學術理論、生活中的信念等等。這些信念往往在這段時間被強調了，或許是讓你對於這些信念更堅信不移，如果有強硬相位產生時，則或許會產生一些質疑。但是在這些質疑中，最重要的是對於自我的認同，或許你在這段時間所接觸到的想法與信念，與你本身的認同相違背，這時候占星師會建議你透過這樣的衝擊帶動自我的成長、改變自我，或是建構出屬於自我的理念。

當太陽進入第九宮時，也是一段生活相當精采的時刻，到遠方去旅行是第九宮的一個重要意涵，這段時間相當適合啟程到海外去旅行增廣見聞，或者與來自遠方的人見面。同時第九宮也代表了新知，這段期間透過媒體所帶來的訊息，你將會有一些新的想法，或者你也開始主動去接觸一些新的理念，例如從新回到學校去學習新知，或是參加不同的成長團體、宗教團體等，帶來精神與信仰上的刺激。

流年太陽進入第十宮

相對於第四宮的根源，第十宮象徵著我們與外界社會的互動，當太陽進入第十宮時，外界的眼光開始投射到我們身上，而我們也發現大眾與社會對我們的評

價，以及這些評價帶來的正負面影響，而開始有了一些轉變。這些轉變包括了自我形象的建立，以及對外界的付出與互動。在這一段時期中，你必須注意你的職業與社會地位，你在這個社會上所扮演的角色將會被突顯出重要性。

當太陽進入第十宮時，往往會喚醒我們的野心，企圖在眾人中顯示出自我的重要性，但是第十宮所掌管的責任也警告我們必須小心，如果我們做出了超過自身能力的承諾，那麼就必須負責，這一點相當的重要，往往當我們把眼光放得太遠時，會忽略到自身的能力。當太陽經過第十宮時，我們也往往必須重新組織自己在社會上的資源，也檢視自己的能力和自己的野心，讓所有與工作有關的事物進入一個穩定的架構，有了穩定的基礎才有實現野心的可能。

通常第十宮所代表的外界與互動，容易經由工作職場的環境來表現，太陽在經過第十宮時，上司與老闆會特別的關注你，焦點也容易集中在你身上，你的一舉一動將被仔細的檢驗，這樣的互動與他人對你的正負面評價有著直接的關連。而你也會受到這些評價的影響，產生自信或是對自己的社會地位感到質疑。這些評價與反應事實上都促使著我們，認真的面對真實的自我，並檢討是否盡了對社會和眾人的責任，如果我們沒有盡力，或是有太多的虛假幻想，那麼將很有可能遭受到他人無情的批評。對於公眾人物來說，當太陽進入第十宮時，是一個必須認真面對的時刻。

而在傳統的占星學中，第十宮也掌管了我們與父母的關係，在這段時間你與雙親的互動更加頻繁，你必須負起家庭中照顧者的角色，在這段時間內，容易產生家庭責任與社會責任（職場責任）的衝突，這段時間的忙碌往往讓人奔波於私人領域和公眾領域兩個層面，而且兩者都不能忽視，安內和攘外同樣的重要，如果忽略了公眾領域，將會讓你覺得自我認同受到否定，但是如果你忽略了私人領域的責任，那麼向外發展時也很有可能受到限制。

流年太陽進入第十一宮

第十一宮掌管了我們對自己的期待與理想，同時也掌管了我們的社交生活，當太陽進入第十一宮時，你容易有一種想要超越現在自我的渴望，同時你的行程表也容易被熱鬧的社交生活給佔據，在這段時間內甚至有可能興起某些念頭，而又認識更多的新朋友或是加入不同的團體，使你的外務變得更多。

當流年太陽進入第十一宮時，我們往往會有一些個人理想要去實現，會覺得想要對自己或是社會做出什麼貢獻，或是強烈的想要去達成一個夢想。這些想法

刺激了你的行動，而使你走出自己原先熟悉的環境，開始認識新的事物與朋友。也因此當太陽進入第十一宮的週期，容易有忙碌的社交生活，但也容易產生一些誤會與衝突，常常容易忽略了身邊的伴侶小孩或人事物，而引發他們的不滿。

　　事實上我們必須體認到，當太陽進入十一宮，引發我們加入一個新的團體或去認識新的朋友的動機，往往是因為希望能夠從這中尋找到「太陽所代表的自我」，因為團體的互動關係，很難照著某個特定的自我意識去發展，有些時候我們會因此感到受挫與沮喪，或者直接的否定自己。這些都是在社交生活中常發生的問題，這段時間學習著如何平衡自我與團體的關係顯得相當重要，這時候我們或許可以試著體會團體的力量與價值，但也不要在這中迷失自我價值，可以透過觀察與分析，來體會自我與他人的不同，而非做出挑戰團體的價值等不智的舉動。

流年太陽進入第十二宮

　　第十二宮屬於因果與業力的宮位，當太陽進入第十二宮時往往會有許多無法理解的困擾與麻煩出現，或許當下我們無法理解，但仔細思考之後會發現，這些麻煩的事物往往是因為過去的錯誤所引發的後果，很可能是童年的創傷，或許是在過去的生活中未完成的責任，所引發的後果。

　　這段時期小心並沒有多大的用處，歸咎誰對誰錯也沒什麼幫助，因為這是一個必須面對傷痛、錯誤和責任的時刻。我會建議人們展開自我的檢討，這些麻煩的出現通常會有跡象，我們可以循著這些蛛絲馬跡去發現問題的根源，並且主動展開修正錯誤、自我療傷的行動，或是負起責任。主動的負責行為好過被罪惡感和責任追著跑，或是困在傷痛與悔恨中。

　　十二宮也象徵著潛藏在心靈意識最深處的問題，如同第八宮的問題一般，最大的不同點在於，第八宮的問題多屬於個人領域，而十二宮的深處問題牽扯較為複雜，涉及的層面也較為廣泛，這些問題往往藏得更為隱密，更難經由個人的思考或分析來體驗，或許透過宗教的力量或是心理諮商師的幫助，我們可以找出這些問題，但更重要的是在這段期間中，我們真正渴望的是脫胎換骨的徹底改變，如同蛹中想要破繭而出的蝴蝶一般，但問題就在於，如果我們沒有治療好過去的傷痛，拒絕面對過去，那麼很有可能會被困在這個階段，而且一再地重複著這些問題。

　　我們可以透過許多行動來治療與面對自己的傷痛，心理諮商、心靈成長、宗

教、哲學、參與公益的行動等等，占星大師梅蘭尼・瑞哈特（Melanie Reinhart）在其經典作品《凱龍星：靈魂的創傷與治療》一書中提過，我們無法漠視這些心靈上的創傷，也無法將這些創傷抹去，唯一可以做的就是，認真的面對傷痛並讓自己成長。而太陽在十二宮也象徵著透過這些正視問題的力量來治療自我，並且從這些傷痛中尋找到生命的力量。

流年月亮進入十二宮的影響

流年月亮進入第一宮

在行星過運中，月亮大約會在這個位置停留兩天左右，帶來短暫的影響，而二次推運的月亮則會影響兩到三年左右，太陽弧正向推運的月亮進入第一宮之後則有相當長久的影響。月亮代表的需求與情緒感受還有伴侶關係等，在流年（無論是行星過運、推運、太陽回歸等）進入第一宮時，被自我明顯的意識到了。這時候童年經驗中的需求與不滿足浮上了意識，容易帶來情緒的緊張不安甚至恐慌，多數人卻無法意識這些不安來自於何處。此刻我們會變得相當敏感，對周圍人事物的變化，他人的想法感受話語都有著過度解讀的傾向，他人的一些小動作可能讓我們想得非常的多。

情緒化的表現也常常在這個時刻浮現，或許你不覺得，但是當月亮進入第一宮時，他人常會這樣看待我們，說我們太過情緒化、太容易激動，對待身邊的人也時而過度大方，時而太過度要求，讓人覺得動輒得咎。因為此刻的自我正受到情緒與情感的嚴重影響，而變得難以控制。

在這個時期，我們常會覺得需要有人陪伴，像是嬰兒需要母親哺乳一樣，需要有人來滿足我們的需求，這也是為什麼我們總在此時對別人有著相當多的要求，一旦無法被滿足很有可能會有直接的情緒反應，表達方式則因命盤與當時月亮所在的星座而有所不同，這種互動也會直接反映在伴侶關係或友情上，我們常在這時候透過這些關係來滿足自我的需求，這也是為何我們在這時候對於伴侶、朋友、母親、女性的一舉一動特別敏感。

當月亮進入第一宮時，必須試著找出自己的需求為何，接著透過需求的滿足

月亮星座的關鍵字

月亮的關鍵字是需求、反應、不安、緊張、情緒、情感、過去、成長經驗及生活型態等。

相對於太陽的明意識，月亮代表的是潛意識，是一個人未經過思考就表現出來的行為或情緒。月亮也和母親有關，並影響當事人的私密生活與餐飲喜好，以及親密伴侶的關係等等。

來撫平不安，或許他人在此刻可以滿足你，不過當他們有需求的時候，他們也會期待你的回應，千萬不要當一個自私的人，否則當你下次對他人有所要求時，恐怕無法得到回應。

流年月亮進入第二宮

月亮的無意識與不安需求，直接的影響了第二宮所掌管的物質生活，在此刻我們對於物質與金錢有著過於敏感的反應，最明顯的狀況是我們常在此刻，因為不安的情緒而開始消費血拼，或是做出一些對於金錢相當不利的決定。

要知道在傳統的卜卦占星學中，月亮也有遺失的意思，月亮是一種心理需求的投影，當這些心理需求投射到第二宮所掌管的物質時，往往容易使我們下意識的想要滿足物質上的需求，就算滿足了日常生活的需求之後，也仍會因為不安、不滿足而要求得更多。這往往也會造成我們對於金錢或某些物品的依賴，會覺得某些物品具有特別的意義，或是下意識的覺得需要某件東西在自己身邊。

在這個時候我們也會因為我們和他人的金錢（物質）互動而感到不安，例如對於借出去的金錢和物品有著無法收回的感受，或是當別人跟你借東西時變得特別不安，在這時候和他人討論自己的財務狀況時也容易受到傷害，這都是因為月亮的恐懼與不安，投射在物質層面上的關係。

所以當月亮進入第二宮時，最好能夠避免做出財務上的決定，例如購買昂貴的物品，或是因為恐懼與不安就開始消費，或是任意的做出投資上的決定。最好等月亮過了第二宮再來進行，如果是太陽弧正向推運或是二次推運圖上，月亮長時間停留在第二宮的情形，那麼我們只能在消費或做出財務決定時更加謹慎。

流年月亮進入第三宮

第三宮在占星學中象徵著溝通、學習、鄰居熟人、兄弟姊妹等，以及日常生活的環境，當月亮進入第三宮時，我們會對上述的事物變得敏感，例如：平時的溝通與問候，在其他時刻我們或許不會在意，但當行星過運月亮經過第三宮的這一天，我們可能會去猜想他人話語後的意涵，可能會過份解釋對方為什麼要特別來跟我說早安，也可能會對鄰居或熟人的言行產生猜疑與不信任，這個時刻也容易帶來情緒上的話語，若有不佳的相位甚至可能引發爭議。

就如同月亮在雙子座一樣，當月亮進入第三宮時是一個多嘴的時刻，這時候

我們藉由溝通與說話來宣洩自己的不安，說話時也特別緊張急促，涵蓋了大量的資訊搞得他人頭暈或不耐煩。事實上這些話或許聽來沒有任何的意義，但如果仔細分析，很有可能隱藏了你所擔心的訊息。

許多占星家認為月亮的不安與童年經驗有關，在這個時候我們常常會去和別人討論小時候的回憶，無論歡樂或痛苦的事情，但都可以從這些事件的背後找到影響情緒的回憶。第三宮也與日常生活環境有關，或許你會想在這時候回到故鄉去走走，或是日常生活的事物勾起一些童年往事，這幾天或這段時間你很可能想要重溫童年的舊夢。就在寫這篇稿子的前兩天，我無意間看到一則關於重拍經典港劇娛樂新聞，這則新聞竟然讓我開始連續聽了三天的經典港劇主題曲，說巧不巧當我打開我的行星過運星圖時，就發現了月亮正好經過了我的第三宮。

在這時刻回到熟悉的環境中能夠滿足你的需求，溝通與鄰居親人交流會撫平你的不安，但是不要過份解讀他人的話，也不要太過情緒化的要求或攻擊他人，特別是當自己感到情緒的焦慮與不安時，避免駕車旅行，這很容易產生旅途的不順暢或意外。

流年月亮進入第四宮

第四宮象徵著家庭與私人領域的事物，黃道上的第四宮也正好就是人們口中愛家的巨蟹座，不過在出生圖上的第四宮還有個人情緒的意涵，以及對於安全與保護的意思，月亮進入第四宮有著類似回到它所守護的巨蟹座的感受，代表著我們對於精神或情緒上安寧的渴望，被照料與保護的渴望。而月亮所代表的情緒與感情也往往在第四宮找到出口，這些情緒不安往往來自於我們的無意識（個人或集體的）的滲漏。不過這些需求不一定會被我們意識到，或影響了日常生活的表現。

當流年月亮進入第四宮時，我們強烈的需求一個平靜的私人領域和家庭關係，藉此安撫我們的不安與情緒的創傷，這時最重要的事情並非在外頭追求成功，而是先創造一個舒適安定的家庭空間（私人空間），並且休息療傷取得足夠的能量，滿足這樣的需求才能夠撫平我們的不安，之後才能夠更無後顧之憂的去闖蕩江湖。

在此時我們也會感覺到對家人和親密伴侶的需求比以往增加許多，由於第四宮是我們面對無意識、情緒及過去創傷的窗口，月亮的不安與緊張讓我們不能輕易面對，這時候我們會需要他人的陪伴與照顧，特別是那些深深瞭解我們的人或

家人。同時因爲這些不安與恐懼，我們也想要緊緊抓住過去的人事物，或是身邊親密的伴侶，深怕失去他們。其實越害怕失去就越容易陷入不安的狀態，而使情緒失控傷害到自己或他人，這正是月亮在第四宮時必須面對的課題。

在月亮進入第四宮時，是一個休息療傷或的平靜的時刻，當你不安時，這也是一個開始檢視內心需求的時刻，這時的感受特別敏銳，找出我們的需求與不安，並且安撫這些不安，若能有他人陪伴應該充分的享受這個溫暖的時刻，若沒有他人陪伴，或許更是一個檢視自我的好時刻，而不是陷入情緒的慌亂中，要知道你已經長大可以自己照顧的自己，離開母親的臍帶與乳房，你仍然可以安全的活下去。

流年月亮進入第五宮

第五宮象徵著自我的目標，人們想要在此確立自我的目標，就如同青少年想要脫離家庭的束縛，而成爲一個「獨立的自我」。當月亮進入這樣的狀態時，自我的意識再度浮現，此刻我們感受到的是自我渴望被別人承認的需求，就如同一個演員站在舞台上，迫切地渴望他人的回應與掌聲。

因此在流年月亮經過第五宮的這一段時間，我們會迫不及待地想要展現自己的成就或是計畫，並且放大自己的情緒與感受來引起他人的注意。危險的是，如果你的表演不夠精彩，得到的回應與掌聲不夠熱烈，將會引發另一波情緒危機。

第五宮也與愛情和娛樂事務有關，在此刻月亮會引導我們尋找愛情或歡樂的事物來撫平我們的不安，不過也往往會引導我們進入錯誤的方向，例如藉由歡笑來隱藏我們的不安，但需要搞清楚，自己究竟是藉由與朋友或情人的討論與安慰來撫平不安，與強顏歡笑的陪伴他們且隱藏內心痛苦。

第五宮也與子女有關，照料他人也是第五宮的特色之一，我們可以藉由照料他人來撫平情緒上的需求，但爲什麼不藉由照料他人（或子女）的同時，也交流情緒和情感上的感受呢？

流年月亮進入第六宮

第六宮除了掌管我們與工作和下屬的關係之外，也關係著日常生活中的事物，當流年月亮進入此宮時，許多生活上的細節問題都會被放大檢驗，最常見的就是健康與身體的考量，當流年月亮在第六宮時，我們會更注意自己的飲食與健

康習慣，身體上的小毛病也會讓我們更加注意，不過有時也會過於杯弓蛇影。如果是推運圖中的月亮走入第六宮時，必須懂得如何照顧自己的身體，並且不要對那些小毛病過度驚慌。

第六宮的服務精神會讓人們有需要做出自我犧牲的妄想，無論現實狀況是否真的需要這種犧牲，當月亮經過第六宮時常會讓人無意識的去犧牲自己的利益，並感受那種犧牲小我的壯烈精神，但大多時候這樣的犧牲並不符合實際狀況的要求，而讓人更有挫折感。

月亮的情緒需求遇到了就有壓抑特性的第六宮，常常會讓人不由自主的想要以理性來壓抑控制自己的情緒，這時候往往會讓人覺得全身上下都不自在，顯得更容易緊張，在此一情況下這種壓抑的情緒會轉而變得憤恨不平，開始嚴苛的批評自己與他人，此時必須做的是放鬆自己的防衛與緊張的態度，學著正視自己的情緒需要安撫的需求，並且盡量將情緒表達出來，因為過度的壓抑以及另一方面對自己身體的敏感，很容易造成身心上的不適。

流年月亮進入第七宮

當流年月亮進入了掌管伴侶與合作事物的第七宮時，我們對這些事物有著比平時更高的需求，月亮代表著一種對於安全感的渴求，如果無法滿足這一層需求，將會使我們在精神上顯得更為緊張。

月亮同時代表著母親與女性，在這段期間無論男女，與女性的關係總顯得較為敏感，或許比平時來得更為緊張，於是當月亮移動到這個位置，會讓我們對伴侶和合作搭檔或是對手有著更為情緒化的反應。最為明顯的是伴侶關係，當流年月亮進入第七宮，會使我們對伴侶有著更多的要求，希望對方能夠陪在你身邊或是聽你說話，滿足你需要有人陪伴的感受。

這種情緒化的需求需要讓對方明瞭，否則互動很有可能淪為負面的爭執，通常在這時候我們也容易對伴侶產生不安全感（特別是原本情感互動較差的伴侶，更容易感受此狀況），容易吃醋或覺得他不夠關心自己，如果你能明瞭這些不安都是來自於你需要伴侶的渴望，並且透過溝通和對方達成共識，就能夠度過這較不平靜的時期。

第七宮也同時掌管合作搭檔與競爭，通常在這個時刻我們面對他人的挑戰會顯得較缺乏安全感，甚至很容易有情緒化的表現，與合作搭檔之間的關係需要注意，你的不安與焦慮很容易也引發對方的不滿，而競爭的對手也很可能攻擊你在

情緒上的弱點讓你變得焦躁不安。當流年月亮經過這裡時，你必須承認自己比平時還需要他人的幫助，並且盡量減少負面情緒化的反應，並小心的檢查每一個細節。

當流年月亮經過第七宮時你可以用所有的方法滿足自己需要有人陪伴的迫切渴求，如果身旁沒有伴侶，一個好朋友、一個能聽你說話的死黨都是不錯的選擇，但是你必須小心控制自己負面的情緒，避免讓這些情緒過度影響伴侶關係。

流年月亮進入第八宮

在傳統的占星學中，第八宮掌管了他人的財務，他人的物品等，往往在這個時刻，我們對他人的物品有所需求，可能需要他人的金錢幫助，或需要從其他人的物品或身體上獲得安全感。你可能很羨慕對方有一只漂亮的戒指或高價奢侈品，而心中也升起了渴望擁有這件物品的心態，如果你能透過一些方式來滿足這樣的需求，或許可以讓這種焦躁的心情感到好過些。而月亮進入第八宮時也要小心與他人的合資，或是金錢上的交流，這往往會替你帶來一些不安與麻煩。

從心理占星學的層面來說，第八宮與個人的無意識層面有著相當緊密的關連，月亮也與這個心理層面有著密切的關係，當月亮進入這個位置時我們必須面對另一個自己，就如同榮格在心理分析中所提到的陰影，一個平時被你排擠或厭惡的自己，其實你大可以接受這個你不太熟悉的自我，承認自己也有這樣的一面，細心的安撫照料這一個層面並與之對話，讓這些平時壓抑的陰暗面有一個發洩的出口，對自我的精神成長與狀態也是有正面幫助的。

第八宮的掌管的陰暗層也面包括性，或許你會對肉體關係感到更為敏感，更多的需求或是恐懼，但都必須去面對這個心態（但並不是叫你一定要去和人發生性關係，而是順從自己的需求與感受），第八宮也與死亡有關，當月亮進入這個位置時，容易引起我們對於死亡這件事的不安，精神上的扶持與支助，宗教與哲學的書籍或學習或許能夠幫助我們度過這一個時刻。

而第八宮也有著令人對權力的著迷，通常這個時刻會讓我們想要掌控一切，控制他人的思想行動、控制事情的發展變化，透過與權力的結合（與有力人士的合作）才能讓我們感受到有安全感，但也要小心這些無意識下的需求反而會讓我們進入被權力束縛的陷阱中。

上述的心理層面與物質層面，都需要十分小心地處理，特別是當二次推運或太陽弧正向推運的月亮進入第八宮時，會有接近三年的影響，而太陽回歸圖的月

亮若進入第八宮，則會有一年左右的週期影響，這種長時間的影響必須更為小心。

流年月亮進入第九宮

月亮在第九宮所帶來的困擾不多，且相當容易解決，但前提是你必須瞭解月亮在第九宮的需求是什麼，許多人在這個時刻無法忍受一成不變的生活，如果是在推運法的三年到兩年半中，或是太陽回歸的一年週期，月亮進入的這個時刻，整個人會陷入一種長期不安於室的狀態。但如果你找對了方法，就能夠恢復生活的平靜。

第九宮掌管著自我成長、宗教哲學和你所相信的事情，也掌管國際事務與旅行，月亮在第九宮的時期會很需要這些資訊的補充，對於自我更深刻的瞭解和更多的成長體驗，也是此刻迫切的需求，如果你能夠滿足這樣的需求，心靈就能夠獲得平靜。

占星大師羅伯漢解釋月亮在此宮時，其實是一個有違月亮對安全舒適環境需求的位置，第九宮的冒險與探險精神帶來的不穩定性，在此刻擺脫常規去旅行，無疑會增加了許多旅途上的困擾，但是如果我們從事的是心靈之旅，或許就能夠同時兼顧著旅行成長，並且同時可以滿足對舒適環境的要求。

所以當月亮在第九宮時，你或許擺脫一成不變的生活，可以在家裡看看探索頻道、國家地理雜誌或是與旅遊相關的書籍，也可以從事靈修或是心靈探索的工作，或重新研究某一門你相當有興趣的學問，或是上網路認識些新朋友、與居住在國外的朋友交流通信，這些都可以滿足月亮在第九宮時所帶來的需求，也兼顧了月亮需要的安穩。

流年月亮進入第十宮

當月亮進入掌管公共場合與職業領域的第十宮時，你的生活重心移到了外界，這一段時間你對於事業成就以及自己在眾人面前的表現相當重視，這樣的心態其實源自於需要他人的注意。當月亮進入掌管公眾領域第十宮時，我們希望別人看見我們的情緒需求，當別人對你的表現視而不見時，我們甚至會覺得沮喪難過，不過當月亮在這個位置時我們多半能夠找到適當的觀眾，有些人可能在辦公室中發揮了適當的幽默，或是表現出感性的一面引人注意，也或許有人會利用照

顧和幫助他人來換得注意力。

當月亮進入第十宮時我們對外界給予我們的評價相當敏感（特別在職場上），我們渴望聽到一些回應，但往往遇到負面回應時會顯得更為沮喪，因為月亮在第十宮時同時也顯示出人們對成功與榮耀的需求，如果我們沒有在這方面或的掌聲，或許很有可能陷入沮喪中。

但是當月亮在這個位置時，有幾件需要注意的小事情，對於推運月亮進入這個位置的人或許更值得注意，首先是個人隱私與公眾目光的衝突，如果你希望引起他人的注意，卻又想要保有隱私的話，會是一件相當辛苦的事情，此外工作與家庭的之間的需求很容易讓你產生困擾，如何安內攘外成為這個時期必須仔細規劃的重點。

流年月亮進入第十一宮

當月亮進入第十一宮時，我們對於朋友的需求開始增加，第十一宮在占星學中被視為是與人際關係、團體有關的宮位，與第三宮的手足、鄰居的關係還多了一點距離，比起第七宮的一對一關係來得要疏遠，第十一宮所代表的人物象徵在社交生活中所認識的人們，當月亮經過這個位置時會產生對這些人的需求，我們或許可以廣義的稱這些人為朋友，但並非死黨密友等，他們或許是你社團的朋友，或許是學習課程或成長團體的夥伴等，在這一段時期通常會與這些人更更密切的互動。

首先是情緒上的交流，當月亮經過這個環境時，你需要這些朋友的支持，特別是情感與情緒的交流，但不自覺的你又會過濾自己的情緒，不讓過多的負面訊息流出，但如果朋友切入了你話題中隱藏的訊息，你可能會相當的感動，認為又多了個知己，或是有種隱私被窺視的不安全感，端看對方與你的關係為何。

在一般的時刻下，這是一個與朋友共同分享心情故事的好時刻，但是千萬不要過份耽溺在其中，或許一些有建設性的話題或是共同的目標，可以將這種情緒的力量引導至更需要發展的地方。

然而月亮在這一宮時也會因為與他人的互動，讓你想起小時候的夥伴，例如與童年夥伴的歡樂，或是在童年夥伴中所遭受的不公平待遇，這些回憶都會反應在當下你與他人的互動中，或許會讓你追求更多人的接納，或是你想與對方分享更多的愉快經驗，不過別忘記這也是一個修補心靈創傷的時刻，如果你在童年的人際關係上有不愉快的經驗，那麼趁現在修正自己的態度，並且讓自己沉浸在友

誼的包圍下，將能撫平過去的不愉快經驗。

流年月亮進入第十二宮

對於行星過運來說，月亮在此時完成了屬於你自身的月亮週期，從第一宮的自我出發後，讓你在無意識中體驗了生活的諸多層面，現在是一個安靜下來思考的時刻，一個真正屬於你自己的神祕時刻。第十二宮往往有隱藏與看不到摸不著的意味，當月亮經過這個位置，你需要一個安寧的環境，你的情緒與隱私不希望被他人打擾，這正是一個適合品嚐心靈生活的時刻。

當月亮在第十二宮時，我們的內在精神生活受到許多不明因素的影響，這或許是榮格所描述的集體無意識，也就是全人類所共同擁有的不安與恐懼，由於第十二宮也暗示著障礙，月亮所代表的童年經驗、母親與女性朋友等，容易在這時候往往會在無意之間造成我們的困擾。這時當你面對莫名的焦躁與不安時，想想看你童年的不愉快經驗，或許能找到解答。而同時這一段時間與母親、伴侶、女性的溝通也容易有困難。

當月亮進入第十二宮時，往往帶來孤獨的感受，這種孤獨的感受並不是簡單的找人聊聊天就可以打發的。因爲十二宮所代表的集體無意識與深藏在我們心理的孤獨會在時候浮上檯面。往往在這時刻你需要一個安全隱密的環境，遠離喧鬧的人群，讓自己有機會平靜的面對自己，與自己做更多的心靈對話，我是誰？我爲什麼存在？我需要什麼？我追求什麼？種種的問題都能夠幫你在未來新的月亮循環中（當月亮重新進入第一宮時）有更多的成長。

流年水星進入十二宮的影響

流年水星進入第一宮

當流年的水星進入了第一宮時，溝通與思考變得相當活躍，這會讓你對於自我表達顯得態度積極，而思考的方向多關注在自己身上，但水星的多變活躍也容易讓身邊搞不清楚你要做什麼，甚至覺得你太過急躁輕浮。

水星的確常讓人呈現一種緊張的狀態，特別是當流年水星與命盤的其他行星形成緊張對峙的強硬相位時（180、150、135、90、45 度）都會讓人有神經緊繃的感受，這樣的緊繃起因於自我的表達無法順暢，特別是關於水星或另一顆行星所在宮位所暗示的事件上，在四分相產生時，會讓人的自我溝通受到阻礙，更容易帶來挫折感，和灰色的想法，這個時候較有利於學習困難的事情，讓這種質疑的力量幫助你前進。

水星的多變性質除了反映在意識與心理層面之外，也會反映在事件上，這時的你傾向於學習、旅遊，水星進入第一宮很難讓人安定下來，這時透過交流、溝通、短程的旅行都能夠展現水星的力量。

流年水星進入第二宮

水星在第二宮進行時，象徵著一個商業交流特別頻繁的時期，如果你本身就是從商，而流年與出生圖上又沒有嚴重的水星四分相或水星、土星與水星、冥王星的強硬相位，那麼在這段時間中將會有許多的交易行為產生，如果不是從商，也代表著採購的次數會比平時增加許多，或者收支狀況有著頻繁的異動，卻不一定指收入增加。

水星的關鍵字

水星主導一個人的思考模式，水星所落入的星座代表當事人自我表達的方式及思考模式，以及學習的過程中擅長的事物與創意，因此與其他行星產生相位時，則會造就出特殊的溝通方式或是思考上的特徵，例如：過度誇張或不願意表達自我等。

流年水星進入第二宮容易讓人思考關於金錢與物質的問題，是一個檢視整理自己的財務狀況的好時機，當流年的水星與土星以外的行星在第二宮形成柔和相位，或者與本命盤的行星形成柔和相位，都代表著頻繁的金錢活動，且常帶來些微的收入增加。

相反的當流年水星與其他行星（包括本命盤的行星）在第二宮形成強硬相位時，金錢的支出容易有增加的傾向，同時也要注意與金錢有關的訊息和法律文件。較爲特殊的狀況是土星，土星的蕭條與穩固能力常阻礙水星的交易流通，在柔和相位的狀況下，最多讓你維持固定的收入，卻不會讓你的收入有所增長，而水星與土星的負面相位以及水星與任何行星的四分相，更是許多從商的人需要小心的情況，往往帶來了資金周轉的問題，以及收入陷入停滯的狀態。

流年水星進入第三宮

水星在第三宮象徵著學習、溝通與討論的機會增加，這時候我們的思考與溝通能力變得相當活躍，說話或思考事情時都變得十分急促多變，就算本身的性格並不是那麼的急躁，但在語氣中仍會帶給他人這樣的感受。

水星的不安定與急著改變的特性，也會表現在第三宮所掌管的溝通與學習上，對於學生來說，優點是增強了學習的動力、缺點卻是不容易定下心來，這時應該採取短暫而有效的學習方式，對於工作或從商的人來說，這卻是一個廣泛收集意見的好時刻，多觀察學習，卻不要急著下定論，最好等到行星過運或推運中，有其他行星與命盤水星形成柔和的三分相抒解這樣的能量時，才適合作決定。

流年水星進入第三宮也會增強我們與親友的互動，而兄弟姊妹、死黨朋友、親戚、鄰居等人成爲我們重要的溝通對象以及思考時會考慮進去的關鍵。往往在這個時期，我們會有許多機會與這些人聚會、討論或者八卦。同時水星的不安定性，也需要更多的行動來消耗，藉由踏青或郊遊就可以達成這樣的目的，不過當流年水星與火星、天王星、冥王星產生強硬相位時，需要多注意交通安全，外出時得更爲謹愼。

流年水星進入第四宮

對占星有些認識的人都知道第四宮與家庭有緊密的連結，特別是指與你的雙

親之間的關係，水星進入這個宮位時，我們與雙親的互動頻繁，思考與溝通的焦點容易圍繞在家庭關係、居家環境上，在沒有負面相位的干擾下，流年水星能夠幫助我們表達出我們對家庭價值的看法，能夠順利的推動我們與家庭成員的溝通。在負面的強硬相位影響下，這些溝通或想法可能會帶來挫折與壓力，在這時候我們必須盡力的取得雙方都可以接受的共識。

第四宮也與意識表層的情緒有關，往往在這時候我們可以清楚的表達我們的感受，也能夠輕易的透過交談或閱讀來瞭解別人的想法，通常在這時候我們更需要檢視內心的處境，及對精神上安全感的需求。由於第四宮具有過去的意味，當流年圖中第四宮的水星與命盤的行星產生強硬相位時，我們遇到問題與過去的遭遇有關，透過檢視過去的事件與心中的感受，找出與目前問題最類似的局面，將有助於瞭解目前問題的癥結，也可以透過面對或理解過去的問題，來讓現在的問題能夠更為輕易解決，必要時甚至需要連同過去的問題一起解決。

流年水星進入第五宮

流年水星進入了掌管娛樂與愛情的第五宮，對於想要談戀愛的人來說，無非暗示著好消息的到來，水星是訊息使者，第五宮代表著令人愉快的事物，這個訊息很可能是一段告白、一封情書、一個邀約的電話等。

但是流年水星進入第五宮不只暗示愛情，也很可能是一個玩笑，對你而言或許相當有趣，但是對其他人來說很可能會不太舒服。由於此刻水星著重在自我意識上頭，所以你很難感受到他人的不舒服或難堪，因此要小心別讓玩笑或是太自我的言語傷害到他人。

第五宮也代表自我的呈現及子女，這一段時間，除了是一個強調自我表達的時刻，重視創造與溝通的時刻，也會將思考的重點放在情人身上，孩子身上、還有好玩的有創意的事情上頭。但如果流年水星產生負面（強硬）相位時，這些層面就很可能會引發誤會與爭執。

流年水星進入第六宮

流年水星進到自身守護的第六宮，會使我們的思考集中在日常生活的行動中，包括了工作、服務他人、行動運動與自身健康的維護等。此時水星的星座會影響我們如何看待日常生活，也會不由自主的注意到關於健康與生活的資訊，或

是在談話中提到這些內容。

從另一方面來說，第六宮的例行公事沾染上水星的色彩，這一段時間我們的心靈與思考活動提高許多，受到第六宮講求實際的影響，通常在這個時候時候會用較為嚴肅與實際的觀點來看待周圍的人事物。對於許多實際執行上的問題都能夠透過詳細的分析來找出問題，是一個檢視自己在職場表現的好機會，也特別注意自己與老闆或是下屬的關係，和他們的對話中也通常能夠取得更實用的資訊。

但當流年水星在此與其他行星呈現四分相時，會容易面對工作的挫折，多半來自於溝通上兩難的狀況或是停滯不前的狀態，而對分相雖然容易產生言語衝突，但如果我們從對方的角度來看，就容易找到折衷雙贏之處。而水星進入這一宮所產生的負面相位，也暗示著需要注意水星所代表的神經系統、呼吸系統，以及水星所在星座所代表的身體部位的毛病。

流年水星進入第七宮

第七宮代表著我們與他人之間的平等關係，掌管了我們的婚姻伴侶以及工作上的合作夥伴（非下屬與上司），在這段期間中受到水星的影響，我們的思考與觀點容易從他人的角度出發。我們的思考多半著重在伴侶關係與合作關係上，相當適合從事這方面問題的思考與分析。

在沒有負面相位的影響下，我們容易與他人溝通並且瞭解他人的想法，也容易表達自己的想法給他人知道，是一段屬於溝通上的好時機，也是傾聽他人意見的好時機，這些意見來自於我們的伴侶或合作夥伴，也是尋求任何諮詢與解答的時機。

如果流年水星在這一宮與流年或命盤上的水星產生負面相位，那麼要多注意自己在溝通表達方面的事情，或許會帶來衝突、誤會（對分相或半四分相或135度與150度）、 難以溝通的挫折（四分相、或是任何與土星的負面相位），當水星在此呈現負面相位時，也 需要注意文件或溝通上的法律問題。

流年水星進入第八宮

傳統的占星學對第八宮的解釋為麻煩與障礙，也與性、死亡、遺產、內心的恐懼有關，這段時間的言語表達可能容易出現問題，思考也可能偏向心靈深處的黑暗面，我們此刻易於表達心中的不安、不滿、對於性愛、金錢或是其他心靈深

處的慾望。

但在心理與人文占星學上，流年水星進入代表複雜心靈深處的第八宮，是一個相當有趣的時刻，在這段時間中你如果不注意聆聽自己心底所發出的訊息，將會錯過許多瞭解自己的好機會，我們常常在無意識中，透過夢境或是脫口而出的話語，表達了深藏於心靈深處的渴望與不安，流年水星進入第八宮的最佳功能便在於此，這是一段自我深入瞭解的好時刻，不妨用日記或錄音機記錄一下自己在這一陣子的言行，或者當他人告訴自己說了哪些奇怪的或平時不曾說過的話時，不妨別急著否認，將這些記錄下來，以便分析潛藏在心裡的不安與潛在慾望。

第八宮的水星暗示著你正在透過無意識的言語宣洩過去累積的負面自我，縱然水星在這裡呈現負面相位，帶來強烈的心靈與情感的刺激，但我們也能夠透過檢視與分析來瞭解自己，讓自己有更多的成長機會，必要時也可以尋求心靈諮商師的幫助，找出自己心靈深處的祕密。

第八宮同時與他人的金錢有關，在沒有負面相位的干擾下，這段時間有相當多的機會與他人從事合資或交易，但是在負面相位的影響下，對於合資或與他人的金錢關係上千萬要小心。

流年水星進入第九宮

由於第九宮掌管自我成長與提升，這代表著經過了上一階段的意識與無意識整合之後的重新出發與精神提升，水星經過這個宮位時，讓我們希望透過對世界或精神層面更深入的思考來引導自己成長。可能是學習外國語文、瞭解異國文化、旅行或是進修甚至接觸宗教文化活動等來達成自我提升的目標。

在流年水星沒有負面相位的干擾下，這段時間相當適合長途旅行，到國外去走走，特別在有三分相或六分相位產生時，會帶來一段愉快且舒適的旅程和回憶。在強硬與負面相位產生時，或許能將旅程轉換成學習，透過對於困難事物、宗教精神或語言的學習，消耗掉水星負面的能量，且避開旅途的不順利。特別注意，當流年水星在此與海王星產生合相、對分相和其他強硬相位時，暗示著容易對宗教信仰與生活哲學產生誤解，有可能在這方面被人欺騙。

流年水星進入第十宮

流年水星在第十宮暗示著與公眾溝通的頻率增加，在沒有強烈的負面相位干

擾之下，我們將可自在地在眾人面前發表演說，或表達自我且讓公眾接受我們的想法，同時這時候也可能是來自於高層的聲音與我們溝通，父母親、長輩、上司、國家機構等。

　　投書報紙、接受訪問這一類的事情有可能在這時候產生，當然並不是每個人都有這樣的機會或念頭，而流年水星在第十宮也可能暗示著，我們對於所屬的公司或組織（國家）有著較為多的關注，思考集中在這上頭，大量的觀察與溝通，可能將我們的想法回饋給我們所屬的公司、單位、組織等，也可能是代表公司進行商業談判或達成協議。這樣的機會特別對於作家、公眾人物、單位發言人、商人、經理人、記者、學者、學生有利。

　　要小心的是當負面（強硬）相位產生時，我們可能面臨被誤會（除了土星與四分相外的強硬相位），或有無法順利表達意見（與行星的四分相或與土星的負面相位）的狀況。

流年水星進入第十一宮

　　在傳統的占星學想法中，十一宮與朋友社團有關，當流年水星經過這裡時，激發了我們對團體夥伴的溝通能力與分析能力，我們能夠和同一個團體成員有著密切的知性交流。針對某些主題交換意見，或是和他們一同籌畫某些事情。

　　在心理與人文占星學的觀點來看，這樣的舉動無非是第十一宮所暗示的「自我超越」，我們透過與朋友、或是團體夥伴的溝通互動，來幫助自己超越原本的限制或去實現夢想。這也是一個表達自我夢想並展開計畫的時刻，思考自己的願望與夢想，並且藉由與朋友和團體夥伴的互動討論，將會讓我們實現夢想的計畫更為詳盡。但是當負面相位產生時，我們必須小心與朋友溝通的誤會，在某些層面上第十一宮象徵著公司的財務與金錢，如果你的職位正好與公司財務有關，那麼必須在管理與文件上更為小心。

流年水星進入第十二宮

　　流年水星進入了傳統上象徵著不順利與麻煩的十二宮，往往會帶來許多溝通或文件上的問題，如果你是學生更要注意學習的干擾、遲交作業與考試成績的不理想。同時交通與溝通都不是很順利。特別是當進入十二宮的水星又同時與其他行星產生負面相位時情況會更為嚴重。

　　水星在十二宮往往暗示著我們無法順利的與他人溝通，十二宮具有隱藏與祕密的意味，我們不希望讓別人瞭解我們的想法，希望將溝通與想法隱藏起來，讓它們變成祕密。我有一位朋友就在他二次推運水星進入十二宮時，對密碼著迷並開始研究這方面的事物，十二宮的（祕密的）水星（言語），當我在解讀他的流年星圖時，看到這個星盤的指引，不由得感到占星這個符號語言的奧妙。

　　但是在心理占星學上，水星進入四、八、十二宮時都是深入瞭解自我的好機會，在第四宮我們可以體認與表達自己的情感與情緒，在第八宮我們與心靈的無意識溝通認識自己的慾望與不安，在十二宮時則朝更深層的集體無意識挖掘，往往在這個時刻也會有大量讓我們不知道該如何處理的複雜訊息。

　　其實都是來自於過去的經驗，這些經驗甚至不是個人的，而可能是你聽來的經驗與故事，在無法接受的情況下藏到心靈的最深處，而在水星經過十二宮時，找到管道偷偷的溜了出來。這時我們容易透過宗教、解夢、占卜、催眠、心靈成長或心理諮商，來瞭解這些心靈深處的陰影所釋放出來的訊息。

流年金星進入十二宮的影響

流年金星進入第一宮

流年金星進入與個人特質相關的第一宮時，會帶來和平與溫暖的特質，往往這時候身邊圍繞著許多朋友，或者是溫暖、和平美麗的氣氛。從心理層面來探討，我們在自我呈現的時候，容易展現出溫暖、討人喜歡的一面，這個討人喜歡的一面，事實上也來自於金星削弱了第一宮的個人特質，希望藉由這樣的行動增進自己與他人的關係。

當金星進入第一宮時，我們非常重視自己和他人的關係，往往採取以和為貴的方式，別忘記金星具有的交換特色也會影響我們的自我呈現，我們往往先對別人表現出關懷，然後「期待」著他人給我們同等的對待。當行星過運金星進入第一宮時，會帶來大約一週左右的愉快時光，這時候適合與朋友或情人共同度過。

而在其他的流年預測法中，金星進入第一宮時（特別與上升點結合時）暗示著好消息的到來，戀愛、結婚、生子、賺錢等等。同樣的這一段時間中，我們的心情愉快與他人的互動更為融洽，與女性朋友的關係也相當不錯，如果有負面相位干擾，恐怕容易帶來金錢與情感的困擾，也特別容易在歡樂之後帶來一些困擾。

流年金星進入第二宮

金星也同時是第二宮的守護星，處理著金錢事物，當金星進入第二宮時若沒有其他行星的負面相位干擾，代表著會有一段富足舒適的物質生活，若在行星過運時很可能是享受佳餚美味，或是買了一些你很想要的東西。

在其他涵蓋時間較長的預測法中，金星進入第二宮象徵著這一段時間會有較

金星的關鍵字

金星的關鍵字是合作、給予、承諾、美麗、愛、價值、調和軟化、交換與交易所尋求的幸福。金星象徵著我們所尋求的和諧與合作關係，常有人說金星是付出，是提供給別人幸福的指標。

舒適的生活，特別在物質生活上的充裕，此時也適合投資與理財，容易帶來豐碩的報酬。情感上，金星在第二宮需要透過實際形體來確認，我們需要對方拿出一些證明來換得情感上的安全感，如果沒有採取行動或拿出證明，我們很難感受到對方的愛意。

流年金星進入第三宮

當流年金星進入象徵著生活周遭事物的第三宮時，帶來了愉快的生活，第三宮象徵著與周圍環境的關係、與鄰居或兄弟姊妹的互動，受到金星的影響，這一段時間內這些關係變得相當愉快，我們能夠充分享受朋友、鄰居和兄弟姊妹帶來的溫暖與喜悅。

第三宮也象徵著言語與溝通，受到金星的影響，這一段時間我們的溝通方式比較具有社交性質，容易避開爭論與爭議，喜歡與他人談笑或是說些比較無關緊要的事情。流年的第三宮對於學習的態度較為鬆散，我們可能有些好逸惡勞，或是滿足於現狀，也可能在課業上依賴其他人。對於從商的人來說，流年金星在第三宮，若沒有和其他行星產生強硬角度，會是不錯的從商時期，人脈和金源都相當不錯，目標可以放在日常生活會接觸到的事情或鄰近的人事物上面。

流年金星進入第四宮

第四宮在占星術的意涵中，包含了我們的根源、家庭環境、與父母親的關係、情緒浮現等，當流年金星進入第四宮時，我們首先呈現的是個人情緒上的和諧，在我們對他人付出關懷的同時，我們可能期待著他人關照自己的情感需求，不過我們不一定說出口，心中的期待也可能因為他人沒有察覺到而有點失落，但基本上卻維持著一定的和諧程度。

這時和父母親的關係能處於諧和的狀態，如果有其他的行星的負面相位，或許會容易感到不平衡或是沮喪，但也不會傾向採取激烈的抗議或爭論，而會訴諸其他的方式來調和。當流年金星進入第四宮時，適合布置居家環境，讓住所變得更為舒適溫暖，也可能會進行一些擺飾的調整，或是購買一些品質不錯的家用裝飾品或家具等。

在心理層面上，流年第四宮有金星進入時，我們需要舒適的環境來安定自己的心靈，也可能會更加喜歡待在舒服的家裡而懶得出門。

流年金星進入第五宮

當流年金星進入象徵愛情的第五宮，帶來了協調與溫暖的情感生活，這段時間十分有利於戀情的進展，展現你的自我風格就可以吸引許多異性的眼光。這一個時刻，如果沒有強硬的負面角度干擾，我們與情人、小孩的關係會相當的不錯，尋覓愛情的人可以多用點心和他人進行互動，而已經有子女的人，這是一段增進與培養子女之間情感的大好機會。

第五宮在占星中也代表著創造和娛樂，從事創作的人來說，這段時間有豐富靈感，可以進行大量的創作，但金星的舒適特性也容易讓我們紙上談兵，也可能僅僅將這樣的能量，以娛樂的型態呈現。

在行星過運、月亮回歸、新月滿月圖中金星進入第五宮時，可能代表著大約一個月左右的時間，代表會邂逅一位女性朋友、看一場好的電影或表演等等。在其他的流年推測法中，則代表著一段溫暖的愛情或親子關係，也適合從事藝文創作的工作，呈現自己的藝術長才。

流年金星進入第六宮

流年金星進入象徵著每日規律生活的第六宮時，暗示著我們能夠體會日常生活中的美感，哪怕是平凡的事情都能夠讓我們覺得舒適，但是金星的鬆懈特質不太適合第六宮的勞動性質，而可能在工作上有得過且過，或者依賴他人的情形，同時第六宮暗示著不錯的下屬緣分，如果你是老闆或主管，或許是一段比較輕鬆的時光，但若有強硬相位出現時，這可能會帶來一些困擾。

對於藝術創作者來說，金星在第六宮象徵著一段爲了呈現一件作品而努力工作的時刻，但同樣要注意金星的鬆懈與依賴特質。

流年金星在第六宮往往可能會使我們忽略了身體健康的維護，需要注意的包括了喉嚨、腎臟、甲狀腺與飲食問題等，特別是在二次推運、太陽弧正向推運、太陽回歸中，如果金星同時又有強硬角度出現時，將會帶來健康上的隱憂。

流年金星進入第七宮

第七宮又稱婚姻伴侶宮，事實上還包括了我們與他人的關係，及合作關係。

流年金星進入第七宮的時刻，代表著活絡且融洽的人際關係，這同時代表著一段溫暖和諧的伴侶關係出現，與伴侶之間的互動良好，若能夠結合藝術或物質的交流也不錯。在婚姻或伴侶生活中，金星的出現，讓我們沉浸於喜悅中，但也很可能出現兩種狀況，一是過度依賴他人的付出，二是自己的付出並沒有得到期待的回報。

流年金星在第七宮有利於和他人合作，但不一定利己，如果金星與其他行星產生強硬相位，就算心裡會有些不愉快，也會讓我們採取退讓的方式，強調以和為貴。但現代心理占星學家建議，我們應該在此同時委婉的表達我們的立場，以及心中的期望，而不是沉默的退讓，造成自己的傷害與損失。

流年金星進入第八宮

流年金星進入第八宮會促使我們渴求著與他人維持著更緊密的關係，由於第八宮也代表心靈深處的不安，在行星過運或是其他的推運法中，我們傾向以物質、金錢、性愛、藝術等來撫平心底的恐懼。談到第八宮我們不能忽略性、而金星也是情慾之星，如果沒有負面相位的干擾，這一段時間會有和諧的性生活，如果遇到太陽、火星、木星、或天王星等行星產生相位時（無論柔和或強硬角度），這時的性生活可能變得較為刺激。

第八宮使我們與他人的身體、物質、金錢維持著和諧的交流，來自於他人的財務援助或是贈與，都可能出現在這一段時間。在沒有負面相位的干擾下，這段時間與他人共同從事投資合作，將會帶來不錯的收穫。

流年金星進入第九宮

第九宮在心理占星學中象徵著自我的信念、自我的成長與擴張，在一般的觀點中，與研究、宗教、哲學、長途旅行有關，當流年金星進入第九宮時，我們可能對於宗教哲理、異國文化產生一些興趣與喜好，因為金星有些趨簡避繁的特質，可能會有所接觸，但不一定真的深入研究。

當流年的金星進入第九宮時，我們傾向於到國外旅行、與外國人接觸、交談或是談戀愛，或是和一些人交換我們的想法和生活哲學。往往在這時候我們會有心靈的啟發，但卻是溫和舒適的感受，並不會真的造成一些覺醒或大徹大悟。

流年金星進入第十宮

流年金星進入第十宮，或是與天頂接近時，是施展個人魅力的大好時刻，天頂的位置象徵著我們對公眾的呈現，特別是對公眾人物或是公司團體的發言人來說，這是一段適合與公眾或媒體互動的好時刻，受到金星的影響，這些人在這時刻與媒體公眾有著良好的互動，簡單地說就是很有觀眾緣，人氣不錯。

第十宮也暗示著我們的社會地位與老闆的關係，金星的協調與受人喜愛的特質，會讓我們有著不錯的社會地位，也會讓我們和老闆處得不錯，這時候也是發揮個人魅力的時刻。

在行星過運、月亮回歸、新月滿月圖影響的時刻，不但與他人的關係良好（特別是女性），也容易在他人面前呈現自己的優點。在二次推運、太陽弧推運、太陽回歸圖中，由於人氣上升的關係，天頂的金星對於求職、換工作、獨立門戶也都有極大的幫助。

流年金星進入第十一宮

在傳統占星學中，第十一宮象徵著朋友、社團、有共同目標或興趣的人，從心理角度來解釋，我們希望藉由第十一宮來超越原有的自我，而朋友或有共同目標的人或社團成為其中不可或缺的條件。當流年金星進入第十一宮時，我們與外界的關係十分良好，也適合多多參與朋友或社團的活動，雖然不一定要去主導什麼事物，光是被朋友包圍著的感受就會令我們感動。

在行星過運、月亮回歸、新月滿月圖中時，可能象徵著，認識新的朋友，也可能加入新的團體，或是在會議或組織中與他人有著良好的互動。當推運或回歸圖中金星落入十一宮時，是一個大好機會利用與團體或朋友互動的情況下，來達成一些共同的目標，或是完成自己沒辦法完成的事情，別忘記了金星有利人利己特性，因此要提醒自己不要犧牲自己的利益。

流年金星進入第十二宮

流年的金星在十二宮時，容易喚起心裡對於人際關係、情感關係還有金錢物質的不安，這種不安來自於無意識或童年經驗的影響。但是金星容易讓我們忽略

這樣的不安或恐懼，改用其他的方式來彌補，這會讓我們錯過檢視問題的最佳時刻。往往在這個時候，我們傾向於關注別人的需要或幫助，或是藉由情人或朋友的陪伴，來轉移自己心頭的恐懼，並不真的希望去探討我們為什麼害怕。

行星過運、月亮回歸、或新月滿月圖中的金星進入十二宮時，可能會促使著我們去照顧情人、或是照顧其他需要幫助的人，當金星離開十二宮時，就會忘記這個問題。但是在推運或太陽回歸等超過一年以上的影響時，將會促使自己不得不檢視心頭對於金錢物質、情感關係、人際關係的不安是什麼，雖然我們可以同時藉由幫助別人來轉移注意力，但是真的面對問題、深入探討，才是最佳的方式。

流年火星進入十二宮的影響

流年火星進入第一宮

　　第一宮代表著自我的呈現，當流年時刻火星的能量進入第一宮時，我們強烈的展現了火星的衝勁與競爭特性，火星自我防衛與可能的攻擊性，都容易展現在這一個流年時期。這個時期的火星會使我們迫切想要展現自我，火星的強烈的能量會讓我們急著去實現每一件事情，當我們察覺一個問題或狀況，我們總是急著要去行動與回應，與其讓狀況找上你，你寧願早點衝上前去把他們解決掉。

　　由於第一宮與火星都具有強烈的自我意識，這段時間我們很可能是為達目的不擇手段，或是讓他人有被在利用的感覺，不過最正確的形容是，在這階段我們為了實現自我的目標，常忽略了他人的感受。如果沒有負面的強硬相位影響，這是一段相當有利於自我的實現，去達成自己的目標，也可能為了維護自我名聲或展現自我，而去挑戰他人。

　　同時別忽略了在你本命星盤上火星所守護的宮位，其所代表的事物也可能代表著這一段時間我們所專注的事物。但注意由於火星的自我，容易引發我們與他人之間的利益衝突，特別是本命盤中在第七宮有行星的人，當火星在這個位置形成對分相時，容易帶來紛爭與法律問題。

　　當火星在第一宮時（特別同時產生強硬相位時），行動上的急躁容易造成身體上的意外傷害（特別是與木星、天王星、冥王星的相位），特別是頭部的外傷，火星在象徵頭部的第一宮也暗示著發燒與任何發生在頭部的發炎症狀。

流年火星進入第二宮

　　第二宮象徵著物質、資源、能力、與物質帶來的安全感，當火星進入第二宮的流年時刻，我們對這些事情變得相當敏感，對於物質或金錢的追求也顯得躍躍

火星的關鍵字

火星的關鍵字是意志、生存、奪取、勇氣、戰鬥、膽識以及行動。

欲試，對於物質的追求態度相當積極且容易展現野心，其實這背後的原因來自於，此刻金錢的追求會帶給我們生活上的安全感，也因此對金錢與物質迫切的渴望，其實有一部分來自於安全感的需要。火星代表生存下去的動力與慾望，當火星進入第二宮時，生存的恐懼會明顯地表現在物質與物質安全和能力上頭。

但火星的一頭熱的確可能會讓我們衝過頭，進入第二宮時也可能會忘了顧慮到安全與穩定，不過只要稍加提醒就可以將這種感覺找回來。通常火星在對安全的追求，會強調對於自己擁有財產的保護上，特別當他人在這時候覬覦你的金錢財產或物品時很可能會激怒你，或是讓你覺得不舒服。同時當別人想要入侵你的地盤，或是想要與你更靠近時，也會掀起你的自我防衛本能。

第二宮同時也象徵著肉體，當流年時刻火星進入第二宮時會帶來強勁的動能，這些動能若不妥善的運用與控制，常會造成受傷與意外的發生，建議在這時候保持規律運動消耗火星的能量，避免強大的火星能量帶來的負面影響。

流年火星進入第三宮

心理占星學上認為，火星所進入的宮位代表著我們積極進行的事物，不做這件事情似乎就會影響我們的生存，所以在流年火星進入三宮時，我們迫切的需要溝通，需要到外頭去走走，需要和兄弟姊妹、鄰居打交道，才會覺得自己有存在的感覺，以及自我實現的滿足與安全感。

火星在第三宮會讓我們在學習的時候展現衝勁，我們可以從火星所在的星座來檢視自己的學習態度，是不是急躁而虎頭蛇尾，或是乖乖的一步一腳印來學習。在溝通上也時也容易展現衝勁，也常讓人誤以為你是在吵架或爭執，火星的急迫性往往會讓我們在和他人溝通時讓他人感到急躁與不耐煩。

流年火星進入三宮促使著我們與兄弟姊妹和鄰居產生更多的互動，這些能量可能讓我們和對方更緊密的進行交流，也可能會產生衝突與爭執（特別在和其他行星產生強硬相位時），太過急躁與強烈的自我保護的特性都是發生問題的主因。

而火星在流年時刻進入掌管鄰近交通的第三宮時，也容易造成出門的緊張，通常表現在交通上以及短程的旅行中，會讓我們在行動上不由自主的急躁（特別是與其他行星產生強硬相位時），這時候也可能因為粗心大意，而發生一些意外傷害。

流年火星進入第四宮

無論在推運、行星過運或其他流年的預測方式中，火星常帶來開啓行動的能量，其他的行星進入不同宮位時或許會有啓動事件的效應，但火星通常會促使我們採取主動出擊的態度。第四宮在占星學中最為人所知的就是家庭與雙親，同時也代表著童年生活與過去，在心理層面上是外界事物進入的心靈入口，也是內在情緒對外的出口。

在流年火星進入第四宮時，我們容易將許多的精力花在家庭事物上，布置家庭、改變裝潢陳設、為了房地產或房屋的事情而奔波，這時候必須注意我們的一頭熱是否影響到周遭人們的生活，由於火星具有自我與侵略的性質，容易讓我們不顧他人的意見而率性行動，這往往引發一些家庭的衝突。

火星在流年進入四宮時，也刺激到我們與雙親的關係（包括那些養育我們長大，被我們視為父母的人），我們將和這些人有著更緊密的互動，他們的行動也容易引發我們的危機意識，在這時適合對他們多付出些心力，但也請注意我們的行動是否違背到他們的意願，以免發生爭執。

在心理層面上，火星在這個位置正好是外界事物進入心靈入口的位置，就像是攪亂一池春水一樣，把我們隱藏在內心中的過往給帶了出來，有美好的懷舊氣氛，讓我們想去作一些懷念小時候的事情，但也可能引發我們在童年時不願意面對的恐懼與不安。

我們在火星進入四宮時也容易感到莫名焦躁，讓身邊的人覺得動輒得咎，這是因為火星刺激到了情緒的出口，稍有一些風吹草動就會讓我們釋放出心裡不安的情緒，這可能來自於剛才提到的童年或與父母之間關係的不安與恐懼，並影響我們在工作職場還有婚姻關係上的表現。盡量不要讓自己太情緒化、太過衝動的去作任何事情，是這一陣子需要注意的。

流年火星進入第五宮

第五宮在占星學上代表著愉快的事物、我們有興趣的事物，也代表著戀愛和子女，同時如果你把寵物當作是狗兒子、貓女兒一樣的疼愛，牠們也可能由第五宮來代表。在心理層面上，第五宮象徵著自我的呈現與自己的目標。

受到火星的刺激，我們會在此時將力量花在自己喜歡的事情上，他們也成了

「我就是這樣」的替代品，喜歡運動的人，可能在這時候想要上場跟別人拚個你死我活的，藉此證明自己的生存價值，或在運動場上受到挑釁時演出生死格鬥，之所以會這樣說，是因為火星的動能來自於生存的意願。當這樣得生存意願與第五宮的娛樂結合時，這時的娛樂（無論有多靜態）具有競爭的氣氛，具有呈現自我的意義，至於對別人來說，是不是那麼好玩，我們多半不在乎，因此也常引發爭執與衝突。

火星在第五宮也與戀愛有關，這時候我們迫切的需要透過愛情來證明自己，喜歡一個人就會直接表達出來，會透過行動證明，在被人拒絕或是出現競爭者時容易變得惱怒或沮喪，因為火星所代表的生存意願面臨了挑戰。不過對於單身的女子來說，火星進入第五宮也可能只是單純的暗示著男性的出現，可能帶來戀愛的機會。

無論是已婚或未婚的人，在這時候都很可能會為了小孩或孩童的事情而忙碌，對於父母來說這時候是將更多心力放在孩童身上的時刻，這陣子他們可能活力旺盛，四處亂跑讓你疲於奔命，在火星進入第五宮，同時有其他行星的強硬相位來刺激的時候，也可能暗示著小孩受到外傷或發燒，單身的人可能突然要當起奶爸，幫忙照顧別人的小孩，或是他人當成寶貝的寵物，也可能會因為鄰居小孩的吵鬧而覺得火大，或者去幫助需要幫助的孩童等。

流年火星進入第六宮

這是一個值得注意的時刻，傳統上火星是一顆不怎麼吉利的行星，而進入了第六宮與身體健康有關的位置時，象徵著健康上特別需要以實際行動來保護自己的安全。雖然現代占星學不完全將火星視為凶星，但是火星仍具有高溫、利器、傷害、強大能量的意涵。

在火星進入第六宮時，暗示著我們若不以小心仔細的行動來維護我們的健康與安全的話，就很容易造成傷害，特別在行星過運火星進入第六宮的一兩個月中，如果同時又和本命盤的其他行星產生強硬相位時，更需要仔細的照顧自己的健康。在這段時期中焦慮、發燒、發炎、腸胃炎、外傷的機率提高許多，有保險的人也最好在這之前檢查一下自己的保單和保費是否已經如期繳納，省得到時求助無門。

有些現代占星學家認為，就算火星在流年進入第六宮也不用這麼擔心，因為第六宮象徵著每日的規律活動，因此只要我們在這時每天規律的去運動、消耗體

力，就不會有事。我認同這個觀點主要有兩個原因，最簡單的是，規律運動可以增強我們的體力與抵抗力，自然可以減低生病的機率，第二則是從占星的觀點來看，火星的能量在每天規律的運動中被消耗掉了，自然的也不會累積起來最後對健康造成威脅，或是因為強大的能量，造成衝動情況下的意外傷害。

火星在第六宮時，對於我們的工作也有影響，這時候因為火星的求生本能促使我們去身體力行事必躬親，工作的態度會更加認真，並且強調親手去執行，如果你底下有部屬，他們不得不跟著你有著同樣的作息，如果他們抵觸你的規則，也很可能在這段時間引發你的生存危機意識而和他們起衝突。需要注意的是，這時候我們急迫的態度，容易帶給下屬或替我們服務的人壓力。

第六宮也是與服務有關的宮位，在這時候如果能夠以實際的行動去服務別人，也能夠使火星的能量得以適當抒發。特別當火星在推運圖、太陽弧正向推運圖或太陽回歸圖中，暗示著火星長達一年以上的影響時，規律的運動以及服務他人的行動都是必須的。

流年火星進入第七宮

在占星學上第七宮暗示著婚姻伴侶、合作夥伴、法律事物，及我們與對等夥伴或競爭對手之間的關係。當火星進入這樣的位置，象徵著我們和這些人展開實際的行動，這可能是一段合作關係的展開，也可能是一場競爭的開始，甚至在這段期間，我們也可能容易採取法律行動來維護自己的利益。

我們可以想像，在與他人的合作中有時可能為了自己的利益與他人引發爭論，面對競爭敵手更可能有正面的衝突，這些衝突與爭論都具有火星的意涵。特別是本命盤中，如果在第一宮與第七宮已有行星落入的人來說，當火星與這些行星產生合相與強硬相位時，都特別容易產生刺激。

第七宮同時代表著我們的生活伴侶，又有人稱為夫妻宮，特別在推運圖或太陽回歸圖的火星進入第七宮時，往往暗示著你對伴侶的需求，單身的人可能在這時積極的尋找伴侶（別忘記火星暗示著不去做就會覺得有生存危機），但從文字層面上來解釋，這時候火星所代表的男性，也可能進入單身女子的生活中。

而已經處於伴侶生活中的人，可能在這時候想要做些什麼來刺激你的伴侶關係，通常在這時候我們與伴侶的關係充滿著能量，如果不去適當的抒發調解，這種能量也可能轉變為負面的爭執與手吵，與其這樣還不如籌畫一些共同的行動，讓兩個人的互動更具有意義。

流年火星進入第八宮

火星是第八宮與天蠍座的傳統守護，當它回到這個位置帶來強大的能量，但是我們不一定馬上察覺得到。第八宮對占星初學者來說是一個複雜的宮位，就心靈層面來說它代表著心靈深處的恐懼，這種恐懼多半來自於過去的壓抑或外界刺激，且特別與生死或生活形態的轉變有關。

火星進入這個位置時，深深的刺激了這一層的不安全感，我們可能在這個時候展開一些行動，想要更深入的瞭解自己的心靈，或是去探索過去自己不知道的事物，最常見的是去瞭解自己的黑暗面，這些行動往往會帶來我們對生活及對自我認識的改變。因此心理占星學家常說，在行星觸及第八宮時帶來了自我的蛻變，由於火星與第八宮同時都分享著對於死亡與型態轉變的訊息，所以當火星進入這個宮位時，由外向內（或由內向外）追求自我蛻變的行動會相當明顯。

性愛同時也是火星與第八宮所擁有的共同意義，性愛的其中一個意義，代表著生物為了克服死亡的限制，而延續生命的行動。這與第五宮的歡愉性愛不同，這裡的性愛具有獸性的繁衍、克服恐懼、與他人在身心靈上緊密結合、佔有他人身體、或是透過性愛來轉變兩人關係的意涵。當火星在流年時刻進入第八宮，你會發現性愛對你的意義似乎變得更複雜了，甚至具有神祕宗教儀式的意味，或為了與對方的身心靈更為貼近，好撫平心中的慌亂與不安。

第八宮有分享與處理物質與金錢的意味，在這一陣子我們可能要面對一些與他人（包括生活伴侶）分享資源的狀況，但因其中難免隱藏著利己的念頭而引發爭執，如何控制自己的操控慾或貪婪慾望、同時確定自身的利益，是在這一段時間中必須面對的重要課題。

流年火星進入第九宮

在占星學上第九宮與國際的事物有關，從心理占星的層面上，這個宮位也象徵著我們的深層思考與信念，與我們所相信的理念、理想和宗教有關。對於正在學習階段或從事研究工作的人來說，第九宮正與這些研究或高等學習（大學以上）有關。第九宮也象徵著海外與國際，這時候我們會有一股衝動，想要出去擴展自己的視野，這也正符合了第九宮智性成長的意涵。

當火星進入這個位置對於正在大學研究所唸書工作的人來說，正好是一個將

經歷投注在研究方面的時刻，我們可能抓住一個理念然後去深入研究，或去實驗其可行性，在生活中也是如此，第九宮並非只是那麼抽象的哲學，也可能是我們對生活的主張，當火星進入這個位置時，會讓我們有衝動想要去執行這個主張。

當別人質疑你的信念時，你會不由自主的覺得自己賴以維生（受到此刻火星的影響而有的感受）的信念被挑戰了，並採取保衛信念的動作，可能是攻擊別人，也可能是以行動展現出你對這個信念（信仰）的熱誠。這些行動也帶給我們生存下去的能量。

但是從另外一方面來看，流年火星在第九宮時，也需要注意是否與本命盤的行星或是同一時間的行星發生強硬相位，這暗示著我們可能在信念或信仰上遭遇了挑戰，無論在宣揚自己的信念，或聆聽他人的主張時都請盡可能的保持客觀與開放的觀念，這樣不但真的可以帶來知性的成長，避免衝突的發生。此外也要注意在海外旅行上的個人安全。

流年火星進入第十宮

第十宮與天頂象徵著一個人的社會地位、與上司的互動、與家庭長輩的互動等，也與一個人在職場上的遭遇有著密切的關連，特別在天頂的部位還暗示著公眾如何看待這個人。當火星在行星過運或推運進入第十宮時，顯示著這是一個對於職場表現、社會地位相當敏感的時刻，最常見的模式是卯起勁在事業上打拚，由於火星暗示著一種生存危機，在這樣的位置顯示著，此人透過社會地位、職場表現及公眾的形象，來證實自己的存在。

受到火星衝動與利己的影響，這一個時刻多半相當忙碌衝動，且容易以自身的利益為出發點，也容易與他人產生衝突。

火星在第十宮與天頂時不允許我們無所事事，對於手邊忙碌的工作會以更多的精力去完成，同時也會以較高的標準來看待自己的行動。如果在這時候手邊沒有重要的工作，最好去計畫一下，有什麼樣的工作是符合我們在職場上所要建立的目標，並朝著這方面去努力。

因為火星也具有衝動、破壞的能量（特別在與其他行星產生強硬相位時），火星的能量如果沒有得到釋放，通常會引發與上司、老闆、政府機關、社會大眾（與第十宮有關）、家人父母（第四宮）、配偶（第七宮），甚至自身形象（第一宮）的嚴重衝突。嚴格來說，火星在第十宮可以算是一個好的位置，但是強大的能量若不去適當應用，很可能會造成自身的困擾。

流年火星進入第十一宮

當火星進入與社群關係有關的第十一宮時，我們容易把大部分的力氣花在朋友身上，這裡的朋友可能需要更明確的去定義為有共同理想、共同目標的朋友。當火星進入十一宮時，最適合我們採取團體作戰，結合眾人的力量去完成一件事情，但是由於火星的自我，往往會引發一小部分的問題，在此時究竟是以自身的利益為主，還是應當犧牲小我以大家的目標為主，這往往是火星在十一宮時應當思考的問題。

我的建議是，在行星過運所代表的大約一、兩個月左右的週期，或是太陽回歸的一年週期，我們可以暫時放下自我，以共同的目標為先（但這個目標必須同時對你有利，才符合火星的精神），在推運圖上由於火星進入一個宮的影響會超過幾十年，我建議必須先慎選團體，尋找到一個適合你的團體來發展共同的目標，才不會讓你常常要面對自身利益與團體目標之間的掙扎。

十一宮的社團關係與共同目標，其實都來自於另一個心理上的動力，那就是想要超越目前的狀況，所以十一宮也有理想、願景、長遠的目標的定義在其中，特別是火星在推運圖中進入十一宮時，適合多花點時間想想你所希望加入的社團是哪些？為什麼？是不是能夠幫助你超越目前的自己、改變目前的狀況？火星進入十一宮替自我改造帶來強大的動能，如果沒有這樣子的行動，過多的火星能量會讓我們和其他人處得不好，身邊的朋友可能覺得我們易怒、難搞、脾氣壞。

流年火星進入第十二宮

第十二宮在傳統的占星學中並不是一個十分好的位置，它象徵著障礙與隱藏的敵人，當火星進入這個位置時常常會帶來困難與麻煩，特別當火星在這裡與命盤中的其他行星產生強硬相位時，更需要小心一些災禍和小人。從心理占星的角度來看，火星進入了十二宮這麼一個深層無意識的地方，並且受到心靈狀態的左右，容易使得我們的行動變得有些失焦，無法將力氣集中，火星的努力成果也看不見，甚至容易因為這些原因而惱怒。

這個時刻並不是一個強調展現自我的時刻，當行星過運的火星到這個位置時，已經經歷過一個大約兩年半左右的生命循環，需要稍做休息並且檢視一下，過去所做的行動哪些是適合的，哪些是不適合的，這個時候最適合的是反省的工

作,放下、稍作休息,不要衝動的去做任何事情,面對日常的工作以隨緣的態度來面對,累積能量並且反省,替下一個火星的循環做準備。

十二宮是犧牲的位置,火星的自我與行動要用在犧牲上頭,會讓很多人都不太願意,這時候我們可以付出更多的力量才從事慈善與服務的工作,這也是犧牲自己的能量的一個暗示,特別是推運圖或是太陽回歸圖上的火星進到十二宮時,總無法真正休息個三十年,所以將精力放在慈善與服務他人上頭,是最適合火星在此的暗示。

流年木星進入十二宮的影響

流年木星進入第一宮

第一宮象徵的自我，尤其是上升點的附近更暗示了自我的呈現方式，在任何一種流年技巧中木星進入第一宮時，木星的信念與第一宮的自我相互結合，會在這段時期中帶來了強烈的自信，同時木星的發展會讓我們在此時有一種想要強烈的去發展自己，去提升自我成長的想法。這時也容易有自我擴張的事件，自我擴張我們可以從心理層面、生活層面以及身體層面來表現，在心理層面上可能會覺得自己運氣很好，也覺得自己的想法是對的，應該推薦給別人，這往往帶來一種自我膨脹的感受，在生活上我們會去擴張自己的影響力，也會想要表現出自己善良和樂的一面。最後在身體方面，流年木星與上升點的結合或流年木星進入第一宮時會帶來發胖的問題或一些腫脹的現象。

當木星在第一宮與本命盤或流年的其他行星產生強硬相位時，往往因為我們過度的自我膨脹或自信而帶來一些事件，有時後是刺激冒險甚至是非法的事情，但是也可以藉由學習與研究任何事物，將這種冒險刺激的方式，轉化為發現自我的旅程。

流年木星進入第二宮

流年木星進入與物質金錢還有能力有關的第二宮時，不但同時擴大了我們對物質安全的需求，也會替我們帶來在金錢物質上的好運，若沒有強硬相位的話，這一段時間賺錢多半很容易，特別是在投資理財的運勢也相當不錯（擴大自己的財富）。

這段時間對於我們想要的力量與資源多半能夠輕鬆獲得，但不要忘記木星有

木星的關鍵字
木星的關鍵字為擴展、膨脹、智慧、豐富特別指精神與物質方面，尤以精神上的意涵更明顯、所相信的事物、信念、生活哲學、政治、宗教和學習等。

擴散的能力，這也同時表示了我們會把金錢、物質擴散出去以換取精神上的愉快，例如花錢買東西來取悅自己，或是捐錢布施或幫助別人，換來心靈上的富足，因為心理上木星象徵著一種無形的富足感，這時我們會把這種精神或心靈上的富足感也視為一種財富。同時我們也會有一些物質上的信仰，可能認為看不到摸不著的事情很難去相信，或是我們認為金錢物質或是擁有能力是相當重要的一件事情。

必須記住的是，木星同時帶來一些想要冒險刺激的心態，同時會讓我們失去警覺性，在這段時間太過揮霍或是太過重視物質，也可能會引發我們走上冒險之路，例如擴張自己的金融信用借貸、對金錢物質資源過度的貪婪、或是進行一些非法的金融理財方式等，提高警覺性，並且藉由精神上的富足來取代物質上的貪婪，才是最好的因應之道。

流年木星進入第三宮

在心理層面上，木星掌管信念、信仰與精神成長，也包括了宗教哲學或高等學習。當木星進入第三宮時從某一個角度來看，會把信念與信仰拉到較為務實的層面，也就是比較接近生活的層面，不過在推運或行運流年木星進入第三宮的時候，也容易讓我們崇高的精神或成長的信念落入俗套。

流年木星進入象徵溝通的第三宮時，會讓我們對溝通產生強烈的感受，認為很多事情應該表達出來，透過溝通或書寫讓人明白，但有時候木星卻會讓我們在言語或溝通上過度膨脹，這時候也常會出現說大話、打腫臉充胖子或是欺騙他人的行為。

由於第三宮同時掌管了我們與兄弟姊妹、親戚、鄰居或是鄰近地區的關係，這些人在這陣子和我們的接觸會比較頻繁，多半能夠拓展我們的生活領域，但也不是每一件事情都會帶來木星的幸運感受。呼應流年木星在第三宮能量的最好作法是學習，第三宮所掌管的知識在這時候受到木星的影響，也會有擴張的機會，何不趁這時候去擴張自己的知識，學一些有去好玩的東西，並利用木星的能量來成長。

流年木星進入第四宮

第四宮在心理層面上，關乎著一個人的過去、心裡的感受、安全感、歸屬

感，而物質層面上與父母親及家庭、家族有關。木星進入第四宮最容易擴張我們心理的感受，若這時候木星與命盤或其他行星產生強硬相位時，很可能會在情緒表達上面有些戲劇化的表現，明明是雞毛蒜皮的小事，也容易被變成是驚天動地的悲劇，木星的擴張效應也會在這裡會帶來許多有趣的發展。

由於天底與第四宮也代表著我們的家庭和根源，接近這些事情，往往能帶給我們一些自信，去探討自己的過去、多與父母接觸、進行尋根之旅、去研究自己家族過去的事情，都能夠帶給我們許多歡樂與精神成長上的刺激。

在某方面木星會把我們的「家」給擴大。從精神層面來說，我們可能把所有在同一個屋簷下的人都當作家人，或是把家人的定義擴大到非血親的人身上，可能是朋友或是同事同學等，這是因為第四宮所掌管的歸屬感被擴大了，從實體方面，流年木星經過第四宮的時期，常常帶來搬家、改建房屋、投資房地產的事情，如果在這時從事這些活動往往能夠帶來實質和精神上的收穫。

流年木星進入第五宮

第五宮在傳統占星學中掌管子女與喜歡的事物，在這一段時間中我們多半會去發展我們有興趣的事情，特別是帶點刺激或冒險的事物，不過我們知道有時候木星會帶來過度的擴張，所以在這段時間必須謹慎，不要讓自己做出非法或傷害他人的事情。

在這段時間我們也容易和小孩扯上關係，在我自己的經驗中，雖然我沒有孩子，但有一年木星經過我第五宮時，朋友的兒子就來家裡寄住兩週，讓我當了兩週的保母，讓孩子予取予求，小朋友帶給你快樂的感受是十分木星的，木星在第五宮雖然得到這種難得的快樂，當然也花了我不少的銀兩。許多人都知道第五宮與愛情有關，在這段時間我們容易享受到愛情的擴張成長，以及愛情上的幸運與愉快，不過過分的自信與刺激冒險，也可能代表著劈腿或一夜情的情形。

當流年木星進入代表心理目標與自我呈現的第五宮，其實最適合去發展自己的興趣，特別木星有關的知性成長的興趣，這時候我們常會覺得有太多好玩的事情要做，或特別想去旅遊，而且時間似乎不夠用了，什麼事情都沾一點的結果，常會落得一事無成的下場，可是心情的喜悅仍不會被抹滅。

流年木星進入第六宮

　　木星的擴大特質與信念，在這個流年時刻結合了第六宮的每日例行事務與身體健康，在每日例行的事務上，包括了工作和每天生活中必須做的事情，當木星進入這裡時帶來了成長的力量，我們可能每天去執行自己的信念，去傳教或是去認眞的執行我們相信的事情，也很可能會進行一些讓心靈和精神有所成長的修煉或課程。當流年木星進入重視細節的第六宮時，我們必須抱持一個信念，不要錯過任何細微末節，因爲這可能是帶來幸運和自我成長的關鍵。

　　由於在傳統的觀念中，木星屬於吉星，所以一般認爲中木星會替我們的辛勤付出帶來豐富的獎賞與好運，從另外一方面來看，木星也很可能會促使我們在工作上擴大自己的領域範圍，多了許多可能原本不屬於我們的工作，好的方面可能是職務的擴張，不好的層面你可能要去處理許多下屬無力處理的問題。

　　從健康的觀念來看，木星在這個位置時會引發我們對健康的重視，可能會把規律運動或是節食或是控制體重這一類的事情放在我們的腦海中。傳統占星認爲這時候會有好的健康狀況，但我認爲這是因爲將健康的信念放在腦海中，並且努力執行的成果。必須注意，如果流年木星進入此宮且與其他行星產生強硬相位時，很可能暗示著過度的勞動或飲食帶來健康的危機，特別是肝臟系統方面的疾病。

流年木星進入第七宮

　　許多人都知道第七宮掌管婚姻，但在占星學中第七宮有著更廣泛的意涵，包括了人與人之間的互動，他人帶給你的影響，也包括了法律上面的問題。當木星進到第七宮時，首先會將我們與他人的合作合夥關係擴大，他人帶給我們強烈的影響，同時也擴寬了我們的視野，這時候我們所接觸的人常具有木星特質，包括了有智慧、體型高大的人，或是外國人，但也可能是一個快樂的人或是說話不算話的人。

　　由於第七宮也包括婚姻關係，這時可能產生幾種影響，可能是我們的另一半影響力增強，可能是另一半帶給我們快樂與成長，也可能代表對方會變胖，同時也可能是我們將婚姻這一種合夥關係給擴大了，要不就是將婚姻視爲自己的信念，也可能暗示著一段外遇，讓兩人關係變三角習題（無論是精神或肉體上），

也因此木星在第七宮時並不保證你不會離婚，相反的有時候甚至提高了離婚的機率。

流年木星進入第七宮時，我們應該重視與他人的互動，並深信自己不應該一個人努力，需要夥伴的合作，也知道與他人合作會替我們帶來好運。需要注意的是，木星有時會讓我們變得有些貪心，或太過輕忽合作的細節而帶來麻煩。

流年木星進入第八宮

第八宮代表著人們無意識中的黑暗面，當代表著擴大的木星進入這一個宮位時，我們常會將內心中無名的恐懼給擴大，根據我的觀察在許多時候人們在木星進入第八宮時會變得比較迷信，對於許多禁忌或是憂慮的事情寧可信其有。但是在另外一方面，人們也往往在這時候深信著心理作用的影響，而引發了探索內心深處未知領域的興趣，可能是學習心理學、或是去進行靈修、神祕學的活動等。

木星除了擴大之外，也有冒險的意涵，在此時進入未知的心理或靈性世界的冒險意涵相當的大。我們可以利用這一個層面的影響，來進行自我改變，透過他人的實際幫助來認識內心中的恐懼與黑暗面，進而改變自己或學會面對黑暗恐懼。

第八宮也暗示著他人的物質資源，也具有管理重整的意涵，此時我們很容易得到他人物質上的援助，或者進一步的我們與他人在財物上的互動帶來一些好處，與伴侶之間的實體互動（財產或身體）也會更為有趣且頻繁，通常這也是一個投資與借貸的好時機。第八宮在傳統的占星學中代表著遺產，但並非每次木星進入第八宮都會讓你得到遺產，要知道遺產的暗示來自於「他人的金錢」，所以遺產只是他人金錢的一個可能性。

流年木星進入第九宮

木星與第九宮有著緊密的關連，其共有的特質包括了信念信仰、自我成長、精神啟發等，流年木星進入第九宮時，常會帶來精神與心靈上的高度成長，透過研究學習、到國外旅遊留學、接觸宗教哲學等事情來拓寬自己的視野，這也呼應了木星與第九宮不斷重複的主題。流年木星進入第九宮時帶來了高度的成長能量，但是由於第九宮的事務太過抽象，且較具有精神與哲理的特質，所以常會讓人覺得有一種不切實際的感受。

對於大學生、學者及打算移民的人來說，木星進入第九宮卻是一段相當好的時機，對於打算爭取大學研究所等入學考試的人來說，由於這些事情呼應了木星的能量，常會帶來幸運。但是由於木星與第九宮的性質高度重複，信念與自信佔據了我們的思考，這也往往會讓我們在這時候有些自恃過高，這時候必須學會謙虛，並且抱著學習與探究的心態，才能夠有所成長。

流年木星進入第十宮

流年木星進入了代表著個人與社會連結的第十宮時，往往對我們的個人名聲有所影響，許多人或許簡單的以為木星的幸運以及擴張的特質會替個人名聲與職業帶來好處，不可諱言的在絕大多數的時候是這樣，但因木星有過度膨脹的意味，我們可能對外公開的說一些虛構或自我膨脹的事情，甚至因為過度自信而在公眾之前做出了一些違法的事情，如果同時或稍後有其他行星與流年木星形成強硬相位時，就需要注意事跡敗露的危機。

木星接近天頂往往暗示著個人獲得好名聲，工作上遇到好的長官提拔，或可以在職場上無往不利。這都是因為傳統上第十宮與個人的名聲還有職業有關，而木星又是吉星的關係。從另外一方面來說，第十宮象徵著我們對社會的回饋狀態，及我們與組織或當權者的互動，往往在這時候與公家機關、公司、老闆這些對象互動時能夠得到好處。此時我們也應該關懷別人，將自己的優勢回饋給社會上需要幫助的人，那麼你就扮演他人眼中的聖誕老公公，這也適當的呼應了木星的能量。

流年木星進入第十一宮

第十一宮的理想化十分適合木星的信仰信念的發展，由於十一宮代表著我們渴望更好的境界，想要超越原有的自己，或是不想把自己限制在自我的小框框中，而木星就會將這樣的事情變成信念。這時候我們常會將眼光放的遠，不想要拘泥在原地，這會讓我們迫切的想要去做一些改變，不但改變自己，也想改變周圍的人。不過我認為木星並非一顆具有強烈執行能力的象徵，所以這時候出現的往往是信念與想法，可能需要太陽或火星的刺激，才會讓我們真的去執行。

傳統中十一宮與朋友和社團有關，占星大師薩司波塔斯認為從心理狀態來說，正因為十一宮代表我們想要超脫自己的原本狀態，除了自我的改變之外還需

要一些外來的力量，這股力量就是朋友，或者和我們有共同目標的人，因此也可引伸為社團。當流年木星的擴張與冒險力量進入十一宮，可能讓我們向外尋求支持，接觸新的朋友，特別那些能夠拓展我們精神與視野的人，或加入新的社團分享共同的信念與目標。這時候適合為了追求自我超脫與更理想的狀態，做出改變與付出絕對會得到可觀的回報。

流年木星進入第十二宮

十二宮在過去被認為是最具有果報與業力的宮位，同時也被認為是最不幸的位置，就算是木星這樣的吉星進入第十二宮這樣的位置，也無法發揮趨吉避凶的效用。現代的業力占星師則認為十二宮就像是一個休息的地方，流年木星的擴張與幸運的能量在這裡必須稍做休息，但因木星本身仍具有幸運逃脫的能力，就算在十二宮帶來強烈因果業力影響的苦悶的位置，只要抱持希望，木星也能夠在緊要關頭發揮作用。

從心理占星的層面來說，十二宮代表著我們脫離自我意識的狀態，深層的無意識狀態，榮格認為這裡的無意識包含全人類過去的體驗，這包括了禁忌、恐懼、生存的經驗等等，首先在這裡我們與他人甚至全宇宙完全的融合成一體，木星所代表的信仰與信念，要從這裡去尋找。但這時我們很可能會暫時失去了信仰或信念上的依靠，甚至不知道什麼是真實而可以相信的，這種難受的感覺有時會讓人們陷入低潮，或是覺得沒有什麼希望。

當流年木星進入這個位置時，需要放下自我，進入內心去體會那種全宇宙共生共存的感受，與他人擁有同樣的感受。簡單地說，就是運用佛家的慈悲。當木星進入十二宮時，你的信念與信仰不能再放在自己身上，必須認知到自己是全世界全人類的一份子，你和他人沒有任何的不同。木星所代表的希望就埋藏在人類最深層的心靈中，我們必須穿透十二宮的無盡黑暗去找到它，當我們抱持希望時，木星所代表的發展與幸運就會在我們最需要的時候出現。

流年土星進入十二宮的影響

流年土星進入第一宮

　　第一宮象徵著自我與外在的形象，我們與外界的互動態度，土星的嚴肅、以及重視責任的特質，在與上升點合相時會特別的明顯。土星剛開始進入第一宮與上升點的時候，往往暗示新的責任的開始，我們必須對過去不愉快事情做一番檢視，這些事情其實已經告一段落了，尤其土星在第十二宮時宛如一場夢魘，就像是還債的痛苦日子，每天都要面對自己內心的譴責與外界逼迫的壓力，於是我們的內心仍然會記取這些教訓。

　　土星是現實的、實際的，流年土星在第十二宮時，我們對於真實自我的迷惘，搞不清楚自己與他人的差別在哪？同時加上一堆過去的陰影與恐懼一股腦兒地找上門來，讓我們搞不清楚人生的方向，但當土星進入第一宮時，我們慢慢的看見了那個真實的自我，我們與他人的分別，此時我們也會展現重生之後踏實的一面，並重新建立自己的形象。

　　雖然此時仍然沒有強烈的自信，但這時候通常會比較實際、踏實且小心，也會變得更有責任感，的確在某些方面這個位置也代表自我發展的限制，不過不代表沒有發展的機會，只要我們以成熟穩健的態度去慢慢進行，仍然有機會。特別注意，行星過運或是推運法的土星接近上升點時，責任會透過許多不同的方式降臨在我們身上，例如結婚生子帶來的責任，或是因為親人過世而必須扛起家庭責任等。

流年土星進入第二宮

　　第二宮是在傳統上與個人財務有關，土星在這個位置如果應用得當，會是相

土星的關鍵字

　　土星的關鍵字是害怕、恐懼，以及由此衍生而來的保護、統治、控制、權力與壓力。土星在星圖上代表著恐懼，那些因為不明瞭而害怕的事物，也代表著當事人總是逃避而不願意去接觸的事情。

當不錯的購屋置產時機，傳統的觀點來看，土星在二宮仍會有金錢與物質上的損失，但損失的大多是你不應得的東西。要知道土星的檢視工作，往往會挑出那些不實際、不堅固、不適用的東西，如果過去你手邊盡是一些花俏又不實際的用品的話，那麼流年土星進入二宮時會幫你來個大掃除，直到你體會到手邊的東西夠用就好，買東西要買堅固耐用的比較好這一類的道理，同時也要教導我們什麼東西才是最有價值的。

通常我們會建議土星進入二宮之前你最好累積一筆資金在銀行，讓自己有足夠的物質安全感，這時候不宜在金錢上冒險揮霍，對物質的安全感會要求我們不要衝動投資或亂花錢，辛苦與努力賺來的錢會以實質的狀態保護下來，但如果你心懷投機，想要在這時候以不切實際的手法大賺一筆的話，土星不但不會幫助你，還可能會讓你有些損失。如果你用穩當的投資方式，並且小心的沒有把雞蛋都放在同一個籃子，同時兼顧現實生活的需求的話，流年土星會讓你的資產比較穩固。

從心理層面解讀土星進入第二宮時，除了剛才所提到的金錢物質的安全感與實際之外，我們必須強調自我的實現，別忘記了在心理占星學中第二宮與能力、資源以及自我價值有關，土星進入這裡就是來幫助我們釐清自己的價值在哪裡？什麼對自己來說最重要？檢視自己是否有足夠的能力與資源面對未來的人生？憑著過去真才實料的訓練出來的能力，在這時候能夠幫助我們實現自我，同時帶來安全感。這也是一個進行職場訓練的好時機，不妨考慮去學習一些謀生技能，或是對於自己本身能力的再次檢驗或證明。

流年土星進入第三宮

土星在第三宮有許多不同的意涵，我們必須先注意第三宮所掌管的事項，包括了溝通、基礎學習、交通、與自身鄰近環境的關係、與兄弟姊妹的關係等。簡單的說，土星要檢查我們是否在這些事情上面負起責任，同時也訓練我們在面對這些事情時都更加的小心謹慎。

溝通與鄰近的關係是土星進入第三宮最需要注意的事情，這時候土星會檢視我們的基礎，必須重視你與鄰居還有兄弟姊妹的關係，也記住任何你對他們說過的話或承諾，這時候我們往往會劃清自身與周圍人們（鄰人與兄弟姊妹）的界線，或者彼此之間以「嚴肅、冷漠的」方式對待溝通，把話說得清楚、把責任釐清、把自己該盡的責任做到。

但許多人往往無法忍受這樣的冷漠互動，於是想辦法逃避或是漠視對方所提出的問題，如果我們不能夠清楚且實際的表達我們的想法，劃清我們與這些人的界線，或是盡到我們的責任，那麼這時候這些人就會扮演討人厭的土星，有的帶給你嚴厲的警告與教訓，有的則成為找你麻煩的小人，哪怕他是你的死黨或是兄妹。

同時要注意禍從口出以及行車與交通安全，若在這兩件事情上都以小心謹慎的態度，就可以避開土星的修理。對於小學到高中階段的學生，若在求學階段有土星經過第三宮，可能必須在學習上付出更多的心血，這段時間往往有許多溝通與學習上的挫折，但如果我們花更多的時間，小心仔細的去研讀每一個細節，土星反而會幫我們獲得應有的成績。

流年土星進入第四宮

流年的土星進入第四宮與天底時，帶來了幾個重要的特質，一個是從歸屬感上所帶來的安全感問題，另一個則是深入探索童年與過去的現象，土星在四宮的業力感受很嚴重，從心理的層面來說，因為土星與四宮都與過去還有安全感有關，這時候我們常發現我們對外發展的渴望受到阻礙，事實上歸屬感與安全感正是此刻必須面對的首要課題。

個案分析

西元 2005 年到 2007 年時，土星正好進入我自己的第二宮，有了過去幾次的失敗經驗教訓之後，我放棄了我比較無法掌握的股票投資，改用較為保守的定期定額投資共同基金，並且非常謹慎的花錢，因為我必須把我過去因為留學所帶來的龐大債務還光。這時候我也開始以過去所學的占星技巧，以及獲得的專業資格證明，在網路上展開占星教學與諮詢工作，同時小心謹慎面對自己的財務狀況之下，我不但還清了債務，同時還存了一筆餘額可以作為購屋的頭期款，並在土星離開我的第二宮之前買下了屬於自己的房子，一方面達到證實我自身能力的實踐，另外一方面也贏得未來生活上的物質安全感，這就是土星進入二宮時採取謹慎態度，所帶來的實質回報。

另外，也有朋友於 2019 年土星入四宮摩羯座期間，家裡洗手間跟廚房陸續出現各種小狀況，最後決定把整個廁所裝修，更換所有設備，雖然土星或第四宮本身都跟金錢沒有直接關係，但透過這種有意識的積極行動，把家裡有問題的地方重新整理，這無疑也讓他確保了家裡設備的安全運作。

特別在心理層面，一方面我們抑制自己的情緒表達，另一方面卻缺乏安全感與歸屬感，必須嚴肅的對待自己心裡的安全與歸屬感的渴望，去認真面對心裡所渴望的安全感，這可能與你的家庭或父母有所連結，若你的心中有所疑問或不開心的地方，應試著去尋找過去生活中的類似記憶，把這些與過去有關的不安疑慮還有恐懼給釐清，就像是房子的地基一樣，做好這個步驟才會讓你日後發展無後顧之憂。

同時我們對於家庭、家族以及居家的安全感在此時也受到土星的影響，父母親與家族的責任很可能會出現在你身上，與父母親的互動可能會變得困難或覺得壓力龐大。此時，除了一方面完成我們的責任，另一方面也應探索過去與父母的關係，來發掘問題。此外居家的安全感與責任，往往透過一些實質的形式來表現，容易有裝修房子或是在房屋上出現需要修補的問題，完成這些工作也會替你帶來一些安全感。

流年土星進入第五宮

由於第五宮通常代表著愛情與娛樂，受到土星嚴肅與限制的關係，第五宮所掌管的愛情與歡樂，在這時候變得沒這麼好玩了，很多人可能在這時候會變得不太開心，把戀愛變成婚姻或是突然迸出小孩來，往往也是流年土星在五宮的另一個特徵，這一段時間子女會帶來一些沉重的壓力。

從心理層面來看，第五宮象徵著一種自我目標或是以自我為中心的態度，土星進入第五宮時，首先要檢視的是我們對自身目標是否有著明確的態度，接著考驗我們是否對自身目標有足夠的責任感，這時我們往往會一方面對自己的目標產生強大的野心，另一方面覺得想做的事情困難重重。

此時我們應理解，土星並不是來阻礙我們的目標，只是幫助我們建立一個有架構的步驟，清楚的一步一步往前進，去問問那些擅長舉辦活動的行銷企畫人員，他們在辦一場活動時，不但要點子夠新夠炫，同時也要能夠「被執行」才可以，這個被執行就是我們討論到的土星特質，土星不會阻礙你的目標，但是會問你的目標實不實際、可不可行、要怎麼進行、如果你能夠明瞭這一層意涵，土星在第五宮就不是那麼困難了。

流年土星進入第六宮

　　就算我們以心理層面的觀點來看待第六宮，仍然代表著一種與每天務實生活層面有關的態度，我們用什麼心態來面對每天規律的生活，在傳統的占星學中，第六宮與僕人、健康及動物有關，但是在現代占星則涵蓋了每天工作所會遇到的人、事、物，自己的健康狀態等等。

　　當流年土星進入第六宮時，我們每天工作上會遇到的人、事、物，都會帶來一種挑戰，常常會有一種不公平的感覺，或覺得下屬或許老是扯你後腿，老闆的要求非常難以達成。土星在這個位置常會讓人們想換工作，事實上就算是換了工作，也必須面臨同樣的問題。這時我們必須瞭解到，土星的考驗要我們認真面對每一件工作上的小事，特別如果你剛出社會不到三、五年，同時又遇到土星進入第六宮時，那麼這簡直是一個工作上的大考驗，但只要通過這個考驗就有機會展現能力，並且獲得他人和老闆的尊重。

　　土星進入第六宮時，健康成為最需要關注的焦點，因為第六宮是我們星盤中準備要跨出社會的位置，並且與個人有關的最後一宮，這時候必須來個總檢查，我們是否有足夠的精力活力與健康，來支持我們未來的活動。土星就像是機器出廠之前都會有的檢驗，幫助你瞭解自己的身體狀況。同時記住一點，如果我們對生活中的每一件小事都用土星的嚴肅對待，那麼我們就不會被土星修理得太慘，面對土星六宮你需要一個結實強壯的身體，最好在此之前就每天規律的運動，並且注意自己的飲食狀態。

流年土星進入第七宮

　　第七宮代表著我們與他人一對一的關係，在任何一種流年技巧中，土星進入第七宮時都會帶來一連串的一對一關係上的挑戰，土星會檢視我們的合夥關係、伴侶關係、競爭關係，讓我們瞭解到自己在這一層關係中的弱點與責任。你和你的伴侶的關係是否建立在務實的基礎上？你是否盡到了你在伴侶關係上的責任？你在合夥關係上是否有不切實際的期待？是否有盡到合夥關係的責任？

　　特別在推運的技巧中（二次推運或太陽弧正向推運），若土星與下降點呈現了前後一度的合相，往往暗示著重大的人生轉變，無論是自身或伴侶身上所發生的事情，都會帶來責任與壓力，也可能帶來一些不太愉快的事件讓你鬱悶。

在心理層面上，當流年土星進入七宮時，可能把過去的陰影（參考你本命的土星星座宮位與土星守護的宮位）帶入你的伴侶或合作關係中，像是過去沒有解決的問題，就可能直接、間接的影響著你的伴侶生活與婚姻關係。

流年土星進入第七宮會挑戰你對婚姻的看法，但如果婚姻基礎紮實，兩個人的互信與互動足夠，就不必怕土星進駐七宮。此時也需要注意你與他人的關係，及對他人的承諾與責任，特別是一些法律問題。

流年土星進入第八宮

土星具有壓抑、挑戰、否認的味道，它要我們一次又一次的去明確定義一些事情，例如先前土星在七宮時所做的一切，是要我們明確的定義一段一對一的關係為何？現在土星要我們定義與第八宮有關的深層恐懼、生存、及與他人的物質連結，也包括了身體與金錢等課題。

土星進入第八宮時往往要挑戰我們的生存意志，因為第八宮在占星學中掌管著生與死的議題，它首先挑起的是我們過去生活中的陰影，卻又在這些陰影中摻入了對於生死的恐懼，與如何生存下去的定義，許多人往往無法去面對如此複雜而且龐大的問題，一下子就陷入了人生的黑洞中，於是將這些問題怪罪於命運的捉弄。無論土星或第八宮都有很強的業力特質，這也是為什麼讓人們在這時候所經歷的一切，感覺上像是一種前世今生或是因果的報應，但其實很有可能只是因為我們無法釐清或解答困擾來自於何處。

土星在第八宮打從心底深處挑起我們對生命的恐懼，對於生存或者活下去的不安，會有許多事情在無意識中困擾我們，進而帶來金錢、性慾、與他人金錢物質或身體上的關係、心理上的問題，這不是一段好過的時期，我們必須嚴肅的看待自己過去所不願意面對的恐懼，土星在這裡一再的要我們去面對自己的不安全感、生命中的黑暗事件，以及外在生活中與他人的物質、金錢、身體的關係，讓我們清楚的定義這些事情之後，找到新的生存的意義與和他人在物質上互動的新方法。

第八宮具有天蠍座與冥王星的特色，將過去全部毀滅再重建，是死而復活的一種方式，目的在弄清楚生命與生存的價值，而流年土星進入這裡就要我們去定義清楚這些事情。同時這時候最好接受一些諮商服務，幫助自己能夠面對內心的恐懼。

流年土星進入第九宮

　　第九宮與自我的成長、信念有關，透過學習研究、觀察國際事務與旅行來成長，透過參與宗教活動或閱讀來尋找自我的信念。而流年土星在第九宮教我們用嚴肅認真的眼光來看待自己的信念，並且有機會去落實信念，我們會在這時候面對第九宮的理想與土星的現實兩者的差距與衝擊。

　　土星在這時候要我們去實行自我成長卻不要讓我們太好高騖遠，我們過去會把一些信念想得很簡單或太過理想化，或者太過樂觀，就像是真的去相信字面上的「信耶穌得永生」，而不去討論背後的意涵，土星進入第九宮時就會來檢查你的信念上是不是很踏實，如果木星在第九宮，會給你那種覺得被大師開光灌頂就可以得道成仙的感覺，那土星在這裡就會讓你知道修行與堅持自己的理想之路的艱辛。

　　土星進入第九宮，對於正在念大學與研究所的學生，或是出國旅遊或移居他處的人們，都會帶來一些困擾，對於學生而言，是否用正確務實的態度在幫助自己成長，你是否認真踏實的去學習研究，這些都會是土星檢查的重要目標我在大學唸書的時候，就遇過一位同學土星正好進入第九宮，他平時都靠同學的筆記或抄襲報告打混過關，行星過運土星進入第九宮那一年，正好是他要畢業的那年，卻被幾位教授狠狠的當掉了重要科目差點被退學，在我幫他看星盤時也老抱怨運氣不好，抱怨教授「機車」、「刁難」，其實他該埋怨的是他自己，土星在第九宮正在幫他檢查，他是不是真的做到自己應做的功課，而他沒有。

　　特別注意第九宮也和旅行有關，但這時候除了因公事出差到國外旅遊之外，其他形式的出國遊樂都容易讓你覺得不愉快，真的要出國去玩，必須注意很多小細節，還不如在家裡找本旅遊書，深入研究當地的政治歷史與民俗風情來得舒服些。

流年土星進入第十宮

　　無論在哪一種流年技巧中，土星進入天頂與第十宮都是特別值得注意的時刻，針對青少年來說或許只是與父母親或者學校師長相處上的困難，但是對一個成年人來說，第十宮象徵著自己的社會地位、與上司老闆的關係、與政府權力機構的關係，且暗示著自己對社會的回饋。當土星進入到這個位置的時候，關於自

己給大眾或上司的印象就會有重大的變化。

此時必須注意與上司還有雙親之間的關係，也可能有個人不名譽事件的出現。流年土星在這裡帶來了事業的挑戰，與自身野心的實現，但是如果你認真仔細踏實不過份幻想的話，土星反而會給你一些獎賞，這些獎賞通常是更多的責任，但也可能透過升官的方式表現出來。但如果你在工作上並不實際，那麼被老闆修理、被同事八卦報料、損害個人名譽的機率就會相當高。

一般人認為土星的惡名昭彰可能會帶來非常糟的名聲，但是別忘記土星守護與第十宮有關的摩羯座，我們其實也可以利用一些摩羯座的特質，來轉變這樣的印象，摩羯座與第十宮都象徵著我們想要功成名就的社會野心，要注意到這方面的展現可能會犯到老闆的禁忌，所以摩羯座的有計畫且踏實的執行，還有任勞任怨任重道遠的工作態度，就是你可以應用的態度。

面對土星推運或行運落到天頂時，都是相當值得注意的時刻，可能暗示著我們必須對我們的家庭或社會付出一些責任的時刻，但也可能明顯的帶來身心靈的壓力與傷害，例如與他人生離死別的事件，也往往容易在這時候發生。

流年土星進入第十一宮

在現代占星學中，十一宮不僅僅代表著朋友與社群，透過心理層面的觀察，我們發現十一宮除了廣大的社群人際關係之外，其實也與內心中對於改變的渴望有關。從軸線來觀察，第五宮與十一宮位於同一條軸線上，第五宮代表著以自我為中心的時刻、自己的目標，而十一宮與第五宮遙遙相對，可以說是目標的延伸，我們可以解釋呈兩種狀況，一是遙遠的目標，例如：理想與夢想，二是我們與所屬團體或社會的共同目標。在追求自我改變的同時，會發現光是自己的力量還是不夠，所以藉由團體與朋友的力量來一起改變生活。

然而當流年土星進駐十一宮時，土星要來檢視我們是否在過去的努力，是否足以用來改變自己，並且落實那些我們的夢想，如果我們準備得足夠，那麼土星十一宮的定義就是「實現夢想」，如果我們準備的不夠，那麼土星十一宮的定義可能變成「夢想破碎」。

土星在十一宮往往容易讓我們對於自己的未來感到惶恐，在某種程度上我們對於自己的目標感到不安，對於和他人的共同目標也會覺得被限制住，這時候不能夠太自私，而要先誠實的面對問題，我們是不是有點想得太遠了，或是根本沒有採取行動？

　　這一段時間往往會重視與他人的互動，記住十一宮是共同的目標，而非我的目標，記住你對朋友的責任和承諾和你們共同的目標，朋友在這時候可能扮演你的老師或小人，也可能代表會在這時候離開你原本屬於的團體或朋友，同時也要慎選朋友，不然可能會遇到損友。

流年土星進入第十二宮

　　十二宮與第八宮是類似的業力宮位，心理占星學雖然不喜歡談業力，但是那種無以名狀的內心恐懼與糾葛，及藏在無意識中的種種，的確像極了人們眼中的因果業力。而土星進入十二宮的業力影響相當大，特別是行星過運的土星從第一宮出發到第十二宮時，某種程度上算是完成了一個階段的自我訓練（但真正的一個階段是本命盤上的土星回歸週期，而非從一到十二宮）。

　　無論你是否經歷過土星回歸，但是在你成長或進入社會之後，遇到行星過運的土星進入十二宮時都要特別的注意，因為十二宮具有消弭、消除界線的意味，而界線正好是土星的重要關鍵字之一，在這裡界線與綑綁雖然被消除了，但是我們穩定生活的重心也被消除了，土星代表的是過去的習慣模式，即使是我們習慣了的陰影或恐懼。在進入十二宮時，這些習慣被慢慢的融解掉，土星會把一些過去沒完成、不成熟、不切實際的事情慢慢地刪除，這時我們很容易覺得沒有任何事情可以依靠，就算過去痛恨土星帶來的責任或痛苦，但當它突然消失的時候我們並不會覺得輕鬆，反而會開始失落，並且找不到重心，生活簡直一片混亂。

　　由於土星要教我們如何面對新的生命週期，所以這時候必須先把過去生活的種種來一次結帳清算，我知道這並不好過，這當中會有許多的痛苦要承受，也對未來感覺不到什麼希望，我們必須在一團混亂的生活中重新整理出頭緒，在土星再一次進入第一宮時，才能找到自己的重心與自己新的責任。同時要提醒大家，土星雖然代表限制與嚴肅，但不要忘了它也是一種屏障與保護，流年土星進入十二宮時，容易失去自我保護的力量而生病，或是在心理上覺得沒有人可以保護自己，而感到恐懼憂慮。

流年天王星進入十二宮的影響

流年天王星進入第一宮

　　我們首先要注意，第一宮在特別接近上升點的 4 度內是極為敏感的區域，天王星的高度刺激能量在接近上升點時常常引發許多無法預測的事件，它要將我們整個人徹底的改變，展現出有別於以往的自我，首先容易表現出激動與興奮的特質，我們常無法靜下來，一直處於好動或激動的狀態，許多人無法意識到，這時候的力量其實是要用來自我改造的，當你有天王星接近上升時最好快去想想——你是不是需要徹底的改變些什麼。

　　這時我們也無法接受任何的壓抑與限制，甚至想要打破所有的常軌讓生命有一番新的變化，也常面對生活中的劇烈變動，這都來自於個人有意識或無意識中對自由的渴望，於是只好脫離家庭，或切斷任何一種友情或愛情或伴侶關係，或者離開學校。要注意這一段時間的表現常難以獲得身邊親人或伴侶的諒解，若此時不稍微注意這一層關係，或是運用妥協的技巧，很可能會在日後引發問題。

　　而天王星離開上升點但仍在第一宮時，這種極度興奮的能量或許會消失，但仍會藉由它的特質來影響我們，例如會想要展現獨立自主或自由的一面，秀出我們與他人「不同的地方」，這些不同之處往往會透過與我們上升星座或天王星所在星座有關的領域來表現，例如一個上升在雙魚的男生，在此時可能會過度發展出雙魚座的無私情懷，超越一般人的親疏之分，藉此展現他和別人不同之處，但也可能是其他雙魚的特質，例如善變或浪漫的特質。

　　注意天王星擁有強烈的能量，如果不妥善處理這樣的激動能量，用來改變自我朝著夢想前進，或者展現不同自我的話，我們很容易因為囤積過多的興奮或刺激能量，引發疲勞或意外傷害。

天王星的關鍵字

　　天王星代表獨立、積極爭取自由、激烈的驚嚇、真正的自由、徹底的改變、改革與革命等精神。

流年天王星進入第二宮

行星過運天王星進入第二宮時，我們的物質價值觀和安全感有著全新的改變，因爲之前的完全改變，我們可能完全拋棄過去的價值觀，想要找出新的價值觀與安全感，同時也會感受到過去的價值觀帶來的限制，例如追求安全或是穩固的生活，但卻把自己綁死在每天朝九晚五的生活上，這時候你可能會想要去找一份不同的工作，例如象徵著天王星自由自在特質的工作，選擇接案子或成立工作室，或是自己開店當老闆，注意這並不代表一定適合或成功，但這段期間仍會有強烈的衝動去這樣做，也可能去找一份全新不同價值觀的工作環境，或是選擇在金錢上冒險刺激的行業，例如投入投資產業等。

天王星代表意外，第二宮代表金錢與物質，於是常有人就會直接的告訴你，此時你可能中樂透發橫財。我必須再一次強調，如果本命盤沒有類似的特質，最好不要有太多的期待，因爲這個位置可能只是金錢上的意外發現，意外收入或意外支出都有可能，同時更重要的是，我們必須挖掘自己過去沒有發現的能力，以及從未曾接觸過的價值觀，在這個時期大部分的人都不太會去顧慮物質上的安全與保障，但記住天王星重視的是自我與外界的差別，如果這時候你覺得他人都太冒險不重視物質安全，你可能反而會展現出「重視物質安全」的特質。

流年天王星進入第三宮

行星過運的天王星進入第三宮時，是一個相當適合去展開學習的時機，此時，無論我們去學習哪些事情，都會替我們開啓生命中的另一條道路，在學習中遇到的同學或朋友鄰居兄妹也可能在這時候參與了我們生命轉變的重要計畫，天王星的自我超越需要群體的力量，當它進入第三宮時，和學習、溝通以及身旁的兄弟姊妹朋友有關。

第三宮也和思考學習有關，特別如果這個時期還是學生的人，有可能在這時候有著令人驚訝的學習表現，就像一下子茅塞頓開，或者莫名其妙的理解到答案，不過並不是每個學生都會有這樣的反應，對有些人來說，可能暗示著需要開放與自由的教育環境，有人將天王星反映在超越現實的想法上，可能開始著迷奇幻或科幻小說，這可能無法在學業上有特殊表現，或者表現在冷漠的人際關係，或是離開舊的學校或同學，遇到新同學等。但是此時我們的思考往往處於非常亢

奮的狀態，可能是新的想法點子一個接著一個出現。如果你是從事企畫、設計開發或寫作的工作，這將會是一個大好時機，就算不是也可以試著發展這些能力。

天王星的冷漠與切斷連結，是這時期的另一特徵，往往在這時候我們與鄰居或兄弟姊妹、同學等的關係較爲疏離，如果你眞的很在意這些人，並不想將天王星的冷漠用在這裡，那麼可以透過建立共同興趣來呼應天王星的特質。其實變得比較疏離的原因，有時也可能其實是來自天王星進入第三宮所暗示的新朋友，這些朋友在這段時間和我們有著共同的興趣，所以這時候我們自然會減少與原有的朋友或鄰居兄妹相處的關係。如果流年天王星進入第三宮尾端，距離第四宮只有4度時，可以開始參考天王星在第四宮的解釋。

流年天王星進入第四宮

流年天王星進入第四宮的初期，會和我們的天底結合，大約在離天底（第四宮的起點）4度以內的時間，都可以說是天王星在個人命盤的敏感點上，天王星在下降點時，我們對於新的生活形態充滿了希望，對於自身的安全與歸屬感有著不同的感受，心裡的不安和需求可能會被挑起但我們卻很難意識得到，這時候的隱藏起來的改變需求不會像是天王星在上升點一樣極度興奮，卻會讓我們坐立難安，這時候我們急著想要像過去告別，特別是離開那些我們曾經認定的團體或是族群，最明顯的就是離開家庭或搬家，天王星在第四宮會讓我們明顯的想要和過去脫離臍帶關係。

從心理狀態來說，多半的人在這時候選擇想要不受牽絆的自由，我們的過去、家族、血緣關係，甚至是民族歷史背景，都會讓我們覺得受到束縛，這時候除了搬家或離家之外，也可能是改建自己的房子，原因是想要擁有專屬於自己的空間，同時我們可能與家人保持距離，或是與所謂的國族民族的概念比較有距離。

同時有許多證據顯示，這時期對於父權或是那種強調國族榮譽情感的事情感到厭煩，不希望屬於他人或團體的一部分的想法十分強烈。在占星學中第四宮與第十宮都和父母親有關，必須注意此時與父母親有關的事情出現劇烈的變化，特別當他們年紀較大或身體較爲脆弱的時刻。

有時天王星不一定刺激著我們去超越那些關於國族血緣的限制，而只是讓我們希望和過去不一樣。這就來自於之前我們說過內心中隱藏的改變需求，這時候我們應該探索心裡想要做什麼改變，可能是過去生活所帶來的陰影，會讓我們想

要徹底的改變。一旦找出這些原因，千萬別猶豫快去執行，因爲第四宮象徵的內心看不見的需求，也特別和情緒還有安全感有關，加上第四宮特殊的宿命感與情緒安全困擾，讓我們很難去抗拒這種宿命型態，但若不改變很容易發展出情緒的困擾，這時與其隨著命運的漂流，還不如自己提前去主導這樣的改變。

流年天王星進入第五宮

第五宮在占星學上與自我表現、喜好、創意、愛情以及子女都有關連，當代表劇烈改變與爭取自由的天王星進入此宮時，會替我們在這些生活層面帶來全然不同的感受，無論是情感、興趣喜好或是子女方面的展現，都同樣的連結到自我的呈現上，我們在這個時候有機會去表現一個完全不同的自己，過去從沒注意的事情可能變成你的嗜好，你過去從沒喜歡過的人可能變成你的情人，或是發現許多好玩卻又可以展現自己不同風格的事物。藉此我們也展現出全新的自己，同時引起他人的注意。

對單身的人來說，你可能會發現你的感情態度或是喜歡的對象的特質開始出現改變，你改變了你的愛情觀點，也可能有些新的機會去遇到不同的人。對於已婚或有固定伴侶的人，這也可能是一個危險的時期，如果你們之間的關係陷入一成不變的生活，這可能是一個危險時期，如何說服你的伴侶一起去探索生活或情感中的變化，嘗試著去探索一些新的嗜好，或者同時將重心放在子女的改變上，或者你也可以什麼都不做，等著劇烈的改變出現在你們的愛情中。

有子女的人可能會面臨子女離開家庭，或者與子女之間的關係改變，如果子女還不到離開家庭的年齡，可能會想在這時候表現得更不受約束與獨立。如果你的子女仍然年紀還小，可以試著訓練他們獨立的觀念，但不是放任他們去做所有可能會傷害他們的事情，如果他們真的到了獨立的年齡，這時候或許真的是你該放手，去找一些新嗜好把注意力轉移的時候了。

第五宮的創意能力適合應用在流年天王星進入第五宮的時刻，找一個新的嗜好，或一個自己從沒學過卻又有興趣的事物來學習，或者從你的喜好中發現不同的變化與應用，這都好過一個已婚的人去發現新的情人，或是放不開對子女想要控制的念頭。這個幫助甚至可以在你天王星進入第六宮時，發揮正面的影響力。

流年天王星進入第六宮

流年天王星進入第六宮刺激到了我們每天的生活，第六宮與每日的例行公事有關，可能是我們每天的工作，也可能是與食衣住行有關的每日事物，更與我們的健康有著密不可分的連結。天王星的反叛特質激讓我們用不同的眼光來看待每一天的生活，同時天王星會讓我們期待著每一天都有新鮮的感受，這時候首先衝擊到的就是我們每一天的工作。

如果你的工作是那種一成不變的規律作息，那麼此時我們可能會想要去做一些變動，變換我們的工作態度、工作模式、甚至心中有了想要換工作的念頭，同時如果你曾經在天王星進入第五宮或第三宮時發展出可以成為工作的興趣時，或許這時候就是應用這項技巧的時候。

這裡需要提醒那些固定星座或土相星座較強的人，這時候最好鼓勵自己學習不同的技巧，為了提昇自己的能力或轉換跑道而準備，要記住如果你不改變，天王星終究會強迫你做出改變，這時也可能暗示著被資遣或解聘。天王星在第六宮希望我們擺脫過去的單調生活，我們常看見這時候有人會因為外在的環境變化影響到工作。同時第六宮也提醒我們注意健康，天王星進入六宮時，需要保持高度的活動量來消耗這些過多的能量，這時候規律運動是最好的選擇，如果不這麼做那麼這些能量可能會反應在你的健康或工作上，造成每天生活上的困擾。

流年天王星進入第七宮

許多人不喜歡流年的天王星進入代表伴侶的第七宮，因為第七宮代表著婚姻與伴侶生活，天王星的不穩定性以及劇烈改變，常讓許多人在此時面臨婚姻關係上的變化，第七宮的起點稱下降點也是個人星盤中重要的一環，象徵著我們與他人的一對一關係，當流年天王星接近這裡時，我們對於固定僵化的關係感到厭煩，首先我們可能不喜歡被約束，會想要更多的自我空間與自由，這在關係中往往被視為是一種背叛或外遇的前兆。

而同時天王星進入第七宮也會讓我們想要去改變伴侶關係中我們不喜歡的地方，打破過去的模式和限制。很可能一個被人笑稱「妻管嚴」的男人，終於在這時候受不了了決定離婚，或者遇到外遇的對象改變他對伴侶關係的看法。比較幸運一點的人，或許會遇到一個抱持著開放態度的伴侶，或是願意同時在伴侶關係

中共同成長的伴侶，這時候大王星的作用是保持兩人之間的獨立特性，同時帶領著自己和伴侶一同成長。

如果你或伴侶正在經歷流年天王星進入七宮的影響，那麼這不失為一個聰明的作法，問題是你和你的伴侶必須對生活的轉變有所共識，當然，誰也不敢保證，轉變之後的你（或他）是不是還會想要選擇原有的伴侶生活，天王星總是有著不可預測的特質。

我遇過許多客戶在天王星進入第七宮時來找我，有些人或許讀過了一些占星書，或是遇過其他占星師告訴他，這是一個會離婚的時刻，雖然我不能完全否認，但是我會特別強調，天王星進入七宮不一定代表離婚，也可能只是讓你改變婚姻生活中不喜歡的地方，你或許可以和你的伴侶討論一些共同的夢想或成長的方式，也讓對方知道自己心中渴望的成長與改變，或者製造一些婚姻中新鮮的感受，並且讓伴侶也瞭解婚姻生活所面臨的挑戰，需要兩人共同完成，尤其是在台灣，許多人都會跟我說，對方認為沒什麼好改變的，於是不了了之，最後往往真的落得以離婚收場。

天王星在第七宮是人生重大的危機時刻，這個時刻是考驗伴侶關係，如果你的伴侶不願意在這個時刻幫助你，就可能產生兩種狀況，一是你心懷怨恨將天王星的能量轉化成家庭戰場，或是你選擇自己開始改變成長，這時候你的伴侶可能對你的改變感到驚嚇，決定跟進，也可能感覺被背叛而憤怒，如果能夠在事前溫和解釋清楚，讓伴侶知道現階段你渴望成長改變，希望對方也能夠共同參與或抱持尊重開放的態度，對於自己改變的步驟與幅度做些修正注意對方的感受，就能避免爭執或最後落得離婚的下場。雖然在這裡我們並沒有討論到外遇有關的問題，但是那種渴望伴侶關係有所改變的心態，也可能是外遇的前提。

流年天王星進入第八宮

流年的天王星進入第八宮時，較明顯的改變多半發生在心理層面，與第八宮有關的生存問題，牽涉到了性與死亡的禁忌，同時深藏在我們無意識的恐懼與陰影，可能會刺激著我們做出一些改變。這種無意識的陰影可能來自對死亡的恐懼，也可能來自童年的傷痛或是不曾被父母滿足的部分，這時候會在我們的意識底下掀起滔天巨浪，讓我們有著一種類似於天王星進入第四宮時，那種想要改變卻又不知該怎麼做的坐立不安。

然而這時候我們不可能一個人面對這樣的問題，我們需要其他人的幫助與撫

慰，因此心靈的結合與性愛的關係也成為這個時刻的關注的重點。我們常會把焦點放在我們的伴侶身上，像是溺水的人一樣，想要緊緊的抓住著個救生員，安撫內心中的不安。當然，如只為了對方願意在這時候幫助我們，也會讓我們好過許多，但是如果沒有也千萬不要在心生怨恨，畢竟許多人無法理解我們正在面對心靈黑洞的挑戰。

因此，更有效的方式是尋求專業人士的幫助，我們可能會想要透過對神祕學或生死問題的瞭解，幫助自己超越這一層恐懼，也可能會想要去尋求他人的幫助，求神問卜、算命、心理諮商都對我們有些幫助，更重要的是如果我們能夠察覺那些過去的傷痛，就有機會去整合我們自己幫助自己度過難關。

除了心理層面的問題之外，流年天王星進入第八宮，對於伴侶的物質與財務還有健康狀況，常會帶來一些劇烈的改變，我們必須準備在這當中和伴侶一起共度難關，或許透過這些問題重新整合兩人之間的物質與身體上的關係。此外，生意上合作的夥伴也可能是這裡所指的對象，我們必須更小心謹慎的處理所有合夥問題，特別當天王星在這裡又與日、火、木、土、海王、冥王星有強硬相位產生的時刻。

流年天王星進入第九宮

流年天王星進入第九宮時，象徵著我們信念的改變，過去我們深信不疑的事情，在這時候很有可能因為環境的變遷而有了變化，也可能是我們接受到外在的變化或革命性的觀念，進而徹底的改變了我們的想法。這不單單只是宗教信仰的問題，也可能是一些日常生活的觀念。

對於從事教育出版或者正在就讀大學研究所的學生來說，這個時刻暗示著學業或工作正面臨重大的改變，也可能是學習或研究方式的革新，或者因為學習研究而獲得不同的啟發，甚至可能是意外的發現了改變自己學習研究或工作目標的方法，對於一般人來說，也可能是或是因為旅遊和閱讀，產生了對生活態度上的重要轉變。

我的一位好友就在天王星進入第九宮時，就毅然決然的放棄了念到一半的醫學，而選擇重新念哲學，這是一個相當誇張的轉變，幾乎也引起了家庭革命。而這也和他的家庭背景及家庭給予他的信念有關，他的本命天王星在天秤座，落在以處女座為天底的第四宮，同時天王星守護他的第九宮，他們家三代都是醫生，選填志願的時候他也背負著家庭的傳統去就讀醫學院。守護第九宮的天王星暗示

著他早期信念來自父母，同時也暗示著他從小與嚴格父母（天底處女）之間的距離，當天王星進入水瓶座第九宮會合本命月亮時，他的覺醒讓他努力去爭取自己的信念，同時天王星刺激本命的月亮，讓這種想要改變的信念帶有迫切的需求，他不希望再受到父母的影響，所以拋棄醫學去選擇哲學。

在這裡我們可以說他本命盤第四宮的天王星，在回到水瓶座與月亮合相時時獲得覺醒，本命位在四宮的天王星，在與性質類似的月亮合相時，讓他進一步的想要切斷與家庭的連結，並藉由當時進入第九宮（學習哲學、信仰信念）的行運天王星（改變），來作為一種表現方式。

流年天王星進入第十宮

當流年天王星進入第十宮時，首先會與命盤上四個基本點（四角）中的天頂產生會合，任何與四角在流年產生會合的行星，都暗示著這一個時間我們受到此行星最強烈的影響，天王星帶來了獨特、激動、改變、反叛與超越自我的特質，在這時候我們會在眾人面前，展現出獨特的一面，因為天王星的強烈特質希望大家都能夠看到我們的不同，而非像它在天底時躲在內心的角落中騷動讓我們不安。

流年天王星在第十宮時，我們容易展現出忙碌與激動的狀態，這是一種出自於對自身社會地位（職場環境）不滿，想要改變現狀的心理因素，也可能在尋求人生中的重要改變，因為天王星的求變與反叛特質，出現在象徵職業與社會地位的第十宮，在這時候通常不希望別人來管理壓制我們，有時甚至會想要對現有的體制或公司架構推動一番革命，當然如果你還沒有足夠的力量與資源，最後的下場往往是離開你目前的公司，或覺得自己一事無成而感到沮喪。

同時我們也很容易感受得到，這時候的強烈求變特質，也會使我們想要改變工作，而天王星促使我們以極端手法實現我們的目標，這可能會讓我們不顧後果的離開工作場合，也讓眾人都覺得突兀，甚至傷害到關心我們的人或自己的名聲，如果我們能夠在此時有計畫的進行這件事情，不但能夠實現改變現狀提昇自己地位的想法，同時也能保留好的名聲。同時必須注意，當天王星進入象徵父母親（長輩）有關的第十宮或天頂時，要特別注意父母親與長輩的身心狀況，這與天王星所帶來的劇烈改變有關。

流年天王星進入第十一宮

許多人在行星過運天王星進入第十一宮時發現了新的朋友，這些朋友在這個時候因爲和我們有著共同的興趣和目標而吸引著我們，同時我們也會與一些老朋友或是我們曾經加入的團體，有理念不合或爭執的情形，並漸行漸遠。

這些事情發生的原因，是因爲我們改變了，當天王星進入第十一宮時我們的理想和夢想都出現了新的變化，天王星改變了我們對事物的關注焦點，在第五宮時可能只改變了自我表現態度，在第十一宮時卻會讓我們對於過去所選擇的自我表現感到無趣，而進一步的想要再一次的改變，同時我們可能會在這時候改變我們當初對人生的期許，這對於在中老年才遇到流年天王星進入十一宮的人來說，會特別明顯。

在占星學中，十一宮代表著我們對未來的期許、我們夢想中的世界，十一宮也是所有宮位中與天王星最有直接關連的宮位，天王星在這裡帶來了強勁的衝擊，帶來一種，翻天覆地的改變，新舊夢想的差異使得我們對於身邊的朋友開始做一番調整。十一宮，也代表著我們對於社會的期許，這時候會希望貢獻出自身的力量來改變社會，也最適合與有共同目標的團體結合來完成我們的夢想。

流年天王星進入第十二宮

當流年天王星進入第十二宮時，許多我們不期待的挑戰開始出現了，首先我們要瞭解到十二宮在心理占星學中，暗示著心理的無意識，那些堆積著個人或是全人類的陰暗與恐懼以及我們尚未發現的能力，和自我消失與全人類結合的狀態。同時在傳統占星學中，第十二宮象徵著厄運與隱藏的敵人，也就是我們常說的小人，無論你要用哪一種觀點來看，都可以瞭解到十二宮並非一個令人愉快的地方。

從心理的層面來解釋天王星進入十二宮時，我們可以發現過去我們自以爲與他人不同的特點會在此刻逐漸消失，我們認爲我們超越自我或是別人的特質，也可能因爲一些莫名其妙的原因讓我們不再引以爲傲，你或許會發現這時候總是有人跟你作對，無論這個人你認識與否，或是常會責怪上天與命運的捉弄。

的確任何行星在流年進入四、八、十二宮時都會帶來一種命運作弄的感受，但是我們只要回頭看看天王星的眞正意涵，就會稍微好過些，天王星帶來了成長

的力量與超越自我的力量，就算在十二宮這樣讓人無力的位置，你可以選擇透過業力的感受來解釋十二宮，也可以透過心裡頭那個無意識的選擇來解釋十二宮，但無論哪種方式都說明了，我們很難明瞭問題出在哪裡，但天王星同樣要我們透過這些莫名的挑戰，來改變自己。

特別是當流年天王星在十分接近上升點重新出發的這個位置，也是要為了展現一個全新的自我形象作準備的時期，這是一種要脫離（天王星）子宮保護與無意識狀態（十二宮）嬰兒所感受到的極度難受，但是期待未來的新生活所擁有的希望，卻可以幫助我們繼續努力。

流年海王星進入十二宮的影響

流年海王星進入第一宮

第一宮與上升點象徵著自我的存在，當流年海王星進入第一宮時，我們可以簡單的歸咎出一句話叫做「自我的迷失」，然而這種自我的迷失可以從許許多多與海王星有關的不同層面來展現，每個人都會有不盡相同的表現方式。而海王星進入上升點時，正是這一類反應最強烈的時刻，替我們帶來了迷惑，這是第一次讓我們開始對自己產生失落的時刻甚至會讓人覺得瀕臨瘋狂。

海王星進入第一宮時，也可能因為迷失，反而更而進一步的狂熱的想去證明自己，也可能因為我們不知道自己是誰，而天真的或幻想自己擁有不可思議的力量或影響力，可以說相當的自以為是，同時我們也可能不知道自己的斤兩而想要去做一些超越自己能力的事情，最後導致自己身陷危機。這裡我們也看到了海王星的另一種瘋狂與幻象的特質。此時我們會對自身的印象產生一種虛幻的感受，我們可以說這一類的效應，是海王星讓我們迷思在自我的幻覺中。

海王星也可能以另一種自我迷失來呈現，這一類的迷失自我是喪失自己的自信與身分，有可能我們在這時候感到失落，覺得自己什麼都不是，海王星的強烈失落感在這時候展現出來，我們會表現出自己的自憐，也可能是對整個社會的強烈失落感，並認為自己是大環境之下的犧牲品，甚至不知道自己有能力幫助自己，也不肯幫助自己，就一直沉迷在一種被害者的幻想中，這一類的特質是結合了海王星的犧牲特質。

當然海王星的犧牲特質也可能有另一種表現，海王星會讓我們失去自我與他人的界線，同時因為海王星在一宮容易替我們帶來強烈的慈悲心，在這種慈悲心的作用之下，我們通常願意犧牲自己為他人服務，然而有些時候海王星會玩得太過火，讓我們迷失在這種犧牲的感受中，心理治療中的加害者、被害者、救援者

海王星的關鍵字

海王星的關鍵字是純化、精鍊、超越、超脫形體、幻想、迷失、失去、理想化、模糊化或失去秩序。海王星帶來了很高的精神領悟力，對於形而上或抽象事物也有極高的理解力。

戲劇三角形往往就是緣於海土星的強烈特質。一方面我們認為自己是犧牲者，另一方面同時願意犧牲自己去救援別人，最後強烈的無助與失落感會讓我們成為怨天怨地的角色，也可能進一步的傷害到別人。此時必須體認，我們應該幫助自己，他人才能夠幫助我們，或是相反地，在幫助別人前，確認對方是值得幫助的，這樣才不會讓自己在海王星流年時刻讓自己變為一個犧牲品。

流年海王星進入第二宮

流年海王星進入第二宮時帶來了迷失的物質安全感、物質觀、金錢以及能力，這幾種特殊的表現可能同時展現在不同的人，或同一個人的不同物質層面上頭。我們很可能開始對物質世界感到迷惘，通常的表現是沉迷於物質安全感的追求中，例如那種「錢不是萬能，沒有錢卻萬萬不能」的感受，讓自己變成一個拜金主義者，狂熱的追求金錢，甚至不惜犧牲一切的去追求物質世界所帶來的夢幻。

這時我們也常會對物質與金錢產生虛假的幻象，可能認為物質金錢至上，但也可能將物質視如糞土，老實說這也是一種幻想。然而海王星的幻想狂熱與犧牲結合了第二宮的物質安全感，往往還會有另一種出人意表的表現方式，那就是犧牲物質的安全感，換取另一種夢想的實現，流年海王星進入第二宮的時候，人們常常願意犧牲物質上的穩定與安全，去實現夢想。

我在倫敦學占星的一位好友艾比，在英國的某家民營電視台工作，努力了許多年後，她成為了年紀最輕的製作人。然而她在海王星進入第二宮與本命火星對分相的時期，產生了迫切的靈性追求，心靈上的不安全感，以及對生與死的疑問讓她選擇離開高薪的工作到印度去追求心靈的成長。這是海王星進入二宮最典型的特質，然而不要以為所有的人都會這樣。

此外，也可能會有物質安全感的失落，某些心理占星學家會解釋為我們無意識的要去拋去物質的束縛，例如不小心掉了錢，或被騙錢，讓我們學會著不要太重視物質，我認為這是一個相當有趣而且值得我們深思的觀點。同時物質的犧牲與失去，是流年海王星進入第二宮時常會帶來的特質，無論我們是否狂熱的追求金錢，但是對金錢或物質卻仍藉由迷迷糊糊或是不顧危險的方式來處理，我們可能把錢包丟了，或是不顧危險的去盲目投資，這兩種狀態都會讓我們的物質暴露在危機之下。

流年海王星進入第三宮

第三宮首先會讓我們聯想到朋友鄰居與兄弟姊妹，在這段時間中海王星的同情慈悲與憐憫可能會在這些層面發揮作用，它可能讓我們感受到身邊朋友或上述人們的痛苦，而激起我們的慈悲心去幫助他們，海王星在第三宮加強了我們對於周圍事物變化的細微感受，會變得很敏感，很容易去感覺周圍發生的事情，某方面來說是好事，但如果我們太過於沉迷這樣的直覺，別忘記了海王星也代表幻覺，我們很容易把幻覺也當作直覺且誤以為真，這時候就容易讓自己陷入被欺騙的陷阱中，特別在這時候朋友鄰居或兄弟姊妹，也可能就成為這些事件的主角。

海王星在第三宮時帶來了強烈的感受能力，我們能夠感受到他人心中不願意說的事情，特別是他們的痛苦，因為第三宮的海王星擁有一種帶有慈悲與藝術的直覺能力，但同時「欺騙」在流年海王星進入與溝通思考有關的第三宮時，會特別的明顯。從某些角度來看，我不得不說許多狀況是我們自己欺騙自己，就如同剛才所說的，在海王星進入第三宮的時期，我們的感受力、幻想力都特別豐富，我們具有海王星的神祕感受力，可以瞭解他人心理的想法與痛苦的能力來自於海王星慈悲的感同身受，然而，海王星在第三宮會把這些感受再一次的渲染，鄰居的不舒服可能是小感冒，但是經過渲染之後你可能會以為他得了肺炎或怪病。我們可能迷失在這種直覺中，而讓自己被自己的幻覺給欺騙了。

海王星的迷失在這裡可能象徵著失去思考與溝通的能力，以及幻想力的增加，增加了我們與他人之間產生的誤解的機率，我們可能漏聽了某個字某段話，或是用自己的角度來思考而引起誤解，海王星在第三宮時常會讓我們用不切實際的想法，或是自我矛盾的想法來思考，有時後弄到自己都覺得很迷惑。而我們說出來的話也可能引發相同的效果，讓別人以為我們在欺騙人家，或是因為出自於善心、不願意傷害別人而真的欺騙別人，海王星也可能讓你以為這時候可以欺騙他人，但是它最後還是會讓我們付出代價，成為言語溝通的犧牲者。

流年海王星進入第四宮

雙親與家庭是第四宮的基本定義，當流年海王星進入第四宮時，海王星的失落感與混亂的感受會影響到我們對雙親以及家庭的感受，從實際層面來看，家庭狀況在此時可能陷入一片混亂中。我占星學院的同學諾斯，就在這幾年經歷了行

星過運海王星經過天底與第四宮的狀況，她說她的家裡這幾年簡直可以用一片混亂來形容，先是想要翻新房屋，讓小公寓更接近夢想中的樣子（海王、四宮），於是她和她的丈夫一起動手 DIY，這對年齡已經超過六十歲的他們來說，簡直是一項重大挑戰。

但因這是一個海王星式的夢想，當他們的 DIY 工程進行到一半時，她丈夫的身體感到不適變得很虛弱，檢查的結果是原因不明的腫瘤，這又是另一個海王星經過四角的特質，替你或你身邊的人帶來原因不明疾病，也因此他們得選擇繼續 DIY 房子，或是犧牲這個計畫先重視丈夫的健康，於是家裡的裝修計畫只好宣告停擺，且因許多裝修的工作都只做到一半，感覺上回到家裡總是一團亂。她常笑說現在他們家就好像是超現實主義的巴黎龐必度中心一樣，這種狀況也的確非常非常的海王星。

同時我們不要忘記第四宮代表與父母之間的關係，此時父母的身心狀況在海王星的行星過運進入四角時必須要注意，特別對於年紀大的人來說，常暗示著生命力與活力的衰退，容易受到不明病因的侵襲。與家庭和父母之間的關係透過我們的歸屬感來表示，海王星進入這個地方時會迷失自己的歸屬感，有些人會在這時候不知道自己從何而來，或是對自己的身世感到懷疑。或許透過一些幻想來表達，例如想像自己是首富的的兒女，或是自己是某位帝王或英雄的子孫。也可能在某些時候我們誇耀了自己的身世，在履歷上造假說謊之類的。

同時第四宮也象徵著我們的情緒與不安全感，因為海王星帶來的失落與不安帶來了容易認同其他人的感受，因此也較容易受到他人的影響，而產生情緒上的混淆。這時我們也容易對某些狀況有著似曾相識的感受，這種說不出來的感覺可能來自於童年的記憶，或許有些人比較喜歡說前世的記憶，我並不反對的原因是這並不是重點，重點在於，我們不能將這些感覺全部信以為真，而受到誤導。

流年海王星進入第五宮

第五宮在占星學中代表著自我的呈現、以自我為中心的狀態，海王星與第五宮都同樣著具有強烈的戲劇色彩，因此當流年海王星進入這個宮位時，常常帶來戲劇性的效果。我們常會在這樣的流年影響下，用幻想與悲劇的型態表現自己，你一定遇過一些人總是過分的誇大自己的喜怒哀樂，一點小事就會引起他們誇張的反應，為了連續劇或電影中角色的悲慘劇情而難過半天，談戀愛也常幻想著公主與王子，或是好萊塢式的浪漫。

當流年海王星進入第五宮時，我們的自我呈現也會迷失在幻想中，而有這一些影響。所有的人都知道第五宮與愛情有關，此時我們的愛情往往透過海王星式的過份浪漫與幻想來表現，我們可能會遇到喜歡的人，並且利用海王星體驗對方的歡喜悲傷，可能把任何我們看過的劇情融入這段關係中，經歷如夢的戀情，在愛情中迷失自我，海王星的另一種悲劇形式結合了犧牲的特質，我們可能在此時幻想著我們會為愛犧牲，或是犧牲愛情，更進一步的擴大我們的悲劇英雄悲劇女主角的幻想，如果此刻不學著清醒一些保持一些理智，我們可能會真的陷入危機中，其實生活中有許多可以應用海王星能量的機會，我們會在下面探討。

第五宮也暗示著子女與創造，我們往往在此刻遇到子女的問題，他們可能迷失在生活中，或是他們的健康體力與心靈狀態受到了海王星的影響，而需要我們付出更多的照顧，這時我們心中也會呼應那種悲劇的力量與無力感，但是對抗海王星必須用更土星的方式，認真的面對現實，不要讓自己隨波逐流失去力量。

海王星進入第五宮不一定全然的帶來上述的悲劇，由於第五宮象徵著興趣與喜好，這時候我們可以去多方面接觸一些與藝術或精神靈修有關的課程，讓自己的喜好與海王星有所接觸，去探討戲劇、電影，創作悲劇或幻想小說或詩詞，去做藝術的創作，將心中的幻想力轉化到創作上。

許多人在海王星經過第五宮時常會對很多事情「有興趣」，但是必須真的去實踐，否則最後這種幻想力還是會回到我們的心理層面。在海王星經過流年的時刻，必須專注於自身的目標之上，因為海王星在第五宮的時期常帶來了自我目標的迷失，甚至犧牲自己的目標去沉迷於別的事物，因此得學著用土星的實際，來修正海王星無邊際的狂熱與沉迷。

流年海王星進入第六宮

海王星在流年進入第六宮時會嚴重的影響到每天的生活，假設你是一個生活規律得上班族，每天工作回家休息，那麼當海王星進入第六宮時，它可能用許多不同的方式打亂你的生活步調。這是因為海王星溶解了我們對於每天的生活規律，讓我們不再那麼嚴格的要求自己一定要在九點之前到公司，晚上七點吃飯，十一點上床就寢的習慣，或根本打從心裡討厭這種朝九晚五的生活。

海王星的幻想力會讓我們心想著，我要是每天高興幾點起床就幾點起床，高興做什麼就做什麼該有多好，這也暗示著海王星要我們犧牲自己的工作去追求夢幻生活，這並不是一件壞事，如果你自己本身有一些技能可以確保自己的生活無

憂，或許這時候是一個改變自己生活狀態的時候，如果你有一些特殊技能可以讓你開始接案子過著自己的生活，那麼不妨試試看。

問題是如果你本身沒有這樣的技巧又幻想著這種生活，那麼生活的危機可能就會出現，例如幻想著靠著拉保險、作直銷，可以滿足自己想要的自由自在，卻又忘記了這些行業其實需要付出加倍的努力，才能夠獲得溫飽，如果這種狀況又發生在眼高手低或是疏於執行的人身上，那麼海王星就真的會帶來每天的危機，讓你每天得擔心下一頓飯在哪裡。

更多的時候海王星干擾我們每天生活的方式會用健康問題來呈現，別忘記第六宮與健康有密切的關連，當海王星進入第六宮時，我們的身體與心靈往往會陷入迷失與虛弱的狀態，讓我們失去自我保護的能力，這時候很容易受到病毒的侵襲，通常海王星的所帶來影響的病因，會讓我們花上好長一段時間仍不知道問題出在哪裡。

同時海王星與酒精還有藥物有關，我們可能因為虛弱或生病而服藥，但是也有許多人明明沒病卻喜歡使用藥物、毒品、酒精讓自己迷失，並且打亂生活的常軌。在此時期的影響之下，我們只能夠努力的執行土星的角色，讓自己的生活有規律，小心的維護自己的健康，做運動訓練我們的身體，增強我們的體力，好對抗海王星容易帶來的虛弱。

流年海王星進入第七宮

我們曾在第五宮時強調海王星的夢幻與悲劇對愛情的影響，而當海王星在流年進入第七宮時，也會帶來類似的效應，而且更進一步的影響我們的伴侶生活與婚姻關係，海王星具有強烈的犧牲特質，在這時候我們常常會陷入一種犧牲伴侶關係成就其他事，或是為了伴侶關係而犧牲其他事物的模式中。

海王星在七宮也可能讓我們的另一半有迷失或較虛弱的情形，他們可能在生活上迷失了，或是身體健康與心靈狀態不佳，而需要我們費心照顧，當然這種情況也可能反過來，變成我們自己需要伴侶的照顧。若是健康問題，我想身為伴侶的人都有責任去成為另一半的照顧與支持者，鼓勵他們重新建立起自己的健康，然而其他包括心理因素或是毒癮、酒癮等問題，我們能夠給予的幫助其實很有限。如同在海王星進入第一宮時討論過心理治療師提過的被害者、加害者與救援者的戲劇三角。當海王星出現在命盤中重要宮位，特別與人際關係有關的宮位時，我們都要小心避免陷入這一層危機中。因此在你真的伸出援手之前，希望你

先評估對方願意幫助自己嗎？對方是否眞的有在努力？或者他只是坐在那裡等人家來救他？同時要想清楚你能投入多少，不要讓自己也成爲犧牲品。

同時要提醒你一點當海王星進入第七宮時，不一定是你的伴侶扮演這個角色，可能是你自己需要伴侶的照顧，或是出現另一個讓你迷失自我的對象，這個人可能會讓你產生幻覺而投入大量的心力，甚至產生對伴侶關係的混淆或破壞，你可能甚至會以爲你愛上了這個人，願意爲他犧牲一切，若你已經有了伴侶，甚至有可能會爲了這個夢幻悲劇人物，離開原有的伴侶。

海王星的狂熱與犧牲精神在這時候扮演著重要的關鍵，特別當我們發現身邊需要幫助的人不是原本的伴侶的同時，更需要小心，我們可以有悲天憫人的慈悲精神，但必須先想清楚爲了這個人賠上自己和伴侶關係究竟值不值得。多半的人在這時候很難搞清楚這一點，於是讓悲劇就這麼發生。

有時海王星不是以犧牲的角色出現，而是讓我們想要跳出婚姻的常軌，或厭倦了平凡的伴侶關係，海王星同時帶來了夢幻式的伴侶關係幻想，這時候就會啓動海王星的狂熱追求，有的人可能會主動的讓伴侶關係變得更夢幻，如果運氣好，可以遇到一個願意這樣呼應的伴侶，倒也可以帶來一段浪漫的時期，但如果已經厭倦了這段伴侶關係，也可能會去追求另一段關係。

第七宮同樣與合夥關係有關，如果你目前有生意上的合作，那麼海王星的模糊與混亂將有可能出現在你與合作夥伴的關係中，注意彼此之間的誠信問題，涉及合約與法律的事情都必須更小心仔細，大意不得，若能夠請專業人士謹慎的評估每一份合約的條文，就能夠避開在這時候容易帶來的法律與詐欺問題。

流年海王星進入第八宮

第八宮象徵著神祕與禁忌、死亡與性愛，在個人生活的層面象徵著我們心理的不安與陰影以及我們與他人共有的財務關係，接下來我們就要從這些層面來探討流年海王星進入第八宮的影響。

海王星進入第八宮時，心理深層的黑暗恐懼與陰影的控制與壓抑的力量可能會消失，這時候他們四處流竄在我們的意識與無意識層面，我們可能會透過幻覺、精神修煉、心理問題來看見這些曾經被壓抑，而現在如同洪水氾濫無法遏止的恐懼與陰影，這往往會伴隨著海王星的幻想力來擴大這一層恐懼，同時第八宮的業力特質也會讓我們感到這一切似乎有什麼因果背景在其中，而感到悲觀宿命，甚至去呼應海王星的悲劇或犧牲特質，而選擇坐以待斃。

這一段期間發生的事情往往連結到過去生活中的恐懼與陰影，任何一種對於死亡或恐懼事物的接觸都會喚起我們似曾相識的感受。所幸海王星的特質中有冒險與狂熱的特質，在同一時期我們對心理或者神祕的事物可能產生興趣，若我們遇到上述的狀況，就必須應用海王星的冒險特質，與心理諮商師合作去探索這些心裡的陰影，面對過去的問題尋求解決的辦法，同時瞭解問題的根源，不要讓無邊無際的幻想來造成自己的困擾。

海王星在第八宮所引起的不安的洪流，也可能透過我們與身邊親密的人的物質關係而引爆，例如伴侶或是生意上的合作夥伴的財物與健康狀況，讓我們重新檢視兩人的物質結合與關係，同時也幫助我們重新看到心裡的恐懼。

傳統的占星認為海王星進入第八宮時要避免與他人的金錢合作，否則可能造成兩人在財務上不誠實的關係，犧牲與贈與的背後也可能藏有令人不安的意涵，海王星會模糊我們的專注能力與判斷力，若遇到存心欺騙我們的人，我們仍很有可能因為善良或慈悲而相信他，或許別人是誠實的，但因我們有著過多得期待而有不切實際的想法，這時候最好真的避免任何財務的合作與投資。

第八宮在心理的意涵有著與冥王星、火星類似的生存能力，這也和性有關係，我們可能會對於生存有過多的夢幻，同時將這樣的夢幻寄託在他人身上。其實如果能適當的使用海王星的夢幻，就會讓我們實質的伴侶關係以及性愛關係有所進步，更透過彼此的理解與幫助甚至部分的犧牲，讓彼此更有安全感。

流年海王星進入第九宮

當流年海王星進入了象徵信念、信仰旅行、高等教育與自我成長的第九宮時，海王星的特質會展現在這個層面。我們先從高等教育與研究說起，海王星的特質包括了打破界線、迷失模糊與狂熱，在這一段時間中身處於研究或學習的大學生、研究生或是教師教授們很可能會離開舊有的學習模式，幻想著能夠找出更好的學習研究方式或科目，有些人可能會質疑自己過去所學的是否真的適合自己，或者他在學習中觸及了其他領域，進而相信那個新的領域對他來說會帶來更多的成長，進而一頭熱地栽進去研究與學習新領域。

某些層面來說，海王星在第九宮會帶來了不少好處。但是別忘記海王星也有犧牲、模糊與幻覺的特質，這些特質也可能干擾我們的學習，我們可能放棄過去所學而進入一些精神、藝術或夢幻領域中，想要藉此證實自己的成長，但同時也可能產生一些錯誤的觀念，或者暗示著我們會犧牲自己的學業與研究，轉而追求

其他事物。

從心理層面來看，第九宮除了有自我成長的特質之外，也與我們的信念與信仰有關，海王星在此時會透過其夢幻、狂熱或誤導等特質，來影響我們所相信的人事物以及一切。在這個時候你可能會發現你過去所相信的事情，似乎對自己開始失去影響力，你可能發現新的信念進而拋棄過去的信念，同時爲了新的信念著迷而開始狂熱。

對於某些人來說，海王星進入第九宮帶來了強烈的精神與宗教信仰特質，許多人在這時候爲了追求精神的成長，進一步的去接觸許多宗教或靈修領域，爲了宗教信仰或是新的信念而付出許多事情或犧牲。但也必須小心海王星的誤導與欺騙特質也可能在這時候展現，例如：覺得被我們過去的信仰所欺騙，或是覺得過去的信仰含糊不清，可能是我們所相信的人，可能是我們的精神導師，也可能是宗教或是靈修的指導者等。從另一方面來說，也可能是我們對於這些事物或導師有著過多的幻想與過高的期待，就算師父對你說修行要靠自己，但是你可能一廂情願的相信，信他得永生或是會有即刻開悟一世解脫的幻想，最後弄得自己覺得好像被騙了。

第九宮也有旅遊的意涵在，我們可能在這時候對異國文化有著憧憬，也可能眞的找到一個人間仙境。我就在海王星進入第九宮的時期造訪了許多讓我以爲是神仙國度的地方，甚至對這些地方有著過度的夢想而選擇移居。但這時候要小心過度的期待可能落空，海王星也可能讓我們在旅途中感到失落或不舒服。

流年海王星進入第十宮

流年海王星進入與社會地位、職場、與老闆之間關係、與社會互動、還有和父母親相關的第十宮時，同時會因爲進入命盤中重要的天頂位置，而對我們產生嚴重的影響，我們在海王星進入天底時說過，這時候父母親的身心狀況都要注意，在這裡也一樣，他們可能會有身體上心理上的迷惑與困擾，特別需要我們的照顧。

慈悲的心腸可能是海王星在天頂時最容易帶給我們的感覺，這時候常會遇到許多需要幫助的人，而我們也想努力的將慈悲與善良貢獻給社會，這時候可以去從事義工工作，或是和別人分享自己的成果，然而有些人會完全的投入這樣的事業中，我想如果在不影響自己的生涯計畫的情況下，這並不是一件壞事。我的一個客戶就在海王星進入第十宮的時候，選擇暫停他朝九晚五的工作，加入了海外

義工的行列，到非洲去擔任兩年的義工工作，並改變了他對人生的看法。海王星在第十宮常會激發我們想要去照顧他人的心態，但是也要小心的去選擇我們所照顧的對象，透過義工工作與組織或許是比較好的方式。

在職場或者與上司的互動上，甚至是關於我們的社會地位，或與社會的互動關係，海王星也會嚴重的影響著我們，特別是海王星經過天頂的時期，象徵大眾看待我們的時候，會認為我們具有海王星不切實際、欺騙人或是太過夢幻的色彩，當然如果你本身有藝術的喜好，或許海王星會以藝術表現來取代那種不真實的色彩。從事藝術與設計工作的人，或許在這時候有機會大放異彩，然而其他人就需要面對老闆或其他人的干擾，這時可能你會覺得老闆不切實際，或是老闆的指令模糊不清，也可能覺得你的老闆正在欺騙你，同時老闆或其他人在看你時，也可能會有同樣的想法。

換個角度想在這時候我們期許能夠在一個高度理想符合我們期待的環境下工作，這就和海王星進入第六宮一樣，我們會在這時候想要犧牲工作去換取美好的夢境。海王星會鼓勵我們去追求美好的社會地位，與美好的工作環境，卻會讓我們看不清事實的真相，這時候我常會提醒對方，最好腳踏實地一點，海王星的幻影往往會讓我們盲目，在一不小心之下又成為海王星的犧牲者，這時可能是在工作上犯下大錯，或是對眾人或老闆不誠實，也可能會讓我們失去我們的工作與社會地位。

流年海王星進入第十一宮

第十一宮有朋友、社團與超越自我的成長意涵，我們首先關注在於生活最貼近的朋友議題上。流年海王星進入第十一宮時，我們可能有機會去接觸到許多「海王星型態」的朋友，有可能是對藝術創作有興趣的人、有可能是心地善良喜歡幫助別人的朋友、也可能是十分具有「靈性」的朋友，有時候我們也會遇到一些喜歡怪力亂神迷信的人，或者遇到糊里糊塗常掉東西，每天活在夢中的朋友，甚至更糟一點遇到騙子。

十一宮象徵著我們在社會上會遇到有共同興趣目標的人，如果你對靈修或藝術有興趣或是喜歡照顧幫助別人，那麼這時候是去尋找一些新夥伴的好時刻，或是加入類似的團體。然而不得不小心的是，那些在人際關係上由海王星所帶來的誤導與欺騙，海王星每次進入與自我或人際關係的位置，就有暗示著我們欺騙他人或是我們被欺騙的可能。我們可能對朋友或團體或是認識的人有著過份美化或

期待，最後才發現那個人並不如自己所想像。

海王星在十一宮象徵著我們必須對人際關係有著一番新的體驗，如果舊有的朋友和團體不一定適合我們，可能因為我們的興趣與志向改變了，所以我們的朋友也開始有所變動。但同時我們必須知道十一宮象徵著自我超越的意涵，海王星會在這時候給予我們一些對於超越自我的夢想，有時後會讓我們犧牲許多事情，為了追求遙不可及的夢想。

海王星在十一宮的同時也可能會讓我們遇到有同樣不切實際夢幻的朋友，他們就像是嗎啡一樣麻痺著我們，讓我們在那裡痴人說夢，我們必須知道這時候要誠實的面對自己，或多聽聽長者或是他人不中聽的建議，要追逐夢想也要一步一步踏實地來，而不是一股腦的栽進去這種美麗的夢幻中。

流年海王星進入第十二宮

海王星進入最強勢而且屬於它管轄的第十二宮的時期，會將它的能量釋放到最強，海王星這時會擴大我們內心藏在無意識中的擔憂與恐懼或是幻想，也可能會讓我們幻想著這些恐懼哪天成真。宗教信仰與靈修往往成為流年海王星經過十二宮的人的最佳止痛劑，由於內心中莫名的恐懼與陰影被釋放出來，而我們的感覺又是那麼無力無助，唯獨去執行海王星的事物，才會讓我們得到慰藉，包括藝術的表現，或是宗教與靈修都會讓人感到安慰。

海王星與十二宮有著高度的重複性質，我們說海王星在哪一宮就會讓那一宮的事物消失在渾沌之中，然而只有十二宮的渾沌不會消失，反而會刺激我們用同體大悲的心態去感受世間的每一件歡喜悲傷，從中獲得一些領悟。

然而海王星會用什麼樣的方法來讓我們瞭解呢？可能透過一些社會事件，激發我們憐憫的心腸，也可能透過讓我們親身感受那些悲苦。有些人會自願去選擇參與這些活動，有些人卻等著被海王星一件一件的剝奪掉自己的防備。海王星可能透過財物或健康上的問題，讓我們理解到人都是一樣有生老病死，如果能夠互相幫助、發揮無私的精神，或許會有機會過得更好。

相信業力的人認為，海王星在十二宮時會將過去的業力全都開啟，如同一波波的浪潮襲擊著我們，我們所搭乘的小船如何在這些波濤中存活下來，有賴於我們對生命與慈悲的體驗以及存在腦中的古老智慧。

流年冥王星進入十二宮的影響

流年冥王星進入第一宮

　　許多人談到冥王星的時候喜歡談到控制，特別是流年命盤有強烈冥王星影響的人，例如在這裡冥王星接近第一宮與上升點的時候，常會有人說你自制力很強，你對權力有一種渴望，你很會控制別人等等。我許多學生在幫人諮詢時也常講這樣的話，卻會一一的遭對方否認，對方只覺得我最近糟透了，光是照顧自己就來不及了，還控制別人呢！

　　其實兩邊都沒錯，但我們要瞭解一點，冥王星所擁有的力量與權力往往是一種粹煉過後的結晶，要擁有冥王星神祕力量的人，必須先經過一番嚴苛的試煉，反過來說，就算這個人不想要冥王星的力量，但是當冥王星通過上升點與第一宮時，也同樣的會帶來嚴格的考驗，而所獲得對人生的體驗，就是最大的禮物。

　　冥王星在通過上升點與第一宮時會帶來什麼樣的嚴格考驗呢？首先是生命的轉變，在此時已經覺醒而且決定面對生命改變的人，遭受到的痛苦稍微輕一些。主動出擊將過去生命中該捨去的捨去，為了重新開始新的生活就必須告別過去的一切，這些或許都是說得比做得容易，人生中總有許多事情我們無法割捨。但這時候冥王星就會強迫我們去割捨，就算你不願意它也會透過外力奪去你認為重要的事物。

　　為什麼冥王星要這麼殘忍呢？因為它要考驗你的「生存的意志」，你必須把活下去擺在第一位，無論身邊發生什麼重要大事，你都要堅強地撐過去。例如過去總是依賴父母的人，冥王星會用種種方式會把你從父母身邊帶開，可能讓你離開家裡，可能讓你與父母發生爭執，也可能造成父母的死亡，要你面對沒有父母仍然要活下去的生存意志，對其他人來說，它會發生在所有你所過分重視且在意的事情中。

冥王星的關鍵字

　　冥王星的關鍵字是死亡、埋沒、隱藏、轉換、轉變、禁忌、生存、危機、暴力、強迫等。

許多人在冥王星接近上升或是進入第一宮時，感到莫名的恐懼，或是覺得很宿命的發生一堆問題，其實此時冥王星只是把我們隱藏在心靈深處已久的恐懼，還有不願意面對的問題挖掘出來。對於那些我們一直逃避的問題，冥王星要我們重新去面對並且去解決這個問題。

同時許多人在這時候都會有一種身體或是精神上死亡的絕望感受，因為死亡是許多人的陰影，冥王星通過上升時要我們去認清，在我們面臨死亡的威脅之下，有哪些事情是重要的？如果我能重頭來過，有什麼事情是我一定要去做的？這時候你才會發現，其實冥王星正幫助我們挖掘內心深處最珍貴的寶藏。

經歷過冥王星種種的嚴格考驗，甚至是死亡或絕望的威脅後，我們才會認清在自己的生命中最重要的是什麼，更學著去掌握它，同時不再害怕死亡或任何威脅，這才是冥王星所代表的力量。冥王星通過上升或第一宮時，我們可能面臨強大外力的阻擾與挑戰，也可能是心靈的恐懼困擾，都容易造成身體心靈上的徹底改變，最後像是脫胎換骨一樣以新的姿態面對世界。

流年冥王星進入第二宮

物質的一切包括金錢、身體以及所有屬於你的東西，在冥王星進入第二宮時遭到了威脅，過去占星師在觀察與健康有關的問題時，往往只注意第一宮與第六宮，事實上第二宮也代表「我的身體」，當第二宮遇到威脅時往往會發現身體也正遭受威脅，所以在我們開始真正討論冥王星在第二宮的影響前，必須請你注意關於健康的問題。

從心理的層面來看，第二宮代表著透過物質累積所帶來的安全感，透過我們對金錢與物質的擁有來顯示我們的價值，當流年冥王星通過第二宮時，它要我們重新認識我們的價值觀，這對所有的人來說是一大挑戰。對於重視金錢與物質生活的人來說，冥王星要你想想看，三餐沒有大魚大肉、沒有名牌包包、能不能活得下去，許多人將自己的價值寄託在外物上，透過名牌衣物、轎車豪宅、以及銀行存摺上的數字來證明自己的「存在」，冥王星會把這一切都帶走，帶走你最在意的東西讓你知道，沒有這些你還是要「活下去」。

許多人在這時候遇到財務狀況的重大改變，突然失業、突然失去賺錢的能力、突然損失一大筆金錢、突然失去寶貴的物品，更基本的要我們去面對付帳單或沒錢買米的問題。如果過去你的理財觀念有錯誤，那麼冥王星就會針對你的弱點下手，如果過度揮霍就會讓你飽嘗揮霍的苦果，若過度貪婪它也會讓你失去一

切，並且知道貪婪的後果是什麼。

當冥王星在第二宮時要同時告訴你，真正的價值並不寄託在有形的物質上，而是你自己看待事物的價值標準，冥王星企圖給你一個完全不同的物質觀點來看待生活。或許有人會想「還好我不重視物質」，那麼冥王星也可能透過一些教訓讓你知道，沒有物質的支持你也很難活下去的，冥王星是來平衡我們的價值觀，將錯誤的觀點全都抹去，讓你知道不能太過重視物質，也不要輕視物質的存在意涵。

流年冥王星在第二宮時，透過抹去一切外在的物質的影響力，要我們回到內心深處去看看心靈的價值、自己真正的價值，以及生存的價值，並重新檢討我們對物質的看法，以及任何關於物質的問題，也要我們去面對過去生活中，對於物質的恐懼或錯誤觀念。你會發現到你對物質的過份憂慮，可能是來自童年的陰影，當你想要某件東西但父母卻無法滿足你的陰影，此時會在這時候重現，讓你意識到原來你過份的憂慮或是貪婪來自於這一層不滿足，並進一步的去解開這個問題所帶來的種種影響。冥王星進入第二宮，要我們徹底的挖掘生命中與物質有關的議題，瞭解物質對我們的真正重要性。

流年冥王星進入第三宮

流年冥王星進入掌管兄弟姊妹鄰居朋友的第三宮時，往往在彼此之間引起危機，危機常藉由不同的方式呈現，與這些人的爭執，或是我們懷疑他們所說的話所做的事情的背後動機（明顯的冥王特質），或者我們感到被他們控制利用，有些時候不是那麼心理層面的問題，而是直接的看到他們面臨極端的困難，健康工作或生存下去的問題，也可能反過來是他們讓我們有這種生活或生存被威脅的感受，無論哪一種感覺，冥王星都要我們深入的去探討挖掘我們和兄弟姊妹還有鄰居的關係。

第三宮在心理層面上象徵著思考與溝通，冥王星有所謂掩埋與深入挖掘的意涵，因此我們在這一段時間很容易洩漏了心底的祕密，特別注意這裡的祕密是連你自己都不知道、隱藏在無異是黑暗面的祕密，你可能會無意間說出一些連自己都會嚇到的話，或者發現自己無意識的一直在重複一些句子。

其實這些字眼與句子都來自心靈深處的黑暗與恐懼，過去你感到生存被威脅時的感受，這種陰影早就被埋起來了，但現在是他們溜出來放風的時間。同時你可以透過這些線索，提早展開認識過去陰影的工作，這對於未來冥王星進入第四

宮時有著極大的幫助。冥王星的掩埋與挖掘，在我們對外溝通時不斷的想要去挖掘所謂的「背後祕密」，我們有可能輕易洞悉他人背後的意涵，也可能是疑神疑鬼的懷疑每個人說的話做的事，過度的猜疑可能會直接影響到我們與他人的關係。

第三宮象徵著學習，對於成年人來說，這是一個適合學習溝通或瞭解自己心理深處的大好時機，我們重新發現學習雖然有些痛苦，但卻能夠替我們帶來新的生命，同時藉此改掉日常生活一些不好的毛病，也讓我們看見事物眼前的價值和隱藏的價值。然而對於學生來說，在流年時刻遇到冥王星容易帶來重大的學習挫折，父母在這時候必須有耐心的陪著他們一同去挖掘學習的真正意義，而不是將所有的問題怪罪於孩子不用功貪玩等。冥王星需要一段時間的挖掘，才能替學生找出學習對自己的重要意涵。

流年冥王星進入第四宮

冥王星代表的心靈深處的恐懼與威脅在流年進入第四宮與天底時出現了，接近天底的冥王星帶來生命中長久且重要的轉變，其實轉變不是突然的冒出來的，早在冥王星在第三宮時，我們就隱隱約約察覺到自己總是害怕些什麼，無意識中會冒出一些怪異的句子。如果我們從那時候就開始與心理諮商師探討，或許這時候就不會如此陌生，但是仍然會有一股備受威脅的感覺，因為這一次冥王星要深入我們的心靈與家庭，將隱藏已久的問題挖掘出來。

從心理層面來說，冥王星要我們重新檢視第四宮管理的歸屬感與安全感，它可能藉由家庭的方式展現，也可能藉由國家血緣民族關係來展現，另一方面可能透過你心裡頭的陰影童年的不愉快，來讓你覺得這時候你應該做些改變，許多青少年在這個時期與家庭父母有著嚴重的衝突，因為冥王星象徵著彼此之間的權力，他們感受到被父母深深的控制，很可能父母的望子成龍，在這時會被子女視為一種自私的想法或利用。

而就算是成年人也必須面臨家庭中更深層的糾紛，包括你過去從不知道的家庭問題，也可能是醜聞可能是你出生前發生的事情，或是早就被你遺忘的威脅，或一段童年不愉快的經驗，這時候一股腦重新出現在你的家庭生活中，特別容易反應在你和你父母之間的關係上。而它也可能暗示著父母的身心與生存遇上了重大的危機，例如死亡、重病或嚴重的沮喪。

無論種種表現方式，冥王星要我們重新挖掘家庭的意義，重新檢視我們與父

母的關係。過去嚴重依賴家庭與父母的人，冥土星可能要你學會獨立自己去面對所有的事情，過去不在乎家庭父母的人冥王星可能會要你重新的去認識你的家庭與父母，並且發現他們對你的重要性。

流年冥王星進入第五宮

　　流年的冥王星進入每一宮都會要我們重新檢視這一宮的事物，第五宮與愛情、嗜好、喜歡的事物、子女有關，也與心理層面上的自我呈現與自我創造有關，當冥王星進入第五宮時，剛開始我們會有一種難以表達自我的困難，在冥王星通過第三宮時，這種表達通常是言語型態的，而在這裡卻讓我們難以達成自己的目標，或是無法呈現我們努力的成果，或更糟的，無法表達我們的愛意。冥王星阻礙了我們在這些方面的自我呈現，甚至可能進一步的毀壞我們在這方面的呈現。例如從事藝術創作的人可能無法突破瓶頸，甚至過去的心血遭自己或他人毀壞，愛情可能出現危機，與情人之間的相處上出現許多問題，甚至分手，自己喜歡的東西可能不再有吸引力，或是被破壞等等。

　　冥王星在這裡殘忍地剝奪了我們的歡樂以及喜歡的東西，用意是要我們看清楚，「我真正的目標是什麼」、「我真正的創造力有多強」。用結束與重新開始的觀點來看，冥王星第五宮幫助我們突破過去的限制與瓶頸，發現真正有價值的東西。

　　的確許多人會說，失戀一點也不好玩，冥王星進入第五宮時，會讓我們原本愉快的愛情關係中出現嚴重的衝突與緊張。事實上，冥王星通過第五宮時不一定是要帶走你的愛情，它要你體會愛情的無價之處為何？它考驗的是愛情上你過度執著卻又不需要的東西，也可能考驗不真實且過度虛幻的愛情，或是考驗你無法處理的愛情問題，更明顯的是他會考驗有問題的愛情。但是如果你和對方的愛情都十分的肯定，那麼這一段愛情就會通過冥王星的考驗，且變得跟鑽石一樣的堅硬，如果只有一方努力，那麼愛情很可能就會被冥王星給帶走。

　　第五宮與子女有關，如果你有子女，這時我們需要重視你與子女之間的關係，學習著接受他們的改變，同時需要去挖掘他們心裡的恐懼與想法，這牽涉到他們目前改變的態度，幫助他們走過這段難受的時期，有時冥王星在第五宮也會反映著子女的健康狀況出現危機。

流年冥王星進入第六宮

流年冥王星所代表的危機進入了每天的生活中，當冥王星在第六宮時，它要我們嚴肅的看待每天生活的細節、我們的工作態度與我們的健康狀態。許多人聽到冥王星進入代表健康的第六宮時都十分的緊張，會不會得癌症？會不會得不治之症？事實上，冥王星通過我們的第六宮時，往往先帶給我們生活中的一些警訊。因為第六宮的冥王星通常代表著隱藏已久的健康隱憂，當你開始察覺這些警訊時，就必須動手去處理，你可能會覺得總是頭暈、脾氣急躁、容易緊張而且吃得太鹹，又抽煙又喝酒的也可能有高血壓的危機，這時候你會選擇漠視問題，還是動手改善自己的生活？如果你開始動手改善自己的生活，戒煙、戒酒、調整鹽分的攝取，並改變緊張的生活形態，那麼無形之中你就化解了高血壓出現的危機，如果你選擇漠視這樣的問題，冥王星就會讓你付出代價，冥王星要我們重新體認健康的重要，而每天飲食、活動和生活工作態度也都和我們的健康有關係。

冥王星進入第六宮也會影響我們的工作，及與部屬的關係，工作上冥王星會讓我們產生質疑，這樣的工作究竟價值在哪？許多人在這時候會面臨工作上的危機，冥王星將內心的恐懼反映在工作上頭，可能藉由我們與部屬或是老闆的關係來呈現，我們可能覺得被利用或是被背叛，也可能覺得我們承受過多的壓力，或是過去我們將太多的時間花在某一件事情上頭，現在是重新思考的時候了，究竟我們值不值得每天如此勞累，或是我們每天無所事事究竟有什麼意義。冥王星可能要我們離開工作或是變換工作的內容，或者強迫我們放棄工作，來思考每天生活的意義，試圖去平衡我們每天生活的狀態，發現生活中的無價寶藏。

流年冥王星進入第七宮

冥王星象徵著我們所感受到的恐懼與威脅，在流年時候進入了第七宮帶來了我們與他人關係上的危機，我遇過許多人在冥王星進入第七宮與下降點時來尋求諮商，首先因為下降點在占星學中是一個相當重要的位置，當冥王星與下降點接觸時暗示著重大的危機與改變出現在個人生活中，特別是我與伴侶的關係，無論是已經結婚或者同居的人都會遇到這一層關係，單身的人可能會遇到合作夥伴或是競爭對手的問題，然而冥王星所帶來的是要我們深入去思考，伴侶或競爭關係的真正意涵。

在婚姻或伴侶生活上，總是可能存在著一些小瑕疵，這無可厚非，但是當流年冥王星進入第七宮時，最常看見嫉妒與怨恨還有不滿出現在伴侶關係中，我們會發現有許多我們不曾在意的問題，或是過去我們所忽略的問題在此刻變得難以忍受，它可能藉由伴侶之間的爭執家裡誰作主這一類的權力爭執，以及質疑伴侶的真誠或愛意。或是透過伴侶或自己的轉變來造成問題，有可能是我們在這時候需要多一點關注，然而被伴侶忽略了，或者伴侶無法配合我們去達成我們想要做的目標。我們其實苦惱於想要跟對方要更多的安全感與關注，想要身心緊密的結合，但是說不出口，這些都可能轉化成為憤恨，出現在伴侶生活的爭執中。

　　面對這些問題我們首先從婚姻的狀況做出探討，但往往冥王星所暗示的問題，不僅存在於婚姻的表面，同時也可能藏在過去生活的陰影中，特別是童年父母親的問題，容易在這時候被投射在婚姻狀況上，如果我們能夠瞭解我們對婚姻的不滿，以及隱藏在問題背後的問題，加上對伴侶的體諒，或許能夠度過難關，

個案分析

　　幾年前一個月亮在射手座第七宮的男士來找我，他認為他的老婆可能有外遇，卻又找不到外遇的痕跡，我發現這幾年冥王星正好與他的下降點還有月亮有緊密結合，我詢問了他的婚姻狀況，他的妻子在一家國際知名的電腦大廠任職高階主管，每天總是十分忙碌，然而卻規律上下班，準時的回家打點他還有孩子一切，讓他無可挑剔。

　　那為什麼他會懷疑有外遇呢？沒有人說得出來，冥王星在此刻要我們質疑我們的伴侶關係是不是我們所需要的，對月亮在射手座而言，他需要自由自在的生活，然而每天規律上下班打點家裡的一切，無形之中限制了他想要自由自在沒有規律的生活，同時他認為他老婆的工作職位與薪水都比他高，無形之間帶來了他的壓力。

　　當冥王星進入第七宮的時候，我們可能會覺得被伴侶所左右控制而產生不滿，這種不滿可能藉由多隱藏已久的小問題中出現，然而更重要的是我們必須知道，因為冥王星的出現，真正隱藏在背後的問題並沒有那麼簡單，我詢問這位男士的家庭背景，他的父母親的關係，他的父親沉迷於賭博，只靠母親賺錢養家，他痛恨他父親所帶來的童年生活的痛苦，怎樣也不會想要像他的父親一樣，同時也認為如果他散漫一點的話，會真的很像他父親。

　　這時候我們發現他的冥王星在本命的第四宮處女座，流年冥王星摻雜著家庭的陰影在此刻進入他的婚姻生活中，他一方面該做的是去認清過去的痛苦與陰影對他的影響，同時誠實的面對自己所渴望的改變，也讓他的伴侶知道，他此時需要更多的安全感與關注。

同時如果此刻擁有伴侶的支持，那麼我們可能更容易有機會將這段伴侶關係眞實的意涵發覺出來，進而擁有更穩定的伴侶生活。

冥王星在第七宮時，我們往往將自己所渴望的改變與他人做連結，我們可能透過他人的啓發來改變，也可能將自己迫切需要改變的意念投射在他人身上，有時更明顯的，我們會直接求助於他人來尋求改變，這時候心理諮商師這一類的諮詢會變得相當有用。

流年冥王星進入第八宮

冥王星與第八宮都象徵著我們心理層面對死亡的恐懼，當冥王星進入第八宮時，這一層意涵更加深刻，許多人在流年冥王星經過第八宮時往往會有許多奇怪的舉動，這些奇怪的舉動很可能是莫名的對死亡產生好奇，想要去認識瞭解生死，有些人可能完全的結束一切跟過去有關的事情，期待新生活的開始，無論是自殺或意外，有些人可能眞的面臨死亡的危機，對自己生活極度不滿意的人，很可能在這時候出現一些在他人眼中看來不啻是自我毀滅的行爲，這些無從理解的事情，事實上來自於我們的無意識中想要對死亡的深入瞭解，又或者是，想要眞的結束現階段不愉快的現狀，重新開始的慾望。

但別害怕，第八宮的不安不一定藉由死亡來表達。對某些人來說無意識底下的不安，會讓自己想要尋求他人的幫助，透過與他人緊密的連結，讓我們更有安全感，這些連結可能是財務上或是心靈上深刻的結合。但是光做到這一點似乎無法平息冥王星在心底所造成的騷動，因爲我們並沒有眞的去挖掘心裡所擔憂的事情，這可能來自過去的陰影或是死亡的陰影，並在此時讓我們有本能衝動的想要結合他人來保護自己。

這些心理的問題可能進一步的，造成財務、伴侶生活甚至性愛上的困擾。你和伴侶有可能會遇上財務糾紛，自己可能會遇上稅務問題、債務問題與糾紛，如果你在這時候有和人合夥投資，那麼最好要小心的處理，冥王星在第八宮可能讓你與你合作夥伴（或是你的婚姻伴侶）的財務狀況起伏非常大，可能突然賺到很多錢，也可能輸光家產。

第八宮與冥王星都與性愛有關，這時候遇到性愛的危機並不奇怪，這往往與心裡的擔憂有關，需要同時藉助醫師與心理治療師的幫助，冥王星一方面要我們透過雙方的財務變化與身體變化，讓我們體驗兩人之間的物質關係或親密關係的眞正意涵，我們或對方是不是眞的值得信賴？同時也要我們檢視過去沒有解決的

心裡恐懼，那些我們一直擔心卻從沒說出口，或從沒意識到的問題。

流年冥王星進入第九宮

流年的冥王星進入第九宮時帶來了我們對於成長的深刻檢視與質疑，第九宮與自我的成長有著密切的關連，而冥王星在此透過對於我們信念的挑戰、學習的挑戰、或者到國外去發現新的生活，來促使我們成長，然而要知道冥王星要我們做的功課並不簡單。

對於一般人來說，流年冥王星在第九宮往往帶來了信念上徹頭徹尾的改變，每個人生活中都相信些什麼，靠著這個信念支持他們活下去，有些人則不知道他們可以相信什麼，在冥王星進入第九宮時這一切都會改變，那些信念不太模糊或不堅定的人，會透過種種外界的變化以及對世界事物的觀察或旅行來瞭解到，他的信念原來是某件他從未發現的東西或事情，這也讓他對人生的態度徹底起了變化。

相反的，有些信仰十分堅定與虔誠的人也可能會在冥王星進入第九宮時，開始質疑自己過去所相信的事情，這不單與宗教有關，很可能是一個相信精神可以超越一切的人，突然發現自己每天也要吃飯才能活下去，現在他會質疑，精神真的可以超越一切嗎？這時我們可能質疑我們過去的信念，甚至對於我們過去認為是精神導師的人產生懷疑或怨恨，並透過深層的討論原本所相信的事情，來讓自己產生新的世界觀，帶來不同的成長。

對於大學生、研究生或是教師研究人員而言，這可能是一個危機時刻，卻也可以幫助我們突破過去的瓶頸，我們往往在這段時間發現我們過去所學、所研究、所相信的事情，突然變得沒有幫助或不重要了，需要轉換方向，也可能因為這樣的發現，而感到憤怒、沮喪，甚至遷怒於我們的老師，或是在精神與學習上援助指導我們的人。

然而透過這一段時期的沉澱與回到內心去挖掘，我們最終會找到不同的事物帶來新的學習機會。國外旅遊在此時可能替我們帶來一些重生的感受，但是需要特別注意，這時候的旅遊並不一定感到愉快，有時後甚至暗藏了一些危機在其中，需要特別小心。

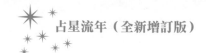

流年冥王星進入第十宮

天頂與第十宮是命盤中的重要位置，當流年的冥王星進入這個位置的時候，容易引爆許多生活上的危機來考驗我們，首先不要忽略了第十宮與第四宮天頂與天底，都與父母親的問題有關，此刻需要注意父母親的身心健康，他們的財務狀況，同時也謹慎的處理我們和父母之間的關係，而老闆、上司與長者也可能具有同樣的意涵，此刻許多過去堆積隱藏在心理的問題，會直接的造成我們與父母親或是老闆、長輩相處的困難，也可能因為他們的健康問題或死亡而帶來衝擊。

第十宮象徵著我們與社會的接觸層面，在職場上的表現是最為明顯的，當冥王星進入第十宮時，我們現在做的事情又是什麼？目前的工作狀態是我們所滿意的嗎？許多人在這時候察覺到目前的工作根本不是他所夢想的，且可能把過去的不滿一股腦的投射在工作上，而與老闆起衝突甚至離職。就如同我們在冥王星進入第六宮所討論的，現階段的問題並非換不換工作，而是弄清楚你對工作的定義，為什麼要工作。

同時冥王星所象徵的權力與管理的特色會出現在我們的工作中，如果你還是個社會新鮮人，那麼這時候你可能認為許多人都在爭奪權力，而你只是當中被利用的棋子，或是因自己的計畫與想法被握有權力的人否認或壓抑而感到憤怒。如果你有些社會經驗了，這時候可能會陷入權力角力的關係，或是初次嘗到手中握有管理權力的滋味，這時候千萬要小心的面對這些狀況。同時冥王星進入第十宮，也往往替人們帶來困擾，冥王星暗示過去的問題，這些問題往往在冥王星進入第十宮時浮現，這時容易將這些問題變成醜聞公開在大眾面前。

第十宮也和我們與社會的互動有關，我們必須去深入的檢討我們對社會的貢獻是什麼？為什麼要貢獻自己的力量，我對社會的幫助在哪裡？同時我們也會進一步的質疑工作的內容，以及整個社會的架構，或是政府的功能。千萬不要在這時候被這麼多複雜的問題給打倒，也不要讓自己因為這樣找藉口就什麼都不做，冥王星在這裡或許會帶來我們對現階段工作與社會的不滿，但是它真正的用意是要我們去想一想，我們自己能夠為社會做些什麼？只有透過深刻的挖掘才能夠發現，原來我們有如此強大的力量可以貢獻給社會。

流年冥王星進入第十一宮

當冥王星進駐十一宮時，我們的夢想以及對未來的遠景被徹底的改變了，在占星學中代表著朋友社團，然而在心理層面上代表著我們對未來的遠景，冥王星進入這裡時，要我們重新檢視我們的夢想與對未來的憧憬，人們透過十一宮的力量來改造自己、超越自己，而冥王星進入十一宮正好提供了這種超越自我的強大力量。

但是，我們都知道要獲得冥王星的力量之前，必須先承受一番考驗。當冥王星進入十一宮時，原有的夢想與理想可能被摧毀，可能一夕之間發現我們過去所期待的未來不具有任何吸引力了，或因冥王星引入了一些外力，強烈的改變了我們對未來的看法，同時也放棄了過去的努力，這的確有些沮喪，但是如果我們能夠在這時候進入內心去發掘新的夢想，冥王星會給予我們強勁的力量，支持我們去追逐我們的夢想。

我想起一個好笑的狀況，我曾經問過一個經歷過婚變，又即將結第二次婚的女生，會不會害怕未來的婚姻生活，她笑著對我說，「怕什麼，反正又不是第一次了」。這或許和冥王星進入十一宮無關，但是冥王星所擁有的，正是這一種經歷過失敗的無懼狀態，這就是所謂死而再生的力量。

當冥王星進入十一宮時，往往暗示著我們所接觸的團體或是朋友，開始出現了危機，最常看到的是舊的朋友或團體開始離開，心理占星大師霍華・薩司波塔斯認為這與我們對未來的夢想改變有關，我十分喜愛這位大師對於十一宮的見解，他認為十一宮之所以跟朋友還有團體有關，是因為我們期待藉助朋友與社團的力量來改變自己。

所以，當自我改變的目標變得不同時，過去圍繞在我們身邊的人因為目標的不同必須選擇離開，而新的朋友和團體因為和現階段的我們有共同的目標與興趣，就在這時候結合。然而因為冥王星的關係，新舊朋友的交替並沒有這麼簡單，我們與朋友之間往往可能出現緊張的人際關係，甚至指控對方意圖在過去利用我們，或是現階段的改變是一種背叛等等，冥王星把過去沒有出現在人際關係的問題，一股腦的都挖掘出來，好讓我們探索友情與人際關係的真實意涵。

流年冥王星進入第十二宮

冥王星與十二宮有幾個共同的特質，那就是過去隱藏的問題，以及毀滅與重生，特別是那種隱藏已久的問題會在流年冥王星進入十二宮的時候出現。十二宮也是一個頗具有業力感受的宮位，然而它就像是母親的子宮一樣，是我們準備重生重新開始的地方，冥王星則象徵著我們在重生之前所必須做的種種準備，生產時的陣痛也就是冥王星所給予我們的考驗。

當我們要重新展開新生活之前，必須把過去的事情給解決掉，所有進入十二宮的行星，都必須在這裡把未曾解決的問題給弄清楚，並不是每個人都有機會遇到冥王星從十二宮進入第一宮的機會，然而當你遇到這樣的星盤時，你有機會拋開過去的問題而重生，這時候必須先面臨那些過去的問題。冥王星象徵著我們過去的所逃避的問題還有黑暗面，心理占星學家認為，那些過去被我們所隱藏或排斥的人格，會累積到我們的陰影中，然而十二宮多少有著這一層陰影的意味，冥王星進入這裡，常會逼迫我們去體驗過去不堪回首的事情，就算你現在是一個德高望重的精神導師，冥王星在十二宮也會逼你去面對那個做過一些小奸小惡的壞孩子，可能逼你面對你曾經背叛的朋友或情人，或者所有你不敢相信你曾經做過的事情。

冥王星有一種很少被其他人提起的力量「整合」，我們必須在這階段承認自己的黑暗面，並且整合這些黑暗成為自己的一部分，面對並且學會控制這些陰影傷痛或黑暗所帶來的力量，才能夠在冥王星進入第一宮時展現這股力量。

第四章　太陽推運、行星過運與 出生圖行星的相位影響

　　在此章節我們將解釋流年的太陽，與出生圖的行星所產生相位的代表意義。如何詮釋相位往往是初學占星的人最頭痛的一件事，根據占星相位大師蘇・湯普金（Sue Tompkins）的觀點，詮釋相位上必須先注意，是哪兩顆行星產生關連，它們分別代表什麼事情或性質，對彼此容易帶來什麼影響。

　　舉例來說，如果火星與土星產生相位，必須先注意到火星與土星分別代表什麼事情，這往往有許多可以解釋的事情，例如火星代表行動、土星代表限制，火星代表行為、土星代表嚴肅，火星星代表性愛、土星代表約束等等。我們可以將這些連結全都找出來，之後從兩者之間產生的相位下手。

　　相位象徵著兩者之間交互影響的模式，柔和相位通常有助發展且感受舒適，強硬相位則帶來深刻的感受，通常也帶來壓力或衝突。至於合相則代表行星的緊密交流，必須從兩者的特性下手。考慮完相位之後，我們還可以藉由這兩顆行星所在的宮位與星座來推測，這樣的互動可能發生在什麼樣的事物領域中。

　　這個章節不僅可以用來討論流年太陽對命盤上的行星所產生的影響，同時也可以反過來，觀察當流年行星經過本命太陽時帶來的影響，詮釋的方法就如同上面的描述。

推運（行星過運）圖的太陽與出生圖太陽產生相位

合相

　　流年太陽與本命太陽的相位，在行星過運中有一、兩天到兩週左右的影響，但是在推運方法上往往會有三年左右的影響。

　　合相只容易出現在行星過運中，事實上也正是生日左右的時間，在太陽回歸圖中我們也提過每年太陽回到出生圖位置時，象徵著屬於自己新的一年又開始了，在心理占星學上流年太陽與本命太陽的相會暗示著自我意識的提高，你可能注意到即將完成或想要展開的個人計畫，占星師通常建議利用這些時間擬定一年的計畫，並且將不適合你的計畫重新整理淘汰。

柔和相位

當流年的太陽與出生圖的太陽形成柔和相位時，帶來了活力與健康，這一段日子將更爲快樂且有自信。六分相代表著與他人互動的愉快時光，這時候可以充分的享受自我與家人、朋友的互動，透過友誼親情的對話增加自信與自我成長。三分相往往代表個人計畫有所成果的時候，當然前提是你之前有努力地付出心血，如果你不曾這麼做，那麼或許只是在這段時間比較舒適愉快。

強硬相位

強硬相位往往帶給人明顯的感受，對分相、半四分相與十二分之五相形成時，個人的意願往往與之前的意願相違背，或與他人（家人、伴侶）的期許有所衝突，這時候容易出現天人交戰，需要在行動上取得平衡，或常需要權衡利害關係作出選擇，也較容易出現衝突或意外。

四分相較爲特殊，個人的計畫往往會在此一時刻陷入泥沼中動彈不得，個人也容易覺得鬱鬱寡歡，或受到家人（特別是丈夫或父親）的誤解與壓力，這時應適度調整自己的步伐，讓自己的原則與行動更有彈性，並且靜待時機的改變而行動。當強硬相位形成時理想容易受挫，太陽代表個人意志與生命力，因此這時容易違背自己的意願，且健康不佳。

推運（行星過運）圖的太陽與出生圖月亮產生相位

合相

流年的月亮與太陽互動在行星推運上僅代表著一兩天的影響，但是在推運法（二次推運或太陽弧正向推運）中，都代表一到兩年的影響。

月亮代表著自己的需求、情緒與不安，也代表著我們與母親和伴侶的關係，流年太陽推進到出生圖上的的月亮（或是流年的月亮與太陽產生合相）時，我們也意識到自己基本的需求，更爲注重內心的情緒穩定，都會帶來一段愉快且重要的時刻，有助於此人的心靈成長，容易遇到契合的對象，或者與伴侶或家人有著良好的互動關係，家庭、情緒、以及自我的需求都成爲這一段時間你所關注的重

點。這段期間我們的內外在會非常和諧，所追求的方向也符合自己的需求，並顯得充滿自信與活力。

柔和相位

當流年的太陽與本命的月亮（或相反的本命的月亮與流年的太陽），有著柔和相位出現時，代表著愉快或有利計畫中的事情發生。流年中太陽月亮的六分相互動，暗示著機會的到來，這些機會透過他人（家人朋友）的關係出現，也是一段可以充分享受友情與親情的時光，你們彼此滿足對方的需求，而感到成長的喜悅。

三分相通常代表著一段舒適的感受，情感上的交流來得如此自然且不強求，三分相代表成果，通常此刻自身的計畫通過了半四分相與四分相的考驗後，達到某一個穩定的階段，接下來該做的工作是如何與他人分享。不過這段期間的和諧，有時也會讓人變得溫和且不強求，甚至會顯得有點隨便或懶散，也容易接受一切，好處可以在學習或成長上看得見，也容易接受他人的觀念或邀請，在接受醫療上也有顯著的效果，但壞處是也可能容易接受一些壞的影響與變化而顯得不太在乎。

強硬相位

無論是哪種流年的觀測法，當流年中遇到太陽與月亮產生強硬相位出現時，生活容易遇到挫折，情緒緊張低落，身體健康也不佳。太陽象徵著個人意志與未來成長追求的目標，但月亮象徵著需求、情緒、家庭、伴侶與過去的困擾，強硬相位產生時你被迫面對一些你不願意面對的內心問題，通常與個人實現和真正內心深處需求的衝突有關。

我們可以在這裡應用之前提過的詮釋方法，將流年的行星視為動作，將本命的行星視為主題，由此看來，流年的月亮與本命太陽產生強硬相位時，暗示著你需要的那一份自我和自信受到挑戰，相反的當流年太陽與本命的月亮產生相位時，暗示著你所追求的安全感與情緒表達受到壓抑或干擾。

四分相帶來阻礙與挫折，太陽的追求與月亮的需要（除了自己的需求外也可能來自家人與伴侶）都是你生命中重要的事情，內心的掙扎較多而阻礙了你朝目標前進。也可能是長輩上司男性伴侶（太陽），對你施加壓力（四分相），帶來

了情緒上的焦慮（月亮）。

對分相引發直接而且明顯的衝突，最常見的是家庭中的糾紛，或許來自於父母或許來自於你與伴侶（或工作夥伴），但都直接反映了你的內心需求無法被滿足，且無法忍受他人帶給你的困擾而引爆情緒，事實上這些問題，很可能在上一次太陽月亮形成四分相的日子時，就已經暗示了。

半四分相與半四分相，暗示著自我內外在的不協調所產生的小小困擾，而十二分之五相暗示著自己正努力的調整自我的追求與需求的契合，有時也暗示著自己對於伴侶或父母親的虧欠感。

流年太陽月亮的強硬相位，無論衝突展現在家庭、情感、或是合作事項上，其實都在反映你個人內心的擔憂，我們能做的是提前認真面對這樣的隱憂，先安撫或滿足內心的需求，並擬定事情重要的先後順序，然後就可以將強硬相位所帶來的強大衝擊能量轉為促進工作、生活或情感的動力，同時也可以注意你命盤中巨蟹座所掌管的宮位，例如你的命盤上第二宮由巨蟹座所掌管，這一宮所代表的金錢與資源很可能會是困擾的因素之一。

推運（行星過運）圖的太陽與出生圖水星產生相位

合相

水星若從行星過運來看，可能有著兩週以內的影響，若以二次推運或太陽弧正向推運來觀察可能會有三年左右的影響。由於水星與太陽在黃道上距離相近的關係，多半的相位只會出現在行星過運中。水星與命盤行星交會時，會帶來與溝通、學習、交通、商業交易等事物有關的事件，兄弟姊妹與鄰居也可能在這一陣子對你有著相對重要的影響力。

而水星與本命太陽過運所產生的相位，也可能是觸發另一個命盤或流年中重要事件的導火線，例如你正處於天王星與本命太陽產生對分相的流年，如果這時候水星加入了這場戰局，與太陽產生相位（通常是強硬相位中的對分相或四分相），就很有可能引發事件的產生，例如：意外傷害、交通事故，或是想法與觀念的突然轉變，都有可能因為水星的介入而被突顯。

當太陽與水星在流年產生合相時，此人的思想與學習會變得相當的活躍，也可能去附近旅行，水星的活潑與流動、不穩定性，會出現在這個階段的做事態度與思考方式上。這一段時間適合與他人溝通、適合從事進修學習，理智與思考在

這時候顯得相當重要，你能夠清楚的表達出自己的意念，也可能認眞的分析自己的想法。水星掌管的商業交易也會在這時候浮現腦海，你可以仔細的考慮這方面的事情。

兄弟姊妹與鄰居在這時候也佔據了你生命中重要的位置，照顧他們或與他們有著密切的往來，成爲這段時間的生活重點。但也要注意在這一段時間內，就算你不是一個自我中心的人，但你說話的口氣仍有相當程度的主觀，有時候仍會讓人覺得你自私或不能理解他們的問題而引來爭論。當流年太陽會合本命水星時，我們容易展現有勇氣有自信的表達，當流年水星與本命太陽合相時，會在這時展現出溝通與理智的水星特質，不過這些特質往往都因爲過度自我，而使自己無法明確地分別。

柔和相位

當流年的太陽與出生圖中的水星（或相反的流年水星與本命太陽）產生柔和相位，代表著你的思想或溝通的平順與和諧。六分相時往往是一段與鄰居或兄弟姊妹有著愉快且積極互動的時光，透過與這些人的互動不僅帶來生活中的愉快，也帶來知性成長的機會，透過閱讀、傳媒、上課、郊遊、旅行參觀拜訪等活動吸收到新知。這也是商談或諮詢重要事件的好日子，不過必須保持較大的彈性，接受他人的意見，洽公與文件的往來也相當順利。

三分相帶來知性的滿足，同樣的在洽公、溝通、會議，甚至商業交易和短程旅行上，都有著水到渠成的運氣。特別是學生在這段時間內的學習效果相當顯著，通常能夠順利的接收到老師或同學所傳遞過來的知識，而一般人也適合在這段時間出門增長見聞，這段時間無須他人的刺激，我們都能夠與自己對話而更加瞭解自己的目標與方向。

強硬相位

當強硬相位影響時，容易出現緊張的時刻，在思考與溝通上容易被他人質疑、挑戰、帶來交通不順暢或是從商不順利的情形。四分相雖然不至於導致衝突，但的確相當程度的挑戰意味，你說的話與想法不容易完全被人信任，常有人發出質疑的聲音。

其實，他人的挑戰往往顯示出自己思考的盲點，我們必須面對這些疑問，虛

心的接受他人的建議，同時檢視自己的想法與言詞，並且盡快的調整自己的思考方向。在這段時間內思考受到阻礙，交易與學習都容易受挫，但可以透過這些經驗發現自我的盲點與問題，如果不這麼做，那麼問題很有可能在太陽與水星產生對分相時再次出現，並且引爆更大的衝突。

當太陽與水星呈現對分相時，常常帶來言語上的衝突與紛爭，仔細考慮他人的想法，與他們溝通並做出妥善的回應，可以讓計畫與事件進行得更爲完美。水星與太陽衝擊的強大能量往往會帶來許多點子，你可以思考新的進行方向，但有些人會放棄面對目前的衝突，轉而進行新的計畫，事實上這種作法只會讓那些過去的爛攤子拖累新的計畫，若能夠將之前的行動與計畫處理完善，再來著手進行新的計畫會好一些。

太陽與水星的十二分之五相會帶來對於自我檢討的特質，這是一個自我批判與反省的好時刻，但千萬不要陷入一種帶有宿命與罪惡感的窠臼中，要以積極的正面方式去面對自己。太陽與水星的強硬相位在健康上，暗示著心肺功能與神經傳導、脊椎方面的問題。

流年的太陽與本命水星產生強硬相位時，象徵著太過自我而影響了客觀的判斷，反之當流年水星與太陽產生強硬相位時，象徵著無法順利的自我表達，容易產生口是心非或壓抑的狀況。

推運（行星過運）圖的太陽與出生圖金星產生相位

合相

因爲運行速度的關係，金星在行星過運的影響之下往往會產生一週左右的影響，而在其他的推運方法中可以長達兩、三年左右，解讀金星帶來的相位時，多半與友誼、情感、喜好、金錢、女性等事物有關。金星雖然屬於具有觸發能力的內行星，但因爲其本身力量柔和的關係，在觸發的效果上似乎沒有太陽月亮、火星來得強勢。

當行星過運中的金星與太陽產生合相時，帶來了柔和的力量，它並不會減低太陽所帶來的自我，但卻會以更容易被他人所接受的方式包裝，這時候我們常會變得更有魅力，懂得與他人協商（以物易物，討價還價），交換並且滿足彼此所需，這時我們所追求的事物（太陽）更容易達成，也更容易被他人所接受，也因此容易獲得他人（特別是女性）的援助。

金星代表愉快的事物，與太陽交會時我們意識到了這件事情，總是在這個時刻我們會多縱容自己，讓自己去享受，並且尋找讓我們快樂的事情，例如情感或物質上的滿足。當流年的太陽與出生圖上的金星交會時，社交生活與創作變得相當重要，金星的影響讓我們更注意與到自己他人之間的關係，以及這樣的關係如何替自己帶來快樂。

對於單身的人來說，戀情也很有可能在此時發生，由於金星代表女性，此合相發生的時刻特別容易讓男生與女同志邂逅喜歡的女性。金星與太陽的交會，帶來一段情感或物質上愉快且滿足的時刻，但要小心因此而耽溺於享樂中，例如買了不該買的東西，要求超出合宜的情感，那麼麻煩很可能在之後出現。

流年太陽與本命金星合相時，象徵著追求金錢愛情自我價值等這一類金星所代表的事物，當流年金星與太陽會合時，代表著削弱了自我的色彩，讓自己或自己的目的更容易被人接納。

柔和相位

流年中金星與太陽的柔和相位帶來人際關係的協調，與物質生活上的豐沛。當金星與太陽產生六分相時，友誼與人際關係顯得相當重要，因為金星與六分相都同時代表這件事情，這一段與知己好友（也可能是鄰居或異性）相處的時光容易遇到聊得來的人，也常常帶來邂逅與戀愛的機會。

金星所代表的創造能力與審美觀，也會展現在你的生活中，可以從事藝術創作。至於在物質上，追逐金錢的機會也容易出現，但仍需要是付出並且運用大家都能接受的方式交易。當流年太陽與出生圖金星（或是流年金星與出生圖太陽）呈現三分相時，內在的心靈和諧帶來舒適的生活。這段時間與他人的關係不錯（特別與女性），而且在此一時刻心靈與身體上的接觸都相當滿足，因為金星往往代表著你們能夠從彼此身上，取得自己所追求的事情。

在這一段時期的情感帶來了溫暖、滿足和愉快，但想要維持長久的戀情必須進一步觀察彼此的命盤和彼此流年的互動。這段時間金錢上的收入順暢，生活變得十分舒適，戀情與物質生活也都很愉快，或許是一個可以和朋友或情人伴侶出門享樂的時刻。

強硬相位

在傳統的占星學解釋上，流年的金星與太陽出現強硬相位時，感情與財務變得不順利，容易因為放縱懶散逃避問題而出現麻煩。在四分相時，或許因為之前的歡愉引發了問題，流年的金星或許仍帶來愉快的態度，但這些事物中隱藏了一些壓力與挫折，是我們必須認真面對的，這個時刻所引發的問題往往源自於放縱自我和懶散，或是不知節制。

這一個時刻也可能會跟異性有一段愉快的時光，如能夠避開自我（由太陽象徵的事物），或許這種快樂就能夠繼續下去，但大多數的例子都顯示，在這段時間我們容易對對方要求得太多而受到挫折。

金星太陽在流年的對分相，往往讓我們和他人彼此吸引，但雙方必須放下自我，否則容易引發爭執。人際關係與伴侶關係在此刻顯得相當重要，這仍可能是一段美麗的時光，但我們已經意識到了藏在柔美浪漫底下衝突的導火線，試著溝通與處理，否則原本一段美好的關係將可能變成鬧劇。

金星所象徵的縱容享樂，包括了情感與物質方面，往往在強硬相位時讓我們變得貪婪懶散且好逸惡勞，之後引發的結果若不是用四分相的挫折來警告我們，就是用對分相的衝突來教訓我們。如果能夠避開這些麻煩，流年金星的強硬相位仍然象徵著一段愉快的時光，可能是友情可能是愛情，或是自我創意實現的精彩時刻。

流年太陽與金星十二分之五相往往影響人際關係金錢與健康，由於十二分之五相暗示著虧欠與罪惡感，我們可以從心理因素來分析，造成金錢健康和人際關係問題的主因為何，進而去面對。同時這樣的相位也提醒我們，需要注意腎臟泌尿系統與血液系統的問題。

流年太陽與本命金星產生強硬相位相時，象徵著追求金星所代表的事物（金錢、愛情等）受到阻擾，當流年金星與本命太陽產生強硬相位時，象徵著想要採取溫和的一面來面對他人時，卻失去主觀的自我，也因此同時無法獲得他人和自我的認同。

推運（行星過運）圖的太陽與出生圖火星產生相位

合相

火星在行星過運的影響之下往往會產生兩週左右的影響，而在其他的推運方法中可以長達三年左右，解讀行星過運的火星相位的影響時，其所代表的行動、運動、防衛，與攻擊、性、暴力、男性，都可能有所關連。而火星也可能是一顆觸發其他行星影響力的關鍵，當火星的相位介入其他兩顆正形成相位的行星時，就可能引發事件。

火星最基本的意義代表著行動與求生的意志，包括了尋找飲食、自我保護等，當最基礎的安全生活條件被滿足時，火星的力量才有可能轉為進一步的性行為、自我實現的行動與攻擊他人，當行星過運的火星與出生圖太陽產生合相時，都代表著一個新的行動循環。在這段期間內行動的能量被激發到最高點，整個人會變得相當的活躍與激動無法平靜，適合將這些能量用在實現自我上，包括追逐夢想、從事運動、實現重要的計畫或是參加競賽等。

占星大師羅伯漢更認為，這段時間不適合乖乖的待在辦公桌前，我們可以解釋成因為這種過多的能量必須被消耗掉，否則很有可能以其他形式表現出來，包括了情緒上的焦慮不安與攻擊他人、傷害自己或是從事無意義的刺激冒險活動等。火星同時也代表男性，在這段期間容易與男性有所接觸，對於期待戀情的女生與男同志來說，很可能是一個遇見戀愛對象的時刻。

當行星過運的太陽與火星產生合相時，同時也暗示著我們的行動更具有活力，並以行動替自己帶來了歡樂，因為這些原因更使得我們樂於去做某些與自身有關的工作。這代表著一段精力旺盛的時刻，在此相位出現的時間，容易帶來活躍的時刻閒不下來，也同時要小心因為過多能量的不穩定，帶來的意外傷害或發燒發炎等。

當流年的火星與本命太陽產生合相時，會感覺到自我的實踐與展現是相當重要的一件事情，相反的當流年的太陽去會合火星時，我們會全力的去追求那些與生存有關的事物，包括了工作、性愛、自我保護等。

柔和相位

火星是一顆相當具有刺激能量的行星，就算在柔和相位時，它所展現的影響也常常讓人驚訝，由於火星的行動能量刺激了太陽的自我實現意志，使得我們常將這段時間用於追求自我實現上。當柔和相位出現時，最常帶來的就是積極的工作表現，除非這個人對工作和晉升一點興趣也沒有，那麼他很可能在此刻去追逐他所認同的自我實現。

六分相常帶來機會，這可能是自我展開行動所帶來的機會，也可能是由同學、同事、朋友（六分相）幫助所帶來的機會，但無論如何都必須先展開行動，才有可能獲得這樣的機會。而在此刻也相當適合與他人合作，由於六分相的分享與合作能量將火星的行動力引導入團體合作中，就算原本不太合群的人，也可能在此時刻展現顧全大局共創雙贏的態度。

要注意三分相並沒有分享的意味，當流年太陽火星形成三分相時，火星的行動能量會完全展現在自我追求上，這一段時間最適合從事運動與競賽，並且設定一些追求的計畫，例如瞭解自我的計畫、改變自我的計畫，只有真正的行動才能讓火星的過多能量得以宣洩。

強硬相位

由於火星的能量強大，往往在強硬相位上有非常顯著的表現，當流年的太陽與出生圖上的火星產生四分相時，個人的衝突明顯增加，可能出現兩種互相抵觸的自我實現途徑要你選擇，也可能你已經處在兩者中產生困擾，或是在自我實現與工作（求生溫飽）產生衝突，也很有可能與他人產生衝突，在這種情況下不要輕舉妄動，更不可以隨著情緒起舞，你必須冷靜的面對狀況，等待問題出現逐一解決。但往往火星的強大能量會讓我們輕易出手，且作出草率衝動的決定而帶來麻煩。

對分相時與他人的衝突將更為明顯，特別是在事業與工作上，或是當有其他與他人競爭的計畫，在這時候都很容易產生衝突，你必須小心的確認自己的計畫、地位、工作是否都完備足以抵抗他人的攻擊。而通常在此時與伴侶的互動激烈增加，可能是性愛可能是爭吵，可能共同實現計畫或一起工作，或許多和他一起從事運動能夠減少爭執的機會，若真的發生爭執也必須放下自我各退一步才有

可能化解。

　　半四分相與半四分相，常帶來小意外與衝突。十二分之五相代表著自我的虧欠或遺憾有著無法釋懷的心態，於是往往採取過多不必要的行動來彌補自己，最常見的就是透過火星所暗示的攻擊他人來彌補自己的不安。

　　無論哪兩顆行星形成對分相，往往象徵著事物接近完成階段，這時候必須思考兩件事，第一是將計畫做最後的修正讓它更爲完美，第二是開始構想此計畫開花結果後的下一個步驟，這時候所面臨的困難和問題也往往是讓計畫圓滿的最後關鍵，所以必須更小心處理，避開所有火星強硬相位常會帶來的草率衝動。通常火星帶來的過多能量都能夠透過大量的身體勞動（運動）來消除，否則往往會產生疾病與意外的負面影響，此刻也需要注意自身與父親的健康與安全問題。

　　流年火星與本命太陽產生強硬相位時，暗示著我們對於目標的追求行動受到了限制與阻礙，這時候得回頭去看看是哪裡出了問題，相反的流年的太陽與本命火星產生衝突時，暗示了我們對於成就的追求，與基本的生存或自我保護的原則有些衝突，必須判斷輕重緩急。

推運（行星過運）圖的太陽與出生圖木星產生相位

合相

　　木星在二次推運法中移動的速度緩慢，占星家們會在推運木星產生原本命盤上沒有的相位時，或是在木星前進到下一個星座或宮位時特別注意，在太陽弧正向推運和行星過運中木星的相位與進入某個宮位帶來了該層面的發展，木星的相位在行星過運中往往可以持續幾個月的影響力。

　　無論是推運或行星過運的的木星或太陽呈現合相時，我們顯得有自信，此刻是此人拓展生活領域的絕佳關鍵，通常會帶來許多發展的機會。木星的擴大效應，在生活領域相當的順暢或是獲得好的名聲，也可能是精神生活上有所成長。木星與太陽的交會往往帶來對於個人信念的支持，也會帶來求知和探索的渴望，適合學習與旅行，或是從事個人成長的學習。

　　不過木星與太陽的交會也常會帶來自我膨脹，甚至會有以爲無所不能，這種錯覺很可能在稍後木星與太陽形成四分相或其他強硬相位時，受到挫折，或者以爲自己什麼都不用做就會有好事發生，有時這種自我膨脹會以身體的方式來呈現，那就是變胖。

仔細區別流年太陽與本命木星產生合相時，自身的信念能夠帶給我們追求成功的動力，而反過來看，當流年木星會合本命太陽時，比較容易代表著幸運的時刻到來，或者我們的自信帶來了充足的生命力與活力，適合自己發展與大顯身手的時機出現了。

但是要提醒占星師們，千萬不要在任何一種木星與命盤位置產生相位時刻，告訴對方會有極度的好運，造成對方的過度期待，我們要以平實的觀念告訴對方有好的機會，但不去認眞執行並不會有什麼作用，避免對方在過度期待之下產生落差。

柔和相位

基本上木星的柔和相位與合相類似，木星與太陽的六分相代表機會，此時在工作與人際關係上往往會得到許多好的發展機會，且在朋友的支持與幫助下獲得成功，同時這樣的相位也可能代表你與他人可以愉快分享著自己的想法。

流年中太陽與木星的三分相帶來的超級好運，與他人較無關連，通常展現的是個人精神生活的成長，也適合利用這樣的好運從事自己想做的事情，朝著自己的理想與目標前進，這是一個極爲幸運的時刻，應該要把握這樣的時機。太陽與木星的三分相往往帶來一段舒適且幸運的時刻，不過也容易變得懶散放縱和隨便。

強硬相位

木星強硬相位時並不代表運氣不好，但容易表現出放縱浪費，過度自信、興奮與不踏實的態度，此時我們很容易冒險或是做出了違法或違背信念的事情。四分相時我們往往希望朝許多不同的方向前進，過多的想法使得我們的精力無法集中，很容易在此時遭受挫折或一事無成，如果能夠將精力集中在某一件事情上，或許仍能夠得到木星帶來幸運的能量。

木星與太陽對分相時，帶來了與他人合作的機會，在與他人的競爭或合作上可以獲得許多啓發，也可能有成功的機會，但要記住水能載舟亦能覆舟，我們必須聆聽他人的建議與教訓，因爲太過自我對合作來說並不是好事。

流年太陽與本命木星的四分相，往往代表著現階段所追求的事物或自我展現的態度，與我們的信念並不相同，而流年木星與本命太陽的強硬相位，暗示著大

環境的變化並不適合太過自我，或不利於自己所追求的事物。同時太陽與木星四分相時仍容易帶來多且雜的事物，如果我們什麼事通通都想做，就很有可能面對失敗的危險。

木星與太陽的四分相也是一個自我反省的好時刻，通常我們的想法信念會引發爭議，讓自己失去信心（四分相），或與他人發生衝突（對分相），這時必須檢討自我的信念和生活上不踏實的態度。四分相與半四分相往往暗示著過於疏忽或懶散所造成的危機。

而十二分之五相暗示著自我意識與社會要求或是期望中的自我成長方向有所衝突，因此須調整自己目前追求的方向，要注意的是你所設定的方向是否太過遙不可及或太理想化。

流年時太陽與木星強硬相位也可能暗示著，我們可能活在一種高度樂觀的態度中，或是我們扮演他人的聖誕老人（也有可能反過來），帶給他人（或自己）一種興奮的期待或替他們開拓視野，但這時也要注意健康上肝臟與心臟的問題。再次提醒占星師遇到這樣的命盤時，不要給對方過度的興奮期待。

推運（行星過運）圖的太陽與出生圖土星產生相位

合相

木星以外的行星在二次推運中移動的機會並不多，占星家們比較重視外圍行星在行星過運和太陽弧正向推運的表現，此時要注意，土星並非傳統占星學中想像的這麼糟，在某些位置反而會能有安定與穩定的效果。

土星在行星過運中往往會有長達數個月左右的影響，在面對土星所相關的宮位暗示的生活領域與事物時，必須採取更為成熟與負責的態度，當土星對任何行星發揮他影響力時，我們必須謹慎且實際的看待，如果不這麼做，土星就會發揮教訓的作用，讓我們感受到痛苦。

在流年發現土星與太陽的合相時，代表著一段並不怎麼愉快的生活，在這段時間內可能處處受限，或是責任加重。而這也是一段受到父親影響相當顯著的時刻，在某方面來說，此刻的父親印象（無論血緣或父親是否在世）往往會加重你的責任感，或許覺得痛苦或麻煩，但卻會讓你的生活更為穩定。

這個時期不適合冒險與投機，而是必須面對真實的自我，因為土星帶來的教訓與反省正在幫助你打好生活的基礎，不適合追求遙不可及的夢想，反過來的必

須先滿足生活中的基本需求，並且將非生活所需的事物淘汰掉。雖然流年中土星與太陽合相的時刻不適合發展，但很可能是一個幫助自己完成某件任務的時刻，同樣的，踏實謹慎的態度能夠幫你面對一切困難。

我們必須記住當行星過運的土星與本命盤的太陽合相時，帶來了新的責任與意義和新的生命課題，這些事情可能與你命盤上土星所在的宮位，或土星所守護的宮位有關，而往後在每一次土星與太陽產生相位（特別是強硬相位）時，與這個課題有相關連的事情都很可能再出現。這些時刻往往在檢驗我們對這件事情做了多少的努力，還有哪裡需要補強的。當這樣的合相出現在推運或其他流年的判斷法中，土星對於責任要求的影響只會更加明顯。

流年的太陽會合本命土星時，生命中重要的責任在這時候浮現意識層面，我們也容易在這時候意識到自己的弱點缺點與害怕的東西，而當流年土星會合本命太陽時，我們必須學會與外界壓力或內心的恐懼共同生存。

柔和相位

行星過運或太陽弧正向推運中，土星與太陽的柔和相位帶來責任感與小心謹慎與穩定的生活，在六分相時我們與他人的互動變得更為謹慎實際，通常在這個時刻所進行的事物可以有始有終，或許他人的實際態度影響到了你，但也很有可能是你的認真態度影響了他人，而共同完成某些事物。他人所給的建議或許不中聽，但卻相當實際且幫助極大。

流年中太陽與土星三分相時，常常帶來自我反省的時刻，我們的行動與思考都變得更為謹慎，在此時相當適合檢視自己的長期生涯規劃，並且做適當的修正。土星在占星學中代表長者，在此一時刻長者給你的建議與幫助是相當有用的，如果有任何的困難不妨尋求長輩的指導。

強硬相位

土星並不是一顆討人喜歡的星，又遇到讓人感受不舒服的強硬相位時，就容易帶來麻煩。流年中土星與太陽的四分相，往往帶來重大的挫折與打擊，我們常常感受到別人的壓抑，但當你仔細看這些問題時會發現，問題並非來自於外界的干擾，而是源於自己內心的衝突。這些衝突往往伴隨著幾個主題出現，一是你自身該承擔的責任，二是你生命中正在追求的事物，問題常出現在責任與自我意志

上的衝突，而此刻也並不是一個追求夢想與實現自我的時期。

這時候別忘記去檢查本命盤的土星所落入的宮位與星座，以及土星所守護的宮位，都可能暗示著你責任的所在，別忘了進一步檢查上一次土星與太陽合相時發生過什麼事情，這可以給自己更多的線索來討論，是否有哪些工作必須完成。

土星與太陽的對分相也可以應用在這樣的情況中，但你與他人之間的責任與承諾過的事物會是衝突的重點，只是當你忽略了應盡的責任時，出現的不只是內心衝突，還包括了他人著指責與社會壓力，甚至伴侶關係、親子關係的問題等，你會覺得你夾在眾人中，卻無法實現自我、處處受限。占星家們通常會建議在此時先完成責任，並給自己更多時間去準備追逐夢想所需的條件，等待衝突的壓力消失時，再開始追求理想。

在十二分之五相時，暗示著受到過去的經驗的干擾，使我們限制自己，有時會讓我們像是無頭蒼蠅一樣不斷的改變方向，有時這樣的相位會因為罪惡與虧欠感而引發身心或財務的問題。土星的強硬相位往往帶給我們受限制的感受，這種限制絕對不是莫名其妙的宿命，當你仔細探索時會發現在計畫中的某些重要因素並未完成，先去完成這個部分再來進行下一個步驟。

土星也常暗示著我們的身體必須做一番調整，此時身體狀況不佳，體力也不是很好，特別在牙齒骨骼方面容易產生問題。這段時刻適合靜下來，展開一些學習與自我成長的課程，並更重視健康與運動以及自我的內省，才能夠培養足夠的精力與精神進行未來的計畫。要記住土星目的是在教導我們，必須對自己對他人有責任感，且按部就班的實現生活中的計畫。

流年太陽與本命土星產生強硬相位時，暗示著我們生命中所懼怕的事情，或自己所意識到的責任，阻礙了自己現階段的發展，而流年土星與本命太陽產生強硬相位時，除了可能具有前述的象徵之外，也非常明顯的暗示著外來力量的介入，引發內心的恐懼，讓我們貶低自我，或是感受到明顯的壓力。

推運（行星過運）圖的太陽與出生圖天王星產生相位

合相

天王星常帶來孤立分離與不尋常的事物，有時會帶來重大的改變，但由於天王星移動速度緩慢，與內行星產生相位通常會維持一兩週以上，與外圍行星產生行星過運時則可以維持好幾個月，而在太陽弧正向推運中，一旦產生相位會維持

好幾年的時間，所以我們在觀測時要特別注意，當天王星與木星以外的行星產生相位（特別是強硬相位）的同時，若有太陽月亮和金水火等星也來攪局，產生強硬相位，就很可能真的發生某些特殊事件。

行星過運的天王星影響力不小，而且影響時間很長，它們會產生讓人措手不及的變化，就像是玩牌時出現的豬羊變色，讓人不知如何處理，對於那些命盤中土相星座與固定星座較強的人來說，往往很難接受這種改變，需要一段時間才能適應。

流年太陽與天王星的合相代表容易有重大改變的時刻，帶來希望追求精神或肉體上的獨立，有改變過去生活習慣的暗示，這段時間中我們對於日復一日的呆板生活感到厭煩，非常希望能夠有所突破或是離開這樣的生活。我們很有可能斷然做出改變的決定，不僅嚇到了別人，有時候連自己都不懂是哪來的勇氣，天王星代表著突然的行動與改革過去，當它與太陽的自我意志相結合時，就有可能帶來這樣的勇氣。在這段時間應盡量保持生活中的彈性，並盡量嘗試一些新鮮的事物，讓這種刺激轉化為推進與成長的力量，否則天王星的強大能量無法宣洩時，往往會以意外與令人驚嚇的型態呈現。

流年的太陽會合本命的天王星時，我們容易產生突然的覺醒，特別是察覺到自己認為生命中需要改變的部分，這種覺醒往往是過去隱隱約約察覺到的，而在這時候覺醒。特別在行星過運中每一年太陽都會通過天王星一次，就像是年度的成長與改變一樣，你會在這時候找出一些需要改變的事情，來讓自己更為進步。

而行星過運的天王星與本命太陽合相，或是任何一種推運圖中有太陽與天王星的合相時，往往暗示著外在世界的轉變刺激了自己的個人意識，渴望獨立與自由與眾不同的特徵出現在生命中。而此時需要注意的是，我們面臨一個長時間的改變週期，除了要有改變的自我意願之外，也要保留改變的彈性空間，更要讓自己和周圍的人有機會去適應自己的改變，必要時接受些妥協與暫緩，利用靈活的社交手腕，來避開激烈改變所帶來的傷害。

柔和相位

天王星就算在在柔和相位上，也有著不少的刺激，當太陽與天王星的六分相產生時，我們對短暫未來有著許多的不確定，因為過多的刺激讓我們對任何人、任何事都可能產生興趣，朋友可能帶來意外驚喜，我們自己本身的表現也常去嚇到別人，太多的選擇往往讓我們不知道該如何決定，甚至變得有些隨性不夠嚴

謹。

當三分相出現時往往代表著內心中對改變的期待，這樣的情況會讓你開始去想一些過去未曾思考過的事情，這種改變常常是由內而外的，雖然令人驚訝但卻能夠理解與接受（因三分相的影響），這樣的相位其實也讓你不太在乎別人的感受，也不想活在他人的期待下，甚至許多人在天王星與太陽產生相位的時刻特別想要獨處，這和天王星的獨立特質也有關連。

我們可以用這段時間進入自己的內心世界，去看看我們可以替自己創造什麼新的契機，或許生命從此開始改變也不一定。在太陽與天王星產生柔和相位或合相時，建議放輕鬆去享受新的世界接受自己的改變，當作生活的體驗，天王星與太陽產生任何相位的期間，我們對任何事物最好不要有所期待，因為此時事物結局往往會出乎意料之外。

強硬相位

傳統的占星學認為強硬相位容易帶來意外傷害與精神壓力，如果是對分相容易有嚴重的創傷甚至死亡。但今日的占星師不太喜歡這樣看待，當天王星與太陽在流年呈現四分相時，我們無法乖乖的待在原來的生活中，就算你不願意，你也會被一些莫名奇妙的事件干擾，突然的轉換職位，突然的與朋友分離，或者被一些預料之外的事件給影響，例如你手邊有著忙不完的工作，但突然卻跑出一個好久不見的朋友找你吃飯，讓你不知道該怎麼辦。

而四分相累積的衝動與壓力也會讓人難受，會讓人渴望獨處，或是做一些一反常態的事情，但卻也常常被他人干擾，或是自己覺得這樣做違背自己的作風。對分相除了有著上述一反常態的影響之外，最明顯的意涵是與他人分離，這樣的分離有可能是朋友離職，或是有人出國，或是情人分手、家人離去等，生離死別的種種很可能在此刻發生，我們也可能突然和他人產生衝突，或者某人突然的出現或改變他們的態度，無論是高興或悲傷，這些都會帶來極大的驚嚇，當你感受到這些衝擊的同時，請不要壓抑你的感受，應直接了當的表現出來，否則這些能量很可能造成其他的意外事件。

當太陽與天王星產生對分相或四分相時，可以去主動追求驚訝與接受意外的改變，例如：去做一件自己從來沒有嘗試過的事情，接受一個刺激的挑戰（當然要先注意安全），做一些讓人覺得很酷很狂野卻又不傷害自己他人的舉動，例如突然請假一天，到你從來沒去過的地方去體驗不同的感受，讓天王星的叛逆力量

能夠得到宣洩，或許主動的追求驚訝比起坐著等，來得讓人有心理準備。

太陽與天王星的十二分之五相，暗示著在自我超越上遇到的困擾，我們不斷的修正改變計畫卻不容易達到目的，同時也對自我和他人有種虧欠感。當流年的太陽與本命的天王星產生強硬相位時，我們容易感受到想要擺脫束縛去追求新的生活的渴望，但另一方面卻同時會有其他因素著我們繼續維持這樣的生活，兩者的衝突使自己掙扎。

當行星過運的天王星與本命太陽產生強硬相位時也會有類似的狀況發生，但是也容易發生外界的改變迫使我們改變原有的計畫與追求，突發的狀況在行星過運的天王星與太陽產生強硬相位時特別容易出現。此時請參考我們在合相中所描述的對應方式，保持改變的彈性，並注意自身與他人的關係。

推運（行星過運）圖的太陽與出生圖海王星產生相位

合相

海王星代表著接近完美或夢想的理想狀態，也代表著精神層次與心靈的能量，當流年太陽接近海王星時，會讓我們有提升純潔心靈的感受，也容易被藝術電影幻覺所感動，但往往有些想法會太過單純而引發挫折。

太陽與海王星在流年時的合相，代表著此人的精神被感動，在精神上的提升容易藉由藝術、宗教來表現，容易帶來啟發與靈感，通常在這個時刻人變得較為敏感，很容易因為一些事情而感動。但海王星常常有理想與單純化的特性，可能在此刻模糊了生命中的焦點，看不清事實的真相，這時我們常用的是感受而非分析，常把事情看得太單純而導致錯誤的判斷。

從醫療占星學的觀點來看，海王星往往代表了力量的削弱，此刻精神狀況相當敏感，且身體常會處於虛弱的狀態，特別在用藥方面要特別小心，許多人也在此時刻沾染上煙癮、毒癮、酒癮等壞習慣。由於此刻容易有莫名其妙的宗教熱誠，占星師們建議利用此刻加入義工團體或從事社會服務工作，來幫助真正需要幫助的人，也可以從事靈修或是加入心靈成長的團體，讓自己敏感的情緒能夠被安定。

如果你的命盤中有強烈的土星，那麼記得運用這個土星來規範海王星的夢幻與虛無飄渺，盡量讓自己的生活維持在規律狀態，如果沒有，或許你會需要一個人來扮演教訓你或是管束你的土星，讓你不至於太過荒唐迷糊。

流年的太陽與本命海王星合相時，心靈中的精神與浪漫層面會進入意識層面，這也是為什麼在這時候容易變得相當敏感。但是當流年的海王星與太陽合相時，往往因為內在的思考問題（靈修或宗教的思考），或外在的力量介入（生病或使用藥物），而使得我們不知道該何去何從。也很可能使我們犧牲掉我們的主觀意識，或使我們的意識或身體（生命力）變得脆弱。

柔和相位

海王星的柔和相位增加了個人在精神與靈性生活上的愉快，但也會讓生活變得較為鬆散，許多事情容易失焦，很難能夠真的分辨出是非黑白，受到海王星的影響也很難去分析事理，在這段時間，我們的感受變得較為敏銳，必須相信第一個直覺告訴我們的事情，如果想要去分析或是聽信他人的勸說，總是換來不太愉快的下場。

海王星的六分相幫助我們和朋友有著愉快的互動，這種互動多半顯示在藝術與精神層面，共同欣賞音樂、電影，或參觀美術展覽等或是討論一些關於精神生活的事情，藉由這樣的交流幫助自己成長，但也很可能讓我們遇上一些放縱自我的朋友，必須特別小心。

太陽與海王星在流年的三分相，往往引導我們走向精神成長與靈性修行的道路，在這段期間我們容易受到精神力量的感召，這些或許藉由宗教、藝術、電影或者他人的犧牲奉獻事蹟來感動我們，讓我們也朝著相同的路發展。在這段時間我們常想要去挖掘更深層的自我，或是有更多的理想與真誠要奉獻給世界上需要幫助的人，通常在這段時間變得特別悲天憫人，常常會想主動的幫助別人，甚至犧牲自己的利益成全他人。

海王星浪漫的理想主義會促使著我們奉獻自己，讓世界變得更美好。通常在海王星的柔和相位時，人變得特別浪漫，當然這也會影響我們的友情、愛情和伴侶關係，但要小心千萬不要被海王星的模糊焦點，給帶到別的方向或錯誤的戀愛關係中。

強硬相位

和金星類似的是，海王星的強硬相位並不會給我們痛擊，但是卻呈現另一種形式的干擾，首先使我們的意志變得薄弱，這段時間我們容易否定自我，很悲劇

式的認為自己不太重要，同時海王星過多的夢想與單純會讓我們模糊焦點，迷失在自己建構的夢幻世界中。

海王星與太陽的四分相常常會讓人變得太過夢幻與浪漫而看不清事實的真相，這時候挫折的出現容易讓人感到無奈，不願意面對現實往往是海王星四分相的特別表現，有些人在這時候希望犧牲自我成全他人，卻也往往得不到他人的認同，原因可能出在於，你給的犧牲並非對方所需要的。

對分相與伴侶關係有著緊密的連結，海王星與太陽的對分相往往表示你對他人有著太過夢幻的期待，這些想法很可能是最後導致你覺得被傷害的原因，心碎夢醒往往是海王星過運之後的感受。這段時間對周圍的矛盾感到困惑，又老是因為他人不願意陪伴你追求美麗的新世界感到沮喪，海王星過度的理想主義的強力影響在此，他人會覺得你空有夢想不夠實際，甚至太過浪漫等。

包括十二分之五相在內，太陽與海王星的強硬相位與麻醉藥品或酒精有所牽扯，海王星的強硬相位會削弱太陽所代表的生命力、體力與自我意識，也容易帶來精神上的困擾，欺騙與被欺騙的事情將會發生。這段時間不適合做出重大的決定，接觸藥品與酒精時必須更為小心。

海王星常常讓我們陷入一種悲劇英雄似的拯救者、被害者、迫害者之類的角色，如同心理學家史卡曼所設計的戲劇三角形心理遊戲一樣，當事人陷入救援者、被害者角色不斷互換的無端循環，這種狀況在海王星與強硬相位中特別明顯，我們可能一下子扮演悲天憫人的救援者，一下子又變成了被害者。

其實我們也可以藉由史卡曼（Stephen Karpman）的理論來解決這個悲劇的循環，當你決定不在扮演遊戲中的一角，而扮演旁觀者時，就是從這當中解脫的開始。在海王星與太陽產生相位時不要抗拒，而是試著安然的接受現況，能夠減輕焦慮會讓自己稍微好過一些。

推運（行星過運）圖的太陽與出生圖冥王星產生相位

合相

冥王星的移動速度相當緩慢，它所帶來的行星過運所產生的相位往往長達兩年以上，在行星推運法中，占星師判斷行星的影響力依序是冥王、海王、天王、土星、木星，最後才是內行星，在這段期間裡，若命盤的內行星同時與流年冥王星產生相位，就很容易引發大事件，通常也不怎麼愉快。

　　流年中太陽與冥工星合相時不是一段愉快的生活經驗，常會感受活在他人強權的影響之下，許多事情你無法作主，或者我們將會被迫接受一些社會劇烈改變的結果，可能跟這些人事物被迫共處一段不愉快的時光。

　　流年的太陽遇到與冥王星合相或是強硬相位時，都會帶來劇烈的生活改變，特別在這段時間要注意自己的身體與精神狀態，要知道這一段時間是非常時刻，我們要有整個人脫胎換骨的心理準備，如果在這段時間或之前就開始從事自己的改造工程，或許可以契合這段時間冥王星所帶來的能量。同時這些進修與自我改造，都能夠幫助我們避免冥王星的粗暴衝擊帶給我們無法承受的傷害。

　　冥王星讓人有被深深掩埋而無法看見未來的感受，事實上它要我們去尋找我們的「求生意志」，我們可以趁著這段時間學作蛹中的蝴蝶，體驗生命中不只有快樂，還有許多該盡的責任與義務，在此段時期的深刻體驗將幫助我們重生時擁有更強的能力面對一切。這段時間常會面對一些不愉快的人事物，請盡量小心自己的言行，避免讓自己捲入是非與危險中。

　　當流年的太陽與本命冥王星合相時，我們突然間感受到對於力量與權力的渴望，這一種渴望來自內心中的不安，希望一切都能夠在我們的掌握之中。當流年的冥王星與太陽合相時，多半會有強大的外力突然介入，使我們必須為了生存而奮鬥。太陽暗示著自我與的生命力，受到冥王星的暴力衝擊之下，許多危險與難受的事情都有可能發生。

　　以飾演超人出名的著名影星克里斯多福李維，在 1995 年墜馬時脊椎受到了嚴重傷害而全身癱瘓，他的命盤中就有著冥王星與上升點結合，顯示著他過人的意志力與超人的扮演，然而在 1995 年 5 月的悲劇發生時，太陽弧正向推運的冥王星與上升點，正好移至他的出生圖上的太陽、水星，並在第二宮緊密相合，太陽守護的器官正是脊椎、水星也與全身傳導的神經有關，上升點代表著外在與身體，與第二宮（除了金錢外也代表肉體）的緊密結合，墜馬幾乎讓他喪失生命。

　　這裡要提醒你的，並不只是冥王星會造成如此嚴重的傷害，因為我們可以看到克里斯多福李維 1995 年墜馬之後他所發揮的堅強求生意志力，連醫生都感到驚訝，冥王星與太陽的結合帶來了激烈的變動，深深的掩埋自我，讓人幾乎感到絕望，但克里斯多福的案例也提醒我們，冥王星也給我們重生的機會，如果能夠破繭而出，我們將成為真正的超人。

柔和相位

太陽與冥王星的柔和帶來壓力與積極重生的可能，在六分相時帶來幾種特殊的現象，第一會讓我們結束某種狀態而進入下一個階段，如果之前的階段屬於混亂且渾沌的話，那麼這是一個重整的好時機，第二個現象是讓我們感受到權力的影響，我們可能在某些特殊人士或是團體的影響下達成目的，或者贏得某些機會，但要記住你可能是那個團體的一部分，但並不是真正擁有那股力量的人，而通常在這種行星過運的影響下，我們常覺得自己擁有影響他人的能力，事實上這是一種相互影響的力量，千萬別搞錯或高估自己的能量。

太陽與冥王星的三分相讓我們的意志變得更為堅定，也容易想要去展現自己的能力，特別是一些控制他人的慾望容易在這時候出現。通常在這時候我們變得更為自我，卻懂得如何去掩飾，避免讓自己受到他人的攻擊。通常在冥王星的影響下，是最適合改造自我的時機，特別是那些應該徹底改變的壞習慣，或是一些自己不想要的事物，無論在身體與心靈上，只要你決定了目標就可以達成。

而太陽與冥王星的和諧相位也往往帶給我們對他人的影響力，在這段時間你幾乎以為自己可以控制其他人，但千萬不要被這種幻象給迷惑了，也不要濫用這樣的能力，否則當影響力消失時很有可能自食惡果。

強硬相位

太陽與冥王星的強硬相位讓人有一段相當不愉快的時光，四分相時對於權力的渴望，容易讓我們做出錯誤的決定，你可能想要發揮自己的影響力，但是在他人眼裡就如同七月鴨子一般的不知死活，往往所受到的回應是巨大的挫折與壓力。有時他人的否定不只給你當頭棒喝，更可能徹底的埋葬了你的希望與人生方向。如果你此刻正處於這樣的時刻，也不要沮喪，這是一個反省的時刻，往往冥王星會讓我們死而復生，如果你將過去的那個你徹底革除，那麼你就會獲得重生的機會。

對分相同樣有著四分相的困擾，往往影響自我與他人的關係，會讓你希望透過一些影響力來操縱你的夥伴、伴侶或其他人，特別是在社會上擁有權力的人會有更明顯的感受。或許行動可能成功，但這樣的操縱關係卻讓大家都覺得不舒服，控制的人也往往被其他人或事物給控制，並擔心某天你所控制的事物將會反

撲，這就是爲什麼在這一個時刻並不是那麼快樂的理由。如果能夠跳出這樣的權力爭奪才有可能解脫。而這樣的關係也可能出現在伴侶關係上，面對這樣的困境時，必須要放下彼此之間想要控制對方的心態，站在平等的地位開誠布公的說出感受，才能重新開始。

冥王星往往有毀滅與重生的意涵，在這段時間可能面對的人事物的結束或毀壞，我們必須正視這樣的現象，並且利用這個時機，革除毀壞或不合時宜的部分，才能重新修補這些問題或物品或是關係，冥王星與太陽的強硬相位常帶來生活上的重創，同時必須承受重大的精神壓力，但卻也是一個自省且創造出新生活的時機。

冥王星帶來了對於權力的渴望，你可以嘗試去爭取，但是要盡量小心，冥王星仍與罪惡、傷害及暴力有關，強硬相位往往暗示著可能發生的傷害，特別當與身體或健康有關的 150 度出現時要更爲小心，如果你不想惹上麻煩，盡量遠離是非明哲保身，並且將冥王星的毀滅力量，應用在革除自己的壞習慣，或結束一些不合時的舊事物與關係上，並且從事較爲激烈運動如戰鬥有氧或柔道、跆拳道之類的武術，讓暴力的能量得以宣洩。

當流年的太陽與本命冥王星產生強硬相位時，對於自我意識中的黑暗面所帶來的不安感到沮喪，如何去面對這些原本隱藏在心底的黑暗成爲重要課題，我們可以利用這個機會去認識更自己的心靈深處，利用這股力量讓自己更爲強壯。

當流年的冥王星與本命的太陽形成強硬相位時，你必須學習與外界所帶來的重大改變妥協，可能是權力的機關或是不可測的強大力量，讓我們必須做出一些決定和改變，特別在行星過運時這些改變往往是長時間的（別忘記冥王星的移動速度相當緩慢），透過這一層訓練才能讓我們挖掘出自己的生存潛能。

推運（行星過運）圖的太陽與出生圖凱龍星產生相位

合相

在這段時間內我們容易覺得自我受到傷害，很可能是在太陽與凱龍合相的宮位方面的事情受挫，而讓我們對自我懷疑。通常在這段時間、我們需要對內尋求自我，在自己的心中尋求心靈導師的指引，因爲我們在這段時間內通常很有能力幫助別人瞭解自我，但是爲什麼不用同樣的方式來幫助自己裡瞭解自己呢？

在凱龍星與太陽會合的流年週期，我們與父親的關係變得密切，這裡所指的

密切不一定是正面的，而是有更多的互動，可能父親需要的你幫助，或是你覺得父親在某方面傷害了你，甚至是你記起了過去父親對你的態度等等。

凱龍所指的父親並不一定是有血緣關係的親生父親，有時甚至是你在外頭認識的父執輩，或是你視他如父的長官、長輩、導師等。不過凱龍與太陽的合相，也通常顯示他們的形象處於受傷的狀態，如果有其他行星（冥王星、天王星、土星等）同時產生不良相位，也可能暗示著你或父親（父執輩）身體的殘缺或死亡。但這個時期也是學習醫療自我的時刻，你或許得扮演自己的父親或是導師，引導自己走出心靈與肉體的傷痛。

流年的太陽會合本命的凱龍時，讓我們意識到自己受過的傷害，這裡的傷害也往往與父親或長輩所帶來的感受有關，我們必須用自信來幫助自己走出這樣的陰霾中，學習著治療自己的傷口。流年的凱龍會合本命的太陽時，過去的傷害同樣的會浮現台面，但同時在當下也有可能出現關於父親或長輩的問題，正因為這個問題，讓我們意識到過去的傷害。

柔和相位

我們或許在這樣的相位中，無法明確的感受到凱龍的傷痛，但是透過六分相與友人的互動，可以真的幫助自己治療心中的遺憾，注意凱龍所在的宮位，代表的是傷痛與遺憾的位置，或許你可以用關懷者（像太陽一樣）來溫暖這個位置，也或許你需要這樣的幫助，而你的朋友正扮演溫暖的太陽角色。

三分相時我們更不容易感到那種傷痛，或許心中有點遺憾，不過因為三分相具有接受的意味，能讓我們很快的卻能夠接受並且學會與這樣的傷痛和平共存。在這樣的時間內，我們通常也能學會用正面的態度來看待傷痛與死亡的陰影，這段期間也是學習治療（凱龍）自己（太陽）的時刻。

強硬相位

凱龍與太陽的強硬相位，讓凱龍星所代表的傷害與被傷害的意義變得更爲明顯，四分相時你同時面對著心靈的創傷，特別是父親長輩帶來的傷害（凱龍），以及自己所想要追求成功的渴望（太陽），這兩者特別容易在此時呈現兩難的局面，你可能必須選擇其中一個。占星師通常會建議先面對傷痛，尋求心理或是命理諮商師、治療師、醫師等的幫助，先將自己的心靈身體傷痛撫平，等到有足

夠的能力再向前衝，如果你抱著傷痛向前衝，或許有機會成功，但是在達到目標前，往往會經歷更多的痛苦。

對分相暗示著我們扮演被害者或是加害者其中一角，我們或許正在經歷一段痛苦的關係，或許是正在傷害別人，無論你正處於哪個角色，請你馬上停止，停止傷害別人，或停止自憐自艾，在凱龍星所帶來的加害者與被迫害者的遊戲中，只要你選擇離開這場遊戲，並且同時關注到他人與自己同時都有傷痛，無須如此對待對方，面對這樣的傷害你不必反擊，只要離開這個環境就好。通常許多人會認為自己無法離開被人迫害的角色，例如婚姻中的犧牲者，家庭暴力的犧牲者，那麼我建議你尋求心理諮商或生命線這類機構的援助。

凱龍不只有傷害的意味，凱龍也可能是醫療者或是精神導師，或許在此時困難的關係，代表你正扮演著醫者或是他人導師的形象，也可能是他人正在扮演你的導師或醫者。注意凱龍與太陽所在的宮位，需要注意的關鍵就在這個宮位和星座所暗示的事情上。

當流年的太陽與本命的凱龍形成強硬相位時，我們可能因為自身的特殊能力或過去的傷害而感到壓力，例如去幫助你不願幫助的人之類的問題，這時候我們必須體認自己並非全能的，自己也有自己的傷痛與苦惱，並透過這一層體認來幫助自己走出困境。當流年的凱龍星與本命太陽形成相位時，自身或所認識的長輩可能會遇上一些問題而需要幫助，同時在這一層互動中，引發了你自身的傷痛與自卑。

推運（行星過運）圖的太陽與出生圖上升點產生相位

上升點也就是大家口中說的上升星座，在占星學中常被當作是命盤第一宮的起點，上升點象徵著一個人的外觀與外在表現，特別是指我們與外界社會的互動過程。

雖然上升點不是一個行星，但許多占星師仍然很重視上升點、天頂與行星之間的交互關係，這些點也被視為像是行星一樣，能夠和其他的行星產生相位。我們解釋流年行星對上升點的相位是該行星對一個人自我與外在的影響，影響的時間則視該行星移動的速度來決定。

合相

在一張個人命盤上，我們往往可以找到許多不同的「我」，其中太陽代表著意識上的自我，有些類似榮格所說的「Ego」，而上升點代表的也是另一個我，這個我通常在我們與他人和外界互動時出現，調和了個人意志與外界的期許，和榮格所說的「人格面具」（persona）有些類似，Persona 會包裝或掩飾甚至排斥自我中一些他人無法接受的部分，讓自己更能夠符合社會期許。

當太陽與上升點產生合相，也就是太陽進入第一宮時，會增強一個人的自我意識，或是更認同外界對自我的期待，與外界的互動也變得更為頻繁。我們也可以參考本章節「流年太陽進入第一宮」的部分，來解釋這一時期的自我表現。

柔和相位

當太陽與上升點產生柔和相位時，就像是一股無形的力量在增強自我意識，通常在這個時候我們面對外界會更有自信，我們可以從兩方面的互動來解釋，第一是自己更能夠認同外界對我們的期待，第二是我們更有自信地將自我的意識展現給外界，這兩種關係也常會同時出現。

六分相時實現自我的機會增加，透過與外界的互動與友人的互動，來實現自我或是達成外界對你的期許。三分相往往會將剛才說的兩種互動自然的結合，我們常會將外界社會要求的那個我，當成是真正的「自我」，也會將毫不猶豫的將「自我的意識」表現出來，通常這種自我意識的表露會有些修飾，但通常在太陽與上升點產生相位時，我們會直接表態，所幸在柔和相位這樣的自我，被他人接受的可能性很高。

強硬相位

同樣在這個時刻，自我與外界期許的兩種互動變得相當頻繁，不過挑戰性似乎增加了，在四分相時我們往往會發現，外界期待的那個我和自己內心意識到的我有些不同，甚至有些衝突，困難點往往是這兩者都代表你，該如何適當的扮演兩個不同的角色才是高難度的挑戰，因為無論選擇哪一條路都會被他人和自我質疑。這是一段稍微衝突的時刻，這也是自我實現的重要挑戰，內心必須有所抉擇

並且承受壓力，但也不要忘記安撫內心中對於安全的需求，以及情緒的不安。

對分相時往往使我們承受強大的外界壓力，許多人在這個時刻備受他人的關切，他人的要求與願望常在此時帶來巨大的壓力，我們常無法扮演真實的自我，但這也是一個自我實現的必經過程，我們必須瞭解他人的期待與想法，卻也同時不要迷失自己，在這當中權衡，盡量取得雙贏的機會，這也往往是一段與伴侶關係有關的重要時刻，這時期的影響可以參考流年太陽在第七宮的影響。

推運（行星過運）圖的太陽與出生圖天頂產生相位

同樣是一個人面與外界的互動，上升點所代表的時機或環境指的是日常生活中的互動，範圍與層面較小，而天頂往往代表的是自我與公眾社會的互動，最容易接觸到的公眾層面，就是職場上的互動，或者當一個人面對攝影機或是記者探訪時所表現出來的樣子，或是你希望這社會上其他原本不認識的你的人怎麼看待你。公眾人物往往會隨著天頂位置的星座和行星，而表現出他們的不同特質。

在許多分宮法中，天頂正好就是第十宮的起點，但有些分宮法在繪製命盤時，天頂的位置不一定在第十宮，這時候我們必須同時參考太陽在該宮的意涵，也參考太陽在第十宮的意義，畢竟天頂與第十宮在某種程度上有著相同的意涵。

合相

當太陽與天頂合相時，我們會更有自信的將自我推到大眾面前，而反過來，有些人則會要求自己去變成符合大眾期許的自我，這常和原始的自我有著更多的衝突，並讓自我情緒與感受會被忽略。這段時間的生活狀態我們也可以參考流年太陽進入第十宮的表現。

柔和相位

當這樣的相位產生時，我們常能夠在工作環境與公眾領域中展現自信，六分相帶來了許多生活上的小刺激，也增添了許多對工作和實現自我有幫助的互動和機會。但也別忘了六分相與人際有關，與他人的互動正是帶來這些機會的關鍵。

三分相往往能夠讓我們充分的展現內在的自信，透過工作、與下屬的互動或是充沛的資源，製造出對我們極為有利的環境，往往在這個時刻是對於工作表現

相當有利的時刻。不過這種內在的自信太過膨脹的話，會讓我們忽略他人的聲音，必須注意。

強硬相位

這種狀況顯示我們在其他生活領域所必須承擔的責任，與想要追求的事物有著衝突，特別是工作領域和自我實現上的不同。四分相代表著你必須仔細考慮自我或者他人的要求，是否與工作或大眾對你的期待有所衝突，這種壓力底下，我們常只能妥協選擇一個方向全力前進，但也要記得安撫沒有被滿足的那個層面，在能力範圍內同時滿足自我或他人的要求，而不是放任不管，當然這也是朝向成功的關鍵步驟，不可以輕忽。

對分相往往暗示著衝突的表現，伴侶關係的衝突、公眾領域和私生活的衝突，會是這個時候常見的景象，對分相也往往暗示著，我們過於重視自我情緒上的感受或是想要保護自我而限制了發展，首先我們必須先確認這方面的安全感受到照料，接下來試著突破自己對自己的限制，就算不能兩全其美，但至少不能有太嚴重的顧此失彼的情形。

第五章　月亮推運、行星過運與 出生圖行星的相位影響

　　月亮象徵著情緒、不安、需求、對安全的渴望、日常生活的習慣、人們的無意識或潛意識狀態，也可以延伸至一個人與母親和女性的關係，對於伴侶關係也有許多影響，更特別的是這些影響多半與童年有關。

　　在這個章節我們要討論出生圖月亮在二次推運圖、太陽弧正向推運圖與行星過運圖中的行星或上升、天頂產生相位的詮釋。這樣的解釋也可以反過來解讀當流年中的月亮與出生圖行星所產生的相位。

推運（行星過運）圖的月亮與出生圖太陽產生相位

　　任何與太陽有關的相位都已在之前「太陽的推運與行星過運與出生圖行星的相位影響」的篇章有過論述，請參考前面章節。

推運（行星過運）圖的月亮與出生圖月亮產生相位

合相

　　無論任何一種流年判斷技巧中，當出生圖的月亮與流年的月亮成為合相時，都代表著一個新的月亮回歸開始，例如在二次推運中，月亮會在大約出生後的28 天左右回到原點，象徵著一個人在 28 歲左右受到的影響，這個現象我們稱為「推運月亮回歸」，而行星過運的月亮與出生圖月亮成為合相的時刻，就是我們說的「月亮回歸」。

　　當月亮回歸時象徵著一個新的精神與心態的循環的開始，情緒的感受或許特別敏銳，更容易情緒化，無意識中所累積的能量也可能在這時候突然冒出來。在這個時刻我們需要注意的是，我們對於安全安寧的環境和平靜心靈的需要，人們往往在這個時刻需要被安撫，需要更多精神上的慰藉。

柔和相位

出生圖月亮與流年圖月亮的柔和相位，帶來了溫暖舒適的感受，這樣的時刻心靈較爲平靜，六分相代表著與他人之間溫和的互動，特別是與女性或家庭成員的關係相當良好。周圍的朋友或親人常帶來許多令人愉快的消息，當他人正處於低潮時，我們也有能力鼓勵他們。

三分相是出自於內心的舒暢與平靜，與女性及家庭成員或是伴侶的互動更爲順暢，而這時候我們也有傾聽或瞭解他人心情的能力，同時也能夠適當的安慰他人，且容易被對方接受。在月亮與月亮的柔和相位影響下，我們常常會想起一些過去美好的回憶，舊的事物或熟悉的環境會讓我們覺得舒適安全，而老朋友也是另一個讓你感到愉快的元素。

強硬相位

月亮與月亮的強硬相位帶來了多變且強烈的情緒，四分相往往帶來精神壓力與困擾，這時候我們的生活中同時出現許多不同的需求，讓你疲於奔命或是有種魚與熊掌不能兼得的感受。過多的需求讓你無法在日常生活中滿足，在行星過運時這樣的狀況最多維持一天，但是在推運圖中，這種情況會維持好多個月。

通常在這樣的時刻我們與他人的關係也變得不順利，常常有所謂的利害衝突，無論是與親人、伴侶或是女性朋友之間容易產生情緒化的爭執，要特別注意自己所說出口的話，甚至可能嚴重的傷害到你們的關係。

對分相常暗示關係之間的衝突，而月亮所帶來的情緒與情感需求，往往會讓那些不擅長處理人際關係的人有更多的困擾。特別在與女性的關係上有著許多的爭執，也容易讓人對自己感到失望或不滿。月亮的對分相往往挑起我們纖細敏感的神經，感受更爲豐富，但是卻很難注意到別人的需求，在這樣的時刻就容易產生許多衝突。

在這樣的時刻往往要注意你與他人的溝通與關係，也要注意自己的情緒盡量不要讓負面的情緒來影響自己和他人。特別注意的是 150 度的十二分之五相，容易產生一些心靈盲點，使人不正視眼前的問題，而改用其他的方式彌補犧牲，帶來了精神上的壓力，更容易替女性帶來身心健康的問題。

推運（行星過運）圖的月亮與出生圖水星產生相位

合相

水星的溝通與思考模式受到月亮情緒的影響，人容易變得感性，容易溝通與產生同理心，另一方面卻也容易受到情緒的控制，做出錯誤的決定，或是無意間說出傷害他人的話。

當流年中水星與月亮會合時，情緒的因素左右了我們的思考，對於安全與生活的基本需求也影響了我們的思考模式，這段時間可能只是行星過運的一兩天甚至幾小時，也可能是推運圖與太陽月亮回歸圖中的一兩年，而所帶來的影響事物沒有一定的模式，畢竟水星與月亮都是變化較大的行星，很難預測事物發展的好與壞還有事件的大或小。

這段時間我們的思考出發點，往往在於是否滿足了生活的基本需求，也常讓我們回顧過去的生活（特別是童年時期所帶來的不安事件）。在這段時間我們會變得比較感性，也比較敏感，對於他人的話語往往會有過度的解讀，而思考方式或溝通模式也顯得稍微情緒化，高興或不高興都容易表現出來，比較不擅長溝通或認為他人不容易瞭解自己的人。

這是一個很好的溝通時間，但也要注意自己是否將太多的情緒或不滿怪罪在他人身上，因為受到月亮的影響，在這一陣子我們比較難以採取理性的思考態度。所以占星師建議在這段時間，盡量不要做出決定，這段時間適合學習溝通、抒發心情、創作。

柔和相位

流年中水星與月亮的柔和相位類似於合相，不過卻具有較多的正面意義，在這短暫的時刻，我們通常能夠享受友情的包圍，變得感性且富有創意能力，更容易表達內心的情感。

六分相時帶來了訊息與思考的互動，簡單的說，你能夠和你的朋友交換意見、討論事情，特別當你有問題時，他們能夠給你許多不同的見解與看法，這也是一個心靈交流的時刻，你和周圍的人（鄰居朋友兄弟姊妹）能夠有著不錯的互動，雖然可能只是聊天八卦但是卻能夠帶來一種舒適且沒有壓力的互動。

同樣的，三分相也有著類似的功用，但是這一層的溝通將可以更深入你的內心，有時候甚至幫助你釐清許多心中的渴望，這也是一個透過與朋友或兄弟姊妹的交談來認識自己和他人的時刻。月亮的情緒與需求，將可以透過思考與溝通來達成，常會是一個理性與感性兼顧的和諧狀態。

月亮的懷舊情緒往往會觸發我們想起許多童年時光，或者是想要和那個老朋友取得聯繫，也可能和你的兄弟姊妹一起聊聊小時候，我們往往在月亮與水星交互影響的時候變得更為感性，在三分相的介入下，思想也會變得更為深入且和諧，這也是一個自我成長或治療的好時刻。

強硬相位

在強硬相位產生時，情緒與理智的衝突更為明顯，而我們與他人之間的溝通也容易出現困難。四分相的時候我們常會明顯的意識到理智與情感上的衝突，而讓自己陷入痛苦的抉擇中，也常常就陷入思考的泥沼中。有時候我們會感受到明顯的不安，這種不安可能是來自與女性的關係或與母親的關係，甚至與鄰居朋友的關係，也可能是因為自己需要在理智與情感上做出抉擇，這些情緒的不安也可能是來自小時候的不愉快回憶。

在這樣的行星相位影響下，另一個效應是鑽牛角尖，常常太過執著於某種需求而不肯放手。而溝通狀況在此時期也不太好，可能我們變得有些情緒化，說話常有意無意刺傷他人，或是變得有些刻薄喜歡批評他人，種種的狀況顯示我們無法認同他人的言語和思考，然而他人也同樣的無法認同我們。

對分相時類似的困擾轉為明顯的衝突，我們與他人的關係常會陷入爭執中，說話也因情緒化而充滿了火藥味。另一種表現就是因為我們需要滿足自身的需求與安全感，而對別人提出要求。在月亮與水星對分相的時刻，我們常常感到不安，需要他人的幫助與撫慰，但這些需求常無法真正得到滿足，而使我們容易責怪他人。

其實，如果我們檢視我們的心靈世界，你將會發現自己在某些角度上其實是可以理解他人無法滿足我們的理由，只是在情緒層面上那種不滿又讓我們覺得充滿無奈與恨意。這也是一個檢視自己心靈的時刻，在釐清自己的需求之後也要學著體諒他人。

這樣的相位也帶來相當感性的時刻，或許找一個更瞭解你的朋友，和他們分享你的心靈深處或是自我檢討，盡量用更感性的方式來看待事物，減少批評。此

外，試著增加月亮所帶來的同理心就能夠避開許多衝突。

推運（行星過運）圖的月亮與出生圖金星產生相位

合相

當流年月亮與出生圖金星交會（或相反的流年金星與出生圖的月亮產生合相）時，通常帶來了一段相當愉快的時光，金星在占星學上有幾個特殊的特質，和諧、喜愛、美化、滿足、縱容、金錢或物質條件的交換、情感的交流等。除此之外，金星還有一個特殊的特質，那就是調和或軟化其他行星的特性。金星月亮合相所帶來的愉快與滿足，在某方面來說是，金星滿足了月亮所代表的個人需求，但是從另一方面來看，金星也調和或軟化了我們的不安與焦慮。

當月亮與金星形成合相時，與我們與女性的關係顯得特別和諧，我們能夠發揮較為感性與浪漫的一面，特別在情愛關係中，能夠將這些特質發揮的淋漓盡致，在這個時刻我們並不會強迫別人滿足我們的需求，但會用溫和的態度來身旁的人作條件交換，我們能夠理解對方需要什麼，並讓對方明瞭我們需要什麼，然後相互滿足彼此的需求。當金星接近出生圖的月亮時，往往帶來一段美麗的戀情或美好的時光。

金星是一個對於社交生活也有幫助的行星，其特性使得我們發揮自身的魅力，並且遮蓋住令人不舒服的缺點，月亮同時讓我們感受到他人需要什麼樣的氣氛，另一方面金星與享樂有關，所有的吃喝玩樂、音樂、美術等事情都能夠觸動我們的神經。金星與月亮同時也與美食有關，當這兩顆星會合時免不了想要縱容自己享受美食與美酒，所以在這樣的時刻相當適合與朋友相聚，或邀請朋友來家中聚餐。

月亮所主導的家庭環境被金星的美感影響，這是一個適合從事家庭布置的時刻，通常你也會發現一些過去的美好回憶出現在其中。但是金星也可能縱容我們恣意的去滿足需求，當你的財務狀況不好時，特別要小心你的消費。同時也要注意金星與月亮的交會，也可能讓我們對他人產生依賴，因為金星的另一種影響力就是懶散。

柔和相位

　　友情、愛情、親情是金星與月亮產生柔和相位帶來的最好禮物，當六分相時，我們與朋友情人的互動更爲密切，這樣的關係帶點小小的刺激，卻也都能夠滿足彼此的需求，戀情或友情往往在六分相的小刺激下，迸出許多精彩的火花。你會發現你們或許有些不同，卻又搭配得相當有默契，這樣的時期適合約會，單身的人也有很多機會認識新的朋友，金星月亮的六分相能夠在聚會與社交生活中帶來更多的喜悅與機會，特別注意身旁女性所提供給你的訊息。

　　三分相的影響使人就算不用刻意互動也散發出魅力，金星月亮的三分相有能力將你自身的魅力散發出來，且讓他人喜歡與你在一起，無論是愛情或是友情，這種互動是一種舒適且不強求，不過卻有些懶洋洋的感覺。有一位朋友就曾經感覺在這個時刻，他只想和朋友一起賴在 Pub 的沙發上，就算不用說話都能夠感受到那種輕鬆舒適的感受。

　　當流年產生這樣的相位時，代表我們與母親或女性的關係更爲和諧，我們更能夠體諒他們，互動上將更爲協調。不過三分相也使我們容易接受事物並且不嚴格的控制自我，這種情況有可能讓我們過度懶散，或是飲食過量不受控制。

強硬相位

　　當月亮與金星產生強硬相位時並沒有想像中的那麼壞，或許你的感受並不強烈，因爲金星的縱容與美好的感受會稍微使你盲目，直到你發現與他人的關係惡化時，甚至可能根本不明白發生了什麼事。

　　當四分相產生時我們仍然有機會與他人產生愉快的互動，不過你可能略微感受到過度縱容的態度並不是你想要的，但是這種愉快的氣氛下，你很難堅決的離開，反而常常繼續縱容自己。此刻我們往往會期待他人來滿足自己的需求，有時甚至對他人有著過度的期待，最後感到一點點失望。

　　對分相帶來著同樣的感覺，在情感上我們依然與他人有所互動，但是不自覺中我們已經開始對他人予取予求，或是在情緒上依賴上他們，卻又對對方的困擾視而不見，或是就算看見了也想用哄騙的方式安撫對方，如果對方不領情，或是你不改變自身的態度，很可能就是不愉快的開始。

　　不過在金星的影響之下，這樣的不愉快還是可以被彌補的，通常你會採取退

讓或是提出交換條件的態度來滿足自己和對方的需求，不過金星所帶來的那種縱容我跟懶散的態度，仍然很可能在日後引起他人的不滿。

金星與月亮的對分相時，對情感有著重要的影響，我們往往會在這時候覺得需要有人陪伴在身邊，或是迫切的想要談戀愛，如果當你的伴侶不在身邊時，你最好找個朋友陪伴，否則很可能會產生飢不擇食的狀況，但也可能只是你與某位陌生人有一段短暫美麗的邂逅，我們很難判定這樣的影響是好是壞。

金星與月亮的強硬相位仍然會刺激我們與周圍女性的關係，讓這些關係不那麼的完美和諧，但也不會糟糕到哪去，我們的感受被金星的柔和效應給遮蔽了，就算對方很想掐死你，你都感覺到他只是鬧鬧情緒而已，過一會兒就沒事了，這是真的嗎？其實不然。

月亮與金星的負面相位暗示著飲食所帶來的不適應，暴飲暴食的機率相當的高，特別在 150 度產生時，暗示著金錢與健康上的問題，身體上的不適很可能與腎臟、女性疾病或是心理情緒上的困擾有關。

推運（行星過運）圖的月亮與出生圖火星產生相位

合相

當月亮與具有爆發力的火星產生合相時，容易帶來情緒上的刺激與反應，在這個的時期我們多半很容易興奮、感到刺激、反應快，相對的脾氣容易變得很壞，沒耐性，有時甚至容易動手動腳與別人暴力相向。

月亮受到火星的刺激，想要令我們去追求無意識的中所需要的安全感，也會逼著我們立即採取行動。不過行動的結果不一定是好的，因為月亮的無意識與情緒化狀態的情況主導下，也很容易產生失控的狀態。

這一段期間特別情緒容易受到刺激，我們與他人的關係也似乎處於過熱的局面，無論是高興或是憤恨，很難以平常心去看得事情，並不是一個適合作決定或採取行動的時刻。與伴侶的關係或許會是激烈的爭執，但也或許是一同享受刺激冒險的時期。當這你的流年星盤有這樣的相位出現時，或許應該與你的伴侶溝通，一同去從事一些刺激的冒險、運動，甚至是透過性愛，讓這些能量得以抒發。

當月亮與火星產生相位時，我們很難感到平靜，月亮纖細敏感的神經遭到火星的刺激，或許容易激動、感動，但也很可能變得粗暴傲慢或憤恨不平，月亮最

需要的幫助是穩定且安全的，但火星並無法給予這種能量。在火星與月亮產生合相時，人們容易表現的坐立不安，但是原因不明（通常來自於無意識狀態下所隱藏的不安）。

表現的方式或許可以觀察月亮與火星合相的星座所代表的特質，而表現在哪些層面，也可以同樣觀察它們所在的宮位與星座。如果我們能夠明瞭我們所需要的安全感為何及需求為何，再加上能夠受到自我意識控制的行動能力，或許我們反而可以將這些過度刺激的能量轉移至適當的方向，並獲得正面的影響。

柔和相位

當火星與月亮形成柔和相位時，火星的刺激不再如此的猛烈，透過柔和相位的處理，讓火星的粗暴色彩減少了許多，六分相時透過與鄰居朋友的互動有許多心靈上的交流，火星代表的行動力刺激的月亮不得不有所行動。你或許會一時興起去哪裡遊玩，或是童心大發的跑去玩小時候玩過的遊戲，也很可能動手整理家中的環境。

這個時刻最適合和朋友一同進行稍微刺激的活動，踏青郊遊、運動、競賽，當然與你的親密愛人之間的性愛也是此時最適合的活動，因為火星稍微刺激的心靈能量，必須藉由行動來撫平。

三分相帶來了一個實現個人計畫的大好時刻，特別是當這樣的計畫與個人心靈成長，或是個人需求飲食健康等日常生活有關時，通常在這個時候我們會不自覺的直接大膽的表達出我們的看法，其他人或許會覺得驚訝，但還算能夠理解。

火星帶來的衝動與執行能力，讓我們很容易成為小團體（鄰居朋友間）的領導者，但很可能只是簡單的主導某個討論話題或是在休閒活動的主辦人，特別是在推運或回歸圖上象徵一年以上的時間，受到火星的刺激這些互動將會變得密切而且頻繁。在這樣的流年相位形成時，應該要保持運動或是身體勞動的習慣，才可以宣洩火星所帶來的過份刺激。

強硬相位

月亮與火星的強硬相位常帶來過度的情緒刺激，在這種相位的影響下，情緒大起大落的起伏難免會影響我們的生活，特別是那些出生圖中月亮就已經與火星產生相位的人，將更為敏感。

四分相帶來的挫折感常會讓人感到憤恨不平或是沮喪，在這個時刻下我們的負面情緒往往堆積在心中，直到無法忍受的時刻就會爆發，同時在這種高度的情緒刺激的情況下，我們採取的行動有時會過於激烈，就算沒事也容易感受到焦慮和不安，火星的衝動讓你想要去 保護自己覺得不安的地方，可是在這種相位下卻常因爲莽撞而徒勞無功。

在這樣的時期，我們與他人的關係也容易受挫，往往會在無意間用言語或暴力傷害到他人，也容易與人發生爭執，也容易對我們的伴侶親人朋友感到失望。對分相的情況相當的類似，可以參考四分相的描述，不過增加了情緒與不安的衝突層面，這樣的困擾或不愉快相當的顯而易見。特別在伴侶關係上，我們往往會站在受害者或加害者的一邊，或認爲純粹是對方的錯。

因爲火星刺激了月亮的需求，讓我們覺得他人來滿足我們是應該的，卻沒有想到我們要求的方式有些直接且激烈，令他人無法接受。但同時月亮與火星的對分相也是一個對於性愛相當有刺激的角度，並不必完全以負面方式來解讀。

通常對分相、四分相甚至半四分相所帶來的壓力與衝擊，仍可以藉由行動與運動來消除，十二分之五相的狀況容易引發情緒與財務的危機，遭人利用或是覺得有罪惡感而做出某種程度的犧牲，必須小心處理這兩方面的事情。

推運（行星過運）圖的月亮與出生圖木星產生相位

合相

木星在傳統的占星學中有幸運的意涵，當月亮與木星合相時帶來心情的舒適，木星的舒適、愉快與提高精神層次的能量能夠安撫月亮所帶來的不安，在這時候我們也容易對別人敞開心胸，更容易接納別人，也容易使人瞭解自己，一種內在得到滿足的自信容易展現出來。

木星的仁慈對於人際關係也有所幫助，因木星與擴散擴張有關，我們的情緒容易影響到他人，幸而木星的影響多半帶有愉快的關係，特別當流年月亮與木星交會時，我們與女性的關係會更爲融洽，在人群中也相當得寵。

木星多半帶有精神層面成長的意涵，透過旅行、學習、閱讀而有所啓發，也與宗教哲學和你所相信的生活原則有關連，在這樣的期間，這些影響會幫助我們內在的精神生活有所成長，也能夠適當的調節月亮的不安與焦慮，當木星與月亮合相就有點像是月亮進入第九宮的意味，你不必到外頭去冒險，但可以透過閱讀

與思考來進行另一種不同的旅行。

不過也要注意木星的擴散意味很有可能有另一層意思，它可能擴張了月亮的不安定與需求，往往在這個時刻我們內心需求增加，很可能透過大吃大喝或是通宵達旦的玩樂，來滿足這樣的不安定。

柔和相位

木星與月亮在柔和相位時帶來了愉快的精神交流，六分相具有與朋友互動的意味，當流年木星與月亮形成了六分相，代表著我們與他人的互動帶來了精神上有所收穫的愉快經驗，很可能是一場聚會或是座談，有時甚至是到鄰居家閒聊也都可能感到相當的愉快滿足。

當這樣相位形成時，你不太可能一個人孤單在家，和朋友到外頭去走走，去Pub喝一杯，或是約了朋友喝咖啡或喝下午茶閒聊八卦，再不然約了朋友來家裡聚餐也是不錯的選擇，通常在這樣的時期不會太寂寞。

木星的仁慈在三分相時發揮到了極致，我們打從心底深處感受到他人的需求，也表現得相當和善仁慈。在這樣的時刻我們樂於與他人分享一切，也不會太計較發生什麼小小的不愉快，樂於助人的表現不僅容易有所回報，也帶來心靈上的愉快。

三分相有著接受一切的樂觀與安逸，這也與木星的調性相當接近，有時這樣的相位會讓我們擁有無法相信的樂觀或好運。如果這些時期是發生在流年木星接近出生圖月亮時，將會有一段長達數個月幸運時光，不妨先行計畫，也或許可以利用這段時間進行重要事件的發展，但如果只是在過運時可能只有短短的幾小時，但仍然可以充分的享受，和諧愉快的木星所帶來的好運。

強硬相位

當月亮與木星產生強硬相位時，我們心中仍會有著那種樂觀的想法，以及自己仍然可以很幸運的錯覺。四分相往往帶來理念或想法上與他人不同引來爭議，但你終究不太在乎，畢竟木星的樂觀與愉快精神，仍可以彌補這種不愉快。

有時我們會過度膨脹，認為自己正在追求精神的成長，甚至自以為在扮演萬能天神的角色，給予他人所需要的幫助，但是卻沒有發現這種過度成長或是信仰錯覺，並不符合內心要求的安寧與祥和，如果你能在享受那種稍微自我膨脹的感

受過後，回歸到眞實的自我，就比較不會有困擾發生。

木星與月亮對分相時，除了那種愉快的錯覺外，我們常常在伴侶或合夥關係上過度膨脹，可能侵犯了對方所需要的私密空間，或是強迫他人接受你的信念，或依賴他人，造成他們的困擾而不自覺。但也可能是對方反過來做同樣的事情，讓你急著想要從對方身邊逃開。

同樣的，無論是他人或是你自身接觸到的信念，在此刻也深深影響你的內心世界，有可能腦中有著許多不同的想法，可能有許多人會向你宣傳他們的信念，這些想法可能是「即刻開悟一世解脫」或是「信我者得永生」，雖然都可能帶來短暫的幸福感受，但是當你平靜下來時，卻可能感到更爲落寞，因爲你在此刻所接觸到的信念，並不是你眞正需要的，甚至與你的需求相違背。

過於樂觀或是內在需求過於膨脹，也是這個時期容易犯下的錯誤，但又因爲木星的愉快感受，讓你無法馬上警覺，常常發現錯誤爲時已晚。十二分之五相容易影響財務與健康問題，與過度浪費、暴飲暴食，腸胃系統、肝臟等器官也有關。

推運（行星過運）圖的月亮與出生圖土星產生相位

合相

土星的嚴肅與限制對於月亮的需求，與所代表的情感世界並沒有多大的幫助，這也是爲什麼當流年中月亮與土星合相時，常帶來令人不太舒服的感受，土星的冷漠與距離感雖然在某方面保持我們的清醒理智，不過更常見的是對事情或自己本身的感受有著太過負面的看法，或許當下會以爲自己很理智很實際，但事實上土星常讓我們把事情想得比實際情況還要糟糕。

土星與月亮的合相常讓我們在此刻做出對於情感世界不利的決定，當土星與月亮會合的週期，我們與女性的關係也多半有所限制，而伴侶關係在此刻也容易受到影響，因爲這時我們對自己和伴侶的情感或內心世界，保持了一定的距離。所以當流年的月亮與土星會合時，最好避免做出感情或與內在精神生活上的重大決定。

當流年月亮經過土星時，我們容易回頭看過去，這些情況包括了回顧小時候的事情（通常是不愉快的經驗），或是對於一些過去曾做錯的感到後悔，土星常會加強我們情緒感受上的負面影響，容易讓人覺得消極、沮喪，甚至產生罪惡

感，如果此時我們繼續把眼光放在過去的種種，很可能會陷入鑽牛角尖的局面。

更要知道，由於土星常在此時帶來孤獨的感受，我們常認為身邊找不到其他人來幫自己。事實上，這往往是你自己隔絕了這些機會，你可能給自己許多限制，不讓自己與他人接觸，或是尋求幫助。若在此時又陷入情緒低潮的狀況下，後果將無法想像。

在過運法中這種時刻，會有接近幾個小時到半天的低潮期，但如果推運流年或是太陽回歸流年中有這樣的情況出現時，我們必須要有心理準備，這往往會是一段不算短的情緒低潮期，朋友、伴侶、親人的幫助是必須的，我們必須先打開心胸，並且告訴自己事情沒有那麼糟，是我們想太多了，然後尋求親友伴侶給你精神上的支持，同時也可以尋求心靈療法、精神療法甚至專業心理諮商的支援。

柔和相位

土星的冷漠嚴肅氣氛或許受到柔和相位的幫助而調和，而對月亮所代表的心靈與精神不至於有嚴重傷害，也多半只是代表著渴望心靈上的安靜。六分相產生的時間內，你需要的是檢視並是當滿足自己的內心需求，以及自身的責任這兩件事情。

在這個相位的影響下，要同時完成這個目標並不難，你或許需要一些有經驗的朋友給你建議，一些在你想法中可靠的、實際的，負責任的朋友是不錯的選擇，在此時長輩的幫助也不小，但占星師通常會建議先讓自己安靜下來，對目前的情況做出思考，並且開始刪除掉那些不需要的事物，或心理、情緒上的需求。

深入的思考，在瞭解自我的內心深處，是流年月亮與土星會合帶來的最佳禮物。這時我們正處於一個心靈平和且安靜的狀態，情緒與安全的需求也獲得控制與適當的滿足，此刻是心靈成長與穩定的最佳時刻，並且允許我們以較為實際的觀點來看待自己的情緒層面與精神層面，甚至是伴侶關係、親子關係等。

土星常會在柔和相位時提醒我們哪兒有疏忽，不過也常會被我們忽略，一直到對分相或四分相出現、引發事件時，我們才會後悔。但是在月亮土星柔和相位出現時刻，並不會真的帶來任何困難，只是一個小小的警告，同樣的尋求長者的幫助與建議是相當有用的。月亮所需求的安全感，常會透過土星所代表的傳統古老事物來安撫你，一些老舊的物品引發的回憶，或是家族的事物，讓你覺得又重新回到被父母或他人保護的狀態。

這種舒適的安全感是好的，被長者引導與照顧也是好的，但也別讓他們真的

限制了你心靈的發展與自我成長，有時候我們需要冒一點點的險，受一些傷來換得自由與成長。

強硬相位

在強硬相位的影響下，月亮所代表的內心世界、情感、需求與對安全感的渴望被嚴重傷害了，強硬相位常常讓事情不能輕鬆的處理，於是許多內心的掙扎與衝突容易發生。四分相發生時暗示著現實的狀況與你內心對安全和情緒的需求有所不同，而無法讓你感到安心。

通常在這樣的情況下，不僅他人無法瞭解我們的心情、情緒，就連自己也都處於一種無法理解情緒的隔離狀態，疏離是土星的重要關鍵字，這段期間我們很可能無法感受到他人對我們的關係，也常有想要躲到安靜角落去靜一靜的感受，與伴侶或母親甚至其他女性或是長者的關係顯得困難，不過我們仍需要一些幫助，如果只是將自己關在家裡，甚至這些情緒的低潮很容易更為嚴重，我看過許多人在這樣的時期選擇把自己關在家裡，但最後卻只是讓自己更為沮喪，甚至有嚴重的憂鬱傾向。

對分相的影響在伴侶關係上更為明顯，我們常在此刻拒絕與他人溝通，這對於伴侶關係的幫助並不大。或許等到這段時期過後，你可能會開始責怪他人為什麼不幫你，或是責怪自己當時為何不尋求他人的幫助。我們常在這個時候，責怪別人的冷漠與無情，或是對我們的限制，而沒有意識到，是自己限制住自己。

通常在這個時候有兩件工作要做，一是向周圍的人解釋你正處於低潮狀態，或許容易傷害到他們，但請他們諒解，其次也要促使自己保持與朋友和親人的基本互動，或許在互動中你能找到突破困境的方法。

無論是流年中的土星與月亮形成四分相或對分相，情緒的低潮是相當明顯的，除了孤立自己之外，還會拒絕尋求幫助，讓自己陷入更多的痛苦中，思想也陷入極端的負面狀態，若是二次推運、太陽弧推運、太陽回歸與出生圖中有土星、月亮的強硬角度，很可能暗示著憂鬱症等嚴重的情緒低潮問題。

要知道此時我們真正需要的是他人的幫助，為何他人不幫你？是不是你拒絕了太多次？或是過去的你太讓他們失望？這也是一個檢視自己內心的時刻，土星不是惡魔，只是一位嚴厲的教師，只有透過它的指引我們才能知道，自己還有哪些功課沒有完成，並且在它的督導下繼續完成我們的人生課題。而當土星與月亮呈現強硬相位時，此時的課題與內在精神需求、對安全的感受、以及與伴侶或女

性的關係有關。

推運（行星過運）圖的月亮與出生圖天王星產生相位

合相

天王星帶來強烈的刺激，特別當流年天王星和月亮會合時，帶來了相當多的強烈能量，使得月亮所代表的情緒、與內心世界處於一種過度興奮的狀態，在這種強況下，說話做事都有些快速且變化頻繁的跡象，而我們快速的轉變也往往讓他人感到不可思議，有時候這樣的轉變也會帶來伴侶關係的變化，或是與女性關係的變化。

天王星的不尋常有時候不太習慣待在日常生活中，偏偏月亮又喜歡如此，於是天王星強大的力量常促使著我們從日常生活習慣的環境中跳脫，做些平時不打算做的事情，去體驗新的東西，或許有一個邂逅。其實在這個時間的影響下，或許是一個體驗新世界的時候，但是千萬不要衝動莽撞的下決定，因為事情往往很快的就會回歸正常，而你當時所做出的決定卻會影響未來，甚至讓你感到後悔。

如果這種交會是過運的影響，那麼可能只是幾個小時短暫的表現，如果是推運或太陽月亮回歸圖的影響，那麼將會有很長的一段時間的影響中。外行星（木、土、天王、海王、冥王）在行星過運的影響力相當的強大，面對天王星的影響我們必須做好日常生活上重大改變的準備，對於土相星座或是固定星座的人來說，很可能會需要一段長時間的調適，必要時需要藉助外力（專業諮商）的幫助。

柔和相位

天王星與月亮的交會帶來了精神生活上的刺激，特別是六分相形成時，透過與朋友的互動帶來心靈上的改變與成長，在月亮與天王星出現六分相的流年時刻，我們容易表現出令人驚訝的轉變，而我們身邊也充滿了這樣的機會。天王星與革新有關，這是一個透過溫和外力刺激自我改造的時刻，接觸到新的想法，或是身邊有讓你驚訝的新朋友出現。

三分相時讓我們打從內心開始渴望生活的轉變，如果是在行星過運的週期，那或許是很短暫的幾個小時，讓你想做些平時不會去作的事情，但如果是其他的

流年推運法所暗示的時期，或許會是一個相當適合安排自我成長與改變自我的時刻，由於三分相與六分相的最大不同處在於，六分相的刺激來自於外界與朋友，三分相則是由內而外的渴望，所以我們不需要朋友的刺激也會有所改變，甚至我們渴望接觸不同的朋友，不同的環境，也讓人感覺我們的不同。

在這一段時間內，我們必須保持許多彈性的空間，或許與朋友或團體的關係會佔去大部分的生活空間，但是千萬不要讓自己的生活處於滿檔的狀態，因爲天王星常常帶來預料之外的事情，或許是驚喜、驚訝甚至驚嚇，所以我們必須預留更多的空間來處理這些造成生活異動的不可預測事件。

強硬相位

月亮與天王星的強硬相位，帶來的驚嚇與驚訝比驚喜多，而且防不勝防，像是習慣固定規律生活的土相星座或是巨蟹、天秤、天蠍等星座對於這樣的變化往往無法接受。四分相時容易帶來急遽的生活變化與心態轉變，就算是習慣變化的射手或水瓶也不會覺得好過。

天王星與月亮的四分相常會帶來一種想要從日常生活中掙脫的感受，想要從束縛中解脫，但往往在生活中還有許多責任與日常生活應完成的事情等著我們，因而陷入兩難之中，這個時刻我們也容易回絕他人的建議或是要求，讓人感到我們有些不合群甚至叛逆。你必須做的是先處理好日常生活的工作，然後短暫離開這樣的環境去呼吸新鮮的空氣，嘗試些新的東西或許能夠消耗一些天王星的能量。

對分相除了與四分相同樣有驚訝、驚嚇以及急遽的改變之外，對於個人的伴侶關係往往有重要的影響，流年中月亮與天王星的的對分相如果不謹慎處理，常會帶來伴侶或是人際關係上無法彌補的裂痕。

天王星的叛逆與渴望孤獨與不同，往往會促使著我們拒絕他人的幫助與建議，我們想做自己，不想受到任何人的控制，哪怕他人的關心都會被你視爲是一種干擾，因此這樣的時刻盡量避免因爲受到刺激而說重話或是做出決定，也讓對方知道你正處於一個非常時刻，需要一點喘息和獨立的空間，如果他們能夠理解且不干擾，就是對你最大的幫助。

無論是發自於內心的，或是來自於外界的阻隔，我們往往在受到天王星影響的時刻體驗孤獨，這也是一個檢視自己的好時機，天王星帶來改革的力量，爲何不利用這樣的力量，替自己創造出更多的成長機會。

推運（行星過運）圖的月亮與出生圖海王星產生相位

合相

要「理解」流年中海王星對月亮的影響有些困難，因為海王星只能用感受的，這也是為什麼許多風相或土相星座的人在詮釋海王星的影響時有些困難。海王星的關鍵字有犧牲、幻想、單純化、虛弱或空虛、難以捉摸的。當流年月亮與海王星產生關係的時刻，這些海王星效應往往直接影響到我們的精神生活，我們在此時變得浪漫且敏感。

當海王星與月亮產生合相時，我們的內在與精神變得薄弱，但幻想力變得相當的豐富，來自於宗教或是某些精神生活的影響，常有奇妙與神奇的感受，幻想與白日夢影響著我們的心靈，有時會帶來一種渴望犧牲奉獻自己去照顧別人的感覺。

海王星的奇幻感受有時來自於酒精與藥物的影響，不一定是吸毒或酗酒，很可能你在這段時間內正在服用某些藥物造成昏昏欲睡的感受，介於現實與夢境之間的狀態，就是海王星影響的最佳寫照，但是海王星也很可能使我們藉由沉迷藥物或酒精，來逃避現實的問題。

海王星強調感受與月亮的纖細敏感有著異曲同工的效果，當海王星與月亮呈現合相時，我們對周遭人們的心理變化感受敏銳，我們很輕易的就能瞭解他人的問題，也很渴望和他人討論自身的問題，這時也很容易接受他人的影響。也很有可能在此時有著浪漫邂逅的際遇，一切似乎那麼的奇妙，就像是童話故事一般，海王星也與電影大螢幕有關，或許在這樣的時刻你正好在觀賞浪漫悲傷的愛情電影，或進入神奇的魔幻世界。

但是要小心在海王星影響的過程中，當他人的負面情緒進入到我們的生活中時，往往會造成精神上的挫折，我們可能扮演犧牲者，期待其他人的救援，或是像剛剛說的一樣藉由藥物酒精或是不切實際的幻想來逃避，並陷入惡性循環。

海王星與月亮在流年的交會時刻，常會模糊了我們想法，在他人眼裡我們說的話都太過虛幻且無法理解，這有時會帶來挫折，不過往往也是一個人發揮本身的幻想力進行創作的時刻，可以是文學創作的詩詞歌賦，也可以是音樂藝術繪畫雕塑等，這些創作都能夠呈現海王星的奇幻世界，並藉由這些創作來轉移海王星的影響力。

有時宗教與心靈成長的集會也能夠幫助我們，盡量避免落入海王星的負面影響。但最好確定你參加宗教與集會的並不是那些招搖撞騙的神棍。因為通常在這樣的時刻，我們很容易相信別人而受騙，此外在這樣的流年影響下，服用藥物時要特別注意。

柔和相位

和朋友一起體驗神奇的感受，是海王星與月亮在六分相時所帶給你的機會。這些神奇的感受，可能是宗教的或心靈成長的交流，也可能是懶散的坐在 Lounge Pub 裡一起小酌，甚至是一起服用毒品，這或許讓你驚訝，但要知道並非所有的柔和相位都象徵正面且有意義的事情。六分相的機會與人際互動的特質，帶來了你與朋友的交流，而海王星所代表的意涵都也很可能在此時出現。

海王星與月亮的交會特別容易影響我們與女性的關係，對於男性來說或許是一場浪漫的邂逅，一個謎一樣的女生出現在你身邊，而對女人而言，很可能某個女性朋友的遭遇觸動了你的心靈深處的敏感，但也可能只是一個和朋友觀賞浪漫或奇幻的電影，而深深受到影響。

三分相具有類似的效應，但發自於內心，我們變得更為纖細敏感，能夠體會他人的痛苦或困難，也願意幫助他人，海王星的犧牲精神往往會讓我們不顧一切的付出，往往忘記考慮自己的安全，這是三分相產生時必須注意的事情。心靈中對於神祕的精神世界有著一種需求，我們嚮往進入那樣的世界使得靈魂從物質中解脫，有時我們會做白日夢沉迷在自己的幻想中，或是看電影小說，也或許是進行自己的藝術文學創作。

但這個時刻適合禪修、打坐，聽一些宗教或精神領袖的開釋，或是參與靈修或精神成長的工作，在這樣的時間內我們常受到他人的影響，合不找一個健康而又有正面意義的心靈或宗教團體來幫助自己。同樣的與女性的關係也可能在此階段變得敏感，但是海王星的沉溺與幻想必須小心處理，避免最後招惹太多麻煩上身。

強硬相位

海王星與月亮的強硬相位代表著精神上的紛擾，有時是模糊不清的，有時是一種意識與無意識的衝突。簡單的說，在四分相的時候往往無意識層面的幻想或

是被迫害情節會被擴大，如果你不儘快安撫你自己對於安全的需求，那麼就很有可能陷入情緒的泥沼中無法自拔。

我們往往可以從自己與他人的關係中，回憶起童年的不愉快，而感到極度的不安。想要從物質與肉體世界逃脫的念頭變得十分強烈，我們常在這個時期渴望捨棄一切換求心靈的安定，我們或許會跟無頭蒼蠅一般不斷的尋求宗教精神的慰藉，可能大廟小廟的參拜，聽到哪裡有上師喇嘛就去灌頂，聽到信誰能夠得永生，就不顧一切的投入，這一個時期我們往往迷失自己。

但是如果過去從來沒有過靈修或禪修的經驗，這或許是一個開始接觸機會，但是要謹慎小心，這時候的我們往往跟溺水者一樣，看到什麼就抓著，也有可能被他人欺騙，或是因為太多的幻想做出無謂的犧牲。如同前面所說的毒品、酒精或是昏睡、幻想都會讓我們沉溺，也是一種逃避現實的方式必須小心。

對分相的衝突往往暗示著我們看不清與他人的關係，他人可能是個謎，你和伴侶的關係也可能是個謎，這些謎團都神祕而難解，海王星也代表單純，我們往往把自身和他人的關係想得太簡單，在人際關係與社交生活上，很少有一加一等於二的事情。我們或許會因為這樣而覺得自己被騙了，但有時候是我們把關係想的太過單純簡單，而忽略了背後複雜的因素。

更可笑的是在這樣的流年影響下，我們常會願意用自己的犧牲來換取他人或自己的幸福，但這時候的犧牲往往對事情沒有幫助，只是為了滿足自己無意識中的悲劇性格，且相當的情緒化、不理智，也只會把你的問題弄得更為複雜，並且讓自己陷入一種極度悲情的狀態中。

這時或許不是快刀斬亂麻或是做出決定的時候，我們可以選擇一個暫時逃避的方法，與其使用藥物毒品或酒精，不如將心思放在其他幻想力能夠宣洩的地方，寫小說、編故事、寫詩寫歌來滿足自己不安且需要宣洩的情緒，或是去尋求宗教與心靈的寄託，甚至尋求心理諮商的幫助，至於重大的計畫或決定最好等待海王星對月亮的影響結束時再做打算。

推運（行星過運）圖的月亮與出生圖冥王星產生相位

合相

當流年的冥王星與月亮產生合相時，帶來了強烈的心靈體驗，雖然在行星過運中是短暫的幾小時，當也會讓我們有著奇異的感受，冥王星的力量往往是先將

另一個行星所代表的事物深深掩埋，然後靠著自己的力量努力的破繭而出，這種狀況或許不會在行星過運出現，但是當推運或是其他流年分析法中，有類似的合相或冥王星相位時，就很容易在那一段時間有著深刻的感受。

月亮代表著內在的自我與情緒，還有個人的需求，而冥王星的執念及對事物控制的慾望，還有深深掩埋的效果，就很像是讓我們坐上了雲霄飛車一樣，讓你在瞬間高低起伏且不舒服。

在個人出生圖中已經有很強的冥王星影響的人，或許可以習慣這樣的狀況，但對於纖細敏感的巨蟹、雙魚，或是習慣溫和規律生活的土相星座，或許在這樣的流年時必須多做些心理準備。當冥王星與月亮產生合相時，那些埋藏在內心深處的事物會浮現到我們的心靈出口，對安全的渴望、對於伴侶陪伴的渴望、對於被照顧呵護的渴望，對於無法控制事物的不安與恐懼。那些可能曾經在夢境出現過的不安，很有可能在這段時間深深的影響你的精神生活。

冥王星往往使我們對於人事物或是關係產生某種執念，因為想要去掌控或是害怕不能掌控，而產生了怨恨或後悔，這些負面的情緒，對某些人而言有著難以承受的重量，可能會覺得自己被埋藏在深深的土裡，或者徘徊在世界的邊緣。不過畢竟冥王星仍會給你一絲不認輸的勇氣，靠著這股力量破繭而出，你將會學到最珍貴的人生體驗。

流年冥王星與月亮的交會，也會影響我們與其他女性的關係，在心靈上往往帶來錯綜複雜的情緒，夾雜著執著、執念、毅力、暴力、野心、控制慾、怨恨、後悔等，大量的心靈深處的黑暗面從情緒的出口湧出，你必須學會處理這些負面的情緒，這也是一個自我分析與成長的好時機，無論是藉由心理諮商師的諮詢或是尋求一些命理諮詢，更重要的是你有沒有發現自己最深處的需求，並且學會如何面對。

冥王星對月亮所代表的女性、情緒、與日常生活有著重大的改變，這時候必須注意自身的健康狀況，與女性的關係，它可能會讓我們在情感生活上困頓好一陣子，也可能讓身邊人事皆非，最後藉由自我的覺醒與改變來表現出成長的力量。

柔和相位

冥王星的急遽變動以及掩埋再挖掘的型態在柔和相位的支持下，以較為正面的型態呈現，當月亮與冥王星形成六分相時，我們很可能想要更深入自己和他人

的心靈世界，這是一個與朋友或伴侶共同探索心靈深處的最好時機，我們很可能觸及到自己或他人在日常生活中不會呈現出來的脆弱或黑暗面，但我們也可能成為朋友或伴侶的支助，幫助他們挖掘自我或在困難中堅持下去，相反的他人也可能為我們做同樣的事情，但是固執與執念往往會在這時趁機逮住我們，如果我們就此落入陷阱，很可能忽略了更重要的事情。

三分相同樣的帶來了心靈上的互動，但這一次我們自己扮演著更積極主動的角色，因為我們無法意識到內心深處的壓力來自於冥王星的刺激，卻不斷的想要做些什麼來釋放出這股強大的能量，我們對周圍的人事物變得相當敏感，稍微的刺激都可能喚醒我們深層的記憶。

所有的冥王星相位都會帶來執念，我們很可能會因為冥王星的刺激而想要去做一些事情來彌補過去的缺憾，很可能想要復仇或是展現出自己所擁有的能力或權力，這些執念事實上來自於過去的不安，如果能夠藉由自我覺醒或是與諮商師共同挖掘討論，性愛或探索冥王星所掌管的神祕、罪惡事件，或許常發生月亮與冥王星的交會的週期，做一些心理或神祕學的研究，或是體驗性愛的歡愉，都能夠宣洩出冥王星過多的能量，將有可能獲得較為平靜的生活。

強硬相位

月亮與冥王星的強硬相位相當值得注意，在行星過運中冥王星的影響力最強，但是無論在任何的推運法中，看到冥王星與月亮的任何相位都不容占星師忽視。冥王星的心靈黑暗面影響著我們的日常生活、內心狀態、和伴侶及女性的關係。由於強硬相位暗示著困難與衝突，這往往不是一個好過的時間。

四分相帶來了困難與壓力，在冥王星帶來的複雜且難以面對的負面情緒之下，我們往往表現得十分慌亂，更何況冥王星帶來與伴侶或他人關係的困難，也有可能讓我們想要將自己隱藏起來，受到冥王星的暴力肆虐的能量，我們很可能公開或私下的扮演被害者或加害者的角色（通常這個衝突在對分相會更為明顯），或許用許多計謀操縱別人，逼迫他們去做一些他們不願意做的事情。但相反的，這種狀況也可能發生在我們身上，使我們自己覺得像是他人或老天爺的犧牲品。

對分相往往在人際關係或伴侶關係上有著更為激烈的表現，剛才那種被迫害與加害的兩種傾向會正式浮上檯面，這一段時間往往在人際或伴侶關係上很難掌控，越是難掌控則越容易讓我們產生執念，想要去使用更多的操縱方式或暴力來

迫使他人屈服，就在我們無法掌控他人時，就可能會感到絕望，傷心，如同在地獄中一樣抱著恨意度過。

冥王星與月亮的強硬相位，帶來強大的心靈力量，具有認識自己的特質，過去我們所認識的我，或許是意識層面或許是情緒層面的表層，但突然的我們有機會更深一層的探索那些過去不曾意識到的自我（特別是黑暗面），不必感到驚嚇，並非只有你是這個樣子，而是每個人都有這一面，只是何時發現、會不會去承認而已。我們必須承認自己擁有這個黑暗面並且妥協，接納這個黑暗面也是自己，並且給予他們更適當的照料與安撫。

無論四分相或是對分相，都是一個相當適合去挖掘心靈深處的好時機，這段日子或許不太好過，但我們可以藉由更多的內心體驗來安撫自己，來探索更深處的心靈，透過這些行動也可以同時消減冥王星對內在自我的傷害。

月亮與冥王星強硬相位也暗示著日常生活與身體心靈上可能遭受到的重大衝擊、劇烈傷害，這段時間最好能夠避開危險的事情，也最好定期檢查身體，和尋求專業諮商來抒解心中的困擾。

推運（行星過運）圖的月亮與出生圖凱龍產生相位

合相

當月亮與凱龍合相時，通常暗示著我們內心中的女性特質受到了傷害，這些傷害可能來自於童年的記憶，與父親的關係等。對於男性來說，會將這樣的傷害投射到他身邊的女性身上，它可能選擇一個需要保護或受到傷害的女性來作為伴侶或關注的對象。對於女性來說，可能會選擇變成一個家庭社會的犧牲者，或是變成一個英勇的女戰士來保衛自己和其他女性，也可能選擇進入更深層的自我心靈治療，最後成為一位精神導師。

我認識一位女士的出生圖中有著月亮與凱龍的緊密結合，使她對周圍人的心理與心靈發展相當的敏感，幸運的是凱龍與月亮並沒有使她變成犧牲者，她意識到了心靈上的缺憾，在她 25 歲凱龍回歸半週期時（流年凱龍與出生圖月亮和凱龍呈現對分相），開始對心靈治療與神祕哲學產生興趣，並且學習占星塔羅與哲學，並且成為合格的講師，卻一直到 50 歲的時候（流年凱龍與出生圖月亮凱龍再次合相）才決定離開原本朝九晚五的工作，成為一位心靈成長的導師教導神祕哲學。

當凱龍與月亮合相時，過去所受到的心靈創傷很可能再次浮現，或許會感受到過去父母親沒有滿足我們的部分，我們需要做的是去正視這個傷痛，卻不要被這個傷痛所引發的悔恨給牽著鼻子走，去治療這樣的傷痛，藉由心理諮商或是心靈成長的方式來幫助自己會是最好的選擇。

柔和相位

凱龍與月亮產生柔和相位時，我們很可能扮演起他人的母親角色，照顧他人並且滿足他人的需求，或是去照顧醫 別人，在需要犧牲自己的時候很可能真的犧牲，凱龍常讓我們去幫助他人並且忘記自己的傷痛所在，我們必須體認我們在付出的同時也期待回報。

如果我們的行動有得到回報，那麼這一層互動才進行得下去，不求回報的關係也可能存在著，那麼這樣的關係很可能在凱龍與月亮在一次形成強硬相位或合相時引發問題。無論是三分相或六分相，當凱龍與月亮形成柔和相位時，是很適合正視自己心靈傷痛的時刻。

強硬相位

當流年凱龍與月亮形成強硬相位時，我們將明顯的感受到自己心中的缺憾，特別是那些小時候沒有獲得滿足的感受，可能來自於被母親的忽略的事情，可能是被母親遺棄的事情，這些不愉快的經驗在這時候浮現腦海，讓人覺得傷痛。通常這樣的相位會使我們想要扮演照顧他人的角色，也會讓我們有一種想要去取悅母親的衝動，這裡的母親也很可能被女性的伴侶取代，取悅他們、聽他們的話，好再次獲得關注。

不過由於四分相往往帶有挫折的角色，我們對他人所付出的關心，很可能遭到拒絕，這會讓你感到驚訝與傷心。對分相時我們與伴侶關係受到上述事件的影響，可能選一邊扮演受害者或是迫害者的角色，如果付出的關心被回絕，馬上就會往被害者的角色裡跳，那正是因為童年或過去的傷痛在作祟。

在這個相位中真正該做的事情，是扮演自己的母親檢視自己過去未曾或得的滿足，並且照顧自己，安撫自己告訴自己現在你有能力照料自己。照顧他人雖然會獲得一些滿足感，但是必須視情況而定也無須全然的付出，因為往往你給予關愛，卻很可能造成對方的負擔。

推運（行星過運）圖的月亮與出生圖上升點產生相位

合相

　　當月亮進入上升點時，我們將感受到月亮的纖細敏感，在此時女性特質的表現更爲明顯。對於男人來說，可能變得多愁善感，也可能將這樣的女性特質投射到身邊的伴侶身上。無論情緒或個人需求或是對安全的渴望，都會在這時候浮現在你意識的腦海中，詳細的解說可以參考前面「流年月亮進入第一宮」的章節。

柔和相位

　　當流年月亮與上升點呈現六分相時，我們能夠充分享受朋友所帶來的關愛，與心靈上的互動，他們在此時能夠帶給你心靈上的需求，讓你感到舒適安全，這也往往是一個與老朋友見面的時刻，一起聊天回憶過去的種種。

　　如同六分相當月亮與上升星座呈現三分相時，我們也積極的尋求一種歸屬感，與老朋友或是周圍環境的緊密互動，我們將會明顯的感受到自己的情緒層面，與他人的互動變得相當深入心靈的深處，同時我們也可能扮演起母親的角色，照顧周圍的朋友及伴侶。

　　而在月亮與上升點產生柔和相位的同時，我們與母親、伴侶、其他女性的關係將更爲融洽，受到他們的影響，我們也可能擷取他們好的一面，成爲自己對外表現的特點。

強硬相位

　　當月亮與上升點形成強硬相位，我們意識不到的情緒層面以及需求和不安都會直接浮上檯面，我們往往在此刻敏感易怒動輒得咎，心中很容易感受到孤獨和寂寞，也覺得需要他人的照顧與關懷。偏偏在這個時刻我們會覺得，他人給予我們的並非我們眞正需要的，四分相與對分相常讓我們的需求無法輕易的滿足。

　　特別在面對他人的時候，有時我們覺得必須隱藏自己的情緒與需要幫助的感受，而錯失受到幫助的機會，也可能因爲我們表現得相當敏感易怒使得他人與我們保持距離，或是因爲我們的情緒化使得他人產生誤解，種種的挫折都可能導致

自身與他人的關係更加惡化。

這樣的情緒表現在對分相更爲明顯，由於對分相與伴侶和人我關係十分密切，當月亮與上升點產生對分相時，通常也暗示著月亮正接近第七宮與下降點，此時我們明顯的感受到他人的情緒與心理反應。對某些人來說，卻因爲情緒化的因素，很難從他人的角度考量，於是產生衝突。多半在這個時候我們無法理智的與他人溝通，所以許多會商與談判的事情，最好不要在這段時間進行。

在月亮與上升點對分相時，我們希望他人能夠看見我們的需求，並且給予我們支持幫助，如果你真的意識到這一點，何不與伴侶談談，或許他們能夠在這樣的狀況下給自己幫助。但通常月亮所採取的反應是沉默的等待或情緒化的耍脾氣，這樣對於自身的需求以及伴侶關係並沒有多大的幫助。

推運（行星過運）圖的月亮與出生圖天頂產生相位

合相

月亮與天頂產生合相時，暗示著我們在公眾環境下表現得更爲敏感，有時這種敏感可以用感性來形容，我們能夠體會到他人的感受也願意付出關懷，而這樣的表現容易呈現在大眾之前，不過月亮喜歡的舒適安全，並不適合曝光在大眾面前，大部分的人在這時候容易表現的敏感易怒，甚至讓他人覺得你太過情緒化。

如果你不想把情緒化或脆弱的一面展現在他人面前的話，那麼請不要在這時候站上公眾的舞台。通常在這個週期，我們受到其他女性影響很大，或許是我們的母親或伴侶，有可能在我們需要的時候給我們關懷，和他們的互動也能夠彌補我們的不安全感。

柔和相位

當月亮與天頂產生六分相時，我們透過周圍人事的互動造就成功的機會，可以使用的關鍵包括了我們與他人的關係，我們對事物的敏感，我們對他人需求的體認等，透過這樣的互動我們可以達到成功的目標，也可以讓人們更認識我們。

三分相是一種對個人社會地位的覺醒，對於在社會中或是公司中擁有權力地位的人的所作所爲帶給你一些想法，由內心感受到對於權力與地位的不安與需求，其實這時候可以刺激自己察覺自己在成功的路途上需要做哪些努力，進而擬

訂計畫，但出於這樣的行星過運只是幾個小時，如果沒有強烈的企圖心，恐怕這些想法很快的就不翼而飛了。

強硬相位

當月亮在天底或是命盤中的上升、下降點時，就會與天頂產生強硬相位，在近代的占星學中，強硬相位並非完全不好的，只是事情的完成或個人感受沒有那麼舒適。當月亮與天頂形成四分相時，代表著個人的考量以及情緒的敏感起伏，使得你無法在公眾層面或是事業上有完美的呈現，你或許必須選擇退回到安全的地方休息，讓情緒放鬆或是壓抑自己的情緒使完美的面貌呈現在眾人之前。

若月亮處於天底時與天頂產生對分相，此時容易產生家庭事業無法兼顧的局面，家庭中的隱憂讓你無法在工作上好好的發揮，在情況許可下，應該請個假先把家庭的問題處理好，再回過頭來在事業上全力衝刺。

第六章　流年水星、行星過運與出生圖行星的相位影響

推運（行星過運）圖的水星與出生圖水星產生相位

合相

　　行運時的水星與出生圖的水星產生合相時，是新的思考循環的開始，這是一個相當適合重新思考人生計畫、展開新的學習或是去外頭旅行的時刻，這樣的情況在行星過運時會維持三、五天。在這段時間中我們的思考變得相當的活躍，水星的能量也會刺激我們變得多慮或仔細，但也可能讓我們變得愛說話，值得注意的是滔滔不絕的交談中，是否掌握到了重要的訊息呢？

柔和相位

　　在行星過運與推運或是太陽回歸圖的水星，與出生圖水星產生柔和相位的時刻，我們受到外在的刺激而變得喜歡與人交談，也可能重視水星所代表的思考或寫作。水星的能量在於溝通，不但溝通自我與他人，也溝通內在與外在，三分相時我們最好多花點力去思考這些交談的內容，從這中發現更有意義的事情，否則水星的能量也可能單純的成為八卦或饒舌。

　　六分相與半六分相則增加了我們與朋友談話內容的多樣性，也在談話中製造不少的思考機會。流年的水星與出生圖的水星形成三分相與六分相時，都暗示著這段時間有著順暢的思考、學習、溝通、交通與旅行。

強硬相位

　　當流年水星與出生圖水星形成強硬相位時，我們的思考學習、溝通、交通、與商業交易行為都容易處於不順利的狀態，行星過運暗示著一小段時期的外力與社會影響，受到他人的言語或是事件引發這些衝突或困境出現。推運的水星強硬

相位的影響可能從兩、三個月到兩、三年，在推運時呈現的心理因素較多，必須回到過去的學習或與他人溝通甚至是商業買賣的經驗中，尋求癥結。

但我們也不能排除外來的影響，這些外力可能藉由水星所代表的人（學生老師、年輕人、商人、業務推銷員、傳訊人）等或是與推運水星星座與宮位所暗示的的事件有關的人（例如：第六宮所代表的下屬）對你在學習溝通交通或交易上的不順暢。

在四分相產生時，容易造成因為太多的訊息，使得我們不知該選擇哪一個而陷入困境，對分相時代表著觀點的衝突與對立，卻往往比四分相來得容易處理，雙方個退一步就很容易達成雙贏的局面。

流年水星與出生圖水星的十二分之五相容易帶來精神上的焦慮，心中有所遺憾與虧欠往往會讓我們去說更多的事情來彌補，需要注意的是誠實的面對問題，而不是抗拒或說謊，此外此時需要注意呼吸系統與神經系統的問題。

推運（行星過運）圖的水星與出生圖金星產生相位

合相

在行星過運中水星與金星的合相影響大約會有一週左右的時間，但若在太陽弧推運或二次推運法的水星與出生圖金星合相，或是出生圖水星與推運金星合相，影響有可能長達一年左右。在這一段時間中水星的言語表達能力受到金星的影響，我們重新思考事物的價值，自我的價值，金錢、情感、藝術與美麗的事物。

金星所代表的金錢與水星所代表的交易與訊息，在沒有其他負面相位或具有負面特質的土星、火星、冥王星影響下，流年金星水星的交會往往暗示著這一段時間的財務狀況不錯，有許多進帳的機會，若在這一段時間從事買賣與交易，將會有相當不錯的收穫。在心理層面上這段時間的表達方式較為委婉，溝通上常帶有大量的社交或外交辭令，喜歡說好聽的話，不容易與人產生衝突。

流年中水星與金星的相位，常常會增添藝文氣息，對於藝術與詩詞文化等事情會有比較多的接觸機會，受到這樣的感染，這一段時間中說出來的話也較具有美感與詩意，當然也可能進一步去學習藝術文化的事情或可能對某些藝術作品發表評論。在情感上，這段時間也特別重視理性溝通，同時容易表達出我們的想法。別忘記金星的情感給予方式具有交換性，當你付出什麼時，你也期待對方給

予你同等的回報，因此不妨試著直接一點，明白自己的需求。

柔和相位

金星與水星在流年中的柔和相位，類似於合相，在心理層面上重視藝術性的溝通與表達，三分相時容易帶來較多浪漫的想法，或者溝通方式也變得十分浪漫，這時候往往有助於戀情的加溫。這時也能輕易的與他人打成一片，享受藝術、音樂、美食等，卻也容易讓人心生想要偷懶或避開困難的想法，避免衝突或困難的事物，往往是金星水星相位的另一大特色。

六分相的特色在於與他人的互動呈現更多歡樂的氣氛，這個時期相當適合與朋友在一起，聊天或聚餐聚會都能夠帶來十分愉快的互動，往往也是一個適合賺錢的好時機，與他人的互動中你或許能夠察覺一些生財的機會。如果流年與出生圖的第二宮與第八宮沒有土星、冥王或其他行星的負面相位，此時也可能暗示著會是一個賺錢的大好時機。

強硬相位

流年當中水星與金星的強硬相位，並不像其他行星的強硬相位來得那麼糟，或許在特別在人際關係上面會有些波動，但往往讓你本身察覺不出那樣的難受，因為就算是負面的強硬相位，水星與金星的強硬相位仍竟傾向於避開衝突的發生，於是很有可能採取粉飾太平的態度。

當水星與金星呈現四分相時，情感與人際關係可能會出現因為意見或看法不同的差異，但是卻不會有太多的問題，或許某一方傾向退讓。對分相時仍有利於情感的表白，我們或許會覺得對方太缺乏定性，或是想法太多只說不做，也可能認為對方懶散或太過放縱太過浪漫，但是這些觀點卻不會促使我們與對方發生衝突，金星的歡愉就如同一種輕度的興奮麻醉藥品一般，讓你對周圍刺激與難受的事情沒有反應或不在乎，也可能讓我們變得縱情歡樂、放縱自己的口腹之慾與情感。

水星與金星的十二分之五相，使得情感的表達出現困擾，心中容易有焦慮與不安。而流年中水星與金星的負面相位（特別是四分相）容易帶來財務上的小小困境，金錢的流通並不是那麼的順暢，在金錢使用、投資合夥上需要三思。

推運（行星過運）圖的水星與出生圖火星產生相位

合相

當流年中水星與火星產生合相時思考與溝通和學習，都受到了重度的刺激，這些刺激可能會有不同的反應，例如在水星稍強的星座（雙子、處女、水瓶）下，或是與其他行星呈現調節的六分相，對於溝通學習有著較大的興趣，可能急著去學習瞭解某些事情，或急著對人說些什麼，急著表達自己的想法，而理智分析也能夠克制我們衝動的事物。

但是若在火星強勢的星座，例如：牡羊與天蠍，或是與其他行星同時呈現負面的強硬相位時，想法反而容易以衝動且不容易仔細考慮的方法來呈現，這時候我們的言語較具有攻擊性，這種攻擊性來自於火星想要保護自己的動力。於是想法、與溝通、或是交通上的急促與迫切感，有時候往往會替事情帶來負面的效果，例如與他人發生爭執，或是衝動的犯下錯誤的決定，也容易造成一些交通意外的傷害。

柔和相位

流年與出生的中的水星與火星產生柔和相位時，最明顯的表現在於活躍的思考與溝通能力，這一陣子很容易被刺激到，容易興奮或容易多嘴，想的事情相當多，是一個重新審視自己計畫的好時刻。六分相對於實行你計畫中的事情有很大的幫助，雖然六分相具有與他人互動的特質，但是要注意由於火星的自我特質，在這個時候你強烈的主張與自我的行動容易引起他人的不滿，所以在與他人互動時得更小心。

三分相的時候帶來一定程度的忙碌，多半是心靈與思考的性質，相當適合去執行個人的計畫或，解決當前的麻煩，同時要注意水星與火星的柔和相位能量，雖然屬於正面的型態，但有時容易因為忽略的自我控制，而造成一些小意外的情況發生，特別要注意太過興奮、激動，或是疏忽所引發的小意外或交通問題。

強硬相位

流年時水星與火星產生強硬相位是一個值得注意的時刻，火星強烈刺激的能量造成我們在精神與思考上的混亂，往往容易帶來許多意外與衝突的發生。四分相時容易使我們的想法與言語遭到他人的質疑，此時也相當容易被他人激怒，口角與爭執容易帶來憤怒與懊悔，火星受到四分相的挫折能量，往往會使人有氣沒地方發洩。

對分相常容易引發激烈的衝突，原因在於我們常認為自己此刻是站在有理的一方（水星），而面對他人莫名其妙的攻擊，需要努力的反擊回去來保護自己（火星），甚至有許多時候，我們除了認為自己有理之外，更覺得我們已經很理性的替別人著想，但他們不知感激。

但事實上並非如此，火星與水星在流年與出生圖之間的對分相，往往暗示著我們無法客觀的思考，火星的自我保護特質更帶有強烈的自私色彩，很少有人能在這個時刻真的保持客觀。更需要注意的是，火星的破壞力常常暗示著意外傷害、嚴重的交通問題、交通事故等，在情緒激動或出門時都需要注意，然而火星的強硬相位也有可能藉由激烈的運動來消耗，可以藉此減低事故的發生。

水星火星在流年的十二分之五相，暗示著急著表達自己卻造成更多的誤會，同時除了要小心交通之外，也要注意呼吸器官的感染發炎或受傷，手部的外傷，神經發炎等問題。

推運（行星過運）圖的水星與出生圖木星產生相位

合相

在傳統占星學中，這代表一段相當幸運且愉快的時刻，適合旅行與學習，或者和他人進行精神交流。流年時刻有水星與木星的相位是一個相當適合發展精神層面的，木星象徵著我們所相信的事情，由此引伸為生活信念、信仰、哲學觀、人生觀、與宗教事物，木星也包含了深入研究與更高層的精神層次提升，例如：研究、與旅行，如果是在行星過運中，這很可能暗示著相當愉快的一天，有可能與他人有著密切的交流，而主題容易圍繞造木星所代表的事物上。

也因為木星的幸運、慈善與寬闊胸襟的意味，我們能夠和他人有愉快的互

動。這也是相當適合進行長途旅行與進修的好時機，特別如果是在太陽回歸、太陽弧推運與二次推運的狀況下，將會帶來長達半年到一年的影響，月亮回歸或新月圖則大概是影響一個月左右的時間，我們可以利用這樣的好時機從事進修或計畫一段長途旅行，以滿足精神上的提升。水星與木星也能夠帶來商業與社會地位的擴張，如果你此時正在從商或者爭取地位，這個合相能夠帶來許多幫助。

　　不過水星與木星的流年相位，也可能帶來一些過分樂觀的想法，幸而木星並不像是火星一樣的那麼具有破壞力，　木星容易使我們在言語表達中充滿自信，但卻很可能在他人眼中變成了稍微的自我膨脹或太過樂觀，但仍無損木星所帶來的積極樂觀特質。

柔和相位

　　水星與木星的六分相，帶來的許多幸運的機會，透過和有相同理念朋友的互動，我們可以達成自己的理想和目標，水星與木星的柔和相位，也帶來了關懷他人以及鼓勵他人的特質。這段時間的人際關係相當的不錯，與周圍的人都能維持愉快的密切交流。如果能在這段時間能夠找些有意義的主題來進行互動，更能夠避免水星、木星的合相浪費在八卦或言不及義的閒談上。

　　水星、木星在流年的三分相也代表著自信的增加，我們常在這段時間表現得胸有成竹，不但言語上帶有樂觀積極的色彩，也有寬闊的胸襟，容易包容別人也樂於和他人分享我們的知識與想法。

　　與合相類似的是，這段時間適合學習與旅行，事業和社會地位的晉升，再行星過運時大約帶來兩三天的影響，在太陽弧正向推運與二次推運法或太陽回歸時，代表一年左右的影響，這時可以計畫長期的進修或者行程較遠的旅行。

強硬相位

　　流年時水星與木星的強硬相位，帶來的問題多半語言、承諾和信仰有關，木星的擴張特性有時會讓我們承諾許多做不到的事情，過去所說的話，往往會在這個四分相產生時使自己陷入困境，此時請誠實的面對自己和他人，不要企圖使用謊言或打腫臉充胖子，雖然會遭到挫折或覺得沒面子，但是如果你選擇繼續說謊或承諾作不到的事情，將會帶來嚴重的後果。

　　而對分相代表著我們過於樂觀的態度帶來的困擾，事實上在這個時候，我們

可能會覺得他人太過樂觀或他人太過挑剔，事實上這暗示著我們自己需要調整一下步伐，試著用寬廣的心去接納他人過度樂觀的想法，或者接納他人理性的批判，有助於自己的成長。

　　木星與水星在流年時產生的強硬相位，也往往代表著別人質疑我們的信仰，可能在言語或分析中帶來一些爭論，並非不愉快的或具有衝突性質的，但也可能讓你覺得不必在乎這樣的批評或質疑，而失去改進成長的機會。水星與木星的十二分之五相代表著，我們可能曾經承諾過一些做不到的事情，現在造成了心頭的不安，這樣的相位也往往暗示著一些與呼吸或肝功能有關的疾病，也與過敏有著密切的關係。

推運（行星過運）圖的水星與出生圖土星產生相位

合相

　　在傳統的占星學看法中土星常代表著厄運與限制的出現，當流年土星與水星合相的時期，不利於從商、計畫、寫作、旅行和學習。常常會有一種有苦說不出的感受。但在現代的看法，土星具有經驗、教訓、過去、深入的意味。

　　當土星與水星合相時，往往會讓我們想起一些過去的經驗，由這樣的角度，讓我們在說話思考溝通和計畫事情上更為謹慎，也因為這種謹慎的態度，使得事情常常陷入停滯的狀態，或許心情上會稍微不舒服，但如果我們換個角度想，小心駛得萬年船，這樣的仔細是一種認真負責的態度，也是事物能夠穩定的進行。

　　這也呼應了我們以更積極的態度來看待傳統占星學中，土星水星合相所帶來的不利溝通、旅行、從商、計畫的態度，它暗示著如果沒有準備周全就不能出發。在這一段時刻中，我們會有嚴肅的思考態度，說話和想法也常掃他人的興，但卻是為了更為完整的成果。

　　在這個時候，我們容易變成經驗主義者，這時候所說的所想的，其實和過去都有著脈絡連結。如果你在這時候覺得心情不舒服，不妨回過頭去看看，過去有哪些類似的情況造成同樣的感受呢？土星的限制與苛刻往往來自於過去的經驗累積，卻也訓練我們說話和思考都要更負責，如果我們以認真負責的態度來處理事情，土星自然不會找你麻煩。

柔和相位

柔和相位淡化了土星讓人難受的色彩，原本土星造成思考與溝通的限制與阻塞，也容易轉化成因為更為謹慎穩重的態度。在此相位底下適合考慮長遠的計畫，檢查當前所面對的問題，讓事情具有持久與穩定的特色，商業交易或是旅行的計畫也比較謹慎些，卻不容易造成風波。

六分相的時期適合拿來落實我們的想法，這時候的思考雖然保守，但多半有實際的色彩，計畫的可行性較高。也適合在這個時候與較為實際或者年長的朋友交換意見，討論當前面對的問題或狀況，通常可以得到許多實際有用的資訊。三分相讓我們更為堅定我們的想法，雖然我們的想法和言語會有些保守，但帶有些野心的色彩，這樣的野心不會讓我們急於功成名就，卻是一步一步踏實地走下去，是一個適合處理重要的事物或重大決定的時刻。

流年時水星、土星的相位有利於學習的紮根動作，也適合討論學習過去不懂的疑問，可能是一段辛苦的學習時刻，但對於學生來說相當有幫助。

強硬相位

流年中水星與土星的強硬相位容易帶來沮喪與灰色的想法，從心理占星學的解釋中，這很可能是來自於成長中過去生活經驗的挫折所帶來的影響，流年的水星與出生圖的土星產生強硬相位時，代表在短時間的一兩週內，過去的經驗，或是內心的恐懼會阻礙自我的表達。

四分相時由於心頭的壓力負擔太重，或是不愉快或恐懼的想法，使得我們不願意說出該說的話。對分相時容易使我們擔心自己說出來的話是否合時宜，是不是正確而更加仔細，也往往會造成他人質疑我們所說的話，或是相反的我們質疑他人的想法信念等。

當流年土星與出生圖水星呈現強硬相位時，容易引發長時間的挫折感，這種挫折感來自於受到外力的影響，引發了內心的恐懼或不愉快，於是不利於表達與溝通，通常占星師們更會提醒，在流年水星與土星呈現強硬相位的時刻，需要注意自己的交通安全。

此外，這樣的相位對於學習或從商的人來說也暗示著一段具有挑戰且不愉快的時刻，學習與商業交流受到阻礙，受到挫折的機會較大，這些挫折可能來自於

長輩、政府機構、相關主管單位的干擾。

　　十二分之五相的水星、土星相位暗示著我們受到過去的影響，而對身邊的人或自己有虧欠感，卻很難說什麼或做什麼來彌補心裡的不安，以致於造成心理上的壓力。

推運（行星過運）圖的水星與出生圖天王星產生相位

合相

　　行星過運時中的水星與出生圖的天王星會合時，往往會激發出許多新的點子，同時在這一週左右的時間，我們會有許多新的想法，想要改變自己、想要超越自己，說話的態度也與平時不太一樣，會給他人有點奇怪或創新的感覺。天王星的強烈電流不僅僅在性質上讓我們改變自己，同時也會讓我們在說話和思考書寫學習的速度上，有著明顯的增加。

　　若這種相位產生在月亮回歸、新月滿月圖中影響會增長到一個月左右，至於在二次推運或是太陽弧正向推運、太陽回歸、或是反過來流年的天王星與出生圖水星產生合相，則會讓上述的影響拉長到一年之久。這段時間可以用於自我改造、自我成長，通常有利於與團體、朋友互動，或是學習新奇的知識，占星學也是與天王星有關的一種學習。

　　我本身就有一個相當有趣的例子，在我學習占星近二十年時，當時我早已是職業占星師，在行星過運天王星與我的出生圖水星會合時，決定回到占星學院當學生，不但加強了我原本不足的基礎，更給吸收了許多新的想法，也和同學有強烈的互動組成了讀書會。

　　就在我第一天上課的時候，老師問我為什麼要來學占星時，我據實以告，老師笑笑地拿起我的星盤指著我命盤上水星的位置問我，你知道現在哪一顆行星正在這個位置嗎？答案就是天王星，天王星往往會替人帶來改革與超越自我的能量，與水星會合時，則容易表現在想法與學習上。

柔和相位

　　流年中水星與天王星的柔和相位帶來許多自我成長的好機會，六分相時暗示著極有可能透過和朋友對話的互動，帶來成長和改變自我的機會。這種狀況在行

星過運時特別明顯，在推運或其他影響力較長的流年判斷法中，非常適合去加入一些與你志同道合的團體，享受一段透過友情帶來的成長。

三分相時，就像是吃了興奮劑一樣，讓我們覺得身邊許多事物看起來都不尋常，很容易受到周圍環境的小改變而變得興奮。同時我們內心中渴望改變的想法加強，這時候較容易激動，想要改變一些事情，想法的更新與突破很適合在這段時間思考一些過去無法解決的問題。不過如果不謹慎一點，有時候天王星太強的能量也會帶來一些行動上的小意外。

強硬相位

水星與天王星的強硬相位最明顯的暗示就是在交通意外上，先前提過在占星學中天王星代表極端強烈的能量，與水星形成強硬相位時時水星往往無法控制或疏導這樣的能量，於是容易導致意外的發生。

另一方面，天王星與水星的四分相暗示著言語上的不尋常，這很有可能是來自於無意識的記憶或是壓抑在心靈深處的一些事物，借用到天王星的能量而從心靈底層崩解開來，這時候我們往往會語出驚人。在水星與天王星四分相時，我們的想法可能變得有些叛逆或不尋常，卻又因為四分相的能量難以說出口，感到相當的難受。

對分相時容易使自己或他人顯得有點離經叛道，你可能覺得他人太怪或是太過保守苛刻，而造成兩人之間的衝突。水星與天王星的強硬相位，往往會因為大量的精神或心靈活動造成精神上的緊張，也使得我們容易分心而造成意外，這些狀況也特別容易在十二分之五相時出現。

推運（行星過運）圖的水星與出生圖海王星產生相位

合相

水星與出生圖的海王星產生合相時，我們的思考與溝通偏向於宗教、靈性與精神性方面，同時海王星也具有藝術與夢幻的神祕特質，會讓我們說話與溝通時帶些藝術氣息與詩意或是神祕色彩。

海王星的虛無飄渺與溶解的特質，容易使得水星的理性思考變弱，這時候我們需要的是感受，而海王星具有強烈的理想色彩，我們這時候的思考會比較天真

單純，不喜歡考慮太多複雜因素。海王星的精神性暗示著，在這時候我們神祕的心靈之眼會被打開，聽到或接受到許多奇幻的訊息，有時候往往會帶來許多幻想，也很容易被電影或照片的影像所吸引。

但是從另外一方面看來，海王星會削弱水星的理智分析能力與溝通能力，此時我們說的話或是我們的想法往往讓人覺得抓不到重點，由於海王星的能量是一種犧牲與無爭的能量，甚至往往帶來佛家所說的放下的感受，例如：你在說話時很會安慰別人，讓人聽來很舒服，可是當對方認真分析起來時，你說的話卻很少有實際的建議，虛無飄渺的很具有宗教色彩。

在這段期間中，適合去從事藝術創作或是啓發精神生活的工作，靈修、瑜珈、閱讀與心靈成長相關的書籍，都很適合海王星與水星產生合相的能量，不過由於我們的理智與分析能力變弱，這一段時間容易健忘、遺失物品、迷路、或是有遭人欺騙的感覺。

柔和相位

水星與海王星的柔和相位與合相十分相似，在精神生活與藝術創作上都有十分大的幫助，適合與這些事物接觸。六分相時與朋友們討論這方面的話題容易帶來成長的機會，而同時我們的思考與想法會變得較爲慈悲與具有宗教精神。

這樣的情況在三分相特別明顯，這時我們會對周圍的一切話語表現出無所謂的態度，同時我們思考與溝通的方式沾染上海王星的夢幻型態，可能會讓我們喜歡閱讀奇幻作品，也可能讓我們喜歡思考或討論電影或影像的作品。海王星在柔和相位所帶來的負面影響，多半傾向於表現出思想上的單純與天眞，對於許多事情都抱持著夢幻的態度，這時不利於做決定或是進行一些計畫。

強硬相位

在傳統占星學中，流年時海王星與水星的強硬角度暗示著我們容易被騙的機會變多了，如果要從現代的觀點來分析，的確，當心智能力，受到海王星的單純化、理想化、以及過度浪漫的色彩所影響時，眞的大幅的提高了被欺騙的機率。

四分相時會帶來思考力減弱與分辨是非能力減弱的影響，有時候太過單純天眞或慈悲會讓我們幻想著要犧牲自己的利益來成就別人，卻得不到他人的感激。流年中海王星與水星的對分相，是所有相位中暗示著被欺騙意涵最爲明顯的組

合，當我們用過於夢幻的角度來聽或觀察他人時，不要說是被欺騙，就說自己太過天眞很難看清事實的眞相也是可以的。先前在合相所說的一些負面特質在這時會被更強調，例如健忘、迷路、丟東西、被欺騙等。

同樣的對於學習與從商的人來說，這是一段值得注意的時刻，在行星過運時，只會有短暫數天的影響，避開這段時間做重大的買賣決定，而在推運或其他流年預測方式中若有這樣的相位產生，需要在學習溝通與經商上更爲謹愼。

十二分之五相犧牲自我的想法會因爲覺得對他人的愧疚而產生，這時候我們並不是很清楚自己在做什麼，只是許許多多的幻想影響著我們，天眞的以爲只要犧牲自己一切就會變得美好，但事實上這樣的相位往往暗示著徒勞無功的犧牲，這種付出往往會是白忙一場。同時水星與海王星的強硬相位，暗示著呼吸器官受到感染的機率增加。

推運（行星過運）圖的水星與出生圖冥王星產生相位

合相

冥王星象徵著毀滅與創造的循環，同時具有強烈的滲透力、破壞力與無法拒絕的影響力。當流年水星與冥王星產生合相時，這一天的感受將會讓你有著極端的起伏，很有可能是你對於生與死這一類問題變得十分敏感，也可能是你對自己或是他人的心理或情緒有著深刻的感受。我們也可能在這一段時間內，試著隱藏自己的情感，或是讓自己說出來的話像一個謎一樣無人能懂。但同時我們的言語也可能非常具有煽動力，對他人造成許多影響，他人或許會隱隱約約的感到威脅，認爲我們正在挖掘他們的隱私或祕密。

的確，由於冥王星是地底之神，具有察覺不爲人知寶藏的能力，而每個人的祕密有時或多或少就是它的寶藏。冥王星的威脅與破壞力有時會讓我們說出極具威脅性的話，在想法上非黑即白，有時很難讓我們和他人打成一片。但是，在流年中若有冥王星與水星合相，是一個深入討論自我心靈問題的好時刻。

若出現在長時間的二次推運、太陽弧正向推運或是太陽回歸這一類的預測中，或是流年冥王星正會合你出生圖的水星時，是一個長時間深入挖掘問題、瞭解自己的機會，這中或許會讓我們感到難受，甚至有種無法承受的壓力，但卻符合了冥王星那種將人毀去又重新給予生命的感覺，這段時間也是合參加自我成長團體，或是進一步的去學習心理學、生死學這一類的學問。

而學習與經商等課題，也會在這段時間內經歷極端的高低起伏，透過挖掘真相與洞悉他人不知的祕密，可以幫助我們擁有更豐富的資源來幫助學習或經商。

柔和相位

冥王星在流年與水星的柔和相位會增強我們的意志力，也會讓我們的分析和判斷能力變得相當精準，如同剛才說過冥王星具有透視他人祕密的本事，與水星在柔和相位上也相當顯著，這時候我們努力的挖掘事情的真相，有時會讓他人感到難堪。

六分相的互動或許這樣的表現會帶來朋友或他人的壓力，我們需要更注意自己的問話與說話方式，別讓好心想要幫助別人的本意，因為給他人太大的壓力而被誤解。

三分相時，往往增強了內心中對於事物的精準判斷，無形中我們就知道真相在哪裡，答案是什麼。我們的話語也因為三分相而變得更有分量，冥王星的壓迫感可以藉由三分相而讓他人更容易接受，間接的擴大了影響力也消除我們與他人之間的隔閡，往往在這個時候我們會有機會和他人深入交談，挖掘出他們的祕密。

但同時我們也可以藉由水星與冥王星產生柔和相位的機會來挖掘自己心靈深處的祕密。這是一段適合努力用功學習的好時機，這一段時間的學習意志增強，而且能夠運用強大的破解能力去瞭解過去你難以瞭解的問題，對於從商的人來說，精準的眼光與判斷力也容易替你在這時候帶來一筆財富。

強硬相位

破壞力與攻擊力是水星與冥王星強硬相位時帶來的特色，這時候我們的思考變得極端卻讓他人難以接受，你所說的任何一句話似乎都在威脅著自己和其他人，於是許多衝突和困擾因此產生。

四分相時最容易引發的是內在的衝突，由於冥王星迫使自我去思考一些過去不願意觸碰的話題，也往往讓自己變得憤恨易怒，問題多半來自於一些自身所隱藏的祕密，這樣的壓力容易加諸在自己身上，他人也相當容易感受得到。

冥王星與水星的對分相，對於自我與他人的關係造成相當強烈的破壞力，或許我們仍可以運用這一層力量，察覺他人的祕密，或是影響他人，但是常容易遭

到反抗，或是遭受他人的指責，別人甚至會認為你正在威脅他。冥王星所賦予的力量若不加以控制，往往會釀成無法彌補的災難，對於自我他人都會受到傷害。

同時當冥王星與水星在流年時刻形成強硬相位時，也可能暗示著我們受到無形的壓迫（常在四分相出現），這樣的壓迫可能是來自心靈深處的恐懼，也可能暗示著強大的外力、天災、人禍、強權、暴力或其他形式的迫害。

流年時十二分之五相的水星冥王星相位，有可能暗示著我們在精神上遭受威脅，而去做某些事情，但也很可能反過來是我們用言語去威脅他人，達成自己所要的目的。在這一段時間中從商的人要特別小心外力（黑道或政府機關、其他財團）的介入，造成生意上的損失。身體健康上也往往會出現暗示著精神上的壓力所帶來的困擾，甚至有可能暗示著精神方面的不穩定或是情緒極端的低潮。

推運（行星過運）圖的水星與出生圖凱龍產生相位

合相

凱龍象徵著傷痛與死亡與治療，也代表著父親或養育者的印象，通常與心靈上的傷痛有著極為深刻的關係。行星過運中凱龍與水星的合相，暗示著這幾天中我們很可能接到一個消息，或是聽到一個故事，或是與他人的一段對話勾起了心靈上的缺憾。

此外，這種相位也可能代表著我們接受別人的安慰（心靈上的治療），或是我們去安慰他人，利用文字或言語來幫助別人療傷。在行星過運時可能只是一段對話，但是如果發生在象徵著時間較長的推運或太陽回歸中，可能象徵一段長時間的心靈治療過程。

柔和相位

凱龍與水星的柔和相位也可能暗示著合相所傳遞的傷痛訊息，不過因為柔和相位多半讓人容易接受，於是凱龍的死亡與傷痛特性變得較弱，反而是治療傷痛的暗示增加。透過與他人的交談來治療彼此的傷痛是在六分相時的暗示，這樣的對話增加了我們體認自我心靈上傷痛的機會。

三分相由於接受的能力較強，往往在這個時候暗示著我們接納了傷痛成為生命中的一部分。不要忽略了，傷痛仍然會造成我們心中的缺憾或痛苦，但是被我

們以理智（水星）接納了，由於凱龍具有父親或扶養者的特質，所以這些傷痛的議題多半也與他們有關。

強硬相位

水星與凱龍的強硬相位輕微的程度可能是揭發了過去的傷痛，若嚴重些可能暗示著無法承受的失去與遺憾，這些遺憾可能來自於小孩、兄妹、好友、或具有水星特質的人（雙子座、處女座、商人、老師、學生等），但不見得是指生離死別由於四分相的力道較強且無處宣洩，這樣的傷痛多半會造成心中難以抹滅的陰影。

對分相可能是透過他人來引發心靈上的創傷，例如你的好友的一句話，引發了你心靈上的傷痛。但反過來說，也可能是我們無心的一句話，引發了對方的傷痛。這段時間我們可能會轉移自己的注意力，利用自己的特殊能力去幫助他人（端看凱龍的宮位），但心中的陰影仍然存在著，我們必須試著去面對這個缺憾，而不是逃避或視而不見，情況嚴重不妨尋求心理諮商師的協助，因為凱龍與水星的強硬相位，可以藉由交談與寫作來處理。

關於這個相位我有一個深刻的經驗，去年春天當行星過運的凱龍與我的水星合相時，我正好因為牙齒的問題（同時太陽與土星對分相），在那整整一個月內，每週要去看兩次牙醫讓我快要和牙醫，都熟到可以當好朋友了，那天正好要進行最痛苦的根管治療，就在我進入診療室後，醫生跟我說抱歉讓我多等了一個小時，因為那天上午他接到一通電話，跟他親如手足的朋友車禍過世了，且留下了三個無依無靠的小朋友，他必須去幫忙處理小孩的問題，而這個一段談話卻一直讓我印象深刻，我莫名的擔憂著這三個可憐孩子的未來。

我回家時翻開星曆，發現凱龍正好與我的水星合相與我的冥王星對分相，不禁想起這一連串的巧合，如果來試著分析這一連串的行星符號所隱藏的暗示，神經、小孩、親如手足的朋友、交通都是水星所掌管的事務，凱龍象徵著父親、死亡、治療，一連串的關鍵自組合在一起變成了那天上午的聽到的故事。

在凱龍與水星合相或產生強硬相位的時候，我們可能聽到一些關於傷痛與死亡的消息，那天凱龍與凱龍的對分相不只暗示著心靈上的感觸，無依無靠的小孩該由誰扶養？同時也暗示著我的神經（水星）的死亡與治療工作（凱龍與冥王星）。

推運（行星過運）圖的水星與出生圖上升點產生相位

合相

　　水星與上升點的合相暗示著我們自我表達的能力相當容易被呈現，這幾天你相當順暢的表達出自己的想法，不過當我們仔細聆聽，你會發現這些話或許都經過了修飾且和真實有些出入，因為水星所表達的是你希望塑造出來的形象，而與真實的自己或許有些出入（並非完全不同）。這段時間內我們樂於表現出重視溝通思考的特質，這段時間內我們相當容易遇到一些聊得來的人。

柔和相位

　　無論三分相或六分相，水星與上升點的柔和相位同樣象徵著，我們順利地在他人面前呈現出理智、聰明、重視溝通的一面。特別在與他人的互動上顯得相當順暢，對於從商、學習、討論未來計畫，實現自我的目標也有很大的幫助。

強硬相位

　　當水星與上升點對分相時，其實水星正與代表別人的下降點結合，這暗示著我們的思考與言語是從他人的角度出發，這可能是一個與他人合作的好機會，但不一定代表我們所說的話，或是我們的計畫有利於自己，必要時我們最好表達清楚自己的想法，否則很容易在事後埋怨自己為什麼沒有說清楚，讓他人佔了便宜。

　　而水星與上升點的四分相，可能與是來自外界的輿論（水星在天頂與第十宮），或是家庭父母與兄弟姊妹間的談話（第四宮與天底）造成了我們的壓力，究竟是該表達自己的想法，或是聽從他人的意見成為了難解的問題。這雖然不至於產生衝突，但卻會讓我們處於兩難的局面。

推運（行星過運）圖的水星與出生圖天頂產生相位

合相

流年中水星與天頂形成合相，暗示著我們有機會對著公眾發表想法，展現出我們理智與重視溝通的一面。這段時間也適合與父親、老師、老闆上司或是政府機關打交道，在沒有其他行星的負面相位干擾下，這是一個相當適合爭取對自己有利機會的時機。

柔和相位

水星與天頂的柔和相位，同樣暗示著我們順利的在公眾或父親上司面前呈現出自我，三分相代表著具有自信的溝通，透過實際的證明或是辛勤的工作或是數據分析，而呈現出對自己地位有利的機會。六分相時暗示著透過自信或資源的掌控，來爭取社會地位。

強硬相位

水星與天頂的對分相暗示著我們所說的話，或我們的思考方式不容易被公眾所接受的窘境，或是我們的想法被他人所忽略，對分相時他人很可能認為我們心理頭藏有什麼不可告人祕密，進而質疑我們，雖然原因可能只是我們不願意再說了，或是害羞地不敢說話，但是卻被公眾誤解或忽略。

四分相暗示著我們太過自我的思考（水星靠近上升），或是失去自我的思考方式（水星靠近下降），無法為大眾所認同，而此刻我們也苦於無法順利表達自我，而容易產生悶悶不樂的狀態。

第七章　流年金星、行星過運與 出生圖行星的相位影響

推運（行星過運）圖的金星與出生圖金星產生相位

合相

　　流年過運金星與出生圖金星的合相，事實上代表著一個新階段感情生活的起點，這樣的合相可以當作一個金星回歸來看待，情感上的感受與變化將隨著同時間金星與其他行星的相位而有不同的變化。通常在這樣的時期，我們會特別感受到自身的情感，生活娛樂、與女性的關係，是一個檢視過去的關係做出一些修正或改變的時期。

柔和相位

　　在流年中金星與金星的柔和相位帶來情感上舒適的感受，這一段時間可能感受到的生活娛樂所帶來的喜悅，也可能與女性朋友、情人、女兒有著不錯的瞭解與互動，對於從商的人來說這也是一段收入溫和穩定的時期。

　　在三分相的時期，自身容易散發出吸引人的魅力，與他人的關係良好，容易受到他人的祝福與贈與，行運的影響時期約莫是一週，有利與他人互動或者代表這段時間充滿了忙碌愉快的社交生活，推運的影響時期可能相當長久，可以利用這樣的能力，發展有利個人或事業上的人脈或資源整合。

　　六分相帶來了更多的活力，這樣的相位會使我們比金星三分相還要活潑積極，我們樂於與他人維持良好的互動關係，很可能主動出擊提出一些邀約，對於金錢或物質情感的事件也容易用靈活的手腕來處理，以便達成自己的希望。

強硬相位

　　金星與金星的強硬相位並不代表十分困難的時期，或許在情感、人際關係、

金錢上會有些疑慮，不過多半不是什麼驚天動地的事情，但如果有其他行星的強硬相位加入可能就要注意。受到金星溫和的影響，在四分相與對分相的期間我們變得有些鬆懈，對周遭發生的困境可能不是那麼地在意，就算處於困境或麻煩中，你也很可能只是一笑置之，或是以平常心看待。

在十二分之五相產生時，焦慮的出現在所難免，但是不太常真的付諸行動，去調整改善我們的人際關係、情感生活、或是財務狀態。隱憂的存在也容易造成心理或健康上的小疑慮，並反映在與金星有關的腎臟、喉嚨、甲狀腺等問題。

推運（行星過運）圖的金星與出生圖火星產生相位

合相

這是一個帶來豐富情感生活的時刻，由於金星火星都與情慾和感情生活有關，在這段時間中對性愛與情感生活的渴求將會達到高峰。如果本身金星或火星並沒有與土星、天王、冥王形成強硬相位時，這段時間的情感與性生活將會十分的和諧，容易散發出在情感上的自信，相反的若產生強硬相位，會有一段刺激忙碌的情感生活，但心中卻容易質疑自己對情感和性生活的態度，透過火星的行動力我們可以去追溯，自身對於情感和性愛的態度究竟是在哪裡出了問題。

當流年金星會合出生圖火星時，代表的是性生活的協調與樂趣，對於工作或行動上會採取比較溫和的態度，也比較有人緣，當流年火星會合金星時，代表著情感上遭到一些刺激而激發我們在情感上願意採取行動，可能是告白、追求、發生性行為，也可能是去處理情感上的問題等。當然金星不一定只代表情感，對於我們喜歡的事情或是財務上，這都是一段相當值得掌握追求的時刻。

柔和相位

金星與火星的柔和相位，讓情感及情慾世界更為協調，當流年的金星火星形成三分相時，我們自身能夠散發出情感上的自信，單身的人適合在這一段時間展開追求行動，這同時也是有利於處理過去情感問題的時刻。六分相的互動，讓我們覺得無論是友誼或愛情都能夠享受愉快的共鳴，我們可能在這時候發現了一些去做我們喜歡的事情的機會點，這些機會可能透過朋友而來。

同樣的不只在情感上，對於人際關係、工作、喜好、金錢等事物這都是一個

相當愉快的流年時刻，在行星過運的短暫交會時刻中，我們可以享受一兩週美好時光，特別在享樂或情感上有著舒適的感受，在其他較長的流年判斷方法中，我們應該利用這樣的時機，去更積極的經營自己的情感、人際、財務的事情。

強硬相位

　　從情感的層面上來看，金星與火星的強硬相位，並不是真的很糟糕，除非你本身不喜歡太過活躍的生活，或不習慣面對太過刺激的事情。金星火星的相互刺激往往會帶來一段相當明顯的感情或性生活活躍週期。

　　在占星學中，我們往往對柔和相位沒有什麼感受，卻對強硬相位有著深刻的感覺，正來自於這些刺激，這段時間情感相當的活躍，你的情感和人際關係，都處於一種能量飽滿的狀態，這會讓我們想要去做些什麼，來增進我們的感情生活或人際關係。

　　這種衝動也往往會帶來一段新的情感或人際關係，特別是已經有伴侶的人，最好試著將這種衝動放在自己的伴侶身上，或是一些工作上的創意表現或是物質的追求，而不是向外發展另一段戀情。

　　流年中金星火星的對分相非常明顯的指出，在情感生活上有些什麼事情正在發生，你必須仔細考量在情感上的行動，考慮對方這麼做是不是在暗示著你也要給予同等的付出，如果你目前完全沒有男女朋友或配偶，那麼發生的可能就是其他事情，諸如人際關係或工作金錢有關的事情。

　　火星與金星的四分相，容易帶來情感上的小困擾，雖然不至於驚天動地，但是一個小小的決定仍可能會帶給你一些小遺憾。這些遺憾不至於大到對你的情感生活馬上產生影響，但在推運或回歸圖中，仍可能造成心理上的不愉快。

　　金星與火星的十二分之五相暗示著，情感上的虧欠感是促使你忙碌的主要原因，你可能為了彌補什麼事情而讓自己不斷的為對方服務或犧牲。除非你搞清楚虧欠感是什麼，且去面對解決，否則這樣的忙碌狀態並不會對情感有正面的幫助。在健康上金星與火星的合相與強硬相位，容易帶來喉嚨、甲狀腺或腎臟的問題，特別是發炎或創傷這一類的問題。

推運（行星過運）圖的金星與出生圖木星產生相位

合相

金星與木星的合相象徵著一段相當愉快的生活，在傳統的占星學中這兩顆星都是吉星，當金星與木星會合時我們顯得相當有自信，自我的價值和許多理念都被認同，也容易展現出自己自信的一面，當然同時我們的魅力也很容易因此施展開來，吸引許多人的注意。

金星、木星的合相除了對外展現自信、對情感與人際關係相當有幫助之外，對於從商或投資也是一個相當不錯的時刻，不過金星與木星的愉快時光也很可能讓我們多多少少有些揮霍，在生活上重視舒適與享樂，且容易感到愉快。

在行星過運時可能是相當愉快的兩三天，但是在其他流年判斷法中出現這樣的相位時，我們仍需要考慮後果，過度的自信可能埋下日後危機的種子，但是我們現在卻不會注意到，他可能是信用擴張可能是太過揮霍、可能是情感上過多的付出或是外遇的狀況等，這些都可能是當下我們覺得相當愉快，日後卻可能帶來麻煩的事情。

值得注意的是金星與木星會讓我們以輕鬆的角度去看帶許多事情，對於原本該嚴肅看待的問題顯得不太在乎，可能在別人眼中我們有些好運，卻有些懶散。

柔和相位

和合相一樣，金星木星的三分相或六分相，都會帶來一段愉快的生活，三分相讓我們散發自信的神彩並且吸引他人的注意，和朋友或家人甚至情人的互動上十分愉快，三分相容易讓我們自己接受自己，也讓周圍的人容易接受我們，這時候已婚或有伴侶的人仍得小心另一段情感的發生，如果不能將這樣的能量導向其他的地方，恐怕日後仍會有麻煩。

六分相也是情感相當活躍的時刻，特別是友情的關係相當愉快，同時六分相具有應用、活用的暗示，透過友情或是與他人的互動，我們容易找到發展愛情與理財的最佳時機，這也是和他人交流我們信仰或是生活觀的好時刻，多和他人互動將會發現許多讓生活過的更舒適的小方法。

強硬相位

　　情感和財務的擴張是金星木星產生強硬相位時最典型的狀況，木星所帶來的過度自信往往會讓我們願意冒險去進行財務的擴張，可能是不顧風險的投資，可能是擴張自己的信用去買一些高價品，危機很快地就會出現，我們常常在金星木星產生強硬相位或合相的日子花大錢來滿足自己的慾望，然後很快的發現自己成了月光族或泡麵族。

　　金星木星的對分相和四分相也可能是引發情感擴張的時刻，很可能會讓我們對於目前情感過於有信心，而忽略了許多危機，也可能是我們太過有自信而不願去面對問題，更可能是去擴張自己的愛情領土產生外遇，這時我們並不願意認真的面對這些問題，相反的仍舊感受到金星木星那種幸運愉快的時光，卻很可能因此種下日後帶來麻煩的種子，和合相相同的是金星、木星的那種不嚴肅不認真的態度，輕鬆過日子的方式也可能在日後帶來麻煩。

　　金星與木星的十二分之五相暗示著，我們或多或少察覺了問題的存在，卻不願意去面對，寧願裝作問題不存在地去忙別的事情，或者假裝很有自信很愉快，直到很長一段時間後 150 度的壓力爆發，才會讓我們不得不面對原本該面對的情感或財務問題，這樣子的相位出現在時間影響較長的推運方式（二次推運或太陽弧正向推運）時就必須注意。

推運（行星過運）圖的金星與出生圖土星產生相位

合相

　　對某些人來說，金星與土星的組合對於情感的生活蒙上了一層陰影，其實並不全然是壞的，如果我們仔細分析就可以分辨出哪些組合，可以用更實際有效的方式來取代土星的陰影，當流年的金星會合到命盤上的土星時，就不是那麼糟，很可能有人來安慰我們心靈中覺得受傷或需要幫助的部分，很可能與人交流互動下安撫了過去的不安。

　　但相反的，如果是流年土星接近出生圖上的金星時，感受將全然不同，在最輕微的狀況下我們可能感受到情感上的責任來臨，可能對於這些責任感到稍微不適應，但也很可能是情感上的壓抑或干擾，同時流年土星來會合金星時，我們容

易覺得無法感受到他人的愛意與溫暖，這對於本命盤中已經有金星土星相位的人來說，影響更為深刻，雖然這些人可能已經知道自己常常對情感無法滿足，但是卻會一再地喚起那種情感上的不安全感。

此外，在行星過運時需要特別注意，如果是流年土星會合出生圖上的金星，那麼將會是一段影響相當長的時間，由於土星在黃道上的移動速度慢，而且可能逆行來回經過好幾次，所以必須注意這段時間的個人的情感、人際與財務狀況，更特別在流年太陽月亮水星等行星同時與這兩顆行星產生相位時，暗示著實際事件發生的時刻。

土星與金星的合相，無論如何都會帶來對「情感」、「人際」、「財務」的不安全感與不滿足，我們常需要一再確認自己是不是被愛著？是不是愛著對方？愛是什麼？對方有多愛我這些問題，更可能覺得我們賺的錢完全不夠，而需要節省開支並且注意著自己的銀行戶頭等，相同的狀況相當類似於土星在流年時進入第二宮。這些狀況都暗示著我們會以更實際的心態，來面對金星所代表的情感、人際與財務狀況。

柔和相位

金星與土星在流年中的柔和相位，仍有可能帶來一些不安，但是透過具體的行動，會讓我們實現更實際的情感與財務態度，而不是空談夢想或夢幻。這是一個勇敢面對情感與財務問題的時刻，深刻的思考是必須的，我們可以追溯到童年或過去的經驗中，有哪些事情影響到我們今日面對感情或財務的不安。

在三分相時帶來了接受的能量，是一個對於情感或財務問題療傷的好時刻，透過回溯過去的瞭解與接納現況，我們可以用更實際的態度來面對情感與財務的不安。

六分相讓我們擁有更多的機會與技巧，甚至朋友的幫助，來化解情感、人際與金錢上的疑慮，六分相同時暗示著我們與長輩或是年長的朋友，有著不錯的關係，從他們那裡我們可以得到許多寶貴的經驗，金星與土星的相位都暗示著我們必須以更踏實的態度，來處理情感財務問題。

強硬相位

金星與土星的強硬相位帶來深刻的恐懼與不安，特別容易表現在金星所代表

的情感、財務或是由金星守護宮位或所在宮位的相關事件（例如：金星在第五宮或守護第五宮特別暗示情感與子女或是自我的目標），金星、土星的對分相強烈的暗示了我們在情感上的懷疑，我們可能覺得對方給得不夠，或是我們感受不到對方的愛意，這時候我們很可能斷然的想要離開或切斷這層關係，分手的時刻常常會發生在金星與土星的合相和強硬相位。

我們必須回到實際的層面來考量，是不是我們並沒有弄清楚對方表達愛情的方式，是不是我們自身的經驗阻礙了我們接納對方的態度，是不是我們對情感的期待有些不切實際？土星強烈地要求我們回到過去，去看看這些問題是不是在過去發生過。

四分相也有類似的狀況，而且往往是屬於一種僵局的時刻，我們可能覺得自己卡在一個愛情的陷阱中動彈不得，究竟是追求愛情的浪漫重要，還是安全感重要，當我們兩個都想要時就是最困擾的時刻，選擇走出困境的方法就是做出選擇，這會讓另一個要求成為遺憾，有人會選擇浪漫而放棄安全與實際，有人會選擇實際壓抑心中的浪漫，同樣的，若在財務的問題上則換成了享樂與安全感的二選一局面。

需要特別注意的是，由流年土星所造成的相位影響時間很長，更要小心當內行星（太陽、月亮、水星、金星、火星）同時產生相位的觸發時刻，暗示著財務或情感問題會出現在哪些時候。

金星與土星的 150 度，會讓我們對於身邊的人覺得有責任，我們可能犧牲自己或是去做一些傻事來彌補心頭的虧欠，這個相位若發生在行星過運，或是流年經星與本命土星產生 150 度時，影響較小，但若發生再任何推運或回歸圖上，或是流年土星與本命金星產生 150 度時，就不能夠輕易忽視，他們可能帶來嚴重的財務，情感等問題。

我有一位客戶本身就有金星、土星的對分相，從小就在不安定的環境長大，促使她對於金錢和愛情都很沒有安全感，以致於她很早就結婚，她承認有一個認真負責的老公帶給他安全感，但是老公卻不知道如何表達情感，且夫家常常給予她許多壓力與限制，當流年土星與金星再一次形成對分相（同時是土星回歸的時刻），她開始認真的考慮究竟是要離婚脫離苦海，或是為了安定的生活繼續忍受下去，而決定離婚當天，流年火星正好與她金星合相，並且當天的月亮同時與土星金星四分相，與流年天王星產生六分相。

在這個案例中，流年土星與本命金星再一次產生相位時，代表著隱藏心頭的不安被喚醒，再一次察覺到對於情感的不滿足，由於流年土星影響的時間相當的

長，我們很難推測她何時會做出決定，這時候流年火星與金星的合相，是第一個觸發點的暗示，鼓勵她追求心中渴求的情感，與自己的不安全感對抗。

而當天月亮與本命金星，流年火星流年土星的四分相，則是另一個強烈的時間點暗示，天王星與金星的六分相同時暗示了，這是一個爭取情感自由的時刻。千萬不要忘記了流年內行星的相位（特別是月亮），在行星過運的判斷上，具有精準事件發生時刻的暗示

推運（行星過運）圖的金星與出生圖天王星產生相位

合相

金星與天王星的相位是占星家眼中最容易迸出戀愛火花的相位，如果你依然單身，期待一段轟轟烈烈的戀情，那麼金星與天王星的相位是一個值得注意的相位，已婚的人面對這個時刻最好自重，金星、天王星無法預測的天雷地火，可能會讓你愛得暈頭轉向而忘了回家，在所有的相位中金星與天王星的相位，最能夠喚起愛情的能量，天王星所象徵的強烈吸引力，應用在金星的情感上，將會讓人難以敵擋。

無論是流年金星接近本命天王星，或流年天王星與本命金星合相，都帶來對愛情強烈的渴求，從心理層面來說這暗示著我們對於愛情的需求或要求可能超乎以往，希望在愛情中尋找新的自我價值，就實際的觀察來說，往往在這時候人們會散發出強烈的魅力，這也可能是心理對愛情的渴求所散發出來的能量。

面對金星與天王星的合相，我們可能有完全不同以往的價值觀，希望在情感、人際、與金錢上超脫原有的狀況，渴望超越原有狀況的急迫性，會讓我們採取極端的行為或是冒險，很可能在這時候，發生外遇離開原有的伴侶，很可能在這時候拿出全部的家當去押在某項投資上面。

當行星過運時有這樣的相位時，也很可能代表著我們加入新的團體，有新的興趣，或是認識新朋友這種小事，如果你不希望天王星、金星相位讓你面對七年之癢的誘惑，或許你可以藉由這段時間培養新的興趣、探索自我，藉由這些工作來轉移天王星刺激興奮的能量。

所有天王星所帶來的改變，對會對於自身與周遭的人帶來傷痛，有許多人習慣活在固定的模式中，不喜歡改變，但金星能夠幫助天王星在改變時減低對自身與周圍的人所造成的傷害，記住使用金星的溫和手腕，妥協與交換來降低對自身

與他人的傷害。

柔和相位

　　天王星金星的柔和相位同樣代表著一段新鮮的關係，可能是戀情、友情、或是相遇，天王星的強烈能量，在合相、對分相時可能帶來強力的觸電感覺，可是在三分相與六分相中，我們會感受到那種輕微刺激與興奮，這反而更鼓勵我們往那段新的關係中投入，如果你是單身那麼請把握這個好機會，如果已婚請自己斟酌狀況。

　　三分相散發出的較強烈魅力，我們無法拒絕周圍浪漫氣氛的吸引，很可能投入一段新鮮的情感中。六分相帶來的友誼成分較重，與有相同興趣或相同目標的人聚在一起將會有強烈的互動，讓你對這項興趣更為投入，別懷疑天王星金星的刺激能量，就算是六分相這還是有可能衍生出一段情感。

　　當你面對一段激烈的改變時，不妨尋找行星過運金星與本命或流年天王星形成柔合相位的時刻來展開這種改變，或是做一些補救的工作，因為我們一直在強調，流年天王星在個人命盤上產生重大影響（位於命盤四角或是與個人行星產生相位），都會帶來劇烈變化與離別的傷痛。

　　這些是生命演進過程中向前進的時刻，記住金星與天王星在神話中的關連，善用金星的溫和與妥協漸進的手法，可以幫助我們在自我改造的過程中減低傷痛。

強硬相位

　　若說天王星與金星的相位是讓人容易接受戀情，那麼強硬相位和合相一樣，來得那麼突然，讓人不知所措，而且這段戀情可能看在他人眼裡會覺得有些不尋常或違反傳統，天王星與金星的對分相會製造出強烈吸引力，你被這股力量弄得無法自拔，愛可能像是一段飛蛾撲火地奮不顧身。或許你覺得對方非常溫柔浪漫，或是有才華相當不尋常，而你也容易被這不尋常的力量給吸引。

　　對分相常常會讓已婚的人想要追求另一段新的關係，或是改變目前的狀態，朝好的方面想，或許可以增進婚姻中的情感，創造出新的互動，但也可能暗示著外遇分手。四分相的電力十足，但往往這段戀情會有一種稍微苦悶的感覺，你可能遇到一個相當吸引的人，卻又在相處上可能有困難（因為現實環境或個性

上），由於四分相的兩難選擇，常導致這段關係最後出現不愉快的結局。

呈現 150 度的相位時，我們仍然被對方強烈的吸引，但是心中帶點罪惡感或自卑感，也容易因此做些多餘的舉動來掩飾心中的不安，如果是長期的狀況，很可能引發心理與身體和財務上的過多負擔。

同樣的當行星過運或流年天王星對命盤產生重要影響的時刻時，金星的強硬相位可能暗示著情感的疏離或改變，同時也代表改變的和緩或無力，但卻能夠和緩天王星所帶來的分離與疏離感受，這種和緩的感受雖然沒有金星、天王三分相或六分相來的讓人容易接受，但也提醒我們能夠利用這種力量，減低傷害。

推運（行星過運）圖的金星與出生圖海王星產生相位

合相

在占星學家的眼中金星與海王星有著神祕的關連，兩者都同樣具有浪漫氣息也對藝術有著深遠的影響，金星與海王星的合相帶來了情感、財務上的單純想法或是幻覺，我們可能對於情感或是金錢有著一些特殊的想法，這些想法很可能沒有考慮到複雜的人事變遷或實際的狀況。

太過理想化是海王星所帶來的基本色彩，受到海王星的影響，我們可能用十分單純或一廂情願的想法來面對情感和金錢，卻忽略了實際狀況可能產生的問題，我們很可能在這時候感受到戀情的浪漫美好，或是覺得手邊的錢相當充裕，卻忘了還有帳單要處理，或是忘了生活中有其他的事情遠比浪漫的戀情重要。

海王星同時具有犧牲的特色，在這段時間中，我們可能願意為了愛情而犧牲某些事情，或是有金錢上的損失，也可能是被一些狀況所感動，去犧牲自己幫助他人，這雖然看似好事，但是別忘記海王星有蒙蔽理智的本能，也有幻覺與幻想的特色，很多事情在這時刻引發了我們情緒的起伏，讓我們做出一些不太理智的決定，可能把一件小事看得相當悲慘嚴重而感傷。

海王星的夢幻色彩與金星結合，常常帶給我們一段愉快的時光，但是身為占星師不得不提醒當事人，可能忽略了現實的考量，同時我們也需要引導對方將這種浪漫與幻想的的情懷引導到適合發揮的地方，例如：利用短暫行星過運的海王星金星帶來的慈悲心去參加義工活動。影響時間長的話可以建議對方去參加成長團體，去從事藝文創作，利用一些團體的力量來規範海王星的虛無飄渺，而不是被幻想給誤導去犧牲在不應該犧牲的地方。

柔和相位

　　海王星與金星的柔和相位常讓人舒適到無法察覺，在行星過運所影響的幾天到幾週，我們覺得生活並沒有多大的困難，就算有困難我們也不太在意，正面一點的人可能用包容或釋懷的心態來看待所發生的事件，其他人可能有較爲消極的因果循環或消災了事的想法。

　　在太陽回歸、月亮回歸、新月滿月圖或是任何推運圖中，帶來了長時間的影響，海王星讓我們變得有些舒適慵懶，可能好逸惡勞，情感或金錢上上增添許多夢幻或理想特質。

　　無論三分相或六分相都會帶來浪漫的時光，所產生的情感不僅僅是浪漫夢幻而且有一種強烈的精神吸引力，毫無理由的吸引著彼此，如果此時沒有這樣的人出現，我們可能會將這樣的能量，導致對於電影、小說中浪漫情的渴望。

　　海王星與金星的六分相往往帶來與他人舒適的精神互動，有相同信仰的人或是相同理想的人，或是作著相同的夢的人產生一些互動，也很可能在藝術音樂文化創作上面與他人產生共鳴，這也是展開創作的大好時機。

　　對於金星所掌管的金錢來說，海王星可能帶來兩種效應，一是重視精神生活而不在乎金錢與物質，二是對於自己本身的財務狀況過於樂觀，這可能在日後造成問題。

強硬相位

　　海王星與金星的強硬相位強調了海王星幻覺所帶來的負面影響，基本上這段時間中我們仍然覺得一切是那麼的美好，但事實上，我們並沒有看見周圍的實際狀況，對分相時我們很容易完全被海王星的幻覺給蒙蔽，於是做一些錯誤決定或是期待不切實際的夢幻發生。

　　在這段時間中如果有人提醒你，你很可能覺得對方俗不可耐，或是很掃興，但事實上這段時間，真的需要花點時間來看清情感和財務的真相。相對的四分相是一個有些難以拒絕的誘惑，海王星與金星會讓人覺得舒適，而拒絕離開當下的狀況，當時就算是知道情感或財務上停留在現況不會有什麼進展，但仍會拒絕前進，並且會有期待某天問題自然解決的鴕鳥心態。

　　十二分之五相代表著一種追尋夢幻的心態，我們不斷的改變自己，期待夢幻

的來臨，但卻忽略了問題的所在與事實，但是問題若不去面對就不會消失，這樣的無形壓力很可能導致金錢與身體上的傷害。

同時海王星也很可能讓我們覺得我們是某種狀態下的犧牲者或受害者，一個客戶在流年海王星與金星對分相時去算命，算命師告訴他未來一、兩個月中會有極大的偏財運，同時樂透彩券正好累積到一筆龐大誘人的金額，於是她狠下心來買了數千元的彩券，因為她認為偏財運如此的強，至少也會中個幾萬元，而開獎時卻是傷心的時刻。

幾週後這位女士因為情感的問題來找我（同樣是金星海王星所引起的問題），談起這件不愉快的事情，認為自己被另一個算命師所欺騙，痛罵著對方神棍，我找出了當時海王星與金星的相位，解釋了她所受到的影響，金星、海王星對分相不但影響她對戀情的過多期待，也對於金錢上產生了一夜致富的發財夢，並且認為自己被騙了。

事實上我覺得，如果她能自制的買個一張彩券賭賭運氣，情感上能克制幻想力，或許就不會成為一個犧牲者，但是海王星的影響力，需要很強烈的土星性格才有能力來抵抗。

推運（行星過運）圖的金星與出生圖冥王星產生相位

合相

流年時金星與冥王星的相位是一個讓人感覺不太舒服的時刻，冥王星具有清除不合時宜的能力，也習慣讓人在一段長時間的痛苦之後浴火重生，但在承受那段像是把自己所有的希望與情感深深埋葬到土裡的時光時，會讓一般人難以接受。

當流年金星與本命的冥王星產生合相時，容易引發我們對情感的猜疑與執著，我們可能死心塌地地去追求一段情感，也可能感受到心中過去戀情傷痛所帶來的不安，嫉妒、猜疑與怨恨，卻又不肯放手想要讓對方與自己共同承受這種痛苦，事實上這樣做受傷害的仍是自己。

流年冥王星與金星產生合相，帶來更大的壓力，影響的時間可以長達好幾年，在這段時間我們可能會承受情感與財務上的痛苦，不安全感與嫉妒怨恨傾巢而出，很容易讓人活在悔恨中卻不願意對過去放手，同時我們也發現冥王星的操縱能力，會表現在金星所代表的情感與金錢上。

在財務上或許我們能夠透過這樣的能力賺取更多的金錢，但是對於情感我們很可能錯估了情勢，認為我們輕易的左右身邊的人，包括自己所喜愛的對象，但往往很可能會產生失落。這時候只有積極的面對過去的問題，透過心理諮商或是心靈成長，將那些怨恨與不愉快的經驗釋放，才有可能走出這段黑暗的影響。

要知道冥王星是行星過運中影響最強最久的星體，我們對感情或金錢物質的執念很可能造成痛苦的掙扎，面對冥王星只有放手，讓不該留下來的離開我們，才能夠進入新的循環，特別對於固定星座的人來說，這一個課題顯得相當困難卻很重要。

冥王星與金星的合相又暗示著兩件事情，冥王星帶有暴力的象徵，在這段時間中特別是金星所象徵的女性或是太陽上升在天秤座與金牛座的人應該注意自己的健康與安全，盡量避開危險的事物，也攜帶好防身的事物，也要定期健康檢查，當身體有不舒服的時候更不能忽視身體所發生的警訊。它也可能暗示著我們與身邊女性的關係可能陷入危機，可能是一種潛在的不安，讓我們害怕別人離我們而去。

這時候我們會用各種方法將他們緊緊地綁在身邊，與我們保持密切的接觸，或接受我們的控制，這是一個相當危險的想法，當對方並不願意如此靠近時，我們可能會感到不安與憤怒或是嫉妒，而使得關係變得相當糟，不過這樣的狀況也有可能反過來，是由他人靠近我們希望影響或操縱我們。這是一層需要深刻檢驗心靈深處的關係，為什麼我們容易受到他人影響，或為什麼我們希望抓住對方不放。

柔和相位

冥王星的柔和相位稍微減低了他本身所具有的暴戾之氣，當流年的金星與冥王星形成柔和相位時，很可能會隱隱約約喚醒我們對情感和物質的不安，但是透過柔和相位我們可以積極的回應這樣的不安，冥王星與金星的柔和相位和合相一樣會帶來掌控的力量。在三分相時我們不但可以控制自己的情感與財務同時也能夠對他人產生影響力，同時冥王星的執念在這裡可以發揮成為堅定，對於情感的堅定不移，卻又能夠被人接受的力量。同時我們知道自身的價值為何，那些不被他人所注意到的事情，也在冥王星的細微觀察力中被發現了，在此同時我們也擅長於發現事物的價值，特別是當他們被別人發現之前，也因此這個相位對於從商的人來說十分有利。

冥王星與金星的六分相，讓冥王星的操縱以及改變能量變得更爲活潑且容易讓人接受，這是最適合從事商業交易投資，或是自我改進成長的時刻，我們可能會感受到短暫時刻的不愉快，但是透過積極面對與靈活的手腕，以及內省的能力，我們會發現問題所隱藏的地方，他人所沒注意到的珍貴事物，讓情感、人際關係或財務狀況的問題得以改善。

強硬相位

金星與冥王星產生強硬相位的時刻，在情感、金錢、人際關係、女性健康與安全上都需要特別注意，許多金星與冥王星相位會產生的負面特質，我們都在合相時討論過，值得注意的包括了對於情感的不安全感，藉此產生想要與他人更爲親密、不分離的強烈慾望，同時冥王星的透視與控制能力，也會讓我們對他人產生威脅，我們往往會誤以爲手中握有可以控制或左右他人的方法，直到最後才明白這只會讓他人躲我們躲得更厲害。

行星過運的冥王星與金星對分相會讓這種情況變得相當的嚴重，有的人會扮演金星的角色，覺得對方在操縱我們，也可能我們自己本身就扮演冥王星的角色，對別人造成威脅，權力的爭奪與操縱是流年冥王星與金星相位上演的最佳戲碼，就連愛情中的關係也不會放過，流年冥王星的影響常會讓我們想要獲得對他人的控制權，來換取安全的假象。

四分相時我們容易常到無法控制他人情感與物質的挫折，金星在一方促使我們想要維持溫和的關係，冥王星在一方激發著我們想要控制更多的慾望，這兩者會讓我們不知所措，選擇冥王星權力與掌控的人，很可能最後仍會有眾叛親離的感受，選擇金星的人可能會稍微後悔，卻透過冥王星的考驗知道什麼對自己來說是最重要，最有價值的。

冥王星與金星的 150 度，會讓我們對情感或財務狀況感到不安，於是不斷的調節自己在這方面的行動，這卻會耗盡我們的精力，最後對情感或物質和自我的價值感到挫折，同時需要注意身體與心理的健康以及財務問題，冥王星與金星的強硬相位，也可能會產生扭曲的價值觀。

無論是哪一種相位，當冥王星出現時，我們都需要深刻、仔細的、去檢視內心深處的問題與黑暗面，必要時尋求心理諮商的協助，對於過去的悔恨放手，我們才能夠走出冥王星的掩埋，獲得冥王星賜予我們的成長力量，而非困在掌控權力獲得安全的假象中。

推運（行星過運）圖的金星與出生圖凱龍產生相位

合相

　　由於金星掌管的事物頗多，當流年金星與凱龍星的合相，帶來許多不同型態的故事，可能是金錢物質的不安全感，也可能是對情感的不安全感，當金星與凱龍合相時，來自童年和過去的陰影或來自他人的陰影會籠罩著我們，讓我們對情感與物質財產感到不安，有時會有感情受傷的困擾。

　　凱龍並非一個不好的行星，陰影也並非只會拖累我們，我們本身擅長的許多技巧，事實上就是陰影所帶給我們的禮物，爲了與金星、凱龍的陰影對抗，我們可能發展出良好的人際手腕，避開爭執的敏銳、調節他人問題的本事，或是協助他人理財或處理感情問題的技巧。

　　當流年凱龍與金星合相時，接觸藝術是最棒的自我治療方式，透過對音樂藝術文化的學習或觀察，可能會產生暫時撫平心靈創傷的效果，直到我們眞的做好準備去面對那個心靈中深刻的創傷。

柔和相位

　　流年金星與凱龍的柔和相位讓我們更能夠接納在情感上的曾經受過的傷害，如果出生圖上沒有這樣的相位，我們最好把握這個時機，對自我過去在情感或是物質上所受到的傷害進行治療。

　　凱龍與金星三分相的影響透過情感、音樂、藝術與文化都是治療自我創傷的最好途徑，由於六分相夠具有靈活的動能，透過與女性或是喜好音樂藝術舞蹈的朋友的互動，可能找出自我治療的最佳機會。

強硬相位

　　金星與凱龍的強硬相位容易帶來情感的困擾，根據我的觀察，大多數的人在這時候可能感受到情感的失落，失去喜歡的事物或是對象，但同時也對情感有自我保護的態度，金星與凱龍的強硬相位不一定是我們自身失去喜歡的東西，有時也可能是聽到或看到這樣的事情發生在我們身邊而感到感傷，特別是行運金星與

出生圖凱龍產生相位的短暫時刻，讓我們有這樣的感受。

　　但是反過來若是行星過運的凱龍與出生圖金星產生強硬相位，或是強硬相位出現在推運與回歸圖上，那們我們將會有很長的一段時間來體驗這些失落。透過藝術的發揮與創作來療傷止痛是最佳的方法，然而我們也可以在這段時間中透過檢視過去的情感傷痛幫助自己在情感的態度上有所成長。

推運（行星過運）圖的金星與出生圖上升點產生相位

合相

　　流年金星與上升點合相的影響，請參考前面「流年金星進入第一宮」章節。

柔和相位

　　當流年金星與上升點產生柔和相位時，金星的特質會溫和的影響我們與他人的關係，這時候我們容易展現出和平的特質，透過溝通（第三宮）或創意的想法或才華的展現（第五宮），信念（第九宮）與他人的共同目標（第十一宮），來維持與他人良好的人際關係，與女性的關係也特別良好，也容易展現出我們在對於藝術欣賞的一面。

　　在行星過運中，這很可能代表著邂逅一位女性、看一場表演，但是如果推運或太陽回歸月亮回歸與新月滿月圖有這樣的狀況，別忘了發揮你的人際手腕來替自己贏得更多的機會。

強硬相位

　　當流年金星與上升點對分相時，我們對待他人的態度更為具有社交手腕，絕大部分的影響可以參考，金星進入七宮。當金星與上升點四分相時，暗示著我們可能給他人鬆懈舒適或是好商量的印象，而使得別人有機會來佔我們的便宜，而我們通常也得過且過，為了維持良好的關係而退讓，這有可能在日後引發對他人的不滿。

推運（行星過運）圖的金星與出生圖天頂產生相位

合相

金星與天頂產生相位的影響，請參考前面「流年金星在第十宮」的解釋。

柔和相位

流年金星與天頂形成柔和相位時，暗示著這段時間我們可以透過服務或與下屬的關係（六宮）、資源的掌控（八宮）、金錢與物質（第二宮），或是犧牲奉獻等事情，來促成自己的社會地位。

強硬相位

當流年金星與天頂形成對分相時，可能是出自於內心為了和諧或家人的考量而放棄一些大好機會，當金星位置在第一宮或第七宮時，也同時暗示為了與他人維持良好的關係而犧牲地位，或是為了自己的地位，卻傷害了與他人之間的和諧。

第八章 流年火星、行星過運與出生圖行星的相位影響

推運（行星過運）圖的火星與出生圖火星產生相位

合相

在行星過運中每兩年又兩個月左右火星就會繞完黃道一週，所以每兩年又兩個月左右行星過運的火星會和本命的火星產生合相，這個合相除了本身具有的行動活力與精力旺盛的意味之外，事實上我們也可以用回歸的觀點，來看這個稱為「火星回歸」的時刻，象徵著我們可能在這段時間採取新的行動模式，展開新的工作和為了生存而採取的行動的循環。

別忘記我們先前說過火星代表著生存的意志展現，在這裡我們重新檢視自己的行動，檢視以生存為目標的一切作為，運動、自我保護、工作賺錢、性愛等，每一次的循環都象徵著未來兩年內我們行動的特有目標與模式。

在推運與太陽弧正向推運這一類的推運圖中，除非火星逆行，否則很少會產生這樣的相位。但若是在新月滿月或日蝕、月蝕圖中同時產生了火星回歸，那麼火星所掌管的性、工作、自我防衛與求生的本能，在這段時期中都顯的相當重要，同時別忘記本命盤火星所守護的宮位的事件，可能也會在這裡產生影響。

柔和相位

當流年圖的火星與本命火星形成柔和相位的時候，象徵著行動的順暢，六分相時代表著一件事情開始後，第一個順利的進程，或事情即將結束之前的最後一擊，我們這時候可以透過溝通合作的方式，將所知所學應用在我們的工作與其他目標上，讓事情得以順利的進展或完成。

若呈現三分相會是一段協調且順利的週期，不過這段時期往往採取放任的方式，不會嚴格的檢視自己的方向與目標，往往也因此會向是脫韁的野馬自由奔放卻有著迷失方向的危險，甚至太過放任與放縱的行為容易產生傷害。不過當火星

與火星產生柔和相位時，在性愛的活動上也容易較爲活躍，而且能夠充分的享受性愛的歡愉與協調。

強硬相位

當流年火星與本命盤的火星形成強硬相位時，並不一定會代表困難的發生，但是所產生的事件總是大到會令人驚訝。行星過運的火星與本命火星的四分相和對分相，往往與之前行星過運火星與本命火星合相（火星回歸）的事件有關，當時展開的事物在四分相時遇到了第一次的整合挑戰，該往那個方向前 進以及該選擇哪種作法。

四分相暗示著我們之前沒注意到的問題在這裡出現，但是它並非來找你麻煩，而是來讓你的事情能夠順利的發展或完成。我們要在這裡做一個方向和行動模式的修正，雖然挫折感是很容易出現的，但是只要我們修正好問題，就可以順利的朝下一個步驟前進。

當對分相產生時，往往暗示著他人或外界介入我們的行動中，迫使我們去做一個選擇或決定。在推運或太陽弧正向推運以及其他的流年盤中，若出現流年火星與本命火星四分相以及對分相，常常暗示著一段長遠目標的計畫遇到了挑戰或壓力。

當流年火星與本命火星出現四分相時，暗示著我們可能想要一次進行多件事情，這時必須採取明確的判斷分清楚輕重緩急，選擇最重要的事情來進行，稍後再來完成另一件事。雖然對分相往往暗示著衝突，但這時候不必感到難過或生氣，我們必須看清楚一件事情的一體兩面，透過與他人的合作，來進行整合化解爭端。

不瞭解占星學的人，往往認爲對分相僅代表衝突與矛盾，事實上對分相與人我關係有關，他人的介入或合作往往是對分相最明顯的關連，此外要知道對分相的兩個星座往往有著同一個主題（例如：金牛與天蠍象徵著物質的佔有與分配主題），我們通常習慣只選擇一端來套在自己身上，而忘記了另一端也有其好處。事實上，只要將我們行動的層次提高到這一個主題的主旨上，用宏觀的態度，就可以整合兩個極端不同行動模式以避免遺憾。

推運（行星過運）圖的火星與出生圖木星產生相位

合相

行運或推運的火星與本命木星產生合相時，象徵著去執行自己的信念，去保衛自己的信仰，這裡的信仰不只是宗教，如果有人認為民主是一種信仰，那麼他就很可能在那時候為了爭取民主而採取行動。如果你相信每天吃一顆蘋果可以使你遠離病痛，那麼可能在這段時間，你會去執行而且推廣這個信念。如果相反過來，由行運或推運木星來會合火星時，就比較具備個人行動的擴張的意涵，不過只要是火星與木星產生相位時，其實都有去實踐自己的理念，或捍衛自己的信仰的意涵。

木星除了具有信仰與理想之外，也代表了長途的旅行，這時候很可能是起身出發到國外去旅行或工作，也適合展開新的學習與研究工作。從另外一方面來看在這一個時刻中，我們可能比較不能專心在一件事情上，木星的擴展性質，往往會讓火星行動力變成多頭馬車，於是必須注意行動不專所引發的後果。

木星的幸運特質會讓我們覺得在行動上頗為順暢，我們甚至會妄想著沒有什麼辦不到的事情，這種樂觀心態與行動的順暢是流年火星木星會合時的正面象徵。但是在負面的狀態下，火星的生存慾望在木星的刺激下被擴大了，這時候不只是維持基本的生存需求，而是連一些不需要的事情我們都看得很重要。

例如，原本只要溫飽就覺得有生存的安全感，這時候我們可能會要求更多的事情，例如覺得信仰或是旅遊學習也是生存的基本需求之一，當這些事情遇到問題時，就會引爆火星、木星的怒氣。流年的火星、木星象徵著旺盛的能量，這些能量需要適當的引導，例如採取行動或運動等，不然很可能會帶來一些身心上的問題或意外狀況。

柔和相位

流年火星與木星的柔和相位帶來了事情進展順利的感受，樂觀的心態刺激著我們，在行動上不會感覺到受阻礙，此時我們也容易覺得精力無窮，有著想要揮霍體力的感受，流年火星與木星的柔和相位最容易帶來不知節制的行動，我們不知道行動該見好就收，有時候往往會使自己做得太多，或者超過了原有的分寸而

不自覺，這些超過的部分很可能在之後火星、木星產生強硬相位時就會帶來影響。

火星與木星的柔和相位常會讓我們用在浪費精力上頭，除了之前描述得太過火的行動之外，也可能讓我們懶的行動，木星雖然在傳統占星學中是一顆吉星，但它也常常帶來懶散的效果，只做做表面功夫顯示自己正忙著進行一些事情。事實上這時候我們通常會很想偷懶，也可能由於事情太順利了，使我們多出許多空閒的時間，在流年中火星、木星的柔和相位可以拿來解決一些困難的事情。特別在六分相的時候，我們擁有靈活的行動手腕。但這樣的相位有時候也可能會因為太過急躁，而帶來一些小小的意外傷害，所幸並不會有什麼大礙。

強硬相位

當流年的火星與木星產生強硬相位時帶來了過度的樂觀、過剩的精力、急躁的心態與龐大的野心，要知道火星與木星的定義在占星學中永遠不會改變，由流年中相位的改變來觀察事件的狀態是最重要的，在流年火星與本命木星產生強硬相位的時候，我們面臨了因應當下的實際狀況所必須採取的實際行動（火星）與自身的信念信仰的衝突，這時候往往會讓我們覺得焦躁，也可能我們急著去實現理想，卻沒有發現時機還未成熟。

更常見的就是一次急著去實現太多的目標，這往往會帶來心理狀態的焦慮與行動的混亂，這種行動帶來的精力分散是火星與木星形成強硬相位的典型特徵，所以這時往往很少有什麼工作能夠快速的完成。

我的一位客戶在 2006 年底，當木星進入她的第四宮射手座時，與他的本命火星雙魚座形成四分相，這時候她忙著幫忙一個慈善團體的募款活動（火星雙魚），同時想要去印度參加靈修的活動（火星雙魚，木星射手），同時她剛剛才搬家還有許多事情要處理（木星進入四宮），因為這一次的搬家是與她的同居男友一同住在一起，於是生活上有許多事情仍然調適不過來，加上工作與家庭的其他問題，讓她覺得壓力大得喘不過氣。火星木星的四分相就是這種有點貪心一次想要完成所有工作的狀態。我只能建議她，分清楚輕重緩急，一次將精力集中在一件事情上面，才能夠把所有的工作完成。這雖然是一個最簡單不過的道理，不過當流年火星木星產生強硬相位時，所帶來的急躁與過剩的精力與野心，往往會使我們忘記按部就班的工作。

流年的火星與木星對分相時，重點在於外界的刺激，我們也可能遇到一些外

在刺激（人、事、物）使我們去實現夢想，或是發生一些事情讓我們覺得精神愉快，在行動上變得更為放縱也更無節制，往往這時只憑著衝動行事，但很快的我們就會發現問題的出現，包括了思考計畫不足、體力不夠、時間不夠或是忽略了許多生活上原本該做的工作。

在這時候我們會需要一個約束的力量，否則火星與木星的能量無法被實現在有用的層面上，這種約束的力量可能來自於內心（這多半需要有強烈的土星或土相星座宮位或固定星座強的人才辦得到），也可能來自於外在我們的老師、導師、雙親、前輩或是具有強烈土相與土星的夥伴來引導我們。

這裡可能會產生一些小小的誤會，當我們說需要約束時並非限制自己不去做，而是分清楚輕重緩急，或許將五成以上的精力專注在某一件事，剩下的精力在用來處理其他的事情，心理占星學上建議我們用土星的約束與凝聚力，來聚集火星、木星的旺盛精力以助於實踐，如果放任不管或是一味的壓抑（這常出現在固定與土相星座的人身上）都容易使得火星木星強硬相位的能量引發身心問題與意外傷害。

推運（行星過運）圖的火星與出生圖土星產生相位

合相

代表實際、限制的土星在流年時，與代表行動和求生意志的火星產生合相時，帶來了一個講求實際的時刻，在這一段時間中重視的不是發展改變，而是做好最基本的事情，這時候重視的是安全感與穩定的生活，在這時候若想要進行一些發展與變化的工作可能會吃不少的苦頭。

當流年的土星來會合本命盤的火星時，多半容易帶來一些強烈的負面感受，由於土星本身的限制意味很重，所以這時課對於任何事情的進展都會被阻礙，甚至連求生的意志也都會相對的降低。同時土星也代表過去的事情與責任，在此一時刻過去你沒有完成的責任很可能回過頭來找你麻煩，同時不要忘記觀察土星在命盤上所守護的宮位，這也是在此時相當容易出現的問題。如同前面所說的，土星會要求我們把基本的工作與責任完成。

土星也代表著老人、長輩、上司、權威等，這時候很可能是家中的長輩或是上司老師的出現在你的生命中，檢視你的行動，必須要有一個體認，他們的出現並非來干擾你（無論他們這時候讓你多討厭），而是要幫助你讓你有足夠的基本

功夫與能量來面對未來的發展，這時候我們往往會將上司與長輩或其他人的干擾視爲找碴，事實上如果你忽略了這一步，恐怕會在未來遭遇更多的困擾。

之前我們說過，火星代表求生意志，而心理占星學中，性也是其中一個代表元素，因此，火星與土星的合相與強硬相位常常會代表著性生活的問題，合相時或許代表著一些生活上的壓力與忙碌造成我們性趣缺缺，別忘記火星也代表男性，在這時候男性的一面往往會被壓抑，男生可能不會表現出所謂的男子氣慨，這是特別需要注意的。

流年火星會合本命土星，在行星過運時大約每兩年會發生一次，大約會帶來一週左右的影響，代表著我們重新檢視自身責任與弱點的時刻，我們在這個時刻往往會想去挑戰自己的弱點，或是去面對自身脆弱或過去不願面對的事情，過去的挫折很可能在這時候激起你的不安，我們甚至很可能爲了這點小小的疙瘩而感到惱怒。這時候最適合的事情就是去面對它，並且完成自己的責任。如果我們沒有這樣做，土星可能會讓我們一直活在陰影、後悔及恐懼中。

如果這種狀況發生在太陽回歸或推運時，將是一段長達一年到三年的影響，這時候更是要認眞的做到我們之前所提到的事情，否則將會有那麼長的時間活在陰影和後悔中。

柔和相位

流年中的火星與土星的柔和相位，常會讓我們在行動上表現得成熟穩重，由於是柔和相位的刺激，我們並不會強烈的厭憎土星的繁瑣與干擾，相反的我們會體認到在採取行動上必須更小心以確保安全，土星在此時代表著發自於內心的警惕，與合相和強硬相位的激烈特性相比，比較容易讓自己接受。

其實土星就算是在「柔和相位」中，也有限制行動或減弱衝勁與男性特質的意涵，卻因爲「柔和相位」合理化的表現方式，令自我和他人都能夠認同，相對的衝突性降低許多。

當推運或行星過運的火星與本命土星產生六分相時，我們藉由學習與溝通的方式或是透過朋友與社團，來認識或體認到自己的責任。這也是一個爲自己的野心立下基礎的好時刻，人脈、以及一切基本所需，都可以在這時候透過與他人的互動建立。

而當流年火星與本命土星三分相的時刻我們同樣採取了謹愼的行動，這時候對於行動的看法是安全第一，於是更爲小心，就因爲我們意識到了所面臨的狀況

並不輕鬆，反而能夠更謹慎且有耐心的應付困難的狀況，爲了適應此時火星與土星的能量，我們可以去從事一些原本就有點困難卻非得完成的責任。

如果這件工作可以在幾週內完成，我們可以應用行星過運火星與本命土星的柔和相位週期，如果工作需要長時間的準備或是更爲小心謹慎，我們可以反過來利用行星過運土星與本命火星產生柔和相位的時期（大約數個月），或是二次推運、太陽弧（影響三到四年）、太陽回歸（影響一年左右）等有火星、土星產生合相或柔和相位的時刻。

強硬相位

當流年火星與土星產生強硬相位時，首先我們必須關注的是火星與土星的議題，火星的行動、求生意志、自我抑制的展現、性、動力、衝突，加上了土星的固守、嚴肅、蕭條、限制、時間、長者、過去等關鍵字所組成的句子都會帶給我們一些判斷上的意義，例如行動（火星）的限制（土星），與長者（土星）的衝突（火星），不妨試著運用上述的單字自行組合出對自己有意義的句子，同時別忘記本命火星與土星所在的宮位，以及所守護的宮位都必須納入考量中。

例如：火星守護第六宮，土星守護第十宮時，火星與土星的強硬相位，代表著因爲工作或社會壓力（土星十宮）所導致的身體器官的發炎、發燒或外傷等病症。這些判斷事件的方式，是占星師在判斷任何相位時都必須作的第一個步驟，也是如何使流年事件判斷準確的唯一步驟。接著我們來觀察相位所帶來的影響，當流年火星與本命土星四分相時，可能暗示著意外的察覺到（四分相）此刻想要展現自我（火星）與想要穩定生活模式（土星）的兩難，或是覺得簡單的解釋爲目前行動容易被限制，男性層面容易被壓抑等。但別忘記四分相在此時，具有兩難與困境還有壓抑的意涵。

當對分相發生時，最常表現在我們與他人的關係上，當流年火星與本命土星對分相時，最常容易出現的狀況是，他人來檢視我們的行動，這裡的他人與我的互動就是對分相的最大特質。或者我們可以說他人扮演愛教訓人或是討人厭的土星，來限制我的行動和發展，其實我們在觀察這樣的流年對分相時，不一定是他人來教訓我們，有時我們也會角色互換，扮演土星去阻礙他人的行動或是教訓他人，這兩種狀況在流年土火對分相時都容易產生。

人文占星學上，強調另一種意涵，可能是我們所想要實現的野心（土星），在這時候有了開花結果的機會（對分相），多半在此時也需要與他人合作（對分

相），而這種合作多半會因爲必須限制（土星）我們的自私（火星）而帶來痛苦與掙扎。

行星過運的火星與本命土星的強硬相位，可以視爲現階段受到的挫折，與過去有關，我們可以試著將時間還原到上一次行星過運的火星與土星合相時所發生的事情來作探討，你會發現這件事情往往是當時事情的延伸與變化。若情況發生在流年土星與本命火星產生強硬相位的時刻，就暗示外界環境（流年的）所帶來的阻礙限制（土星）讓我們動彈不得、或是對該不該採取行動、該不該展現自我（本命火星）感到困擾。

無論如何，流年的土火四分相、對分相容易暗示著心理層面上的發展受阻礙，也可能是傳統所說的本身精力受到了衝擊，這一陣子的體力多半較差，健康狀況也不是很好，男性特別需要注意自身的健康以及自身對性愛方面的表現。

推運（行星過運）圖的火星與出生圖天王星產生相位

合相

在星盤中火星與天王星是兩顆帶著容易釋放強烈能量的行星，當火星與天王星在任何一種星盤上交會時，所釋放出來的能量往往令一般人難以承受。火星具有採取行動、求生意志、保護自我、男性意識的意涵，而天王星有改變、混亂、切割、分離等特質。

當流年火星與本命天王星產生合相時，往往暗示著長久以來你所渴望的改變（有時存在於無意識中無法察覺），就要開始執行了，這種狀況若發生在行星過運、太陽回歸、月亮回歸或是新月滿月圖中，因爲火星每兩年半完成一個循環的速度，可以視爲是一種中期的生涯規劃的轉捩點，適合拿來改變一些你渴望很久的事情，例如戒除一些壞習慣，或是改變自己的生活模式、改變職業等。

如果是在影響週期較長的二次推運或太陽弧正向推運中，這將會是一種影響長達好幾年以上的狀態，也往往暗示著生命當中極爲重大的改變在此時出現，若能夠事先做好長期的規劃，透過改變生活模式、提高運動量以及擬定一些完全改變生活作息的計畫來，順應火星與天王星的強大能量，就可以避免我們無法適時呼應這種強大的改變而造成身心的衝擊。

如果在任何一種流年預測方法中，是由流年移動的天王星前來會合本命火星的話，那麼象徵著外界所帶來巨大改變的衝擊，對你的男性層面、男性意識、自

我行動意識求生意識所帶來的影響，它們往往像是晴天霹靂一樣的出現之後讓你心有餘悸，而且會有很長的一段時間讓人亂了方寸，因為天王星的移動較慢就連在影響較短的行星過運中都會產生兩、三年的影響，如果我們事先判斷出這樣的時刻即將來臨，就可以依照剛剛建議的改變步驟來事先尋求改變，或尋找宣洩能量的方式，以使避開負面的影響。

我們在介紹流年的行星所代表的意涵時，曾經提到過天王星是我們生命中替自己設定的改變，而在天王星影響星盤的重要時刻，我們必須傾聽內心所希望做的改變來呼應這股能量。同時也別忘記了天王星、火星合相除了追求改變之外，會帶來下列幾種影響，切斷與男性的關係，或是改變自身給他人的男性的印象，同時這些自身的改變往往引起他人或自身的不適應而產生怨恨衝突，如果在尋求切斷或改變關係時，能夠使用委婉的方式就能夠減低衝突的發生。

柔和相位

當火星遇上了天王星，常帶來劇烈的生活改變，就算是在柔和相位中，這種改變的威力也不見得會變小。流年火星與天王星產生柔和相位時，並不能以一般的柔和相位的角度來思考，由於柔和相位在現代占星學中具有平順、和緩、易於接受的意涵。然而火星與天王星，在占星學上都是能量極為強大的象徵，因此就算在柔和相位中，也都無法以平順的心態來對待。

當流年火星以三分相刺激本命天王星時，象徵著內心所渴望的改變可以直接順暢的表現出來，這時候所進行的改變很少遇到阻礙，但是卻得小心因為改革的幅度太大，或是太過於激烈沒有限制（火星與天王星都有缺乏限制限制的意涵），而衝過頭傷害到自身與他人，所以這時也應當小心意外傷害的發生。

六分相具有溝通與友誼的意涵，這段時間我們容易接觸學習新的事務，或是認識新朋友加入新的團體。與三分相不同的是，流年火星與本命天王星產生六分相時，激動行為受到控制的幅度小小提升，由於六分相的本意有靈活應用的意涵，不至於像是三分相有那種容易失控的狀況，我們可以順利的應用這段時間，來從事心中所期待的改變。

行星過運的火星與天王星產生相位的影響時刻較短，多半為一兩週左右的影響；相反的行星過運的天王星與本命盤的火星產生相位影響的時刻可以長達一兩年，至於二次推運與太陽弧正向推運的火星、天王星相位，影響力可以長達三、五年以上。例如：有占星師說流年天王星與火星的合相與柔和相位，就是戒菸、

戒毒或是從事一些洗心革面的事情的最佳時刻。

如果你的生活中有這樣的需求，不妨選擇流年火星與天王星合相或柔和相位的時刻開始戒除壞習慣，這時以「二次推運」、「太陽弧正向推運」的火星與本命天王星產生相位的時刻最適合，因為影響力超過三年以上，或是行星過運的天王星與本命火星產生合相或柔和相位的時刻，因為其影響力較長，戒除惡習的效力較大。其次才是太陽回歸（一年）、月亮回歸（一個月）或行星過運火星與本命天王星產生合相或柔和相位的兩、三週短暫時刻。

強硬相位

火星與天王星在流年中所形成的強硬相位，常暗示著突如其來的事件，改革與改變視常見的狀況，此外由於天王星象徵的疏離與分離，所以也可能暗示著離職、離家或者與親朋好友分離的狀況。更重要的是，火星與天王星的行動都有激烈且無法預期的意涵，讓周圍的人不知所措也不知如何應對。

使用傳統觀念來看待火星與天王星強硬相位的占星師，往往會警告流年有此相位的人，注意意外傷害與觸電危險，要知道在現代心理占星學中，占星師會盡量降低強硬相位的負面色彩，流年火星與天王星的強硬相位，不一定全然代表意外世界或生離死別，我們會說突發事件與令人驚訝的事件容易發生，造成你行為上的改變，不過也不排除意外傷害或觸電的可能性。

當流年火星與本命盤天王星產生四分相時，往往暗示著生命中追求改變的行動受到突然的挫折，心理占星學認為四分相具有意料之外的色彩，所以在流年的四分相中往往強調「突然」、「意料之外」的特性，加上天王星本身也具有意料之外無法預測的特性，所以此時已經出現了占星學所重視的雙重呼應。

天王星與火星的四分相雖然暗示著行動上受到的挫折，但是火星與天王星的強勁能量，會逼使此人立即做出他人無法預測的反彈，而非按照傳統對四分相的觀念任由四分相阻礙你的行動讓人們在那裡動彈不得，追求自由的行動，與他人切斷關係的行動都有可能在這時候「突然」爆發。

流年火星與天王星象徵著不按牌理出牌的行動，與自我改造的行動在對分相中，除了傳統占星觀念中的，意外行動、意外傷害、與他人的分離之外，我們也可以從心理的角度上來解釋為，他人進入你的生命中（對分相）來迫使展開你改變自我（天王星）的行動（火星），當然我們也不要忽略了對分相對於伴侶關係和合作關係的影響重要性，往往這樣的相位暗示著較緊張的伴侶關係。

　　如果你面對的是行星過運火星與本命天王星的強硬相位，那麼因為受到影響的時刻較短，我們可以利用短暫的驚人改變來呼應這股能量，在這幾天做一些刺激且不尋常的行動（同時要注意安全），利用這些改變中所受到的挫折感，或是帶給自己和他人的驚嚇，來降低天王星與火星的傷害力，舉辦個誇張的化裝舞會，或是突然的改變穿著打扮或行為模式，都是不錯的方式。

　　如果你面對的是二次推運或太陽弧正向推運的火星與本命天王星產生相位，或是行星過運天王星與本命火星產生相位，或者今年太陽回歸圖中有此一相位，需要注意因為影響時間可以長達一年到三、五年以上，做好面臨轉捩點的準備就相當重要，靜下心來聆聽心中對生活的不滿與渴望改變的地方，擬定有規劃性的改變計畫，也要保留計畫的彈性，不要讓突如其來的改變殺得你措手不及。

　　要知道天王星的強大改變力量不是你坐視不管就可以混過去的，就算是消極的抵抗，也都要付出許多體力、能量和精神，此時天王星會讓你感到疲憊沮喪，且憎恨周圍的改變對你造成的傷害。特別是本命盤中固定星座或土相星座強勢的人們，在面對天王星的改變呼喚時都會有抗拒的反應，應該要學會放開心胸去接受自己的改變。

推運（行星過運）圖的火星與出生圖海王星產生相位

合相

　　在占星學中海王星的細膩感受與豐富的想像力常帶來戲劇性的效果，特別在流年與火星產生相位時火星的刺激與加速性質與海王星交會時，會把幻想付諸實現，從正面的角度來看的確是實現夢想的好時機，但有些時候流年火星與海王星的強烈幻想力會使得我們去製造一些無中生有的悲劇，或是把原本只是想像的恐懼給擴大，並以為這些恐懼是真實的。

　　流年中有火星與海王星合相的人，情緒與自我防衛的心態都十分的敏感且不穩定，這些人可能因為敏感而會有自我保護與過度防衛的傾向。海王星也會使我們誤解他人的來意，同時他人也搞不清楚此人此刻要做些什麼。這是海王星的渾沌狀態影響了火星的行動，也可能使我們成為他人行動的犧牲品。

　　占星師認為海王星的想像力與感受力若不適當的引導，很可能會造成許多虛幻且不切實際的行動出現，騙人與被騙犧牲與被犧牲也是其中之一，不過除了虛幻之外，海王星的感受與想像力可以應用在藝術創作上，海王星的浪漫、敏感與

視覺幻覺效果，都能夠藉由藝術創作反應，藉此宣洩敏銳的感受所帶來的衝擊。

　　靈修則是近年來許多人面對海王星的最佳方式，靈修時往往會讓人有迷失與超脫的感受，呼應了海王星的模糊與缺乏邊界，然而仍需要注意你所參與的靈修與宗教團體是否真的在幫助你，或是只是藉機斂財，那麼你的靈修反而呼應了海王星的受騙上當。

　　然而不是每個人都對藝術有興趣，此時我們可以應用海王星的另一股力量，慈悲。海王星同時具有慈悲與犧牲的精神，象徵著打破自我的藩籬去關心別人，與流年的火星會合時非常適合採取行動，去體驗慈悲的精神，去參加一些義工活動幫助需要幫助的人，是火星與海王星產生強硬相位時最適合的行動。藉此我們以主動服務的慈悲與犧牲，取代另一種被動的為他人犧牲──受騙受害。

　　火星的自我防衛能力有時被視為是身體的防衛系統，也與我們的精力有關，此時不得不注意海王星的另一種特質「溶解」，從這個角度來看海王星的溶解力量，會消耗掉我們的體力與精力，一方面讓火星的性質變得溫柔纏綿，一方面也可能讓我們的自我防衛能力削弱，容易受到病毒的攻擊（病毒也是海王星的象徵之一），或是暗示著使用藥物毒品（海王星）使得我們的精力衰退、自我意識薄弱（虛弱、昏迷、幻覺等）。

　　當行星過運火星刺激本命海王星時，適合在這時候從事一些藝術創作或義工工作，去呼應這股能量，然而當行星過運海王星與本命火星合相，或是推運中有火星與海王星相位時，我們除了可以長期的投入藝術創作或義工工作或靈修行動之外，更要注意自己的身體狀況，調養好自己的身體，以防衛病毒的入侵。

柔和相位

　　火星與海王星在流年產生柔和相位時，所發生的事件與帶來的感受類似合相，自我意識的模糊往往藉由同情與慈悲的方式呈現，並非所有的柔和相位都代表好事情，可是帶給人的感受卻較為自然舒適，火星與海王星使得我們的行動多半帶點浪漫、慈悲、犧牲色彩，透過藝術行動、靈修與義工或是幫助他人的行動來呼應這樣的能量。

　　三分相時火星與海王星的影響非常的大，這時候反而應當注意情緒性的行動與反應，有些時候海王星的三分相會讓我們因為幻想與情緒的激動而失去控制，有些時候反而帶來不愉快或是不幸的事件，且因為三分相的自制力較差往往這時候受到誘惑沉迷於酒精或毒品的機率會提高。

六分相強烈的暗示著我們與他人之間有著藝術或靈性的互動，此刻的友誼可以完全的與他人分享，雖然帶有些犧牲或奉獻的色彩，但卻能帶來愉快的感受，透過這些互動來學習無私且關懷別人，同時火星與海王星的六分相也很容易表現在藝術上。別忘記火星與海王星流年的柔和相位可以參考合相的感受，只是他們發生的機率沒這麼強烈，且感受更為舒適柔和。

強硬相位

流年中海王星的強硬相位具有神祕且難以預測的色彩，他雖然不像天王星一般來得突然，但是卻會發生的讓人覺得莫名其妙，找不到理由，在流年中有火星與海王星強硬相位的人，雖不會突然展開行動，但卻會替行動增加了難以預測的特質，這種難以預測並非故作神祕，而是就連當事人也處於一種渾沌的狀態，腦子中一團混亂，可能原本想要保護自己的行動變成是犧牲自己，或是行動毫無章法與步驟使得行動容易失敗，但原因為何則沒有人知道。

海王星的犧牲、神祕、藝術、幻覺特質，在強硬相位時往往帶來了大的事件，與令人較難接受的感覺。對分相往往牽涉到與他人之間的互動關係，這時候最需要注意，我們非常有可能會扮演他人自私行動下的受害者或被犧牲者，但也可能因為不甘願被犧牲，而採取行動去迫害他人。

流年火星與海王星的對分相，讓我們會在這個時候與他人的關係變成很戲劇化的加害與被害、受益者與犧牲者的關係，沒有人會絕對站在哪一個角色中，也沒有什麼樣的關係是好或是壞，我們必須在這段時間中學會，很多事情沒有自我與他人的差別，學會同情慈悲與同理心，盡量在這時候學會犧牲奉獻，但是也要知道適度的保護自己的重要性。與他人共同進行靈修與藝術創作，或是我們一再重複的義工與幫助別人的工作，都是最能夠消除流年時刻火星與海王星形成對分相所帶來負面影響的機會。

流年時刻火星與海王星的四分相容易帶來行動上的混亂，同時考量自身利益與想要替他人著想的心態讓自己備受煎熬，也使行動受到侷限。此外因為四分相在行星過運的效應，往往具有突發事件的意味，所以必須注意突然發生的情緒衝突與衝動，過度的自我保衛，或是突然受到幻想與恐懼力的影響而採取行動，以致於自己亂了方寸，也是流年時火星與海王星四分相時都會有的影響。

再一次強調，任何一種流年的火星與海王星強硬相位，我們可以同時參考合相的解釋，只是在感受上較為深刻，事件發生的機率較為平凡，同時也可搭配相

位的特殊解釋，例如對分相意味著與他人的互動，而四分相常代表出乎意料的事件與感受等。

推運（行星過運）圖的火星與出生圖冥王星產生相位

合相

在占星學中火星與冥王星具有類似的特質，都與「生命的延續」也與「能力」有關，這也是為什麼他們共同守護強調「性」、「再生」、「權力」的天蠍座，流年中這兩顆行星的交會也都觸動了上述的特質。我們知道火星常會帶給人急迫性，這種急迫性和生存的危機感有關，說得淺白一些就是「不做這件事情就活不下去」、「這是生死存亡的關鍵」的感受。在這樣的時刻，我們會對冥王星所代表的事務，產生這種迫切的感覺，這包括了火星與冥王星共同擁有的「性」、「生存」以及專屬於冥王星的「控制」、「挖掘」、「再生」、「內心隱藏的事物」。

例如當流年火星與本命盤的冥王星合相時，會短暫的激起心中對於掌控權力的渴望，進而採取行動去進行權力爭奪，或者進行一場保衛自我生存的戰鬥，這裡所說的保衛自我生存很可能僅是「職務上的權力分配」或是「誰來管理家庭事務」的瑣碎小事，但因為同時涉及了火星與冥王星的交會時刻，而帶來生存的危機感，但也可能暗示著真的「生存保衛戰」，為了繁衍生命而努力或是為了維持生存，而和病魔或外界事務對抗。

從字面上解釋流年冥王星與火星產生相位的時刻，我們也常進行一些祕密的行動，不希望他人知道自己的動向，可能是祕密的戀情或肉體關係，也可能是檯面下（或非法）爭奪權力、利益的行動，但也可能只是一些你覺得不必讓人知道涉及個人隱私的行動。這種情況在行星過運中大約會有一、兩週的影響，而在其他的預測方法中影響力更為長久。

在心理層面上除了生存的危機感之外，冥王星也象徵著隱藏的事務，特別是那些過去被我們遺忘的事情，過去的不愉快經驗，被我們刻意遺忘的痛苦或醜陋的事件，會在這時候對我們的行動產生影響，過度的自我防衛，或者對他人施予暴力，甚至可能是我們無意識的去接觸危險和暴力的根源，例如去接近危險的人物或去作危險的事情，甚至有占星師認為自殺傾向也容易在這時候出現。

許多人無法解釋為何在這時候自己變得如此的殘酷，具有暴力傾向或是具有

自殘、自殺的傾向，但心理占星師認為，冥王星要我們去面對這些被遺忘的黑暗面，透過面對黑暗來激發生存的意志與更強大的生存能量，也要去接受這些黑暗也是生命的一部分，承認黑暗也是自我的一部分，並且學會和它一起生活，同時學會去控制與駕馭這些黑暗所激發出來的求生意志與潛能。

無法接受這層考驗的人，就很可能會轉而去從事危險的事情，施暴於他人，或是無意識的去引發他人對自身的施暴，一方面尋求釋放黑暗的一面並將它投射在他人身上，例如：「接受暴力」、「外傷」、「重大手術」，或是從殘酷的自我黑暗面中逃脫，透過「死亡」、「自殺」尋求新的生命開始。

我們知道要去面對過去的黑暗面，或是自己也有醜陋的一面，這些事情並非簡單可以作到，在這方面心理諮商師以及心靈成長團體，往往可以提供我們許多的幫助，在有經驗的專業人士引導下來探索自身與生命的黑暗面，透過這層考驗得到的生存毅力與勇氣，這就是生命本身透過冥王星所要送給我們的禮物，同時這對於避開其他冥王星與火星在流年中所帶來的負面影響有著很大的幫助。

柔和相位

在流年中火星與冥王星的柔和相位雖然可以稍微減輕對生命改變所帶來的衝擊，不過仍不可以忽略火星與冥王星的力量，尤其是產生三分相時，它很可能在一方面減輕了我們對於冥王星所帶來的壓力，但卻可能使我們濫用自己的權力。

流年時刻冥王星與火星的相位，象徵著對於權力力量的掌握與控制與生存的渴求，三分相讓我們絲毫不覺得困難的去運用這樣的權力，但這中若缺乏了自省的力量，力量就有可能被濫用，我們必須瞭解冥王星本意也包括了控制，如何控制自己的力量與權力是這個時期需要學習的。雖然在此一時刻，我們不會感受到權力或人性黑暗面所帶來的傷痛，可是一旦我們濫用了冥王星的力量，很可能在冥王星與火星產生強硬相位時發生不愉快的事件。

由於六分相具有強烈的學習、溝通與應用的意涵，在這個時刻是最適合學習如何面對心裡的恐懼，如何面對內心黑暗面的機會，同時也可以學習如何運用控制生命歷程中所學習到的力量，以及我們所擁有的權力。在流年火星與本命盤火星六分相的時期我們的行動很可能會影響別人，相反的當流年的冥王星與本命盤火星六分相時，我們接受外界的影響較大時間也非常的長久。

火星與冥王星合相的描述在柔和相位時也可能產生，只是機會較小影響力有限，同時讓自身或他人的感受不會如此的難受，例如它可能象徵一場激情的性

愛，或是與他人之間的競爭遊戲，也別忘記火星與冥王星在本命盤所守護宮位的代表事件，很可能暗示是哪些事情的變化。

強硬相位

流年的火星與冥王星產生強硬相位是一個特別需要注意的時期，這一段時期多半不太好過，需要謹慎的面對自己的行動，以及自身與周圍人士的關係。冥王星與火星所象徵著生存保衛、權力爭奪、暴力或表現自身的黑暗面，或是去面對過去的恐懼與不愉快在這些時刻都有著很高的發生機率。

在對分相時，通常暗示著這樣的生活變化藉由他人與外界的變化或影響來呈現，因此特別容易透過暴力的行動來展現冥王星與火星的力量，這裡的暴力可能是行動上的暴力相向，也可能是精神與言語上的施暴。同時要注意與他人的互動過程中，可能涉及了權力的爭奪，侵略與保護，去探索他人的祕密與醜聞，或相反的被人挖掘隱私。

許多流年冥王星與火星捲入的時刻，我們莫名其妙的遭受了他人的權力壓迫，他們可能來自公權力（警察、檢察機構、審察機構、稅務人員）也可能來自於對你擁有支使與支配權力的人（上司、父母、醫師、黑道或恐怖份子等），同時也可能因為這些事件讓我們面對危險、鋌而走險或是走上絕路。

四分相的感受與對分相類似，但是大幅減低了與他人互動的特性，很可能是內心的衝突，也很可能是大環境的改變帶來的挫折，或是外界的世界讓你聯想到一些不愉快，同時帶來絕望的念頭，他們可能來的很意外，但是仔細的追尋，仍然可以在心中找到與其有關連的恐懼和陰影。

並不是每一次的火星冥王星合相與強硬相位都會帶來極端的危險，例如：在行運火星與本命冥王星的短暫影響中，它甚至可能只是代表了一次的激烈性愛，不要忘記了他們的最終目的是「生存」，而不是毀滅。生命透過種種的互動讓我們瞭解到，醜陋與不愉快的事情仍是我們生命的一部分，火星與冥王星帶來極端的挑戰與壓力，帶來的危險、壓迫、傷害打擊甚至是重病，都只是一種手段，卻不是它們的目的。

火星與冥王星的目的是要逼使我們重新認識生活的動力與生命力的來源，你可以選擇要怎樣來面對它，是透過實際的暴力相向與挑戰？或是和他人一起合作探索內心的黑暗。沒錯，與他人或是與心理諮商師或心理醫師共同進行這樣的探索，是最能呼應火冥對分相的能量，過程中或許會有些難受，但卻是最安全的方式。

推運（行星過運）圖的火星與出生圖凱龍產生相位

合相

　　凱龍在流年中同時帶來了醫療與傷害的能量，在流年凱龍與本命火星合相的時刻，象徵著這一個時期我們意識到我們的「生存本能」被傷害了，或者其他關於火星所掌管的「男性特質」、「憤怒」、「行動」、「性」等，可能會覺得這一時期在「工作」、「性愛」或是其他表現自我的行動上感到有些缺憾，也可能失去，或者在心理上否認我們自我保護的求生本能，或可能是失去男友、放棄某些行動，或是對性愛感到失落與無奈。更常見的是，許多人在這一時刻會出現自我否定的狀態，或是常 常在隱忍壓抑自身感到憤怒的事情，特別是那些本命中已經有凱龍火星相位的人，會對上述的事項特別敏感。

　　這種覺醒的意識雖然痛苦，但卻是一個展開自我醫療的好時刻，然而絕大多數的人，會將這一種能量投射在他人身上，去幫助別人實現他的夢想或保護他的生存權益，去幫助別人追求性愛，建議別人如何妥當的面對自身的憤恨，或者負面一點的將自身的憤怒發洩在他人身上，攻擊或傷害別人。

　　幫助別人是一件讓凱龍榮耀的事情，然而我們卻忘了處理自己的問題，凱龍所代表的自身傷痛，常會讓人不願去面對，與火星合相時，我們會過度壓抑自己的憤怒，或轉而藉由幫助或傷害來投射在他人身上，藉此遺忘了自身也有傷痛，忘了自己並沒有比他人好到哪去。若能夠誠實的面對自身的問題，檢視自己在與火星有關的議題上所產生的傷痛，就能夠想出對策來醫療自我，讓自己更能夠善用火星的攻擊與自我保護，或者憤怒生氣所帶來的力量來幫助自己成長，同時這種流年時刻也常常帶來身心上的傷害，意外傷害（特別在頭部）、發燒發炎，血液問題或是種種引發紅斑紅疹的疾病，這些問題往往在某方面與心理上壓抑的憤恨，或過去的不愉快有所牽扯。

　　在流年火星經過本命凱龍時是一個檢視傷口展開自我醫療的好時刻，若是處於行星過運會有大約一週左右的時間，我們可以在這段時間檢視自己「與男性的關係」、「性愛」、「生存價值」、「自我意識的展現」這些議題上的經驗，找出自我安撫與醫療的方式，若推運的凱龍經過本命火星時，同時帶 來傷害與醫療的效應且時間可以長達一兩個月以上，在推運上則可長達數年之久，我們都可以藉由心理上的調整或是透過心理諮商人員的協助來面對處理火星所帶來的憤怒

與傷害。

柔和相位

凱龍與火星的柔和相位基本上與合相所描述的特質相同，但卻因為柔和相位的傷痛較不容易察覺，特別流年在火星凱龍三分相時，這種傷痛會被我們輕易的包容吸收掉，你或許短暫的想起哪一次行動（性愛）上的挫敗或糗事，但同時又告訴自己，沒關係，那沒什麼大不了的。雖然傷痛不至於帶來痛苦，卻很可能因此錯過一次體認自身傷痛來換取成長的機會。

火星凱龍六分相時帶來了用不同角度與觀點來面對自身傷痛的機會，我們有機會藉由和他人互動，來檢視自身在自我保護、行動、男性特質或性愛上的問題，藉此輕鬆的解開一些過去懸而未決的傷痛。

強硬相位

流年中火星與凱龍的強硬相位，會突然的觸碰到人們的傷痛，有時它是以肉體的傷害方式來展現，諸如我們在先前合相提過的血液、紅疹、意外傷害等種種問題，也可能是性愛上的不協調感到挫折，更有可能是心理上的沮喪求生意志低落、或者不斷壓抑自身憤怒的狀況。請別忘了參考合相對火星凱龍的描述，在強硬相位的產生時刻，那些效應都只會表現得更突如其來，且力道強大，讓人感到措手不及。

在火星凱龍四分相的流年時刻，我們會「突然」的感受到壓抑的自我憤怒、被壓抑的性愛需求、被壓抑的自我實現或保護，這些因素帶來了不安常是心理上的進而可能影響到身體的健康狀況，不過在四分相時意外發生的機率較低。

對分相的時刻最明顯的傷痛會反映在我們與他人的關係身上，有可能在性愛的過程中無法得到滿足，也可能是遇到了在行動、自我實現或性愛上（與火星相關議題上）有問題的人，進一步的想要幫助他，或者同時去承受他人對你的攻擊且喪失保護能力。我們往往在這時候扮演攻擊者或醫療者的角色，但最重要的是必須意識到，我們正在投射自身的傷痛到他人身上，真的需要照顧關懷與醫療幫助的是自己自身，而非他人。

推運（行星過運）圖的火星與出生圖上升點產生相位

合相

當流年的火星與上升點產生合相時，代表著火星所意涵的自我展現、自我保護、求生意志、急躁、具有行動力與攻擊性的特質在這個時候容易展現在我們身上，特別需要注意的是，在行星過運時刻我們可能只會感受到兩三天的刺激，不過在推運圖或是回歸圖這一類影響長時間的流年推算法中，火星與上升的合相會帶來相當長久的影響，我們可能積極的採取一些行動想要證明自己，這種證明自我的迫切需求，就是這個章節一直在提醒大家的，火星帶來那種「不去做就會活不下去」的感受。

這時候我們可能很容易出鋒頭、敏感易怒，也很容易和別人起爭執，甚至有可能在言語和行動上傷害別人，讓別人對自己有粗魯、粗暴的感受，不過有些時候若火星與上升的結合點為在於攻擊力較弱的星座（例如：金牛、天秤、雙魚）時，則必須另外考量。

柔和相位

當流年的火星與上升點形成柔和相位時，帶來的快意且順暢的感受，不過能真的感受到的人並不多，畢竟快樂的事情很快就會讓人遺忘，這一段時間特別適合去做自己想作的事情，或是去幫助自己實現夢想成長。

在三分相時我們可能表現得有些自私，但卻都找得到理由讓他人無法批評，同時我們也天真的相信這些理由可以讓我們我行我素，要特別注意，這時候的你行動力特別強，何不把這股精力用在達成目標與學習上頭。六分相的時候特別適合與他人合作、互動，透過他人的建議與經驗還有幫助，讓你順利實現自己想要完成的工作。

強硬相位

流年的火星與上升點形成強硬相位時，對於火星衝動、易怒、具有攻擊性的特質有著加深的影響，我們很可能在對待他人的方式上更容易顯得粗暴無理，同

時比起合相或柔和相位來說，更容易有與他人發生爭執的機會。

要知道在人文占星與心理占星上，對分相強調的是與他人的互動，火星會加速刺激我們與他人互動的頻率，也會讓我們在和他人互動時顯得直接有效率，卻很容易因爲太過衝動而使自己或他人受到傷害。同時在這時候我們可能扮演火星的衝動角色，也可能是由他人扮演火星的角色來傷害我們。

火星與上升點呈現四分相時，暗示一種兩難的狀況，一方面我們想要實現自我，另一方面我們卻得面臨家人或外界給予的催促與刺激，導致我們的行動綁手綁腳的，我們可能很難將這些怒氣散發到他人身上，但這股能量卻會一直累積直到承受不了爆發，可能因此突然與他人發生衝突或是突然生病受傷。

要特別注意的是，在火星與上升點產生強硬相位的流年時，容易有發燒、發炎及身體的外傷，安全且規律的運動則可以抵銷這樣的傷害。

推運（行星過運）圖的火星與出生圖天頂產生相位

合相

流年中火星與天頂的合相代表著我們有一種急著想要爭取社會大眾認同的迫切渴望，因爲不同的身分背景的不同，這種迫切需求所展現的場合就不同，對於青少年來說他可能是在全校或全班同學之前作一場演出，或是公開的與他人發生衝突。

對於成年人來說，卻可能是卯足了勁的要迎合老闆的需求爭取更高的職位，對於公眾人物（政治人物、藝人、名流）可能就是直接的展現出他們具有攻擊性或是行動力的一面，有時可能是粗魯無理、喜歡冒險或展現男性特質的一面。這個時候我們希望全世界的人都知道，我就是火星，我就是直接的、帥氣的、具有行動力的，但不要惹到我，因爲我有攻擊力，我可以很粗魯的還擊等。

在行星過運中火星接近天頂的時刻，往往是我們在事業上最忙碌的時刻，同時特別是頭部、眼睛、肌肉、筋骨常容易發炎受傷。因此在推運或是正向推運還有太陽回歸這一類長時期影響的星盤中，若火星與天頂產生合相，要小心的照顧自己的身體，增加規律的運動量可以消耗火星的衝擊。

柔和相位

流年火星與天頂產生柔和相位時，會讓我們在社會地位的提升上有著明顯的推進力，流年火星與天頂三分相時我們可以利用身邊的資源來成就自己在職場的表現，可能是自身的金錢物資也可能是來自於他人的支援，透過行動不但讓我們獲得安全感，覺得自己的生活更有價值，同時也維持著平穩的互動關係，進一步的提升了社會地位。

當流年火星與上升點呈現六分相時，我們會靈活的運用他人的資源或是團隊的力量，來幫助自己達成事業上的目標，若流年火星在第十二宮時，別忘記了有時候不做任何事情也是一種對事情有幫助的工作。

強硬相位

當流年火星與天頂產生強硬相位時，往往我們的行動無法受到大眾的認可，此時可能是我們太過自私、只顧自己的行動引發他人的不滿，也可能是我們對待他人太過粗暴傷及他人，太過情緒化的行動，或是逃避社會責任所引起的批評，這時候我們需要和緩一下，不要太衝動行事，只要多運動適當的疏洩火星的能量，就可以讓這些狀況的傷害降到最低。

第九章　流年木星、行星過運與出生圖行星的相位影響

推運（行星過運）圖的木星與出生圖木星產生相位

合相

流年木星與本命木星的合相，通常只會發生在行星過運技巧與回歸圖的技巧中，象徵著一個新的木星循環的開始，木星象徵著一個人的信念與成長，每十二年左右行星過運木星會回到出生圖的位置，象徵著一個階段的自我成長的開始，這段時間內有助於自我成長的行動，透過旅遊、學習研究，來找尋新的自我成長方向。

在傳統占星學中，木星是幸運的吉星，但現代的占星學觀點，並不認為在這時候就是大吉大利，不過此刻進行的事務都有助於自我發展與增加自信，所以從某個角度來看，這仍是一個相當愉快的時光。只要我們肯為自己付出、追求成長，就會獲得一定的代價。

然而必須提醒占星師的是，若解盤的對象正好有木星的相位產生時，不要帶給他過多的期盼與期望，必須提醒他採取行動與不要過度樂觀，否則當你對他說這是一段幸福時光時，你已經在扮演木星的角色，給予他過度的期盼，最後反而會失望。

柔和相位

當流年木星與出生圖的木星形成了柔和相位時，通常是一段愉快的時光，但是很少有人真的在回想時會牢牢的記住，或是當占星師預言這段時間會發生時，對方多半不會感受到，柔和相位帶給人的感受多半不強，而人們對於好事的期盼多半需要強烈的刺激，例如：中樂透大獎這一類的事件，才會帶來好運的感受。

事實上，木星在六分相時往往會讓我們在做事學習或者和他人互動上有著較為「輕鬆」的感受，或者享受著一些好玩的遊戲或氣氛等，更重要的是我們往往

在這時候應證了我們的想法，而顯得更有自信。

　　三分相通常只會發生在以行星過運以及日、月蝕或太陽月亮回歸的流年技巧中，這時往往顯示著自我發展的順暢，同時別忘記木星所代表的信念，得到了更寬廣的發展空間，這有時會讓我們想得太遠或有些抽象，甚至將自己的理念無限上綱，但是此時我們並不會覺得我們做錯了什麼，直到下一次的流年木星強硬相位產生，前來挑戰這個過火的舉動。

　　但無論如何，木星的柔和相位仍代表著輕鬆愉快的時光，人們不一定會真的感覺到幸運，但至少不會感受到太多的壓迫。無論三分相或六分相我們都可以掌握這個時機去發展自己的信念，或執行自我成長，並且將木星的仁慈與他人分享，但是多半我們在木星相位產生的同時，就像是不用上班的舒適週末上午一樣，不想強迫自己去做任何的事情，也不急著去幫助任何人。

強硬相位

　　在現代的占星觀點中，當流年的木星與本命的木星產生強硬相位時，並不代表運氣不佳，流年木星的四分相通常暗示著我們有許多的信念想要同時進行，而這些信念在這個時候發生了相互抵觸的狀況，木星也暗示著發展，四分相的力量在人文心理占星學中代表著不同方向的事情。於是我們可以大膽的推論，這時候的煩惱與不愉快往往來自一個人同時想要往幾個不同的方向發展，卻又分身乏術所造成的困擾。

　　從另外一個角度來看，行運木星與出生圖木星的四分相，往往代表著一件事情在發展或是結束之前的自我審查時刻，我們必須小心的檢視心中的信念是否符合初衷，是否已經超出了我們所能控制的範圍。許多人總是將對分相視為衝突，不過在人文與心理占星學的觀點來說，對分相代表著我們對自身所相信事物的信念發展趨近於成熟的時刻，接下來是要將這樣的信念傳播出去的時候，直到下一次木星再度形成合相時整合自己的經驗使自己成長。

　　行星過運的對分相有時也暗示了我們與他人的關係有著「木星式」的互動，也就是說愉快的、精神啟發的、自我成長的互動，這段時間我們與他人的互動帶有高度的精神性，但同時我們也可能對彼此有著高度的期待，但必須注意我們此時不要太過自私也不能夠太過揮霍，木星的擴張性往往會讓我們失去控制範圍，最後在經過流年木星與出生圖木星對分相之後產生失落感。

　　強硬的木星相位有時也暗示著一種高度的興奮與自信，因為這些因素可能引

起我們冒著僥倖的心態去做違法或是超出自己能力的事，或是產生的期待落差等。仍要提醒占星師，別在對方行星過運木星產生相位的期間，帶給對方太多的興奮與期待。

推運（行星過運）圖的木星與出生圖土星產生相位

合相

　　流年木星與本命土星的合相，代表著外界的經濟文化思想正在強烈的影響著我們對責任的看法，以及我們的事業野心，如果年齡與經驗成熟，這個時候我們已有機會去將我們過去小心翼翼累積的經驗整合成一種新的信念。同時這也是一個好的機會點去面對我們的過去，從這當中吸取成長的力量，甚至以這樣的經驗召喚好運。這時候我們也會經歷一個財務上的循環，我們必須檢討過去在物質生活上的經驗，訂定下一個目標。

　　若流年土星與本命木星產生合相時會帶來相反的感受，通常這時候我們會有時不我予的感受，外界的環境對我們的發展產生了限制與挑戰，但是我們必須謹慎的應用這個時刻，去修正自己過多的發展，或者我們可能在這時候去替我們過去做得太過火的事情付出代價，無論如何，這卻是一個將我們的信念變得比較實際的時刻。往往這些時刻都是生命中重大的轉變關鍵，很可能會藉由轉換人生跑道或換工作的方式來表現。

　　較特別的是，行星過運木星與行星過運土星產生合相是相當特別的時刻，每二十年才會發生一次，會明顯地影響社會經濟文化的變遷，然而，木土合相時的經濟發展，常常因為土星限制木星的經濟成長力量，而產生財務金融與商業交易的危機，需要特別注意那些過度發展或被高估的產業與地區。

柔和相位

　　當流年（多半是行星過運）木星與本命土星產生柔和相位時，代表著靈活運用我們的想法與信念並且結合過去的經驗，能夠替我們帶來不少好機會，這個時刻也代表我們容易遇到一些有智慧的人，會化解我們所擔心的事情，一些有智慧的長者或是夥伴能夠帶給我們精神上的成長。此刻進行財務上的投資時會有許多好運但仍必須謹慎小心。

相反的，當流年土星與本命木星呈現三分相或六分相時，比較傾向去落實我們想法的時刻，落實我們的信念的時刻，例如你相信積沙成塔、省吃儉用可以致富，那麼這一段時間就是你落實信念的最佳時刻，由於三分相與六分相的能量溫和，不會讓你覺得是被人逼著做而感到痛苦。同時這個時期，自己的發展可能會有些限制，來自於外在環境或自我的經驗告訴我們，這時候或許需要專注且小心的去處理一些事情，而不是讓自己手忙腳亂地去忙很多事情。

行星過運木星與行星過運土星呈現柔和相位時，往往對社會經濟文化發展有利，一方面人們或許不會抱著太多的夢想，但另一方面卻是一個理想落實的大好時機，木星土星合相之後到第一個六分相，這當中常常是經濟活躍的時刻，同時木星土星合相的第一個三分相開始也是經濟從低潮之中走出來的時刻。

強硬相位

流年（特別是行星過運）木星與本命土星產生強硬相位的時候，暗示此時的社會環境發展加深了我們的不安與懷疑，在某方面我們很想去發展符合潮流的事情，但另一方面我們對自己的能力和其他應有的責任感到不安，在財務以及工作上都處於一個重要的關鍵時刻，任何事情都必須小心翼翼的去作分析與判斷，這段時間並不容易輕鬆的度過。

流年土星與本命木星產生四分相時情況會比較嚴苛，外界所賦予你的責任與批評阻礙了你的發展，同時也違背了你的信念。生活上的壓力相當大，因為木星所象徵愉快及自由來去的生活被流年的土星給限制住了。往往在工作與金錢方面，過去你不注意的缺點都很容易在這時候引發問題。

上述的兩種情況若發生在對分相時特別容易出現，一些與人相處上的困難，對方可能是扮演愛挑剔的討厭鬼、我們常說的小人或是一個粗心大意的朋友，並莫名其妙的替你惹上麻煩。

行星過運木星與行星過運土星產生強硬相位時所有的人都會受到影響，上一次的木星土星對分相發生於西元 2010～2011 年中，從世俗占星學的角度來看，2000～2010 年這十年的社會文化經濟以及政治的努力成果會有呈現，例如這十年間，一直處於中東的衝突以及與極端恐怖份子的對抗上，如果我們有所努力，那麼未來十年就會出現較好的結果，如果我們放手不管，那麼惡化的情況可能會成為全人類未來十年的惡夢。

土星會對我們的努力給予回報，也會把我們走錯的方向加以修正。以中東衝

突為例，算是恐怖主義標誌性人物的賓拉登，於 2011 年被美軍突襲致死，也剛好發生於這木土循環的中間，為前十年跟後十年劃下了重大分野（木土對分相正相位分別發生於 2010 年 2 月 6 日、8 月 17 日及 2011 年 3 月 29 日）。下一次的木土合相將發生於 2020 年 12 月於水瓶座，對於個人來說，這也是一個重要的時刻，首先，回想你在 2010 年後，有否把前 10 年所體會到的訊息散播出去，有沒有傳播你所領會到的信念與經驗，這個循環將於木土合相來到尾聲，然後開始另一次的木土循環，這次木土循環合相於水瓶座，社會文化都會有新一輪的發展，並於 2025 年來到四分相，我們要在這時刻擷取土星與木星所要帶給你的訊息（通常與你本命木土所在的宮位或所守護的宮位有關），到了 2030 年對分相的時刻就是一個開花結果的時刻，而接著未來十年，我們要再一次將這樣的信念與經驗落實且傳播出去。

　　木星與土星在行星過運中形成的強硬相位，往往會造成一陣子的經濟信心危機，最近的一次案例就是 2006 年 5 月的全球股災，幾乎讓許多發展中的新興市場股市出現巨大的跌幅。

推運（行星過運）圖的木星與出生圖天王星產生相位

合相

　　流年木星與本命天王星的合相開啟了你期待已久的自我改革，這是一個相當適合改變自己的時刻，木星的機會與幸運，能夠幫助你順利的推動你的人生改革計畫，問題在於有些時候我們會太過理想化，不顧現實、責任甚至不顧一切的去進行這一個改變生活的計畫。

　　若我們把木星視為一個機會點，它會帶來我們生命中改變的機會點，同時也會帶來獲得自由和與他人分離的機會點，重點則在於天王星的突然改變，這些改變常讓周圍的人感到措手不及。

　　而當流年（包括了推運與行星過運）天王星與本命木星合相時帶來的卻是信念與信仰上的變動，我們原本相信的事情很可能在這時候被全盤的推翻了，我們從過去的想法中被釋放出來，同時自由以及改變改革很可能在這時候成為我們的信仰，木星與天王星都代表著一種對於自由的渴望與對於成長的需求，當它們產生合相時就是一個改變人生的最佳時機。

　　行星過運木星與行星過運天王星產生合相時，人們對於社會的改變充滿著高

度理想的期盼，例如：1997 年正是木星與天王星合相的時刻，全球第一隻複製羊實驗成功的新聞讓人們對於科學與醫療寄予了無線的希望，而英國的工黨在布萊爾的帶領下，取代了保守黨長達十八年的執政替英國帶來了改革的希望。

當木天於 2010 年 6 月、9 月及 2011 年 1 月合相，當時亦是智慧型手機開始急速佔據市場的年代，智慧型手機的銷售量，從木天合相前 2009 年的 1 億 7 千萬到 2011 年的 4 億 6 千萬，安卓手機的銷售量，更是從 2010 年的 6 千 7 百萬，至 2011 年急升到 2 億 1 千萬，而智慧型手機當然為人們的生活帶來了翻天覆地的變化，甚至改變了人類很多的生活模式。

同時在財經上來看，木星與天王星的循環與自由經濟有關，這是一個新的循環的開始，之前的慘痛經驗會替人們做一些修正。但是木星與天王星的強烈冒險精神，也容易在這時候帶來難以預測的事件，此時被忽略的事件往往會是日後社會暴動的主要原因，許多事情容易突然發生，讓人們受到驚嚇，例如：首次的人類感染禽流感事件，以及亞洲金融風暴等都帶來了急遽震撼的效果，也讓人因為對現狀的不滿而想要改變。

柔和相位

流年木星與本命天王星的柔和相位帶來了許多改變的好機會，同時我們也可以說，這些改變對你而言是好的改變。往往這個時候人們變得特別容易興奮，特別在六分相時，外界所引進的新理念可以讓你靈活的改變自己，並且認識新的朋友或是加入新的團體，同時藉由這些改變來呈現一個全新的自己。

流年天王星與本命木星產生柔和相位時，往往代表著外界社會的改變直接或間接的影響了你的信念，這些改變可能來自你的朋友或是你所參加的團體，這時候我們相信群體的力量能夠帶給自己機會與幫助。

上述的兩種流年本命的木星天王星組合都帶有明顯的刺激味道，同時呈現一種精神上極度興奮且忙碌的狀態。有時事情太多反而會讓我們一事無成，由於天王星與木星都講求高度的自由，所以這時候我們不容易也不喜歡被人約束，透過朋友與社團的幫助得到精神上的抒發與解脫，由於天王星的不可預期，我們多半不知道接下來會有什麼事情發生，就暫且隨性地跟著自己的信念去發揮。

行星過運木星與行星過運天王星往往帶來許多精神與宗教思想上的改變，經濟的自由運作也獲得一些成果，社會的風氣也變得自由且活潑，但是過度自信與充滿刺激的的冒險能量，也容易暗示著這一陣子的非法與犯罪事件可能提高。

強硬相位

　　流年木星與本命天王星的強硬相位帶來了時不我予的感覺，流年木星所代表的社會風氣刺激了我們渴望改變的心態，但往往可以看見的是，我們一方面想要追上時代的變化，另一方面想要保有自我特質以及渴望改變，走出一條不同的路，於是在四分相時我們常會感受到不知道該何去何從的兩難困境，當你兩邊都想努力時，信念與改變都會相互抵觸，同時這也是我們自我改造計畫中的重要檢視時刻，我們必須在一些自我改革的步驟上做一些修正。

　　對分相時往往象徵著我們超越自我的行動被擴大有時後無限上綱到自己和他人都無法接受的地步，這時候最好回頭檢視自我，否則我們將很有可能讓自己太過理想化或不食人間煙火。流年天王星與本命木星的強硬相位，往往代表著外界的劇烈改變衝擊著我們生活中的信念，你過去所相信的事情，或是你過度樂觀的事情突然間因爲事情的改變而豬羊變色。

　　緊張忙碌是所有木星與天王星相位所具有的特質，我們無法預期接下來會發生什麼事情，我們只能夠更爲謹慎的面對生活中的改變，特別是對分相時改變的需求會特別明顯，此時跟隨著天王星的步調而改變可能會召喚到木星的幸運能量，同時要知道天王星所暗示的改變事實上也是生命自己給我們的暗示，所以你無須怨天尤人，利用這個機會修正自己的信念，給自己一個成長的機會。

　　上述的兩種流年組合，也都可能會使我們因爲過度的自信而鑄下大錯，所以不得不更小心的面對這個時期。行星過運木星與行星過運天王星特別暗示著對於社會經濟文化上高度理想下的衝擊，由於人們對於未來抱持著高度的理想，且渴望改變，但是對於之前忽略事情或是對於現狀弊端的不滿，都容易在這時候引爆衝突，特別在對分相時往往是經濟與社會以及思想議題上開花結果的一段時期。

推運（行星過運）圖的木星與出生圖海王星產生相位

合相

　　我們對生命的慈悲與關懷，以及那種消弭自我與他人界線，和他人一同體會人生歡樂與悲傷的感受，在流年木星與本命海王星合相時特別容易產生。木星與海王星同樣同樣具有幾個特質，一是高度的精神性，二是慈悲與寬懷，但也有著

同樣的缺點，那就是不知道危險在哪裡。

流年木星與本命海王星合相的時刻，就是上述的特質在生命中發揮最強的時刻，在這個時候慈悲很容易成為我們的信仰中心，我們對周圍人們的歡喜悲傷感同身受，也願意去犧牲自己來幫助別人，在同樣的過程中我們得到了精神的成長與喜悅。

不過海王星的麻醉與木星的愉快有些時候也會帶來一種快樂的假象，這種假象可能來自我們不知道生命中的危險地帶，於是很可能變得想要冒險、或是對於犯罪或非法的行為不感到需要去克制，它也同時可能暗示著我們不去正視困難和危機，在生命中粉飾太平。海王星與木星有著類似的效應，兩者都同樣守護雙魚座，當兩者合相時就是占星學上出現了雙魚座雙重暗示的象徵，雙魚座的慈悲與犧牲麻醉都在這時候出現，在這樣的時刻從事靈修讓自我超越肉體的限制，或是去幫助別人，與他人分享歡樂痛苦來感受那種慈悲的境界，並且消弭自我與他人的界線，都是一種呼應木星與海王星能量的最好作法。

若行星過運的海王星與本命的木星產生合相時，除了上述的特徵之外，往往也會讓我們對我們得信念感到迷惑，有時後甚至容易去相信一些邪魔歪道，或是對生命成長沒有幫助的信念，信念的混淆所引發的犯罪或非法行為，也很可能也在這時候出現。

理想主義、社會主義以及經濟與宗教似乎是行星過運木星與行星過運海王星之間的主題，在木星與海王星的高度理想化之下，人們夢想著烏托邦的世界，若我們注意到 1945 年前後木星與海王星的合相，讓法國的第四共和充滿的高度社會主義精神，而 1970 年代的木星與海王星合相，暗示著之前醞釀的嬉皮文化推進高峰，甚至融入了主流文化中，從這兩個例子我們不難看見木星與海王星高度理想以及慈悲精神，甚至也看見了藝術與毒品的影子。

然而在經濟層面上，木星與海王星卻又代表著經濟的榮景幻象與膨脹，兩者的循環與經濟成長有著密切的關連，我們甚至可以用泡沫來形容，因為木星與海王星往往會讓人看不見危險且失去警覺性地去追高。我們可以觀察得到一個好玩的現象是，木星與海王星的所暗示的經濟膨脹往往很難掌握，但是卻仍有一定的規律，木海強硬相位不一定是經濟的修正時刻，但是合相與柔和相位的開始或強硬相位過後，往往是推升膨脹的開始。

而本書第一版所撰寫時的 2007 年，當時也正好位在木海循環結束前的最後一個高峰階段，全球經濟與投資市場似乎看不見悲觀的影子，但所有的人卻又膽戰心驚的不知道危險何時會發生，而當時新的木海合相循環會從 2009 年的下半

年開始。我們都說木海循環跟經濟泡沫有關，在這木海循環的尾聲，2008 年 9 月發生了雷曼兄弟事件，於這木海循環的最後，經濟榮景的泡沫也爆破了，接下來的幾年，國際間相當多公司面臨破產危機，當中包括了冰島政府。下一次木海合相會發生於 2023 年，雖然木海循環的尾聲並非必然會帶來經濟爆破，但或許那也會是值得我們關注的時間點。

柔和相位

　　無論是流年木星與本命海王星產生柔和相位，或相反的流年海王星與本命木星產生柔和相位，他們都代表著一種具有高度精神發展的時刻，這個時刻在你的腦海中可能會有著對藝術、宗教、靈修產生興趣，特別在六分相的時候你可能會認識許多同好，或是與你的好朋友一同進行這方面的事。

　　無論三分相或六分相，木星與海王星的樂觀都會帶給我們一些盲點，讓我們看不見危險、缺陷或悲慘的事物，最後可能延伸冒險與賭博或是違法的事情。由於木星與海王星同樣的具有慈悲的態度與自我犧牲的傾向，這時候去參加慈善團體，去幫助他人或從事義工，目的在於呼應海王星那種犧牲與消弭自我與他人界線的能量。

　　當行星過運木星與行星過運海王星產生柔和相位時，社會文化中充滿了對未來樂觀的態度，宗教與靈性成長的議題頗為盛行，甚至一些虛無飄渺的鬼神之論當道，此時經濟的表現也似乎偏向高度成長，但受到海王星與木星的柔和相位影響，不容易察覺危險，容易將未來建築在海王星所代表的幻影與泡沫上，而造成之後的危機產生。

強硬相位

　　木星與海王星的強烈精神與靈性傾向的事務在流年的互動時，往往會替我們帶來一些強烈的感受，傳統占星觀點對於強硬相位往往採取負面的看法，而木星與海王星在流年的強硬相位所帶來的迷失自我方向，的確讓我無法反駁這樣的論點，我們仍可以在這樣的時刻參與慈善工作或是進行靈修，但是必須更為小心，由於木星與海王星往往替我們帶來了過度樂觀的傾向，所以一不小心我們就很容易步入歧途，海王星的犧牲在這時候會變得沒有價值，或是讓我們做出無謂的犧牲。

通常木星所代表的信仰與信念，以及海王星的高度精神性，在四分相時常常會遭受到他人的質疑與挑戰，別人可能會覺得你做的犧牲是不必要的，或是你的信仰太過理想化而不切實際，這時候的財務觀念與投資，常會因為盲點或沒有注意到危險而造成損失。

特別在對分相的時候，我們很容易遇到外界的人事物帶來的錯誤或危險觀念，而造成自己在身家財產上的損失，但有些時候海王星與木星的能量會讓我們不在乎這樣的犧牲的麻醉感受。

以我自己的例子來說，2002 年 9 月當時的行星過運的海王星正好與我本命盤的金星產生合相，同時與行星過運的木星對分相，我在義大利南部的拿波里被一個騙子以接近魔術般的手法騙走了兩百五十歐元，當下我感到震驚但是並沒有感到憤怒或自責，同時卻一直安慰自己我花了兩百五十歐元看了一場街頭魔術表演，怎麼樣也不肯承認自己傻到會被騙走那兩百五十歐元，這或許就呼應了海王星的欺騙、犧牲與麻醉的效應。

行星過運木星與行星過運海王星的強硬相位會讓許多宗教或玄學事件的醜聞被公開，同時一些高度理想背後的弊端也容易在此時浮現，但是木星海王星的強硬相位卻在經濟的影響上很難觀察，我們只能觀察到在木海強硬相位過後，那種不確定的疑慮解除後，市場交易會變得比較熱絡。

推運（行星過運）圖的木星與出生圖冥王星產生相位

合相

當流年木星與本命冥王星產生合相的時候，我們面對著一種相當戲劇化的轉變時刻，木星代表著擴張、機會與幸運，而冥王星則有權力、掌控、為生存與活下去而徹底改變的意涵。首先我們必須面對的是內心中對某些事物的恐懼在此時被擴大了，同時我們想要去掌握這些事情以獲得安全感。

我們必須在此時付出相當大的代價，努力的去運作來換取這種帶來些微安全感的力量，就算有時候木星的幸運發揮影響力，讓我們輕易的獲得這樣的控制力或權力，但是要如何確保這個力量的運作符合正義與公正，且避免滿足私慾也是相當不容易的一件事。

所以面對這樣的時期，我們必須小心我們自身所擁有的權力、以及我們對他人的影響力（就算家庭之間的互動有時也可解釋成為一種我們沒有察覺到的權力

掌控），更重要的是由於我們往往在此時會誤以為我們擁有強大的影響力，而做出不自量力的決定，去影響我們不因該捲入的事務，或去挑戰其他權威等。

這個時刻往往會讓我們對自身的信念或信仰及自信做徹底的檢驗，這當中的過程可能複雜且難過，我們可能將自己過去的價值重新檢驗並且拋棄，再重新建立起一套生活哲學與信念，過程中外力或權威的介入的機率極高。之後我們反而會堅信著這樣的信仰很長很長的一段時間，它可以讓我們完全發揮自身潛能的力量。從另外一方面解釋，無論是哪一種木星冥王星流年組合，都容易帶給我們對權力與金錢的渴求，因為冥王星所代表的權力與控制力、財富及執著，成為我們信念（木星）的一部分，我們在這時候會對這些事情不容易放手，有時變成貪婪財物或戀棧權力。

在這裡我們同時看見了冥王星與木星結合時帶來的好處與壞處，好處是我們透過木星與冥王星取得強大的能力與權力，如果不謹慎處理我們手中握有的力量，這股力量很可能反而會帶來更多麻煩。同時不要忘記了在這一段時間木星所掌管的長途旅遊與學習，都有可能遇上艱苦而需要重新整理的事件，同時旅遊可能極為不方便，或是遇上威脅與危險，或者在另一方面讓我們重新體驗了生命或信仰的再生。

冥王星與木星的世俗循環對世界的影響，包括了在政治經濟上的先收縮再擴張的型態，同時也有利於大型財團或機構的併購與擴張，同時因為冥王星象徵著權力以及恐怖效應的影響，也被認為與國家機構的權力擴張及恐怖份子有關。但許多人忽略了冥王星同時象徵著再生與生存的慾望，對於遺傳工程以及石化工業這一類的科技，也有著強烈的影響。

柔和相位

當流年木星與本命冥王星或是流年冥王星與本命木星產生柔和相位時，冥王星結束與重生、徹底轉化與改變的意涵深植在我們的信念中，通常冥王星的轉變能量強的讓自身與周圍的人難以承受，但是在柔和相位的影響下，這樣的能量不僅強，而且不會讓人難受。

這個時期相當適合我們實踐我們的信念來改變自己，它可能帶有宗教或政治或是心理上的意涵，這裡的重生比較是精神或思想上的再出發。冥王星帶來了強大的能量來讓我們改變，木星將其擴大且表現在思想上。在這段期間適合重整我們的生活態度、信念，我們的工作以及我們與社會的互動。

　　不可諱言的，木星會將冥王星對權力的渴求展現出來，也常幫助我們在此刻取得冥王星所需要的能量，此刻我們得影響力較容易被外界所接受，但是如果我們沒有將這樣的影響力或權力用在正確的方向，很可能就會在日後自食惡果。行星過運木星與行星過運的冥王星在柔和相位對於權力的擴張有著高度的推進，例如：國際機構或大型財團在此時的擴張顯得順利。

強硬相位

　　流年時木星與冥王星的強硬相位是我們不得不注意的時刻，特別是行星過運木星與本命的冥王星產生強硬相位，我們會有接近數個月的艱苦時光，若相反的由行星過運冥王星接近本命木星時這樣的影響會長達數年，這些事件的特徵包括了我們在合相討論的種種，同時冥王星代表著生命中對於活下去的堅定意志，以及對力量的渴望。

　　這些時期的發展往往呈現了兩極化，可能手中握有強大的影響力（冥王星），讓我們忘了我們的基本信念（木星），或是冥王星摧毀了我們過去所相信的一切，讓我們從荒蕪中重新建立起更強烈的信仰。

　　無論如何這都不是輕鬆好玩的時刻，我們必須全神貫注的在生存這件事情上面，稍微不注意，我們一切的努力就很有可能歸零，然後重新開始。我們常可以發現在這段時期先掌握力量卻濫用權力與影響力的人，最後仍毀在自己的力量的反噬下。

　　但是遇到重大打擊的人若是堅持下去卻可以從灰燼中找到前所未有的力量，當然，如果濫用力量也很可能會在三王星或土星發揮效應的時期吞下惡果。木星所代表的旅行與研究在此時沾染上冥王星的色彩，我們可能是藉由學習與旅行中的不便與危機，體驗到生存的價值，然而有些時候冥王星象徵著實體或精神上的結束，當我們在冥王星與木星產生強硬相位時，旅行必須更加小心。

　　行星過運的木星與冥王星的強硬相位，在世俗的影響上一方面會使大型國際組織的努力成果呈現，但另一方面卻要面臨重整的挑戰，2004年歐盟在木星與冥王星對分相時，決議擴大納入東歐國家會員國，但另一方面，這個決議卻是歐盟這個組織面臨重新整合挑戰的開始。

推運（行星過運）圖的木星與出生圖凱龍產生相位

合相

在流年中木星與凱龍星合相時往往會在宗教、學習還有旅行的領域中引發我們過去的傷痛，察覺這個傷痛的由來並且去面對它是唯一的方式，有時我們會傾向於利用這些經驗，以及木星所帶來的慈悲心腸去幫助別人，但很有可能會產生幾個盲點。例如將自身的經驗與信仰強套在別人身上，或是太過重視傷痛，或我們認為這是上天賦與我們的使命，而忽略了實際生活中該注意的事情。

有時候，我們甚至會將傷痛完全的投射在別人的問題上，利用教學或是幫助他人來忽略自身的問題。我們很有可能在這時候利用宗教或幫助別人治療傷痛，在學習中醫療自己與別人，在旅遊中幫助自身走出傷痛，但是最重要的關鍵，是尋找傷痛的來源並且去面對它。

柔和相位

凱龍與木星的柔和相位有助於我們在察覺到傷痛之後，對於信仰有著更積極的看法，不過由於凱龍與木星的柔和相位能夠使我們察覺到的機率並不高，多半會反映在其他事物方面。

例如在這時候我們可能在旅遊中幫助他人，或是運用我們的信念與信仰來幫助或教導他人，讓我們覺得有些成就並且感到快樂，凱龍的傷痛在這時候可能會隱隱約約地出現，但是沒有人願意在此刻去挖掘這個可能會帶來痛苦的故事。

強硬相位

凱龍與木星在流年時的強硬相位，與合相極為相似，往往會讓我們對於自身的信仰或相信的事物採取兩極化的反應，一方面我們可能充滿了自信，並且對於幫助他人、教學、傳遞信念有著高度的興趣，但是強硬相位的挑戰會讓我們這時候被他人質疑，他人常覺得這時候的我們太過樂觀，或是太過重視理想與精神而不太實際。

在對分相時，這些質疑和挑戰甚至會引發我們得信心危機，嚴重一點的會喚

起許多失望的回憶，爲了應付這樣的回憶，我們可能會採取逃避自身問題的步驟，表面上仍然樂觀積極的去促成一些事情的發生，或者相反的否定一切期待，但是心中對於自身的信念開始產生了動搖。

當然，凱龍要我們面對的是自身的問題，而不是打擊我們的信念，如果你在這時候有著類似的感受，那麼必須回到過去的故事中抽絲剝繭地找出是什麼樣的經驗讓我們期待落空，從這個痛苦的故事中成長，並且以平常心的態度來面對所有的期待。

推運（行星過運）圖的木星與出生圖上升點產生相位

合相

木星在心理占星學的意涵中最重要的是信念，無論在任何一種流年判斷技巧中，若木星與出生圖產生合相時，我們的信念與自信成爲外人認識我們的重要印象，同時因爲木星的樂觀，我們也同樣容易對外表現出這樣的態度，這一段時間常常會覺得我們是樂觀積極且幸運的。

這段時間我們與他人的互動關係良好，不過往往需要注意木星的擴大效應，讓我們有機會發揮自己的影響力，甚至擴展自己的生活層面，例如到外國旅行求學，認識更多的朋友，與他人在精神和物質往來上有著更多的互動，但有時也比較不那麼重視實際和約束，這使得這些行動有時往往只是虛有其表，而不重視深入的互動。

傳統占星學中，上升點代表我們的形體，而木星又具有擴大效應，所以在這時候很在意自己身材的人，恐怕得稍微注意一下了。

柔和相位

當流年木星與上升點產生柔和相位時，無論是精神或是情緒上多半都傾向一種樂觀主義，而這樣愉快積極的精神在我們與他人互動，或是我們表現自己的時候會輕易地展現出來，我們有技巧的展現了我們的自信與積極，同時將我們的信念巧妙的應用在生活中。

特別在與他人對話或合作上，將自己的想法信念應用得十分得當，在與他人的合作關係上，你的信仰、你的樂觀，以及你對某件事情的研究或是國際事務的

瞭解，都能夠替你帶來許多機會。

強硬相位

流年木星與上升的強硬相位並非如傳統占星的認知那般帶來不幸，木星與下降點產生合相時就會與上升產生對分相，我們透過與他人的互動帶來了成長與發展的好機會，並且積極的與他人互動，這是相當適合發展良好合作或伴侶關係的時刻，但必須注意，木星往往使我們在這時候不願意被約束，在合作或與他人相處時最好能夠將這一點釐清。

心理占星學派認為，木星與上升的四分相仍然會帶來木星式的樂觀與積極，只是這種樂觀與積極並沒有發揮在正確的時間與地點上，可能是我們太過自我膨脹而聽不見長輩伴侶或親友的規勸，或是我們在家中或對外的形象有些過度樂觀，沒有注意到一些應該小心的問題。

但無論如何，木星的強硬相位都容易讓我們因為過度樂觀、自我膨脹、或是渴望自由不受約束，而在日後引起麻煩，自制與約束在此時是很難做到卻又必須去要求自己的事情。

推運（行星過運）圖的木星與出生圖天頂產生相位

合相

木星與天頂合相往往帶來許多與公眾互動的好機會，對於一些從政的人以及必須與媒體或是在公眾場合與眾人打交道的人來說，這是一個成名且讓人注意到你的好機會。但如果你的工作內容跟上述無關，你也有可能在這時候在報章新聞上搏個版面，或是有機會拿到麥克風對著一大群人說話，讓大家有機會注意到你。同時藉由這個機會將自己的信念傳達出去。

流年木星在天頂時，不一定要呆坐在家裡等著木星的聚光燈來照亮著我們，我們可以去加入一些慈善或義工單位，發揮自己幫助他人的力量，要知道傳統占星中，天頂的位置又有照顧他人類似母親的角色，設想你在這時候到育幼院去陪伴需要溫暖的幼童時，不也是被有機會被一大群人認識嗎？

木星在流年經過天頂時，往往暗示這一年與上司的互動關係良好，也容易受到上司的提拔，更是適合朝更高職位發展的一年，例如爭取升遷或是換工作。

柔和相位

流年中木星與天頂的柔和相位，常會讓我們有一種得到援手的感覺，可能因為工作上需要完成某個目標，而同時我們發現手邊的資源或是下屬朋友正好能夠提供這樣的幫助，不但幫助我們達成工作的目標，也同時讓我們有一種心理上的歸屬感與安全感。

同時利用這些資源或人脈，能夠使我們輕鬆的完成工作。這些資源也同時有利我們的升遷、加強我們與上司的關係，或是改變外界對我們的觀點。

強硬相位

流年木星與天頂的強硬相位暗示著，我們可能有機會出名，也可能有機會將自己的想法或信念傳達出去，但是這些信念與想法或許會和社會對我們的要求，或是父母親對我們的要求有所抵觸，這一點是我們必須設法解決的。

這時我們往往會急著想要表現自己的想法或信念，有時會有一種不想要在乎太多細節的衝動，然而與他人達成共識或許是相當重要的，在你沒有和他人達成協議或妥協就貿然的一意孤行，很可能會讓人覺得你得了大頭症，這些毛病特別容易引起長輩與上司或是社會大眾對你的輕視或不滿。

然而由於木星的影響我們真的能夠感受到的機會少之又少，只有在流年木星受到土星約束，或是流年木星離開這些關鍵位置時，我們才會突然察覺到外界對我們的真實觀感。

第十章 流年土星、行星過運與
出生圖行星的相位影響

推運（行星過運）圖的土星與出生圖土星產生相位

合相

這個合相只會發生在行星過運的方法中，同時當行星過運土星與本命土星產生合相的時刻，我們稱作土星回歸，在占星學上是一個重要的時期，象徵著我們活了二十九個年頭的一次生活經驗總結，在這時候許多該結束的事情都會結束，我們要從這些結束的關係中找到一些土星要告訴我們的事情，它可能跟你本命土星所在的星座、宮位，或是在命盤上與本命土星產生相位的行星有關。

更重要的，是會與本命盤上土星所守護的宮位有關，這個時刻往往適合靜下心來去檢視自己的責任與思考未來生活的計畫細節。土星回歸是回歸技巧中一門重要的應用，更多有關於土星回歸的細節，我們已在前面土星回歸的章節討論。

柔和相位

流年土星與本命土星產生柔和相位時，並不像是其他行星的柔和相位一樣帶來一段快樂時光，土星的嚴肅與冷漠，在六分相時仍然會帶給我們不太愉快的感覺，所幸這段時間出現的問題都不難解決。

這時我們要注意到，行星過運土星的宮位暗示著發生問題的層面，與本命土星產生柔和相位時，我們可以先回過頭檢視過去的經驗，甚至想想看是不是與我們命盤上土星座落的星座宮位，或者和其他行星的相位有關。接著，釐清問題的根源在哪，然後採取解決的辦法。如果是六分相應用我們過去生活中所學習的技巧來處理這層問題，也可以向年長的朋友請益，但其實我們多半可以透過生活經驗來解決問題。

三分相的時刻暗示著我們生活中的經驗累積讓我們感到穩定，但不是每一個人都會有這樣的感受，土星的穩定需要經驗，往往在人生的青少年或是剛踏入社

會的階段，遇到這樣的相位仍不會覺得很穩定，這時候我們只能藉助於家人或其他長輩的經驗來幫助自己。重點是，別期待土星三分相給你舒適的生活，它只會帶給你「穩定」的感受，在你經驗不足時，卻連穩定都沒有辦法感受得到，反而會感受到土星持續讓你去回頭檢視過去的用意。

強硬相位

土星與土星的強硬相位的解讀我們仍然可以運用土星回歸的觀點來看待，從土星回歸之後，每一次行運土星與本命土星產生強硬相位時，都暗示著一個成長過程的重要修正階段，這時候所發生的問題往往與土星回歸時候發生的事情有關。

第一次的四分相會發生在土星回歸之後的七、八年之間（三十五到三十六歲），這時候我們往往會對過去幾年的方向產生情緒上的質疑，特別是我們會在這時候拿更早之前的經驗和現在作比較，記住這不是在勸你走回頭路，心裡的憂慮的確有正面的影響，我們必須根據這些心理的或情緒上的憂慮來修正一下自己對於責任還有生活的態度，並檢視生活中不切實際、不該存在的事物或關係。

對分相大約發生在第一次土星回歸後的十三、四年之後（四十一至四十二歲），土星回歸時所做的改變在這時候早已呈現出結果，這也和之前的四分相有著關連，有些事情行星過運土星與本命土星四分相時就應該修正的，但是你並沒有去做，這時候在對分相的時刻問題就會明顯的出現，讓你感到難受或痛苦，但這時候仍有補救的機會，那就是誠實地去面對修正它，或結束這些應該結束的事情。

稍後的四分相發生在五十一到五十三歲之間，這時候容易發生一些生活危機，但是這個危機是來提醒我們，可以開始檢討過去生活的經驗，哪些不需要的東西、不實際的事物和關係、不適合老年生活的事情都可以準備清除掉，以準備迎接下一次土星回歸。

推運（行星過運）圖的土星與出生圖天王星產生相位

合相

土星與天王星的合相是生命中少見的激烈改變時刻，任何的土星與天王星

的相位都會讓我們在自身舊有的習慣或事物以及新的生活選擇中強烈的掙扎，在神話學中象徵著土星的克諾斯（Kronos），與他象徵天王星的父親烏拉諾斯（Uranus）之間就有這麼一場新舊世界的大戰。

行運的土星與行運的天王星產生的所有相位，會影響到所有的人，常代表舊有的生活模式出現了激烈的改變，或是國家或社會組織產生了一些革命性的改變。

對於個人來說，行星過運土星與本命天王星的合相視比較常見的狀況，一生會遇到一兩次，它暗示著幾件容易發生的事情，像是將過去的經驗套用再新的生活中，或是過去的習慣與態度阻礙了我們的成長與改變，或者土星象徵著長輩或外界權力前來阻止我們爭取改變，或是爭取個人自由的機會。從某些角度來看它也可能是我們必須為自由獨立或新生活新的改變負起一些重要責任。然而這些狀況都與掙扎爭執有關，很少有讓人舒服的時刻。

流年天王星與土星合相的時刻，在近年止會發生在土星在雙魚座的人身上，2010年過後可能發生在土星位於牡羊座的人身上，這象徵著這幾年出生的人，在這時候強烈的希望改變自己舊有的生活模式，或是想要改變整個舊世界，同樣的也想要爭取個人的改變與自由，然而這些強烈渴求與痛苦的掙扎，都需要靠著土星按部就班的方式，以及金星妥協與改變才能夠順利完成。

柔和相位

行星過運土星會在與本命天王星合相後的四年半到五年左右，與本命天王星產生六分相，這是一個調和新舊生活的大好時機，先前那種急著想要改變的狀況造成不少衝突，或許造成自己與他人的傷害，現在你想要改變的機會出現了，這是一個緩步落實改變的機會點。

透過六分相所象徵的溝通技巧與朋友支援，或是用這段時間來學習一些新技巧，幫助我們改變自己的生活，或爭取更多的獨立自由，此時也適合也把我們過去做得太過火的改變做一番修正，讓理想與夢想更能夠被落實。

行星過運土星與本命天王星形成三分相的時刻，代表著我們的自我改變與追求獨立自由的成果出現，新生活經過一番波折也開始出現了一些架構，此刻我們可以同時享受改變所帶來的好處，以及有秩序的安全生活。行星過運天王星與本命土星產生三分相六分相的機會，也可以參考上述的描寫。

強硬相位

人是習慣的動物，當我們習慣一件事情之後就很少有人願意去做改變，當行星過運土星與本命天王星產生強硬相位時，舊有的習慣以及我們對安全感的渴望，還有那種想要保護自己的心態在這時候又再一次的出現，同時阻擾了我們對於理想或夢想的追求，或是讓我們不得不放棄自己自由自在的生活。

可能因為外界環境的改變，或是某些事件的出現需要你出來承擔責任（結婚生子或繼承），它也可能暗示著你過去追求夢想或理想的步驟有些錯誤，在這時候可以進行一些檢視與修正，要知道天王星的能量常以極端的方式呈現，我們會用一種非黑即白的作法，要改就全改不然就不要改變的想法。

這往往會迫使我們很難去接受妥協，然而這會和土星強調的安全感與保護產生衝突，我們這時候仍在然最有限的時間與空間中，爭取改變的機會，但是別忘記同時承擔我們對自身、家庭還有社會的責任，運用妥協的方式來處理，同時也不要忘記檢視自己成長改變與追求夢想的計畫，讓它更踏實更有利於執行。

推運（行星過運）圖的土星與出生圖海王星產生相位

合相

流年土星與海王星的相位雖然沒有土星與天王星相位來得激烈與掙扎，但是海王星的溶解與消弭特質卻是土星限制與固定能量的剋星，我們從先前土星走入與海王星特質類似的十二宮描述，就可以理解這是一段充滿著低潮與憂鬱無法自我保護的時光。需要注意的是行星過運的土星與行星過運的海王星產生任何相位時，常常會帶來政治與宗教上的問題與全球性的經濟危機。

在占星學中任何與海王星有相位接觸的行星，該行星的特質與能量都會被海王星的溶解與虛無飄渺給溶解掉。土星雖然是嚴肅與教訓，但從另一方面來看他代表著自我保護的能力、穩固事情的能量，還有給予我們生活安定的架構，在海王星與土星合相時彼此之間交互影響，會消除這些穩定的架構，我們像是乘著一艘小船在風雨的海上看著這艘船一點一點的被摧毀，最後我們只能漂浮在海面上抓住一些木板碎片，期待能夠飄上岸邊。

從心理或靈修層面來理解這樣的狀態是有用的，海王星的特質是要消除我們

與他人之間的界線，要我們知道我們和眾人或萬物都是一體的，沒有差別，這時海王星要我們體認萬物一體與慈悲的道理。

由於土星暗示著努力與實際，土星與海王星的合相要提醒我們，物質世界中沒有恆長久遠的事情，任何事情都會毀壞，太過現實或是過於專注某件事，海王星都會帶來讓你失望的結果，海王星象徵的精神與靈性是我們此刻需要關注的，在精神與靈性上的成長是此刻唯一的收穫，更重要的是面對任何土海的相位都要學會平常心看待。

任何行星的合相都有兩面的作用，土星的界線被海王星侵蝕的同時，土星也努力的把海王星的精神和慈悲具體化，這時候去實際的參與服務他人的義工（海王星）組織（土星），就是呼應海王星與土星合相的最佳選擇。我們可以牢記這個時刻所發生的事情，這些事情可能在土海形成強硬相位時再度出現干擾，特別對於本命盤中有任何土星與海王星相位的人來說，對流年中的土星與海王星相位都會感到敏感。

需要特別注意在流年海王星與土星的合相還有強硬相位的時期，我們的自我保護（土星）都會被削弱（海王星），這時候在身體健康上難免要特別的小心，骨質疏鬆、皮膚的問題，以及免疫系統的減弱或是遭到病毒的攻擊。

柔和相位

土星與海王星的柔和相位讓我們能夠結合現實與夢幻，由於柔和相位的力道並不強，多半也具有讓人容易接受的感覺，縱然這時候土海的相位仍可能帶來一些小小的失落感，但是我們也都能夠很快的安慰自己，例如：告訴自己「世事無常」、「盡力就好」、「平常心就好」這一類安慰自己的話。事實上，這的確是任何土星與海王星產生相位時要告訴我們的事。只是透過柔和的三分相與六分相反倒讓我們比較容易接受。

六分相大約是土星與本命海王星合相之後的五年，五年前的經驗（多半與土星或海王星所掌管的事件有關）很可能隱隱約約的出現，讓你有一種似曾相識的感覺，你從這當中學習到一些人生的體驗，並且適合與你的朋友分享這些人生與精神上的感受，你可能有機會認識一些心地善良或是參與義工組織的朋友，或是宗教信仰很虔誠的朋友，和他們有心靈、精神與靈修上的交流。

土海的三分相代表著對於夢想與實際生活調和的圓融手法，我們能夠相對輕鬆的看待嚴肅的生命事件，平常心與盡力就好並不是口號，而是此時應有的生活

態度，如果能夠繼續維持下去，那麼在土海對分相的難過時期，這個信念會給予我們很大的幫助。

強硬相位

土星與海王星的強硬相位與土海的合相感受十分相同，重點並不在於不同相位所帶來的困擾，而是在於一方面受限於土星的壓力與逼迫，另一方面海王星所帶來的那種無力感與沮喪，讓我們覺得進退維谷做與不做都沒有好結果的感受，這的確是一段相當難熬的時光。

回想你在 2006 年下半年到 2007 年六月底、以及 2015 年年底至 2016 年中間的遭遇吧！土星在這段期間來來往往的產生了三次的對分相，特別是本命盤中有土海合相或是強硬相位的人，會有特別深刻的感受，無奈、無助、又無法保護自己，但是現實卻一直在逼迫著我們繼續努力，那種感受的確十分難熬。

2006～2007 年的土海對分相是行星過運土星與行星過運海王星的對分相，2015 年年底至 2016 年中間則是行星過運土星與行星過運海王星的四分相，但是同樣的狀況也會發生在行星過運土星與你本命海王星產生強硬相位的時候。土海的對分相與四分相甚至是合相都會有一種典型特質，一方面土星要你面對現實、繼續努力、盡到你該盡的責任，然而海王星卻在一旁搗蛋，一邊削弱你的能力一邊告訴你，你的努力其實都是白費的。若我們真的就這麼放手，那麼土星這位嚴師就會出手教訓我們，然而我們越是努力，海王星就會讓我們瞭解世事無常的道理，無論你的土星築起多高的堤防，海王星的波浪永遠有辦法衝垮它，或者找縫隙把水灌進來。

有經驗的占星師會告訴你，無論四分相或是對分相，在此時我們都要先回頭過去看過去土海合相時發生的事情，關注本命土星海王星所守護的事物，接著在這些事情上採取一個盡人事聽天命的圓融哲學態度，我們努力的做好一切，但是以平常心的去面對成果，不要太期待土星能夠保護我們多少，或者給我們多少獎勵。這種豁達的精神其實是我們經歷土海相位時最棒的獎賞。

推運（行星過運）圖的土星與出生圖冥王星產生相位

合相

行運的土星與行運的冥王星產生相位，幾乎全世界的人都會被影響到，於是它象徵著一種世局的變化，特別是政治或經濟的組織產生了一些結合、重整或是劇烈的組織架構變化，而這樣的變化常會影響到全世界的人們，帶來了恐懼不安以及思索生存與自我保護的深刻意涵。

同時別忽略了流年土星與本命冥王星的相位，土星會限制你命盤上天蠍座所在的宮位的相關事件，而流年冥王星與土星的相位暗示著，冥王星會要你徹底的改變你命盤上摩羯座與水瓶座所在宮位所代表的事件。

流年中土星與天王、海王、冥王星的相位都具有著人生轉變的意涵，而影響的層面隨著不同的流年判斷技巧而有所不同，行星過運土星與本命冥王星產生合相時，最明顯的感受是難受與憂鬱，很可能是心中過去的疑慮或是外界的壓力，迫使我們在這一個時期專注在思索生命的真正意涵與探索生存下去的力量。

舉例來說，任何的法律或是政治的壓力或者身體的健康狀況，出現在我們的生活中，讓我們不得不深入去思考，我要怎麼樣才能夠「活下去」，更重要的是去尋找生命中的「求生意志」這股力量來幫助我們改變自己，並且繼續朝著生命的歷程前進。所有的人都知道這不是一件簡單的事情，任何的土冥相位常會帶給我們在心理或身體狀況上像是瀕臨生命結束的感受，不要忘記冥王星的毀滅與重生的意涵，重點不在於毀滅，而是如何建立起更新更強的生命力。

除了心理層面的意涵上，在事件層面上，健康、事業與財務狀況，往往是流年土星冥王產生相位時我們需要關注的重點，這些層面也都有可能經歷一種幾乎要全盤翻新的變動，然而這不是所有人所樂見的，當行運冥王與本命土星產生合相時，要我們摧毀所有舊的習慣，重新建立另一種更堅強的生活態度，而往後的其他土星冥王星相位，也都會和這件事情有著密切的關連。特別是當你的命盤中有任何的土星、冥王星相位時，你的感受會更為明顯。

而流年土星冥王的相位有兩個好處，一是土星冥王星會事先給予我們警告，當你發現某些生活層面的事情開始出現小危機，或他人的質疑與挑戰時，就是行星正在給我們暗示的時刻，我們會有一小段時間去徹底的改變舊的習慣。

通常這種機會會在行星過運土星前往接近本命冥王星時產生的四分相、六分

土海對分相的個案分析：芭莉斯‧希爾頓

希爾頓家族的千金大小姐芭莉斯‧希爾頓（Paris Hilton）從踏入演藝圈開始就一直受到媒體的注目，不僅僅她自身的作風難受到大眾的認同，派對女王的頭銜似乎媒體對她的一種奚落，然而她卻依然我行我素，絲毫不受批評的影響，反而認為大家為什麼要對她這麼不公平。

從占星盤來看芭莉斯出生的時後海王星位於上升點附近，不禁讓人想起另一位海王星也十分接近上升點附近的性感偶像瑪麗蓮夢露（Marilyn Monroe），甚至連芭莉斯自己都認為自己是取代瑪麗蓮夢露以及瑪丹娜的新一代性感女神，可惜似乎沒有媒體這麼認同。

這時候我們看到了海王合上升點的另一種代表「忘了我是誰」，這種不知道自己身在何處不知道自己有幾兩重的態度，同時常認為自己是他人的犧牲品，以及時常恍神的表情貼切的描述了一個人受到海王星嚴重影響的另一種特質。

芭莉斯嚴重受到了 2006～2007 年土海對分相的影響，其中包括了本命太陽是水瓶座、月亮是獅子座，如此濃厚的固定星座特質呼應了這次土海在固定星座的效應，同時本命受到土星、海王星影響深刻（土星與天頂結合海王星與上升結合），此外使用中點的人就會注意到芭莉斯的日月中點就在固定星座的 18 度 58 分，正好和這一次土海對分相所產生的位置相同。

如果我們觀察她的流年，就會發現 2006 年八月底開始發生的土海相位，正好和她本命的日月中點產生差距一度左右的合相，日月的中點是中點中最被重視的一環，可以代表我們個人內外在的結合，精神與肉體的結合點，其實也是一顆可以代表我們的成長的重要位置，行星過運的土海對分正好與這個中點產生相位時，象徵著芭莉斯的夢幻（海王上升）準備要接受土星（公權力、權威）的考驗，替她帶來一個成長的機會。

在開始分析之前，我先提醒大家幾件事情，海王星守護芭莉斯的第三宮掌管通訊、交通，位在本命盤象徵自我的第一宮、土星守護象徵金錢肉體與能力資源的第二宮，雖然位在第九宮但與象徵個人名聲的天頂產生合相，目前的土海分別在芭莉斯的二、八宮與她自身的金星產生合相與對分相，而芭莉斯的金星守護著關於個人名聲的天頂。

我們仔細的檢查一下新聞會發現幾個有趣的現象，2006 年 9 月初法院將破解芭莉斯手機（第三宮）的駭客送進監牢（土星），緊接著芭莉斯在 9 月 27 日土海第一次對分相過後，就有了第一次因為酒駕（三宮）被罰款以及三年緩刑的紀錄（海王二宮合金星，土星對分金星），我們要知道流年行星若有往返的相位產生，是要反覆的提醒我們不可以再犯同樣的錯誤，第一次是警告我們必須注意，如果你不注意那麼第二次行星產生相位的時候麻煩就更大了。

洛杉磯法院（土星）在 2007 年一月土星海王星即將對分相時，給了芭莉斯一個警告，吊銷她的駕照，但是派對女王根本不管海王星與土星給她的警告，在

2007 年 2 月 27 日土海再一次產生對分相時，芭莉斯又被逮到無照駕駛，這下事情可嚴重了，5 月土海再一次逼近產生對分相的時候，洛杉磯法院判定芭莉斯要服刑 50 天，芭莉斯的反應就像是被土星對分相的海王星金星一樣，認為自己被判得太重（土星），認為自己是無辜的犧牲品（海王星），想要利用自己的魅力呼喚她的影迷寫信向法官抗議，要求州長阿諾特赦她，這些都是海王星想要逃避的態度。

她越是表現得像海王星，法官這邊就會表現出土星的姿態，要知道對分相討論的是我們與他人的互動，我們越偏向某一顆行星，別人就會表現出另一行星的性質，也就是說芭莉斯如果在事發之後表現出自律與負責的土星態度，或許法官就會大發慈悲（海王星與慈悲有關）的放她一馬。問題是芭莉斯一直選擇往海王星靠攏，甚至利用藥物與健康問題要來逃避刑期（在家帶電子腳鐐囚禁），於是法官媒體全都一起扮演起土星，這下沒有人願意放她一馬。

三次的土海對分與芭莉斯的酒駕扣照入獄三部曲的日期扣得緊緊的，土海對分的相位，不僅和她的日月中點相呼應，也和主導她個人名聲的天頂守護星金星相呼應，加上她是水瓶座自身又處於象徵獅子座的演藝圈，自然的受到土海對分的嚴格訓練。

土海相位對於芭莉斯的試煉並沒有因為這次土海對分相的過去而結束。到 2010 年 10 月下旬的時候，天秤座的行星過運土星跟水瓶座的行星過運海王星形成了第一次的八分之三相，她跟妹妹在日本成田機場因藏有大麻被捕，最後被拒絕入境。同樣值得注意的是，那年夏天同時也是她的土星回歸，這土星回歸的影響從那一年九月初就已經開始，除了在日本被拒絕入境外，那一年七月，她在世界盃巴西對荷蘭的賽事中，因吸食大麻被警察帶離會場，八月則跟男友懷疑藏有可卡因在拉斯維加斯被捕。上文曾提及當她的表現越海王星，就越會經歷到土星主題的事件，毒品毫無疑問是海王星相關，因此，在這次土海八分之三相加上土星回歸期間，她再一次遭遇到這些事件。

而你是不是有什麼事情從 2006 年 8、9 月就開始煩惱，2007 年 1、2 月又掀起風波，2007 年的 5、6 月間，又在頭痛或者已經解決、正在開始收穫的事情呢？我們必須嚴肅的面對土星有關的事務，但是要用海王星的平常心與來看待結果，三次的土海對分向，讓我們像是漂浮在無邊際的海洋上看不見岸邊，卻仍然得努力的盡好本分用力划船，才會在六月底最後一次產生對分相時才會靠岸得到解答，然而這中許多人都會有一個深刻的體驗，那就是盡自己的力量去做，卻以平常心來看待成果。

相與半四分相時刻出現，例如你的本命冥王星在天蠍座 15 度，當行星過運土星走到獅子座 15 度（四分相）、處女座 15 度（六分相），以及天秤座 0 度（半四分相）時，都可能產生一些小危機讓你意識到自己該拋棄一些舊的習慣，準備迎接新的生命型態與生活方式。

第二個好處是，我們可以從外界、長者和他人的經驗中獲取我們改變時需要的資源，然而要知道如果你不親自執行這樣的改變，那麼只有等著外來的殘酷力量在我們不情願的狀況下幫我們做改變，讓我們在劇烈的變動中完全的失去財物、健康、事業或是其他事情，在憑著自己的求生意志，一點一點的將這些事情重新建立起來。

柔和相位

流年的土星與冥王星形成柔和相位時帶來了兩種意涵，首先土星與冥王星的壓迫不再是那麼負面的壓力與全然的毀壞，它帶來了學習改變舊習慣的機會，特別在行運中當行星過運土星以前進的方式，到達距離本命冥王星的六分相時刻，我們會察覺一些改變舊有習慣的機會出現，如果你不想在下次流年土星冥王合相時感到極度的鬱悶與痛苦，那麼這是一個應當掌握的自我改造時機。

而行星過運土星經過與冥王星合相的五、六年之後，會是第一次六分相產生的時刻，這時候是我們可以應用與發揮我們改造之後獲得的力量的時刻，這時候我們所專注的事情將會出現更多的資源，幫助自己與他人。

流年土星冥王星的三分相代表著我們充分的理解求生存的意涵的時刻，也是一個幫助自己接納過去所不能接受的傷痛、陰影的時刻，在過去的經驗中為了體驗生存的意涵，我們面對許多不容易承受的挑戰，這時候是去接納與瞭解他們的時刻，透過心理諮商或心理醫生的幫助，只有在吸納與瞭解這些傷痛也是生命的一部分時，我們才會瞭解到痛苦與變化都是為了造就更堅強的自己，以及將這樣的經驗傳遞給我們的後代，或需要這些經驗幫助的人。

強硬相位

流年土星與冥王星的強硬相位，往往就是改造自我的考驗時期，我們仍會在四分相與對分相的時刻遇到一些帶來傷痛或難過的事件，這一個部分無法與土星冥王星產生合相時的經驗分割，我們必須回過頭去尋找兩個事件的關係或同質

性。

四分相時土星的壓抑與限制感受獲得雙重共鳴，我們處於一種天人交戰的掙扎中，這時候該做的工作是從這些事物給予你的暗示之中來覺醒，察覺那些在痛苦時被我們不小心遺忘的事情，例如應該注意的身體狀況或財務狀況，你可能因為放鬆警戒而不再定期服藥或運動，或者又開始金錢上的揮霍，或者工作上不該有的野心再次出現，而這時候你就很可能會遇到一些困難，土星與冥王星都會阻礙你去做那些「你非常想要做」卻「不應該做」的事情。

在對分相產生的時刻，會有類似的感受，只是這一次多了經驗，你或許能夠有更多的耐心或戒備，在對分相之前我們應該弄清楚幾件事情，有沒有儲備好改變自己的實力，明白清楚哪些該做哪些不該做，知不知道自己的力量極限到底有多少，詢問自己求生的意志夠不夠堅強？如果上述的問題都得到了完全的準備，那麼土星冥王的對分相時刻不過就是一個資格檢查的時刻。

同時由於對分相往往與伴侶或合作關係有關，這時候不要忽略我們的伴侶關係，在不注意的情況下，它可能會因為健康、財務、工作等問題而遭受挑戰。人文占星學有一個巧妙的觀點，當我們遇到兩個行星對分相時，我們常莫名其妙選擇扮演其中一個行星，你可能在這時候扮演固執守舊的土星，等著別人來摧毀你的一切，你也可能扮演冥王星，等著別人來限制你的改變或檢視你的黑暗面。問題是，何不試著去融合這兩者讓生命更為完整？

推運（行星過運）圖的土星與出生圖凱龍產生相位

合相

土星與凱龍產生相位最明顯的暗示多半與父親或長者的印象有關，在占星學中，土星與凱龍同樣的都有著父親與年長者的暗示，這裡指的父親包括真的親生父親或是任何一位在我們心目中帶有父親印象的長者（上司、老師等）。

土星與凱龍的相位暗示著過去由父親或長者帶來的困擾與陰影，開始限制我們的生活，一方面我們產生對權力或是組織管理的抵抗性，你可能在這時候對老闆下達的指令感到極度的不滿，而打算對抗或離職。

但同時在這時候我們很可能藉由這樣的影響去幫助他人，因為這時候的我們充分的瞭解到受到長輩或權威壓迫的狀況是怎麼一回事，所以能夠給予他人一些意見。土星與凱龍合相時，我們一方面體會到過去陰影的困擾，同時也發展出了

幫助他人走出陰影的能力。

但別忽略了，這也是一個幫助自己走出陰影的最佳時刻，雖然凱龍、土星同時都有陰影和傷痛的意味，但凱龍所象徵的治療與土星的實踐性結合，在這時候我們能夠幫助自己進入過去的傷痛中來醫療自己。

柔和相位

流年中凱龍與土星的柔和相位，並不常激起我們對於父親或是壓力的排斥與陰影，三分相與六分相的包容與接受，或許會讓我們選擇以嘻笑或原諒的態度看待這件事情。

然而不要忘了這個相位，對於身心靈傷痛的治療都有很大的幫助，我們可以在此時參加一些心靈成長團體，或是去接受一些關於身心靈傷痛的諮商，健康上的問題也容易得到醫療上的幫助。

強硬相位

當流年的凱龍與土星產生強硬相位時，在合相所討論的任何狀況都有可能變得更為清楚，或許我們不能瞭解，在這時候為什麼會那麼厭惡我們的老闆，或是覺得自己為什麼那麼的沒用，但是如果我們回頭過去看凱龍所象徵的父親的陰影，我們可能就會發現，這時候所遇到的事情，都帶有父親的影子，可能是你過於強勢的父親帶來了你對老闆權威的排斥，可能是你過於軟弱的父親，讓你過度要求自己要比他更強勢。

然而在四分相的時刻，這些「過度排斥」或是「過度要求」、「過度憂慮」的狀態都容易導致我們陷入更緊張的危機中。流年中凱龍與土星的對分相，除了重複父親陰影的暗示之外，往往也可能把這一層傷害彼此的關係，複製到我們的伴侶關係中，利用過度要求或排斥的狀態來傷害我們的伴侶。

所有的凱龍相位都要我們去明瞭自己的傷痛還有陰影，然後去接納他成為生命中的一部分，如果你已經開始從事這樣的工作，那麼凱龍與土星的強硬相位，只會讓你開始擁有落實凱龍醫療能量的機會。

推運（行星過運）圖的土星與出生圖上升點產生相位

合相

這是個相當相當重要的時刻，無論哪一種流年技巧，土星與上升點產生合相的時刻，常會帶來一些重大而且明顯的事件，可能是與親人朋友分離的時刻，但也可能是一些令人歡喜卻同時帶來重要責任的時刻，例如結婚或生子，當然更不愉快的也可能是親人的逝去，然後由你承擔起一切責任。

無論是哪一種狀態我們都要先回過頭去看一件事情過去的狀況已經結束了，在土星接近上升點的前兩年半，我們面對許多生命中重要事情的結束，而現在是新的生活與責任來臨的時刻，雖然不輕鬆，但不至於像是之前土星進入十二宮一樣的讓人無所適從。

同時我們的嚴肅態度也讓我們明確的營造出一種我和他人之間的界線，我們可能處於比較孤立或寂寞的狀態，但是一方面也享受這種我和他人不一樣的感受。這時必須注意，無論是嚴格的要求自己或他人，都可能會帶來一些人際關係上的困擾。

柔和相位

土星與上升星座產生柔和相位的時刻暗示著，我們在自我形象中建立起經驗豐富，以及嚴肅負責任的態度。同時我們也給予他人這樣的感覺，一方面我們覺得這些過去的經驗無論愉快與否，都像是一枚勳章或資格證明一樣值得拿出來炫耀，另一方面我們企圖展現人生經驗或是嚴肅的特質取得他人的信任，或者擋掉一些我們不想要遇到的人。

強硬相位

土星的不愉快再一次的干擾著我們，如果是與下降點合相可能暗示著我們對待他人過於嚴苛冷漠，或是我們身邊出現了一位具有冷漠實際特質的夥伴，對於我們自我的形象與伴侶關係做出了嚴格的訓練。

而土星與上升四分相時，往往讓我們把注意力集中在外界或心靈安全感上的

追求，而忽略了該照顧自己的重要性以及可能對伴侶關係所造成的傷害。同時記住土星在四個角落都容易帶來重要的事件發生。

推運（行星過運）圖的土星與出生圖天頂產生相位

合相

土星與天頂產生合相時，同樣暗示著重大的生活轉變，特別是與工作有關，或是與雙親之間的關係有著許多的變化，同時也代表著一段讓人非常不愉快的時間，你與上司或父母的關係受到嚴格的考驗，這時候你能做到的是，全力的完成自己該做的每一件事情，並且嚴格的要求自己，就連小細節都不要放過，這時候你才有可能通過老闆或父母對你的考驗。

這時候你可能受不了老闆的嚴苛要求而選擇離職，但是別忘記土星此時仍然在你的天頂附近，暗示著除非你嚴肅的要求自己，否則走到哪都會遇到愛挑毛病的上司。

柔和相位

這段時間特別適合拿出你的實力或是任何一方面的資源來幫助自己追求工作上的成效，可能是我們對財務或物質的組織管理或準備，或是我們在人際關係以及策略上的應用，善加利用這些事情，一方面可以讓我們獲得事業上的成就，也讓我們有機會回饋社會。

強硬相位

土星與天頂的強硬相位，特別暗示著我們可能受到自己對自己自信不足的影響，或是遇到了強力的競爭對手的壓制，讓我們無法在事業上好好地表現，甚至這些困難造成了我們與上司或雙親之間有誤會產生，面對土星的強硬相位，唯一的辦法是小心翼翼的準備好每一個細節，無論花多久的時間，直到我們對於工作上的事物熟練且有豐富的經驗為止。

第十一章　流年天王星、行星過運與出生圖行星的相位影響

推運（行星過運）圖的天王星與出生圖天王星產生相位

合相

　　流年天王星與本命天王星的合相若是在二次推運圖中可以不列入考慮，但在行星過運中多半只會發生在年紀非常大的時候，大約是八十四歲的時候，此刻的人具有強烈的天王星改變特質，天王星的循環是人類壽命可以達到的最遠的循環。

　　到了這個歲數的人，多半已經為了家庭或他人活了大半輩子了，這時候希望為自己多做一些事，希望去做一些自己從來沒做過的事情，天王星除了爭取獨立之外，同時也希望自己有一個全新的面貌，這時候做出的決定往往會嚇壞身邊所有的人。

柔和相位

　　天王星與天王星的柔和相位暗示著我們享受成長的成果，這是天王星循環週期的一部分，此時的人生容易出現一些令你驚訝的發現，更透過這些發現去學習或認識新朋友，這時候我們能夠享受朋友所帶來的刺激，幫助我們追求新的成長之路。

　　但也有些人會反應天王星反叛和孤獨的特質，這時候很難跟他人相處甚至不願意接受他人的幫助與指導。在這些時刻我們容易展現出我們獨立以及追求成長的結果，生活中出現非常具有特色的變化，這無非是想要展現我們自己與他人不同或者高人一等的地方。

強硬相位

天王星與天王星的強硬相位暗示著人生的重大危機，在行運天王星與本命天王星形成四分相的時候，我們的成長道路遇到了重要瓶頸，我們必須檢視過去在追求獨立還有與成長的方向是否有什麼錯誤。

由於天王星除了改變的特質之外，還同時具有反叛的特性，這時候無論是多大年紀，都很可能像是叛逆期的青少年一樣抗拒周圍發生的一切，有些人將焦點放在改變社會與改變他人身上，其實這時候真正該做的是去改變自己，只是我們都沒有想到透過這些改變讓自己成長，天王星每二十多年的強硬相位，都逼著我們去做一些脫皮的改變。

特別注意，當天王星與天王星對分相時，往往暗示著我們需要從伴侶關係中做一些修正，這會發生在我們四十二歲左右，同時發生的還有海王星與海王星的四分相，許多占星師認為這個年齡最常發生中年危機，我也遇過許多這個年紀的客戶遭遇生活中的重大變化，而且通常與伴侶關係有關。

記住遇到天王星的強硬相位週期，我們最好事先想出生活中需要改變的事物，並且主動出擊，不要固執死守，要知道就算你不改變，天王星也會透過外力來逼你做出人生的變化。

推運（行星過運）圖的天王星與出生圖海王星產生相位

合相

外行星的影響力在占星學家的眼中十分重要，占星學家認為三個外行星都代表著強烈的宇宙能量，並且總是針對人們的固有習慣以及常軌做出激烈的變動，天王星用改革與破壞、海王星溶解、迷失、冥王星掩埋與掠奪，在流年中遇到天王星與海王星產生相位的時期往往帶來激烈的變化，同時因為外行星彼此之間的相位一影響，就會持續一整個世代，所以也可以視為集體受到外力的影響。

合相時往往帶來高度的理想精神，此刻海王星所代表的夢幻與慈悲結合了天王星的追求與改革，我們在這時候很容易像是發現新大陸一樣，可能是接觸到新的宗教或是高科技帶來的美夢，遇到某些事情讓我們覺得美好的未來就要出現了，在這個時候迫不及待的想要去實現夢想，在旁人眼中看來既古怪又不切實

際，但是這些人會認為自己背負著偉大的使命要來造福他人，甚至可能暗示著犧牲自己去追求更偉大的夢想。實際一點的人會將這樣的能量，用於社會改革或藝術創作上頭。

此時也十分容易突然生病而且病因很難察覺，海王星的麻醉被天王星的興奮刺激，暗示著毒品使用的可能性提高，或者因為生病而必須使用一些有著強烈副作用的藥物等。

柔和相位

天王星與海王星的柔和相位依然讓人們對未來抱持著美好的夢想，在六分相時我們容易去和朋友分享這個美夢，也有機會去實現這些夢想，在三分相時往往會讓我們會嚐到一點關於夢想實現或是社會改革的甜頭，但是必須知道節制與實踐，由於天王星與海王星都不是擅長執行的行星，更不知道節制與限制為何物，在三分相時往往特別容易發生太過夢幻、超出常軌的事情發生。

強硬相位

天王星與海王星的強硬相位類似於合相所描述的特質，只不過在此時這種對於社會改革或是實現夢想的美夢容易受到挫折，當兩顆行星呈現四分相時，海王星的迷糊與困擾，以及消弭的力量會阻礙天王星改革前進的能量，帶來挫折。對分相時也有著類似的困擾，同時容易影響我們與他人或是伴侶之間的關係的問題。

天王海王的對分相常顯示兩人都有高度理想情結，但因為兩人都不具有實踐的能力以及約束夢想的能力，使得兩個人的夢想難以實現，甚至最後彼此責怪。要注意所有的天王星與海王星的相位都因為強勁的能量，而暗示著無法約束的局面，同時也暗示著不明的疾病以及使用毒品或服藥成癮的可能。

推運（行星過運）圖的天王星與出生圖冥王星產生相位

合相

天王星與冥王星合相往往象徵著高度的政治氣息在其中，當這樣的相位產生

時會有一整群人受到政治的影響而成為改革者或是與強權對抗的反殖民鬥士，為了美好的未來或社會改革而與政權或商業財團對抗，這些人往往也扮演著改革的先鋒。

從個人的角度來看，對於過去的不愉快與傷痛，這些不愉快與傷痛往往是一整群人共同的歷史傷口，可以成為一種讓自己成長的力量，這樣的相位雖然會影響到一整群人，但是真的覺醒而且願意付出痛苦代價成長的人並不多，大部分的人往往要等到外界政治經濟與文化的環境整個改變了，才察覺到自己與整個環境格格不入。

柔和相位

天王星與冥王星的六分相還有三分相仍有可能帶來大幅度的生活改變，不過這些變化多半在讓人們能夠接受的氣氛下進行，例如某種科技的出現讓你的生活變得更方便，卻也更容易讓我們參與權力的運作或受到政權的控制與監督，行動通訊與網路開始發達的 90 年代就有長達四、五年的時間處於行星過運天王星與冥王星的六分相期間，不就是具有這樣的影響？

強硬相位

天王星與冥王星的強硬相位往往藉由整個社會的政治經濟的劇烈變動來改變我們的生活習慣，這樣的改變往往沒有人可以倖免，我們只有提前準備接受這樣改變的出現，才能夠減輕頑固抗拒的不適應，天王星與冥王星的所有相位，也都暗示著過去我們的恐懼出現，迫使我們選擇生命的新方向來應對，然而在強硬相位的時候，我們無法舒服的接受這樣的改變，甚至更容易受到挫折感。

2010～2012 年之間，冥王星進入摩羯座而天王星要進入牡羊座，兩個具有強烈影響力的外行星，在最具有代表性的黃道開創星座 0 度附近形成了四分相，人們面對政體的重組與控制力的擴張，加上人們對個人自由的渴望，將會形成嚴重的衝突。

推運（行星過運）圖的天王星與出生圖凱龍產生相位

合相

　　天王星與凱龍產生合相象徵著去體驗我們過去的傷痛有助於我們的成長改變，凱龍與天王星之間的關係象徵著一種被遺忘與遺棄的關係，這時候我們對於被人忽略的感覺特別的敏感，這可能來自於童年不愉快的經驗，對於他人並不抱著太多的期待。

　　在這階段，其實是學會自己獨立並且不期盼他人的支援與幫助，以及重新檢視問題的時刻。我們也將因為這一層體認，使得我們擁有幫助別人獨立與爭取自由的能力，但前提必須回過頭去檢視自身的傷口，讓自己擺脫那種害怕被人忽略或遺忘的困擾。

柔和相位

　　類似於合相所描寫的感受會發生在凱龍與天王星產生柔和相位，這時候痛楚並不是那麼明顯，我們甚至可能會一笑置之，刻意忽略掉這種感受，有些時候這樣的忽略反而讓我們失去一個藉此瞭解自己問題，進而成長的好機會。

強硬相位

　　凱龍與天王星的強硬相位會讓我們再一次的經歷童年那種被孤立或被遺忘的傷痛，而這時候很容易透過我們與伴侶的關係，或是我們與他人的合作關係來呈現這樣的問題，我們很可能會責怪他人不夠關心我們，或是不瞭解我們的痛苦，但是同時當他人想要接近我們的時候，我們卻又逃得遠遠的，或是擺出一副拒人於千里之外的態度。

　　這些人際關係上的衝突或是在事物進行上所遇到的挫折，往往讓我們覺得沮喪，只有透過回頭檢視過去的不愉快經驗才能夠幫助我們從這種傷痛中解脫。

推運（行星過運）圖的天王星與出生圖上升點產生相位

合相

天王星與上升點合相是人生中重要的變動時刻，請參考「天王星進入第一宮」的解說。

柔和相位

天王星與上升點產生柔和相位，代表著我們正經歷一段興奮且愉快的自我覺醒時光，這樣的自我覺醒可能來自於周圍朋友的幫助，或是透過愛情與學習而發現一個使自己再一次成長的機會，不過也應當注意這時候可能因為一些過度興奮與激動的事情，而產生意外的發生。

強硬相位

天王星與上升點的強硬相位，往往代表著我們正被某些事情的改變嚴重刺激，這可能來自於工作、伴侶或家庭父母等，問題可能來自於我們想要逃脫他人的影響，獨立自主但卻發現我們不可能置身事外而感到沮喪，也可能是我們無法接受他人的改變而感到憤怒，任何自身與天王星所產生的問題，都不要忘記藉由妥協與瞭解的手腕去化解問題與糾紛。

推運（行星過運）圖的天王星與出生圖天頂產生相位

合相

天王星與天頂的合相，請參考「天王星進入第十宮」的解說。

柔和相位

天王星與天頂的柔和相位暗示著我們透過對金錢物質態度的改變或處理方式

的改變，來提升我們在工作上的效能與社會地位，也可能是我們的生活態度或是對待他人的態度讓別人對我們有著全新不同的觀點，更進一步的接納我們。天王星與天頂的柔合相位也象徵著我們與上司老闆或是父母間有著某一程度的妥協，而進一步的擁有更獨立的自我空間。

強硬相位

　　天王星與天頂的強硬相位往往暗示著我們渴望自由與獨立的願望，在此刻出現嚴重的挫折，一方面可能來自於上司、老闆、父母，甚至是整個社會所給予的壓力，讓你覺得自己沒有辦法輕鬆愉快的去做自己想做的事情，同時也可能暗示我們獨斷獨行、或是與他人之間冷漠的態度，或是我們不願受約束的態度，容易遭到他人的挑戰。

第十二章　流年海王星、行星過運與出生圖行星的相位影響

推運（行星過運）圖的海王星與出生圖海王星產生相位

合相

這樣的合相只會發生在出生之後的一陣子，但不具有任何意義。

柔和相位

海王星與本命海王星的六分相，會發生在大約二十八歲前後，帶來了一些對於神祕事物的學習與接觸機會，由於這個時刻伴隨著土星回歸的時刻，我們因為自身的困擾而感到迷惘，卻有機會遇到類似感覺的夥伴參與我們的成長過程，透過對哲學的學習或精神成長的學習來度過難過的土星回歸。

海王星與海王星的三分相發生在人生接近五十六歲左右，此刻我們學會生命的圓融與慈悲，我們更樂於與他人分享一切，並且去幫助需要幫助的人，此時往往也是靈修或藝術創作的高峰。

強硬相位

伴隨著行星過運天王星與本命天王星的對分相的發生，行星過運海王星與海王星的四分相發生在大約四十二歲，也是我們一般所說的中年危機時刻。

海王星的效應容易讓我們在此時成為某些事情的犧牲品，或莫名其妙都陷入一種無力改變一切的僵局，同時劇烈的人生改變讓我們覺得自身好像是在作夢一般，對於人生未來該何去何從，產生了迷惘。這時候必須在改變自我的同時小心謹慎，不要讓自己沉醉在不切實際的夢幻中，或者沉溺於酒精與毒品中。

行星過運海王星與本命海王星的對分相則會伴隨著天王星回歸而發生在八十四歲，此時是我們展現慈悲智慧的時刻，同時感受到世間事物的美好與痛苦都如

同夢幻一般。

推運（行星過運）圖的海王星與出生圖冥王星產生相位

合相

海王星與冥王星的循環爲四百九十二年一個週期，在未來一、兩個世紀中我們幾乎無法在任何一種流年技巧中遇到這樣的合相。

柔和相位

同樣的海王星與冥王星的柔和相位會影響一整群人，我們的夢想在這時候可能遭到一些考驗，這雖然不一定會直接發生在每個人身上，但是透過身邊事物的變化，我們會看到有些人在這時爲了追逐於權力而犧牲某些事物，也會看到一些人的慈悲或犧牲被濫用。

冥王星與海王星要我們在此時思考什麼是慈悲，什麼樣的犧牲是我們應該學會的。同時這樣的相位也是我們透過宗教或靈修來達到成長的目的，我們往往會有一種重獲新生的感受。

強硬相位

海王星與冥王星產生強硬相位的世代影響，象徵著權力鬥爭底下犧牲品的出現，這些時刻我們多半對於未來不抱有希望，許多人會在此時質疑宗教與精神生活背後的眞實意涵，或是相反的迷失在政治、權力交錯的影響中，甚至有一部分的人會投入其中並且對於政治與金錢產生錯誤的觀念，進一步的成爲金權政治底下的犧牲品。

推運（行星過運）圖的海王星與出生圖凱龍產生相位

合相

凱龍星與海王星的相位，會讓我們透過藝術、靈修或宗教信仰而達到治療自

我傷痛的能力，但在真的達到自我治療之前，這樣的行星組合也往往會引發我們對於傷痛的幻想與模糊概念，我們可能因為感受到他人的痛苦而心生慈悲，但也往往誤將這種痛苦套用在自己身上，最後模糊了焦點。

這時候的危險有兩種特質，一是我們的痛苦或幫助遭到他人的欺騙，第二種可能表現的方式是為了逃避痛苦而亂用藥物或酗酒。在這樣的時刻，建議去接觸藝術宗教來幫助自己抒發心中的傷痛，但其實更有效的是直接面對自己的傷痛，承認它並且和它一起活下去。

柔和相位

海王星與凱龍的柔和相位，往往透過一些宗教或靈修或是藝術創作來減輕心中的傷痛，也可能暗示著我們有機會在類似的領域中遇到一些志同道合朋友，但是也有可能暗示著我們被酒精或毒品給麻痺。

強硬相位

凱龍與海王星的強硬相位，往往顯示出我們迷失在傷痛中，而無法走出痛苦，雖然有時這樣的相位暗示著類似於靈媒或擁有靈療能力的機會，但是並非所有的人都有這樣的機會去接觸身心靈方面的事情，這時候要慎防強硬相位所帶來的挫折讓我們自暴自棄，或沉迷於白日夢或是酒癮、毒癮中。

推運（行星過運）圖的海王星與出生圖上升點產生相位

合相

請參考「海王星進入第一宮」的說明。

柔和相位

海王星與上升呈現柔和相位時，讓我們對自己產生了一些幻想與迷失，因為柔和相位的影響，我們可能突然的想要離開枯燥的生活，去追逐自己的夢，這時候我們可能遇到一些相當仁慈並具有神祕魅力的朋友，或者加入一些擁有共同夢

想的團體，但無論如何這時候記得保持清醒，分清楚夢想的可行性有多高，如果這時候不注意，很可能我們會在稍後遇到現實無情的打擊。

強硬相位

海王星與上升的強硬相位，首先顯示出我們受到他人利用的可能性提高了，同時也可能暗示著我們為了追求夢想而犧牲一部分的自我，可能是家庭、工作，也可能是伴侶生活，這時候可以說是完全迷失了自我，相當容易因為不夠實際或是對自己、對他人不夠誠實，而遇到他人的挑戰與挫折。

推運（行星過運）圖的海王星與出生圖天頂產生相位

合相

請參考「海王星進入第十宮」的說明。

柔和相位

這樣的相位有可能暗示著你在某方面的犧牲，換取了工作上的成果或是老闆的認同，有時這樣的相位也可能暗示著，你為了顧全大局所做出的犧牲，獲得了大家的肯定。

但是除非你所從事的是與藝術有關的工作，或是在慈善團體工作，否則海王星與天頂的柔和相位，並不能代表你會藉由海王星的能量而獲得事業成功。同時這個時候必須注意我們所付出的代價，是否與回報形成正比。

強硬相位

這時你可能認為你為了社會或是工作做出了犧牲與奉獻，但是周圍的人卻多半不領情，而讓你感到沮喪，同時也可能是你生活中失序的行為讓周圍的人對你感到失望，進而影響你在眾人眼中的形象，此刻如果不稍微學會實際一點，將有可能因為太過迷糊而使自己陷入危機中。

第十三章　流年冥王星、行星過運與出生圖行星的相位影響

推運（行星過運）圖的冥王星與出生圖冥王星產生相位

合相

這樣的合相只會發生在出生之後的一陣子，但不具有任何意義。

柔和相位

冥王星與冥王星的柔和相位帶來了我們認識自己內心深處的機會，心靈深處藏有許多我們不知道的祕密，這些祕密可能來自於過去的傷痛，或者我們不願意面對的事情，這時候容易有機會透過學習或是與他人的互動去認識這個陰暗的層面。這是一個瞭解自我的好機會，雖然不會是一段很愉快的時間，但是也不會感覺太糟。

強硬相位

人生中會遇到的可能是冥王星與冥王星的四分相，這個時期象徵著我們容易遇到一些困境，此時容易對生存的價值產生懷疑，也容易遭遇許多不愉快的事情，這時候必須回過頭去檢視我們過去的歲月中一些關於黑暗或不愉快的記憶，與其讓這種能量帶給我們挫折，不如趁這時候去解決他們，冥王星與心理的問題有關，這時候最好能夠透過心理諮商的協助來幫助自己認識生命中的課題。

推運（行星過運）圖的冥王星與出生圖凱龍產生相位

合相

冥王星與凱龍合相時暗示著心靈的傷痛造成了相當大的困擾，我們很可能在過去一直隱藏著這些痛苦，或者不願意去面對，所有的問題可能在這時候浮上檯面，這時候很難去承受這種痛苦，甚至可能讓人產生萬念俱灰的感覺，冥王星有時會帶來精神上死亡的感受，那就是絕望的感覺。

凱龍在這裡更有相同的意涵。此時我們要學會面對心靈的傷痛，勇敢的去處理這些問題，而非逃避或視而不見，同時通過這一層冥王星的考驗之後，會使我們在幫助自己與他人的力量上都有所增長。

柔和相位

冥王星與凱龍的柔和相位，會讓我們在偶然的機會下接觸到一些過去發生的問題，這些問題有很長一段時間我們不曾接觸過，或者總是選擇逃避，然而現在是一個面對它，並且學會如何治療這個傷口的好時機，你可能會遇到一些朋友具有這一類的療癒能力，無論是靈療或是心理諮商，都能夠透過這些互動來幫助自己面對那個陰影。

強硬相位

流年冥王星與凱龍的強硬相位所具有的意涵與合相相同，只是在強硬相位的挑戰下挫折感更為嚴重，同時我們更難有調適的機會，這時候你必須選擇被問題打敗還是去解決問題。要解決冥王星與凱龍的問題必須花上很長的一段時間，透過心理諮商是最適合解決冥王星所帶來的問題。

同時你會發現周圍有些人也會遇到類似的問題，所以互相幫助尋找支持的力量，幫助自己在面對問題時不再感到害怕。一旦你成功的將這個生命整合在你的生活中，就會擁有強大幫助他人、引導他人的能力，冥王星雖然讓人痛苦但是也讓人變得堅強。

推運（行星過運）圖的冥王星與出生圖上升點產生相位

合相

請參考「冥王星在第一宮」的解釋。

柔和相位

冥王星與上升點產生柔和相位時，替我們帶來了堅強的意志力，我們可以透過這一股堅強的力量去完成我們想要做的事情，但是這時候也可能會發現我們與他人之間有些力量的角逐，不一定是真的想要去控制彼此，只是因為心中對安全感的需求，讓我們對對方做出一些過分的要求，這時候必須有些自覺。

這時也可能會接觸一些較具有神祕氣質的朋友，或有機會去學習一些與心理或深層心靈有關的事物，或是透過心理學或神祕學的學習認識一些朋友。

強硬相位

冥王星與上升點形成強硬相位時往往帶來人生的巨大變化，我們的外型或身體很可能會因為不同的因素而改變，生病或是意外傷害是其中一種可能，而且冥王星與死亡有關，但它暗示的也可能是心態上的死亡，亦即絕望。此時我們很可能遭遇到一些困難，而有無法表達自己的困難。

這時往往代表著外界的力量侵入我們的生活領域，控制我們讓我們無法自己作主，這種困擾也有可能透過心靈上的壓力呈現，過去不願意面對的問題在這時候出現在我們的生活中帶給我們巨大的衝擊，並且逼著我們去改變自己的生活方式，這時候心理諮商與心理醫生的幫助會相當有用。

推運（行星過運）圖的冥王星與出生圖天頂產生相位

合相

請參考「冥王星在第十宮」的解釋。

柔和相位

冥王星與天頂形成柔和相位時帶來了事業上成功的機會，這時候我們對於物質或社會環境有著相當敏銳的直覺，而且善於應用與分配，如果我們在這時候妥善的準備，將有助於社會地位或工作上職位的提升，不過這時候應當妥善應用自己所使用的力量與資源，有時候這些力量強大到讓自己被權力給腐化，或是濫用這股權力，一旦當這個影響週期過後，就有可能嚐到苦果。

強硬相位

冥王星與天頂產生強硬相位時往往帶來我們與外界互動的困擾，此時也容易是生命危機出現的時刻，最直接受到影響的可能是我們的父母，也可能是自己以及社會地位，過去的醜聞或是不愉快的事情很有可能會成為打擊自己的事因，有時也可能是自己過分貪心而造成不名譽的事件。

冥王星的強硬相位往往在這時候讓當事人感到身心俱疲，甚至帶來想要以死逃避的妄想，必須在此時鼓起勇氣去面對這些危機，承認錯誤並且負擔責任，冥王星會讓我們最終有機會重新出發，並且擁有更強壯的資源來面對未來。

第十四章　流年月交軸線的行運

在占星學中，南北交在星盤當中扮演著重要的標記，之所以稱為標記，是因為南北交並非實際的星體，而是地球繞日軌道與月亮繞地球軌道的交會點。許多占星師將這條軸線與上升—下降軸線、天頂—天底並稱三條星盤上的軸線。月亮交點之所以重要，是因為在古代，月亮交點的位置計算與日月蝕的預測有著密切的關連，而在現代占星學當中，月亮交點象徵著人生旅途當中的學習、成長與利用習得的技能回應周遭的挑戰。同時因為南北交的神祕特質，以及具有與過往連結的特性，也經常被重視業力與前世今生的占星師視為一個重要的探索領域，然而，如果真的希望透過月交點去探討業力與前世今生的議題的話，胡柏學派的北交宮位盤可能會是比較適合的技巧。

天文學上的月亮交點

在占星學當中，月亮交點指的是月亮繞地球的軌道，與地球繞日軌道（黃道 Ecliptic）的交會點，月亮繞行地球時不會只維持在一個平面，和其他行星一樣，從地球觀測時，他們會在天空當中的黃道（Ecliptic）附近運行，月亮在通過其軌道與黃道（Ecliptic）一個交會點時會往天球的北邊移動，我們稱之為升交點（Ascending Node）或北交點（North Node）。在月亮跨越北邊的天空之後會開始往南邊移動，接著來到另一個與黃道的交會點，通過這一個交會點，月亮往南邊移動，我們稱這個交會點為降交點（Descending Node）或南交點（South Node）。

南北交行運推運的影響與月交循環

行運推運行星與本命南北交軸線的相位

由於本命盤上的南北交比較強調路標的功能，不像是星盤上的行星帶有活躍的作用力，也因此可能仰賴著行運、推運或合盤當中的行星刺激，換個角度來看，當行運與推運的行星與本命南北交產生相位時（特別是合相），我們像是被

夢境或巨龍怪獸吞噬一樣，突然掉入了愛麗絲的樹洞，當行運北交與本命行星合相，或是行運行星與北交合相時，那些既是虛幻又看似真實的狀態會提供給我們更豐富的生命體驗，像是愛麗絲突然獲得了可以改變身體大小的蛋糕，我們在如此不真實的狀況下冒險同時也在學習。當行運行星與本命南交合相時，或是行運南交點合相本命行星，我們可能對眼前的事物感到熟識，面對挑戰的時刻也是我們展現本能與家族傳承技能的時刻，此刻是將過去所學的事物應用在生活當中的最佳時刻。

當行運或推運行星合相本命南北交時，與該行星有關的主題刺激了本命當中的敏感地帶，觸動了等待我們學習應用的本命月交課題。行運或推運行星與北交的合相，觸動了那些不太真切、未知又神秘的本命課題，可能帶來了刺激與對未來感到擔憂害怕的想法，未知的道路敞開了我們的眼界，幫助我們學習這些技能，不同的行運（推運）行星與北交點的接觸，透過該行星的特質，幫助我們用不同的方式檢視著我們在生命中必須學習的課題，此時此刻遇見的人、遭遇的事都幫助我們去回顧本命盤中北月交所象徵的的成長、學習、吸收與吸引。

行運或推運行星合相本命南交時，我們來到了一個應用與檢視的時刻，我們或許將會遭遇到一些與該行星有關的挑戰，但是我們的南交的星座與宮位，提醒我們其實早已在過去學會了面對這個挑戰的基礎方式，現在我們需要擷取那些技能並且加以應用。而從更寬廣的層面來看，我們一方面也透過該行運（推運）行星去檢視我們的根源以及過去，我們怎麼學會這些技能的？我們面對挑戰的反應與態度，揭示著我們在生命當中的經驗與體驗，並投射在我們挑戰的事物上。我們所面對的或許如同地海巫師當中基德不斷困擾的黑影，但卻也是我們對自身的看法與對生命的看法。只有透過這些挑戰，我們才能看清過去的環境與所學對自身的影響。

行運與南北交軸線與本命行星的相位循環

行運的南北交，就像是在奇幻故事當中飛翔在天空的怪獸或巨龍，準備吞噬我們，將我們帶入奇幻的歷程之中。當行運北交點與某一個本命盤行星產生合相時，我們身邊的人事物開始充滿著奇幻不可思議的特質，我們就像是被吞入怪獸肚子，或像是掉進了樹洞當中的愛麗絲一樣感到陌生恐懼，這一切都超越了我們的日常生活體驗。

行運北交與本命行星的合相讓我們展開了一段奇幻之旅，在行運北交合相本

命行星前後五度的那六個月當中最爲特殊，在外在與現實生活當中我們可能學習不同的技能，被莫名地捲入某個活動之中，參與不同的課程，或遇見了一些具有特殊吸引力的人物，這些事件可能都圍繞著那一個與行運北交接觸的本命行星，許多周圍的事物引發我們去對那一個「被巨龍吞噬的本命行星」有關的主題去深思，當我們在經歷行運北交的影響時，獨特的人事物遭遇或許帶來驚喜，但驚慌與陌生可能引發些許的不愉快，我們透過這些吸引我們的人，認識、學習他們吸引我們的理由，面對吸引我們的事情與物質，在驚濤駭浪的冒險旅程當中，了解是什麼吸引我們走向更完整的人生道路。

但我們的旅程以及所學習到的事物，並不會因爲行運南北交離開本命行星合相的容許度之後而中斷，這是個週而復始的旅程，當行運北交吞噬了本命行星之後，並沒有立即被釋放，這顆行星所代表的人生主題展開了一場學習成長，一直要到 9 年之後南月亮交點遇到同一個行星時，才有一種被釋放的感覺。湯瑪斯‧摩爾（Thomas Moore）在他的書《靈魂的暗夜》（Dark nights of the Soul）當中以約拿被鯨魚吞噬到釋放的過程像是一種重生的過程。雖然並不是每一次的行運南北交感受都如此的難以忍受，南北交畢竟不是冥王星或是土星，這是一種奇幻的重生的體驗，有時我們甚至不會有所謂如此強烈的「重生」感受，或許用「再現」、「重新檢視」、「複習」這樣的特質會比較恰當。但是如果這是重要的行星例如日、月、個人行星、上升守護星或是那些帶有強烈挑戰意涵、具有宿命與死亡特質的行星，那麼在與行運南交點相遇時或許會更強調這種重生過程。

在此之前，學習吸收與成長會是該行星的重要主題，一開始我們陌生驚慌驚嚇，在幽暗的神祕領域當中掙扎、體驗、吸收，並開始逐漸摸索學習，在這個過程當中我們會遭遇幾次的行運南北交同時與這一顆本命行星再次產生相位，這時像是小小的測試，特別是大約在四年半之後，行運南北交會同時與這一本命行星產生四分相，這標示著一個挑戰過程的重要轉折點，當我們在此刻面對相似的挑戰時，我們短暫的來到了回顧南北交與本命行星主題，同時應用所學的時間，我們對於旅程更爲清晰，也更清楚我們該去追逐爭取吸收哪些新的事物。

行運北交點經過該行星大約九年之後，行運的南交點會與該行星會合，這象徵著一個釋放的時刻，如同龍頭（北交）吞下了日月，而從龍尾（南交）釋放出來。經過了吸收與消化我們將更熟悉這一個行星、星座、宮位所代表的意涵。

這樣時刻的到來，仍然以一種具有挑戰的方式呈現，但此刻的我們已經具備了面對這些挑戰的能力，行運南交點合相的本命行星指出了我們即將呈現哪些能力，太陽的創意或自信，金星的愛、價值或社交技巧等等。如何應用這些行星所

象徵的技能是行運南交點合相經常帶來的考驗。行運南交點標示著這一個行星，來到了展現過去所學的階段，我們得以在生活當中應用，與過去不同的是我們已足夠熟練，我們或許會驚訝於過去困難的議題似乎不過就是一件簡單的事。

不過有時候南交點也暗示著一段我們重新回憶過去的機會，南交的熟識感受可能暗示著我們的心靈回到了過去，去重溫與那個行星有關的主題。所謂的過去，可能是九年前、十八年前當行運月交觸動同一行星的時刻，也可能是回到童年或是更久遠之前，這往往不僅是熟識的感受，或者像是觀賞影片一樣，這些回顧有著更深刻的身心靈情感的觸動，透過回顧這樣的主題，去了解我們在這趟學習之旅中所學到的事物。當我們更深入的去覺察時，我們才會把這些事情與過去行運北交合相同一行星的特質連結起來，而看見自身的成長，在這樣的察覺之下，我們可能用更為成熟的態度去看待過去面對的議題。

南交點所象徵的釋放，不僅僅象徵那種重獲自由的被釋放，也象徵著我們的釋放，釋放本身的光彩，釋放我們的經驗，也是釋放那些不愉快的回憶。隨著行運南交點合相本命行星之後，行運南北交軸線會繼續不斷的與該行星產生相位，每一次的相位都帶給我們應用專長與技能展現的機會，卻也默默的在你心中種下了一些與下次學習成長有關的誘因。當行運南北交再次與行星四分相的時刻，標示著這段人生之旅的高潮，像是最重要的演出，你把過去所學的全部用上，獲得的成就將足以讓你回味許久。但是隨之而來的是我們開始要準備踏入另一次十八年的旅程，我們會開始拋棄、釋放更多的舊有事物，也開始被周圍新鮮的事物所吸引，直到北交再次與同一個行星合相。

行運（推運）南北交與本命行星產生相位時，因為經常同時與南北交產生相位（特別是同時與南北交產生四分相時），都似乎暗示著這一個行星正引領我們經過一個重要的人生階段，這一個時刻我們可能在未知的仙境跳舞也同時在地窖中探險，同時存在於熟識的領域當中尋找可以幫助我們的回憶。

在這樣特殊的人生時刻，我們身體或許存在於現實或日常生活之間，但我們的身心靈的體驗卻處於高度緊繃與戲劇性的狀態，具有迷惘與魔幻的特性，不真實的感受卻促使我們一方面敞開心靈的視野，過去的經歷可能一方面拉扯我們，卻又一方面提供我們面對未知奇幻經歷的技巧。

大多數的人們對於未知事物的擔憂而不敢前進，而我們只有走上那一段路才知道我們能夠學到什麼，這當中你可能會問自己為什麼我會走上這條道路，我是不是走錯路了，然而我認為在生命的歷程當中沒有什麼走錯路這件事，在星盤當中南北交點被觸動的時刻，只有未知的道路才是我們正應該踏上的歷程。

行運北交點落在牡羊座和／或第一宮

當行運北交點來到牡羊座或第一宮，意味著南交點在天秤座或第七宮，我們心理上發生吞噬跟釋放過程的議題會落在人我互動、如何在跟別人的關係中確立自我等等。我們需要學習確立自己的存在、信任自己的視野，學會以自己爲先、依靠自己。我們或許曾經害怕表達自己的獨立願望，害怕爲自己的視野站出來，想要與他人維持友好關係；當北交點來到這裡，我們要學會自己採取行動，這意味著一定程度的自信心，知道自己可以獨立、自立，需要得知自己實際上可以獨自生活，並於人我關係中呈現這些特質，讓我們在人我關係中可以更加和諧，與別人平等以待。

行運北交點落在金牛座和／或第二宮

當行運北交點來到金牛座或第二宮，行運南交點會來到天蠍座或第八宮。在這階段我們或許會學習如何去運用自己的價值和價值觀，另一個可能是你的財務狀況、個人價值會受到公眾的注意，我們需要凝視自己的價值觀，學習去建立自己的自我價值或財富，並把這些主題應用於與他人共享的資源當中，先知道自己的價值，才會更明白自己於他人的用處。學會根據自己的價值觀去衡量事情，然後發揮耐心及毅力，這或許能幫助我們更加知道自己與別人的能力跟資源的互動。

行運北交點落在雙子座和／或第三宮

當行運北交點來到雙子座或第三宮，行運南交點就會來到射手座或第九宮。隨著北節點在第三宮，我們的南節點在第九宮。個人跟鄰里之間的關係、學習狀況、跟同學之間的關係，會成爲這段時間需要學習或受大眾注視的人生領域。如果我們停下來，用足夠長的時間去理解和收集資訊，並考慮如何跟他人溝通、傳遞自己的想法，學會傾聽他人的意見，或許能夠呈現一些於日常生活中沒有意會到的、更高層次的體會和知識，增廣見聞。我們會希望與他人進行有意義和明智的交流，或許也希望成爲別人的老師，然而，所謂眞正的溝通跟交流，當中涉及了知識的流動，這或許會是這個期間所體會跟學習到的。

行運北交點落在巨蟹座和／或第四宮

當行運北交點來到巨蟹座或第四宮，行運南交點就會來到摩羯座或第十宮。第四宮的宮首或天底，象徵的是家或家族系統的根，是我們意識最深處的地方，來到這裡的北月交點讓我們學習如何照顧、關懷、滋養別人，同時能夠透過這種特質去管理自己跟別人的生活。在這階段，我們可能也需要釋放自己的權威感，放下身段，嘗試學習更加多的感性的關懷，開始對家庭和家庭生活騰出更多時間。我們會重新定義或規劃我們的生活，成功將回到我們的公共和專業生活中。

行運北交點落在獅子座和／或第五宮

行運北交點來到獅子座或第五宮，南交點則會在水瓶座或第十一宮。我們在這階段需要學習的是呈現自己的創意跟創造力，並於同儕或社群之間呈現，這涉及了關於榮耀自己的創造力以及如何於不同志同道合的人之間和而不同。我們需要在自己的個人和創造道路上前進，或許會藉此吸收到公眾的目光，需要做出有意識的努力，承認自己的獨特性跟領導才能，並為了眾人的福祉去呈現這些特質，而不是為了理性而保持過於刻意的疏離。在這階段，當我們學會如何成為領袖，並於眾人之中呈現，或許這會是讓我們榮耀自己的英雄感的重要里程碑。

行運北交點落在處女座和／或第六宮

當行運北交點來到處女座或第六宮，我們的南交點會在在雙魚座或第六宮。這階段的傾向是學會臣服、為別人犧牲的階段，其中一個可能性是我們的服務精神、對細節的關注、日常生活的作息安排等等會受到公眾注視，又或是需要努力製定一些健康實用的作息安排，需要學會放下身段協助別人，透過發揮同理心、犧牲精神去關懷幫助別人。細節和規則將豐富我們的生活，而通過學會對細節的關注跟執行，我們也有可能對自己的夢想跟願景更進一步。

行運北交點落在天秤座和／或第七宮

當行運北交點來到天秤座或第七宮，南交點會在牡羊座或第一宮。在這階段

中，學習、成長的重點會在別人身上，我們需要讓自己對他人的舉動、想法、需求更加敏感，同時讓自己更加懂得如何與他人合作，建立平等互惠的關係，從而在這種協同效應中成就更加站得住腳的自己。在這階段，當我們想要做自己時，或許更需要先想到別人，不管是伴侶還是夥伴，我們不是孤身一人，學會尊重別人並不單是為了和諧，而是二人能夠衍生的價值或利益往往是單人匹馬無法完成的；反之，在別人的幫助下，我們可能會充滿行動力地直接完成目標。

行運北交點落在天蠍座和／或第八宮

當行運北交點來到天蠍座或第八宮，南交點就會在金牛座或第二宮。在這階段，我們人生的前進方向會朝著意識的陰暗面進發，學習的重點會放在與他人共享的資源、死亡、性愛、人生危機等等讓人感到焦躁恐懼的議題，可能會在與伴侶或夥伴其享資源的過程中，害怕自己的部分被侵佔，或過於擔心人生的各種危機而影響到自己的生活安穩。在這種危機的轉化中，我們可能最終會體現到自己的價值所在，我們需要學習無所畏懼地面對危機和生活改變的可能性，讓自己免於被危機癱瘓。

行運北交點落在射手座和／或第九宮

當行運北交點落在射手座或第九宮，南交點會在雙子座或第三宮。這階段我們學習的重點會在高等教育、哲學、人生觀、國外事務、國外文化或宗教議題上，我們或許會學習到非常多的高等知識，但重點是如何把這些知識內化並應用於日常生活的溝通互動之上。我們需要學會尋找我們的人生方向，並因而學習、進修，吸收知識，讓生活能有更多意義，宗教跟高等教育能讓我們更知道自己的人生往哪裡走，也能成為我們的信念，讓我們可以為生活開始改變。

行運北交點落在摩羯座和／或第十宮

當行運北交點來到摩羯座或第十宮，南交點會在巨蟹座或第四宮。人生方向的著眼點會來到關於自己的社會地位、社會角色、事業成就、權威議題等等，也跟我們的人生責任有關，我們要學習如何在社會架構中找到自己的地位。但我們想走一條怎樣的天職之路？成為怎樣的父母親？如果履行自己的權威，往往會直

接反映在我們如何照顧自己跟別人之上。我們需要掌控自己的生活，並對自己的行為承擔責任，或許在這階段會盡力確保所有事情如同自己預期，從而得到內心的安全感。

行運北交點落在水瓶座和／或第十一宮

當行運北交點來到水瓶座或第十一宮，南交點會在獅子座或第五宮。我們意識到自己需要走進群體之中，意識到自己跟別人既不一樣但又有很多共同之處，或許我們需要學會讓自己的光芒稍稍的收斂，好讓自己跟其他志同道合的人攜手合作而不發生衝突，但又仍然維持自己的獨特性，繼續發揮自己的才華、才能跟創造力。在這種走進群體的階段過程中，當注意到不同人都有其獨特性，我們也同時更加能夠體會到自己的個性，呈現自己的自主性，跟別人一起成就眾人的福祉。

行運北交點落在雙魚座和／或第十二宮

當行運北交點來到雙魚座或第十二宮，南交點會在處女座或第六宮。我們的人生方向會來到一個「無」的狀態，強調的其實是精神性、無我的狀態、靈修、犧牲精神、與他人融為一體，透過學習如何放下自我，我們可以把精神性所學習到的種種內化，並呈現於日常生活中，成為一個更不執著、更放下自在的人，以更多的同理心去愛自己和他人，也變得更加謙虛。

第四部

占星流年
與生涯規劃

Astrological Career Planning

我們的占星學與一個最古老,也最簡單的象徵——圓圈(循環)同時存在著,我們將圓圈用一度分割成一個段落,或依照太陽在一年當中,在天空運行的表現作為分割的依據,我們辨識出了「年」、「季節」、「天」,還有更多,利用這些,我們將在生命發展的循環中,測量出許多重要的細節。

——諾埃爾‧泰爾
(Noel Tyl,美國知名占星師,以太陽弧正向推運研究著名)

第一章　運用占星流年規劃你的人生

　　現代大多占星師大多捨棄了命定的觀點，而以命盤以及流年圖上的暗示來告訴對方，該如何利用星盤上的優勢來計畫自己的人生。如果對方這陣子有重大計畫，那麼占星師就會參考星盤上的暗示告訴對方，在執行這樣計畫時需要注意哪些事項，並運用流年與本命行星所顯示的強勢能量來推動計畫。同時，如果占星師在對方流年星盤上看到一些巨大的變動與挑戰，也會提醒對方在計畫中需將這些變數考慮進去，甚至給予一些呼應星盤能量的建議，好讓對方提前做出準備。

流年判斷的幾個重要觀念

　　①本命盤是最重要與最基礎的工具，看所有的圖都不能忽略本命盤所暗示的事件。所以在幫他人看流年時，一定要先看過本命盤，挖掘本命盤所暗示的事件，例如，找出所有重要的特徵（強硬相位）所可能會發生事件。

　　②本命盤當中沒有顯示的事情（例如：中獎運，本命盤若沒有任何代表著會有意外之財的行星相位組合），即使在流年圖上出現了（例如：行星過運的天王星與二宮主星合相），發生的機率多半不高，很可能只是你看到或體驗到身邊人中大獎的興奮。

　　③注意當我們面對他人的時候，如何判斷什麼會發生、什麼不會發生，需要注意本命盤，並同時運用不同的流年方法參看，例如：行星回歸、日月蝕、太陽弧推運、二次推運、行星過運，若有兩種以上的流年判斷技巧都暗示著同一件事情的發生，那麼發生的機率就相當高。

　　④面對他人的諮詢時，占星師的態度要客觀，不可以武斷，此外也必須瞭解對方的生活態度。例如：當有人來詢問何時會遇到白馬王子，若是當事者每天就是上班、下班、回家睡覺，那麼即使星盤上有明顯遇到真命天子的跡象，機率也會變小許多。身為占星師可以提醒對方，大約在什麼樣的時間點，遇到白馬王子的機率會增高，但也需提醒當事者必須增加社交生活，或改變自己的生活步調，以增加自己遇到對象的機率。

　　⑤占星師要減少某些事「一定會發生」的發言，而改用什麼事「可能會發生」的方式，除了將事情的決定權歸還給當事者外，客觀而不武斷的預測方式，

也將大幅提高占星的精準度。

個案解析

　　我的一位香港的客戶 Jennifer 在 2002 年請我幫她看合盤，因為她想要離開目前的工作與另一位朋友合夥做生意，想知道和這位朋友是否適合合作，她也明白告訴我其實和這位朋友談了很久，只是一直沒有當真，大約在 2001 年左右，在對目前的工作產生了倦怠後，才開始認真考慮對方的要求。只是這對於過了大半輩子上班族的她，畢竟是個很大的挑戰，因此希望能透過占星給她一些建議。

　　我觀察了她們兩位的本命盤，發現兩個人的互動非常密切且配合度很高，有共同的目標，也能夠互補，在合作上應該沒問題，同時也發現 2001 年行星過運的天王星在第六宮，與她本命在第十宮的木星產生了三分相（參考以下星圖），讓她心生工作異動的念頭，同時水星、月亮都相繼在這一年進駐第八宮，思考關於合夥的事宜。

　　但在觀察二次推運的星圖時，發現金星會在 2004 年後開始在第七宮與本命天王星、冥王星產生對分相，幾乎同時，天王星也會進入第七宮。屆時關於婚姻與合夥的事情，甚至自身的財務狀況（金星守護她的二宮），都有可能受到影響，而金星與冥王星的對分相也代表自己或夥伴可能會有健康上的危機，所以也請她三思而後行。

　　但因當時的她比較在乎合盤的結果，加上她那時候真的很想轉換跑道，於是聽完合盤的結果，就展開了合夥的行動，往後也有兩三年的時間沒有消息。結果 2005 年底她又找上我，要我幫她算流年，特別與婚姻及移居海外有關，因為她覺得占星實在太神準了，2004 年中由於合夥人的身體狀況出現嚴重問題，她必須自己處理公司的大小事物，壓力非常大。更讓她擔心的是，萬一合夥人在這時撤資，公司將面臨巨大的問題，因此尋求諮詢。

　　我重新看了她的流年星圖後，對這些狀況並不意外，同時也覺得，金星與冥王星對分相所帶來的影響，沒有應驗在她本身的健康情形上，就應該感到高興了。

　　這個個案例主要希望提醒大家，在透過占星預測運勢時，不僅要注意短期間內的變化，長期的走向與變化也是非常重要的。尤其在做出重大決定前，最好能觀察一下未來三、五年之間的變化，將可以給自己一些提醒，並達到所謂趨吉避凶的作用。

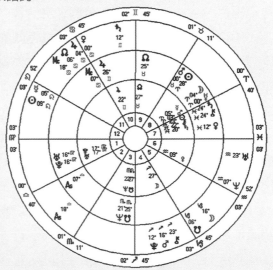

圖說：〔Jennifer 2001 年的行星過運盤〕

判斷流年星盤上長期影響

　　影響效力長達三至五年以上的行星移動，是占星師在做長期預測上該注意的要點，特別在二次推運及太陽弧正向推運當中，行星進入一個宮位的影響都會長達數十年，如果此刻有任何的行星變換宮位，或是佔據命盤的重要位置，就應該特別小心。

　　①注意二次推運與太陽弧正向推運的太陽所在星座與宮位，這代表著當事人這幾年的重心會放在哪裡。

　　②注意二次推運與太陽弧正向推運的水星、金星、火星所移動的星座與宮位的暗示，是否與當事者想做的事情有關，特別注意如果同時有和任何行星產生對分相與四分相，或是與土星、天王、海王、冥王產生合相，都代表著需要特別注意的時刻，在這裡兩種推運法的相位容許度，最多放寬到 2 度半。

　　③注意二次推運圖的上升、天頂、下降落入星座的變化，象徵著我們的追求的目標或外在條件可能會產生改變，如果你計畫合夥做生意，然而在五年後你的上升、天頂或是下降將要進入水瓶座，代表著不喜歡約束想要獨立的話，在這之前就會逐漸在心態或外在環境產生變化。因此最好謹慎評估在五年後生命情境的變化所可能帶來的後果，或至少預留一條後路。

　　④注意未來三、五年中任何推運圖中的太陽、上升點星座的守護星、下降點星座的守護星及天頂星座的守護星，是否會和土星、天王、海王、冥王產生任何強硬相位，這些現象都暗示著個人生活當中容易遇到變化或危機。

　　⑤注意未來三、五年中，兩種推運圖的月亮是否進入了十二宮或第一宮，這也暗示生活中的變化，此外也要注意推運月亮進入第八宮的時期，以及推運月亮與土星、天王、海王、冥王產生的合相或強硬相位的時期，這些情形往往象徵著精神上的困擾。

　　⑥注意未來三、五年期間，是否在二次推運以及太陽弧正向推運中有任何行星將經過命盤的四角（上升、天頂、下降、天底），它們往往象徵著生活的變化，特別是土星、天王、海王、冥王星等，將會帶來激烈的變動。

　　⑦注意行星過運的天王星、海王星、冥王星是否會在這幾年運行到命盤中的四個角落，以及第一宮、第四宮、第七宮、第十宮，這暗示生活上的重大轉變，或者與金錢工作有關的二、六、十宮，這些都暗示著工作與物質重大的變化。

　　⑧注意未來三、五年當中是否有行星過運的土星、天王、海王、冥王星，與

出生圖的太陽、月亮、上升點星座的守護星、下降點星座的守護星、天頂星座的守護星是否產生合相與任何的強硬相位，這也暗示著人生的重大變化。

⑨注意在未來三、五年中，是否即將面臨土星回歸，或是在行星過運圖中土星、天王、海王、冥王是否會進入本命盤第十二宮，這些現象都暗示著舊的循環結束以及新循環的開始。

⑩注意未來的三、五年中是否有上述的狀況發生，並注意推運中是否有太陽與內行行星距離下一個星座或宮位在五度以內。或是將推運的相位容許度放寬到8度，藉此觀察是否在未來是否會產生8度以內的相位。因為這些狀況都暗示著未來三五年當中有可能發生的事情。

⑪古代占星師習慣將推運圖按照發生的時間順序做一張列表，你也可以這樣做，並且加入之前我們提醒的其他變數在其中，並藉此列出一張未來十年（五年），二次推運或太陽弧正向推運的重大改變列表，同時把天王、海王、冥王星的行星過運也安排進來。

以前面我的香港客戶 Jennifer 的例子來做安排，我們可以做出下面的列表，藉以判斷長期的生涯動態。

		Jennifer 的流年觀察重點	
時間	推運 （以二次推運為例）	行運的土星與天、海、冥的位置	可能帶來的事件
2001	推運月亮、水星、火星變換星座都在第八宮。	行運土星在十、天王星與本命木星三分相。	心裡的不安帶來想變動的念頭，思考與工作模式亦都有改變。
2002	二次推運火星進入第九宮。		工作的方向轉向海外，心靈成長或信念的實踐。
2003	二次推運太陽進入金牛座，二次推運月亮進入金牛座；推運水星合相本命火星；土星合二次 推運天頂。	行星過運天王星進入第七宮合下降點。	對於金錢與物質安全感的重視加強，伴侶與合夥關係可能出現變化。急著想要展現自我，但 社會地位與自我都有可能出現危機。
2004	二次推運太陽進入第九宮，二次推運金星開始對分本命天王星冥 王 星 （ 2 度半內）。	行星過運天王星進入第七宮合下降點。	金錢、物質、合夥的關係容易出現危機，女性的身體也應該注意，對國外移民或宗教或精神成長產生興趣。
2005	二次推運月亮與北交點合相。	行星過運土星進入十二宮。	開始處理一些過去沒有完成的事情，準備展開新的人生。精神上有所啟發，容易發覺自己的 人生課題。
2006	二次推運月亮會合天頂。	行星過運天王星將與二次推運金星合相。	情感上的劇烈變動，私生活可能被公開討論。扮演他人照顧者的角色。

第二章　如何觀察近三年的運勢

有了對於長期運勢起伏的瞭解之後，我們接著可以做近期生活的觀察，特別是那些在三年以內的計畫，或者今年該注意的事情。接著我們就來看看占星學當中有哪些星盤，是適合用來觀察一年到三年運勢的。

適合觀察近三年運勢流年占星工具

①使用前一章所做的所有觀察，並且將所有的角度容許值縮減爲 2 度。

②注意所有在二次推運或太陽弧正向推運中轉變宮位的行星。

③觀察二次推運及太陽弧正向推運中月亮的宮位與星座，這暗示近一、兩年間需要的事物，及對哪些事物有明顯的需求等。

④注意行星過運法中木星、土星、天王、海王、冥王等外圍行星，對出生圖的影響。

⑤行運木星的星座、宮位與相位代表適合發展的方向，或能爲自己帶來好運的事情。

⑥土星所落入的星座、宮位與相位，代表這兩年到兩年半應該注意的責任，同時需注意土星是否和本命盤的個人行星（個人行星包括了太陽、月亮、水星、金星、火星）或上升、下降、天頂，或上升、下降、天頂的守護星產生相位。

⑦天王、海王與冥王星的宮位與相位，象徵可能會有的變化，及外界的刺激與變化對當事者產生的影響。同時也要注意這幾個行星是否和本命盤的個人行星，或上升、下降、天頂、或這三個點的守護星產生相位。

⑧二次推運法及太陽弧正向推運中的行星與上升、天頂的移動，以及他們對出生圖的影響，特別在改變星座與宮位時，是變動較大的一年。

⑨觀察近三年的日蝕圖與本命盤的對應，以及近一年月蝕圖與本命盤的對應。

⑩太陽回歸圖的影響力會從回歸日期的前三個月，持續到下一次回歸的後三個月，觀察太陽回歸圖將可察覺出這一年的生活重點爲何。

個案解析

　　這裡我們仍然使用 Jennifer 的流年星盤為例，假設她在 2005 年那時決定取消和朋友的合夥，並且和老公一起移民國外，那麼會有哪些事情需要注意呢？我們首先可以注意之前的列表，以及那幾年間需要注意的事情，發現太陽、火星都在第九宮，暗示著出國的可能性，然而二次推運月亮將在第九宮與第十宮運行，暗示著她的私生活可能被人公開討論，同時也可能扮演照顧他人的角色。

　　同時 2005 年開始，她的土星進入十二宮，的確暗示著結束一種生活的時期，同時必須為之前所做的決定所留下的問題進行處理。至於是哪些問題，則可以繼續觀察到，二次推運的水星在第八宮，水星是 Jennifer 的命主星，暗示著她可能要處理一些金錢與法律的糾紛。

　　同時，我們會發現 2005 年 4 月的日蝕圖，在第八宮的星群重複了金錢法律的暗示，金星距離北交點最近，同時金星守護 Jennifer 的第二宮與第九宮，可能暗示著 Jennifer 當時如果不處理那些法律或金錢的問題，其實也可能逃得過，但我們觀察 2005 年 10 月的日蝕圖發現，這張代表著報應與償還的日蝕圖，將星群移到了 Jennifer 的第二宮，暗示著可能仍然會在三年之內（日蝕圖的影響）遇到任何行星觸發她的另一張月蝕圖時，這些問題仍然會讓當事人付出相當大的代價。

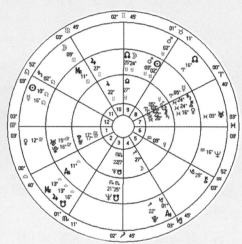

圖說：〔2005 年 Jennifer 的出生圖對應二次推運（中間）與行星過運（外圈）〕

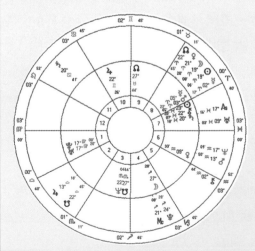

圖說：〔2005 年 4 月，日蝕圖對 Jennifer 的影響〕

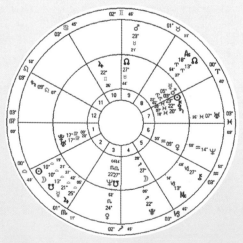

圖說：〔2005 年 10 月，日蝕圖對 Jennifer 本命盤〕

第三章　如何觀察短期運勢

如何觀察每月運勢

在觀察每月運勢前仍然要提醒大家別忘了之前長期運勢起伏及流年推運圖上所累積的觀察，同時在觀察每月運勢時，也要特別注意行星過運的太陽、月亮、水星、金星、火星等，這些星盤上運行較快的行星將會成為主角。

①注意所有在長期運勢推算，以及一年運勢推算當中，所觀察到的行星宮位提示，以及行星相位。

②二次推運的月亮位置，及對出生圖的影響，特別在改變星座與宮位，或與出生圖的行星產生相位時，將帶來生活與心靈上的變動。

③行星過運法當中太陽、水星、金星、火星、木星等行星，在出生圖上的宮位與相位所帶來的暗示。

④將行星過運圖套在二次推運（或太陽弧正向推運）與出生圖上，首先標示出那些我們在長期或流年運勢圖中注意到的行星強硬相位，接著注意這一兩個月內，是否會有行星過運的任何行星去和這些相位，再一次產生強硬相位。

⑤將行星過運圖套在過去三年的日蝕圖與今年的月蝕圖上，看看是否有行星會和太陽、月亮、南北交點產生合相、四分相、對分相。這暗示著日蝕與月蝕圖上的事件會在這個月提高發生的機率。

⑥觀察每個月月亮回歸圖的特徵，象徵著我們的需求，以及因應這些需求所產生的生活變化。

⑦觀察新月滿月圖的特徵，象徵著我們這一個月該注意的事情。

如何觀察每週運勢

我們都知道報章雜誌以及網路上都能夠找到每週運勢分析，但是這些每週運勢分析，因為必須顧及到每個人，因此占星師們必須將這些行星的運行做出普遍化的解釋，但如果你學會了本書的技巧，你就可以依據自己的本命盤及個人背景，推測自己的每週運勢了。

一週到數天的預測觀察到什麼

①注意之前在長期、每年、每個月的運勢觀察，在這些觀察中長期運勢的星盤當中，若已經暗示了事件的發生，例如二次推運、太陽弧正向推運、日月蝕圖當中已經出現了強硬相位的行星，我們最好再把這些警告記在腦子裡。這時候可利用本章節的方式找出最有可能被行星過運所引發出來的時間點，可以精細到一個月或一週。

②注意這週月亮的移動範圍，是否在這一週常會去觸動本命盤或推運圖、日月蝕圖的強硬相位，讓當事者造成心理上的困擾。

③觀察行星過運這週太陽、月亮、水星、金星、火星在哪些星座與宮位移動，這些宮位所代表的事情可能成為你這一陣子忙碌的重點。這也是大部分占星師在寫每週運勢的判斷標準，這下你大概知道為什麼這些每週運勢有時準有時不準了，因為他們描述的是大致的狀況，但是並沒有做到其他四個步驟，所以準確度實在有限。

④注意最近行星過運中的個人行星（太陽、月亮、水星、金星、火星）對出生圖所造成的影響，包括他們進入的星座、宮位，和出生圖行星所產生的緊密相位，此外當月亮接近原本就已經在本命盤中形成強硬相位的行星位置，或是和這些行星形成強硬相位時（例如出生圖當中火星與天王星形成對分相，如果行星過運的月亮在此時與火星、天王星產生合相，或進入某個位置和出生圖的火星、天王星產生四分相），通常暗示著重要的事情將被觸發。

⑤觀察新月與滿月的時刻的新月滿月圖，新月與滿月的時刻暗示著事件的開始與結束，最強的影響力往往會有前後一週到五天，但是也可能往後延長到下一次新月滿月的發生。

個案解析

在之前 Jennifer 的例子當中,由於二次推運的金星與冥王星在處女座的 17 度,與雙魚座的 17 度產生對分相,因此要特別注意,2005 年當中是否有行星過運的行星會去刺激到這個相位,第一個要小心的就是,在任何行星經過變動星座的 12～21 度(17 度加上容許度 4 度)中,都可能會去引發這個相位的效應,所以最簡單的推測太陽會在 2005 年的 3 月、6 月、9 月、12 月初等時間點,去觸碰到變動星座的 12～21 度。

如果這些月份中,又有月亮同時經過這些點的話,發生的機率會提高許多。例如:下圖,2005 年的 9 月 11 日,行星的太陽、水星會接近處女座的 17 度,同時月亮經過射手座的 17 度,刺激這個相位發生的機率就提高了許多。

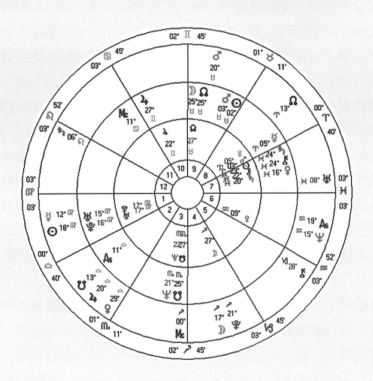

第四章　不知道出生時間時該怎麼辦

運用生時校正法回推出生時間

　　在我學習占星的生涯中，總會遇到想尋求占星諮詢，卻不知道自己出生時間的人，剛開始時我通常會依據他的行星星座（例如：重要的太陽、月亮、金、火、木、土星的星座）先瞭解他的性格，而後再針對行星過運中的強硬相位作分析，給予基本的建議，但事實上，這些與其說是預測，倒不如說是提醒。後來甚至有一段時間，我會直接告訴對方，這樣並不能夠推算出精確的命盤，所以我愛莫能助。

　　但其實在占星學當中，占星師有一門特殊的方法來校正出生時間，有人稱推盤或定盤，但是我比較喜歡稱之為「生時校正」。但需要說明的是，這種方法對於有一定年紀，或有較豐富人生閱歷的人會比較準確，因為生時校正所用的方法是，找出人生大事件的發生點，例如：搬家、移民、重病、較大的意外、父母親的重病意外或死亡、子女出生，以及第一次遇到丈夫或妻子的時刻。

適用生時校正的人與時間

　　要注意的是，許多戀情或許讓當事者覺得刻骨銘心，或甚至也有人認為，在他的心裡自己已經和劉德華或林志玲是一對了，但在占星的預測裡，除非你和這個伴侶真的生活在一起五年以上，或者已經結婚了，否則拿遇到情人的時機作為生時校正的時間點，無異是困擾自己。

　　所以對一個占星師來說，要做生時校正最好等到一個人年齡超過三十五歲以上，才比較有機會找出準確的出生時間，甚至過了三十五歲但人生卻過得普普通通或一帆風順的人，也比較沒辦法校對出精確的出生時間。

　　目前在生時校正中，被公認最有效的，就是太陽弧正向推運，許多人在太陽弧正向推運圖上，遇到有行星（特別是火星、土星、天王、海王、冥王）接近上升、天頂、下降、天底時，都會出現明顯的事件。假設一個人他出生圖的土星在十二宮距離上升星座 12 度，那麼大約在他十二歲的那年，太陽弧正向推運的土

星會接近上升，這會帶來明顯的人生變化，有時候會與親人的生離死別有關。

我一位占星學院的同班同學就曾經和我討論過一張命盤，他的一位同事請他幫忙看盤，但是這位同事是英國的印度裔，父親是印度人、母親是西班牙人，他說他的出生時刻完全不清楚，因為他在西班牙出生，但是父母親忘記告訴他的時間是以印度的時區、英國的時區，或是西班牙時區，他的出生資料是來自於一張印度占星師在出生後沒多久幫他排的命盤。由於他母親生了五個小孩，所以我們還得小心，這位多產的媽媽有可能把時間記錯了。

當我的同學幫他排出命盤時，提出了這個問題，他說他排了三張盤，但是英國與西班牙的時區有些接近，同時上升星座在巨蟹座，蠻符合他帶給大家第一眼的感受（這也是一個初步校正出生時間的技法，但並非絕對正確），如果算成印度時間的話，上升會在處女座感覺不太像，其實我真的不太贊同只用這種方式就推算出一個人出生時間正不正確，同時我也聽過有人只用行星過運來推算出生時間，那也不怎麼具有信服力，因為行星過運影響的範圍與時間很長，要是遇上外行星的影響，就更難確定出生的正確時間和上升點所落入的度數了。

於是我拿了他幫對方排的命盤來看，我發現一個很簡單的確認方式，他在英國的盤上土星在十二宮離上升 9 度，而在西班牙出生的圖，土星距離上升 15 度左右，用最粗淺的太陽弧正向推運一度計算方式來看，如果他在英國出生，8～9歲左右會遇到一次生活的大危機，可能與生離死別有關，如果他是在西班牙出生且生時又正確的話，那麼這個危機可能是在十四、五歲的時候發生。先用這種刪去法來做簡單的判斷，因為對方年齡還沒超過三十歲，出生時間也只是在時辰上有些混淆，所以用這種方式或許可以碰碰運氣。

果不其然，那位同學在第三天打電話給我興奮地說，我的方法果然奏效了，那位朋友的確在十四歲時因為家庭因素，被迫離開父母及祖父回到印度去，就在他搬回印度之前，還因為踢足球跌斷了手骨，離開的時候所有朋友同學都在他石膏上簽名，所以讓他印象深刻。

在占星學當中如果真的不知道出生在幾點幾分的話，還有另外一個方法，稱做太陽宮位法，就是把太陽當作第一宮來看，特別對於一些不知道自己詳細出生時間的人來說，把太陽當作第一宮或許是個不錯的方式。

如果你稍微具有占星常識，知道命盤要從上升點開始起第一宮的人一定會懷疑，許多在媒體上的每週運勢，究竟是瞎掰的還是有一些根據。事實上，這些運勢描寫，多半就是把太陽星座就當作是第一宮所作的描述。至於這種流年分析的準確度，我必須說仍有部分準確度，因為有些時候我們真的可以感受到那種氣氛

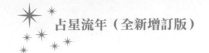

或變化。

　　而這種方法，尤其在太陽獅子、上升獅子，或是個性較自我的人來說，準確度也會比較高。但對於有心鑽研占星學的人，建議最好只把它當成是不確定出生時間時的選擇。

國家圖書館出版品預行編目資料

占星流年（全新增訂版）／魯道夫著. -- 二版 .-- 臺北
市：春光出版：家庭傳媒城邦分公司發行, 2020（民
109）
　　　面；　公分（命理開運）

ISBN 978-986-6822-37-7（精裝）

1. 占星術

292.22　　　　　　　　　　　　　　96018394

占星流年（全新增訂版）

作　　　者／魯道夫
責任編輯／何寧
內文編輯／劉毓玫

版權行政暨數位業務專員／陳玉鈴
資深版權專員／許儀盈
行銷企劃／陳姿億
行銷業務經理／李振東
副總編輯／王雪莉
發 行 人／何飛鵬
法律顧問／元禾法律事務所　王子文律師
出　　　版／春光出版
　　　　　　台北市104中山區民生東路二段 141 號 8 樓
　　　　　　電話：(02) 2500-7008　傳真：(02) 2502-7676
　　　　　　部落格：http://stareast.pixnet.com/blog
　　　　　　E-mail：stareast_service@cite.com.tw
發　　　行／英屬蓋曼群島商家庭傳媒股份有限公司城邦分公司
　　　　　　台北市中山區民生東路二段 141 號11 樓
　　　　　　書虫客服服務專線：(02) 2500-7718 / (02) 2500-7719
　　　　　　24小時傳真服務：(02) 2500-1990 / (02) 2500-1991
　　　　　　服務時間：週一至週五上午9:30～12:00，下午13:30～17:00
　　　　　　劃撥帳號：19863813　戶名：書虫股份有限公司
　　　　　　讀者服務信箱E-mail: service@readingclub.com.tw
　　　　　　城邦讀書花園網址：www.cite.com.tw
香港發行所／城邦（香港）出版集團有限公司
　　　　　　香港灣仔駱克道 193 號東超商業中心 1 樓
　　　　　　電話：(852) 2508-6231　傳真：(852) 2578-9337
　　　　　　E-mail : hkcite@biznetvigator.com
馬新發行所／城邦（馬新）出版集團【Cite(M)Sdn. Bhd.(458372U)】
　　　　　　11, Jalan 30D/146,Desa Tasik,
　　　　　　Sungai Besi, 57000 Kuala Lumpur, Malaysia.
　　　　　　電話：(603) 9056-3833　傳真：(603) 9056-2833
　　　　　　E-mail : cite@cite.com.my.

封面設計／鍾瑩芳
內頁排版／游淑萍
印　　　刷／高典印刷有限公司

■ 2020 年（民 109）5月 5 日二版一刷　　　　　Printed in Taiwan
■ 2022 年（民 111）9月 29 日二版2刷

售價／680元

城邦讀書花園
www.cite.com.tw

廣　告　回　函
北區郵政管理登記證
台北廣字第000791號
郵資已付，免貼郵票

104台北市民生東路二段141號11樓

英屬蓋曼群島商家庭傳媒股份有限公司
城邦分公司

請沿虛線對折，謝謝！

愛情・生活・心靈
閱讀春光・生命從此神采飛揚
春光出版

書號： OC0040X　書名： 占星流年（全新增訂版）

讀者回函卡

謝謝您購買我們出版的書籍！請費心填寫此回函卡，我們將不定期寄上城邦集團最新的出版訊息。

姓名：＿＿＿＿＿＿＿＿＿＿＿＿＿＿＿＿＿＿＿＿

性別：□男　□女

生日：西元＿＿＿＿＿＿＿年＿＿＿＿＿＿＿月＿＿＿＿＿＿＿日

地址：＿＿＿＿＿＿＿＿＿＿＿＿＿＿＿＿＿＿＿＿＿＿＿

聯絡電話：＿＿＿＿＿＿＿＿＿＿＿＿　傳真：＿＿＿＿＿＿＿＿＿＿＿＿

E-mail：＿＿＿＿＿＿＿＿＿＿＿＿＿＿＿＿＿＿＿＿＿＿＿

職業：□1.學生 □2.軍公教 □3.服務 □4.金融 □5.製造 □6.資訊

　　　□7.傳播 □8.自由業 □9.農漁牧 □10.家管 □11.退休

　　　□12.其他 ＿＿＿＿＿＿＿＿＿＿＿＿＿＿＿＿＿＿＿＿

您從何種方式得知本書消息？

　　　□1.書店 □2.網路 □3.報紙 □4.雜誌 □5.廣播 □6.電視

　　　□7.親友推薦 □8.其他 ＿＿＿＿＿＿＿＿＿＿＿＿＿＿＿＿

您通常以何種方式購書？

　　　□1.書店 □2.網路 □3.傳真訂購 □4.郵局劃撥 □5.其他 ＿＿＿＿＿

您喜歡閱讀哪些類別的書籍？

　　　□1.財經商業 □2.自然科學 □3.歷史 □4.法律 □5.文學

　　　□6.休閒旅遊 □7.小說 □8.人物傳記 □9.生活、勵志

　　　□10.其他 ＿＿＿＿＿＿＿＿＿＿＿＿＿＿＿＿＿＿＿＿